普通高等教育"十一五"国家级规划教材

高等学校出版学专业系列教材

中国出版史

Chinese Publishing History

（修订版）

（上册·古代卷）

吴永贵　主编

李明杰　本卷编著

WUHAN UNIVERSITY PRESS
武汉大学出版社

图书在版编目(CIP)数据

中国出版史.上册,古代卷/李明杰编著.—修订版. —武汉：武汉大学出版社,2024.9
高等学校出版学专业系列教材　普通高等教育"十一五"国家级规划教材/吴永贵主编
ISBN 978-7-307-24422-1

Ⅰ.中…　Ⅱ.李…　Ⅲ.出版工作—文化史—中国—古代—高等学校—教材　Ⅳ.G239.29

中国国家版本馆 CIP 数据核字(2024)第 106498 号

责任编辑:詹　蜜　　责任校对:汪欣怡　　版式设计:马　佳

出版发行:**武汉大学出版社**　(430072　武昌　珞珈山)
　　　　　(电子邮箱:cbs22@ whu.edu.cn　网址:www.wdp.com.cn)
印刷:武汉邮科印务有限公司
开本:787×1092　1/16　印张:17.5　字数:374 千字　插页:1
版次:2008 年 8 月第 1 版(湖南大学出版社)　　2024 年 9 月第 2 版
　　2024 年 9 月第 2 版第 1 次印刷
ISBN 978-7-307-24422-1　　定价:68.00 元

再 版 序

我 1997 年武汉大学研究生毕业留校任教，不几年，信息管理学院出版科学系即安排我主讲"中国出版史"本科课程。又几年，湖南大学出版社以本系教师为主力，系列开发编辑出版学专业核心课程教材，我有幸获邀加盟，随即联系本院的李明杰老师，请他担任《中国出版史》古代部分的主撰，近现代部分则由我本人执笔。因成书规模超过 60 万字，出版社在 2008 年正式出版时，将古代与近现代部分，析成了上下两册，著作人与著作权都十分清晰。这个系列的教材，前后一共出了 5 种，《中国出版史》与本系其他 3 个同事的著作一起，有幸获批为普通高等教育"十一五"国家规划教材，不久，本书又幸获 2007—2008 年度中南地区大学出版社优秀教材一等奖，以及 2009 年度国家精品教材两个荣誉奖项。

每学年的第二学期，我都如期夹着这本教材，站在"中国出版史"讲台上口谈指画，下面坐着的是编辑出版专业本科二年级的学生。时光如梭如箭，不觉已是"十四五"。想当年写作之时，笔墨间不时带有青壮年学者的盛气，而今三个五年过去，读起来居然不觉得内容有何老旧；课堂上的讲者，也一贯的情绪饱满，尽管已然老之将至。只是湖南版教材脱销有年，每每被人讯问加印的消息。感谢武汉大学出版社纾我教学之困，认定本书有修订再版的价值，于是着手增删校改，出版社这边重新设计封面与版式，旧貌换新颜。

出版史是专门史，把出版放在中国历史的框架里，这样的著作至今已出了好几种。本书以出版技术流变为主轴，联系编辑活动、流通发行、经营管理、规章制度、机构人物、出版文化等多方面内容，把出版与社会文化之间的表里关系，作了一个较为全面的描述。本书的重要特点之一，是突出技术性变革因素在出版历史实践中的巨大影响，将之作为出版范式转型的历史分期依据。这样的思考，首先源之于笔者对中国出版传统的观察，但当时写作教材之际，互联网与数字技术初露峥嵘，让身在其中者，真真切切感受到新兴技术如何一往无前，不断重塑着原有的出版样貌，以技术跃迁作为篇章主线，实也受之于当下技术实践的直接启发。如今人工智能新时代，学子们具身于日新月异的知识生产与阅读环境，对于这样的一种出版史分期安排，一定心有戚戚焉吧。

然而，技术又绝不是出版向前和改造社会的唯一决定性因素。我在课堂上常提这样一个问题：为何源于中国的造纸术和印刷术，没有在中国如古登堡印刷机那样，给西方社会带来如此巨大的社会变革？没有其他社会条件的配合，技术的作用力一定会大打折扣，因而需要关注技术之外的社会政治制度和知识文化环境与出版实践之间的深刻关联。印刷术发明之后的中国各朝代，之所以在出版表现上有相当大的时代差异，实是各朝代不尽相同的文化政策和知识氛围造成的结果，这也是本书上册的古代卷为何在技术分期的大框架之下，又以朝代为纲分头叙述的原因所在。迨至鸦片战争以后，中西文明发生激烈碰撞，出版的新质变革与巨大的社会转型同步发生，与出版业发展直接相关的各种内外部因素，除了西方近代印刷技术的引进与应用外，其他诸如新式教育的铺开、读书人口的滋长、著译队伍的壮大、出版观念的转变、版权制度的确立、企业制度的蝶变、政府政策的引导、商业流通的改善等，共同构建了晚清民国时期出版业近代化转型的合力因子。在社会和行业都发生了蜕变的社会大环境下，本书下册的近现代卷有明显不同于上册的叙述内容和叙述结构。

作为教材，首先是要满足教室里的需要，因而书中必然充斥着各种考试用的知识点和结论。然而，在描述中有点染，在论断中有举证，避免灌输，着意启发，亦是编著者用力之所在。书中不完全是平铺直叙，不时地会提出一些或隐或显的思考性问题，诸如会问"在印本书成为主流的明清时代，为何写本书不仅没有绝迹，反而有相当多的存在？"这样的追问很容易让人联想到现实：在数字化文本大行其道的今日，为何手捧印本书的读者依然大有人在？古今间的穿梭与比附，说明历史从未真正远去，它总是在不经意间，现身于对当下的解释之中，并佐助我们对未来的判断。而一旦从历史中读出了现实意味，这样的教材就可能不再那么"望之俨然"，如果其中还有问题设置和逻辑论证，教材在教学功能之外又添具了某种研学意味。

因此，可教可研可读，是本教材既定的三大书写目标，在语言上力求条畅，在内容上注重启发，用以契合有独立思考能力的特定大学生人群。某些章节甚至主要是供人阅读而设计，如下册之第五章，乃专为民国时期十三位出版家列传，这些人物之所以值得被提出来表扬，是因为"他们的人生轨迹，他们的出版追求，他们的大家风范，留给后继者以感悟，以借鉴，以效法，所谓知过去，正今人，诚未来"。通过人物平生的阅读，提倡的是正面的社会效应，获得的是榜样的激励熏陶。

本教材大量吸收了前贤和时人的研究成果，由于编者的水平所限，一方面一定有所重大遗漏，另一方面也可能存在理解上的偏差。我在课堂上也总是提醒学生们，希望他们既能理解老师书中章节安排的用心用意，同时也要求他们以批评的眼光审视书中的缺点不足。会意与批评，双管齐下，才是最有效的研读共进的方式。

最后需要特别感谢本次新版的责任编辑詹蜜女士，得益于她的积极建言，本书得以顺利纳入武汉大学出版社"高等学校出版学专业系列教材"；也得益于她的敦促建议，让我最终克服了懒惰，为本次修订版写了再版自序。周晓莉博士作为我这门课程的助教，带领武汉大学2021级编辑出版专业的全体本科生，分担了本次修订的书稿校对工作，在此一并表示感谢。

目　　录

第一编　写本时期（先秦—唐）

第一章　图书的制作与抄写 ……………………………………………… 3

第一节　文字的产生与图书的起源 ………………………………… 3

第二节　简策和帛书的形制 ………………………………………… 11

第三节　纸的发明、改进及应用 …………………………………… 15

第四节　图书的抄写 ………………………………………………… 21

第二章　图书的编撰及编辑活动 ……………………………………… 28

第一节　编辑活动考源及"编著合一"现象 ……………………… 28

第二节　先秦图书编撰及编辑活动 ………………………………… 32

第三节　秦汉图书编撰及编辑活动 ………………………………… 40

第四节　魏晋南北朝图书编撰及编辑活动 ………………………… 47

第五节　隋唐图书编撰及编辑活动 ………………………………… 52

第三章　图书流通与政府管理 ………………………………………… 63

第一节　图书市场的形成与发展 …………………………………… 63

第二节　官府藏书需要下的图书征集与收购 ……………………… 70

第三节　中外图书交流 ……………………………………………… 75

第四节　政府禁书与文化管制 ……………………………………… 79

第二编　印本时期（唐—清）

第四章　图书的制作与抄写 …………………………………………… 87

第一节　拓印的原理与发展源流 …………………………………… 87

第二节　雕版印刷术的发明与应用 ………………………………… 91

第三节　活字印刷术的发明及应用 ………………………………… 96

第四节　套印、饾版、拱花及书籍插图 …………………………… 103

第五节 书籍装订形式的变迁 ……………………………………………………… 113

第六节 印本时期的图书抄写 …………………………………………………… 117

第五章 图书编撰及编辑活动 …………………………………………………… 125

第一节 宋代图书编撰及编辑活动 ……………………………………………… 125

第二节 辽、西夏、金代图书编撰及编辑活动 ……………………………… 134

第三节 元代图书编撰及编辑活动 ……………………………………………… 135

第四节 明代图书编撰及编辑活动 ……………………………………………… 140

第五节 清代图书编撰及编辑活动 ……………………………………………… 146

第六章 历代刻书史略 …………………………………………………………… 157

第一节 坊刻系统的形成与发展 ………………………………………………… 157

第二节 家刻系统的形成与发展 ………………………………………………… 167

第三节 官刻系统的形成与发展 ………………………………………………… 178

第四节 历代寺观刻书 …………………………………………………………… 206

第五节 历代书院刻书 …………………………………………………………… 212

第七章 图书流通与政府管理 …………………………………………………… 221

第一节 图书市场的发展与繁荣 ………………………………………………… 221

第二节 中外图书交流 …………………………………………………………… 233

第三节 著作权保护的历史演进 ………………………………………………… 243

第四节 政府禁书与文化管制 …………………………………………………… 259

参考书目 ……………………………………………………………………………… 271

第一编 写本时期（先秦—唐）

第一章 图书的制作与抄写

第一节 文字的产生与图书的起源

一、文字的产生

文字的产生是古代出版活动得以萌芽的首要条件。如果说语言的形成将人类与动物区别开来，那么文字的产生则最终将文明时代与蛮荒时代作了质的划分。关于汉字的起源，众说纷纭，有庖牺氏八卦造字说、神农结绳记事说、仓颉象形造字说、刻划符号说等。这些说法或是久远的传说，或是有所凭据的猜测，但都不能作为唯一确信的答案。通过这些传说和猜测，我们可以肯定的是，文字的源头并不是单一的，它不可能成于一时一地一人之手，而是由劳动人民在社会实践中集体创造，经历了漫长的过程，才逐渐发展成为一种成熟的记录体系，而在此期间经过仓颉一类的史官的整理也是极有可能的。

在文字产生之前，人们记事或传递信息的手段通常有结绳、契刻、图画和刻符等方式。这些记事方式由于能够记录和传递人们的思想信息，因而成为古代文字发生的源头。

1. 结绳记事

在中国古代文献中，关于结绳记事的记载比较多，如战国时期的著作《周易·系辞下传》称："上古结绳而治，后世圣人易之以书契。"东汉郑玄在《周易·系辞下传》中也说："古者无文字，结绳为约，事大大结其绳；事小小结其绳。"唐人李鼎祚《周易集解》引《九家易》也说："古者无文字，其有约誓之事，事大大其绳，事小小其绳，结之多少，随物众寡，各执以相考，亦足以相治也。"所谓结绳记事，就是把绳子缠绕成大小样式各异的结（见图1-1），用不同形式的绳结及组合来表示事物数量多寡和其他特定含义，以帮助人们记忆和传递信息。直至近代，我国仍有不少民族保留了这种古老的记事方式，如云南宁蒗地区的纳西族、普米族用打结的羊毛绳传递信息，召集群众。哈尼族人借债，用同样长的两根绳子打同样的结，各执一根作为凭证。台湾高山族也有结草记事的风俗。类似的文化现象在其他国家的早期民族中也出现过，如南美秘鲁人、西亚波斯人、非洲古埃及人都使用过结绳记事。

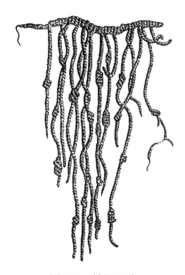

图 1-1　结绳记事

除结绳外，类似的实物记事方式还有很多，比如用血红的肉表示紧急情况，用甘蔗表示幸福和美好的祝愿，用带毛的皮表示困难、战争和灾难，用黄连涂上蜜汁表示苦尽甘来。显然，这些被当作信物的物体已经成为一种物化的"语言"。但信物毕竟还是具体的实物，从信息载体的角度看，人类主动创造文化的痕迹不够明显，且携带不便，容易腐烂，有很大的局限性。

2. 契刻记事

契刻也是远古时期一种重要的记事方式。所谓契刻，是指在骨片、竹木、泥石等天然材料上刻上各种痕迹和记号（见图 1-2），用刻痕的数量、深浅、曲直代表事物的多寡、轻重缓急和发展态势，与结绳有异曲同工之妙。东汉刘熙在《释名·释书契》中说："契，刻也，刻识其数也。"郑玄在《周易郑康成注·系辞》中又说："书之于木，刻其侧为契，各持其一，后以相考合。"双方订立契约时，将事先议定的债务数量以一定形式的符号刻在竹木等材料上，这就是"契"。双方再把"契"从中间一分为二，双方各执一半，以二者吻合为凭。"契"上所刻的数目就是清还债务的凭证。契刻不仅记数，也可记事。云南省博物馆曾收藏有佤族的一根传代木刻，木头两侧刻有许多缺口，每一缺口代表着一件事情，以刻口的深浅表示事情的大小。据说每年在吃新米的时候，便拿出这块木刻，由一位长者叙述每一刻口代表的事件，人们借此得知本村的历史和其他各种事情。契刻也是文字的重要源头。1988 年，在河南舞阳贾湖一处距今 8000 年相当于裴里岗文化时期的原始社会遗址中，发现了载于龟甲上的契刻符号。从部分契刻符号的形体来看，个别与安阳殷墟甲骨卜辞的字形近似。这些契刻符号的形成年代，领先于素称世界最早文字的古埃及纸草文书。

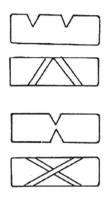

图1-2　甘肃西宁县周家寨出土的仰韶遗址的骨契图形

契刻较之结绳记事、实物记事已经有了很大进步，表现为它首次使用了载体以外的契刻工具，是有目的地通过刻痕来反映事物现象的文化活动。另外，契刻记号比结绳保存更久远，作为符信更具稳定性，而且契刻符号较之结绳要丰富得多，能表达相对复杂的事物。所以说，契刻记事在向文字发展方向上又迈进了一步。但契刻同结绳一样，留下的只是表示某件事情的符号，而不是语言符号。它只能唤起对某种事情的回忆或想象，而不能表达抽象的思想和概念，只能记事而不能表意。因此，它虽然有着帮助记忆的作用，但还不是知识的具体记录，更不是文字。

3. 图画记事

原始图画出现的年代距今5000年至7000年。由于劳动和生活的需要，上古人常把和自己生活有密切关系的事物画在所居住洞穴的石壁上。起初，这些记事的图画非常生动逼真，人们一看便知道画的是什么。但时间一长，当人们习惯了这种图画之后，就没必要画得那么细致具体，只用几根简单的线条勾勒出大概的轮廓，把原来复杂的图画简化为一定的图案符号。人们见到这个符号，也就知道它指代的对象了。于是，图画就逐渐脱离了对具体事物的描绘，成为一种表意符号。有人把这些介于图画和文字之间的符号称为最早的"意符文字"或"图画文字"。

"图画文字"介于图画和文字之间。它没有读音，主要在于表意，而且大多数符号之间是不连贯的。在以图画表意的时候，也往往因人因地不同而方式各异。因此，图画的含义仍需靠作画者或当事人的解释才能明白。我国许多民族曾使用过图画符号来记事。如云南纳西族的"东巴经"中，就有大量图画记事的成分（见图1-3）。汪宁生在《从原始记事到文字发明》中描述了一段"东巴经"上的五个图形：图画从右到左依次是织布机、手持织梭的女人、持弓欲射的男人、箭、飞在篱笆上的一只斑鸠。这五个图形连在一起表述了这么一篇故事："天女翠海波波正在织布的时候，斑鸠飞在篱笆上，人类始祖错若利恩带来了弓箭想射，瞄了三瞄还不会射。翠海波波说：'射呀！射呀！'便用织布梭向错若利恩手中一撞，箭就射出去了，正打在斑鸠的膁子上。"① 但"东巴经"只有特定的人——"东巴"（巫师）才能看明白，因此"图画文字"虽可表意，但只起帮助记忆的作用，还不是文字。

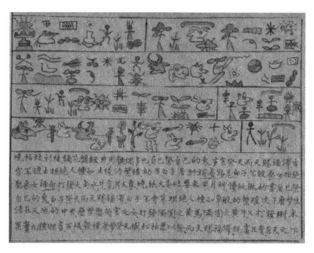

图 1-3　云南纳西族"东巴经"图文

4. 陶器刻符

所谓陶器刻符，是用尖利的骨器或石器在陶器上刻下的带有笔画特征的符号。它是在契刻记事和陶纹的基础上产生的，具有明显的散笔和独立性特点，从文字发展的眼光看，许多已经接近我国最早的文字——甲骨文的笔画了。20 世纪 50 年代，在仰韶文化早期的西安半坡遗址中出土了一些彩陶，迄今有 6000 年的历史。在陶钵的口沿上，发现了一些工整规则的刻划符号，计有 50 多种 100 多个标本。这些符号，绝大多数是在陶器烧制以前刻上的，也有一些是在使用过程中刻上的。从形体结构看，它们笔画简单，纹迹规整，所在器物部位、刻法以及符号形状都很相似，应该是抽象的符号，而不是某种动植物的概括图形（见图 1-4）。而且这种陶器出土的地点很广泛，说明这些符号已经在较广的地域范围内普遍使用。郭沫若在《古代文字之辨证的发展》一书中认为，半坡彩陶上的刻划符号就是"中国原始文字的孑遗"。

但也有学者不这样认为，如著名文字学家裘锡圭先生称："这种符号所代表的绝不会是一种完整的文字体系，这一点是十分明显的。它们有没有可能是原始文字呢？可能性也非常小。我们丝毫没有掌握它们已经被用来记录语言的证据。从民族学的角度看，也难以相信原始社会时期使用的几何形符号会具有真正的文字的性质。"② 裘氏认为，文字的产

① 汪宁生：《从原始记事到文字发明》，《考古学报》1981 年第 1 期。
② 裘锡圭：《文字学概要》，北京：商务印书馆，1988 年，第 23 页。

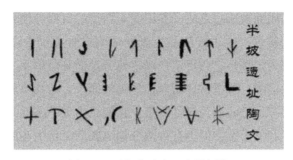

图 1-4 西安半坡遗址陶器刻符

生与社会记录语言的需要有密切关系。1959 年，在山东莒县陵阳河大朱村大汶口文化遗存中，发现了迄今 5000 年左右的象形符号，与仰韶时期的刻符相比更趋成熟。在大汶口文化晚期，生产已经相当发达，社会的贫富分化已经颇为显著，记录语言的需要可能已出现。因此，刻划符号"已经用作原始文字的可能性，应该是存在的……如果说大汶口文化象形符号可能曾与原始汉字同时存在，相互影响，或者曾对原始汉字的产生起过一定的作用，距离事实大概不会太远。由此推测，汉字形成过程开始的时间，大概不会晚于公元前第三千年中期。"[1] 也就是说，文字的诞生不会晚于夏代。

值得一提的是，1985 年，考古人员在安徽省蚌埠市淮上区双墩村发现了迄今 7000 年左右的新石期文化遗址。安徽省文物考古研究所和蚌埠市博物馆对遗址先后进行了三次发掘，共发现 607 个陶、石、骨、蚌的刻划符号。研究人员发现，这些符号包含的内容涉及先民的衣食住行、天文历法、宗教信仰等，几乎涵盖了生产、生活、精神等各个方面。尤其让人吃惊的是，双墩刻划符号不仅简洁、生动、形象，有主纹与地纹的区别，表达了相对完整的意思，显现出语段文字特点，而且出现了两种及两种以上的符号组合，出现了类似于现代汉字的词根。另外，在双墩文化遗址的不同地点，同样的刻划符号在多个地方出现，说明这样的刻划符号具有一定的表意和记事功能。双墩刻划符号比半坡彩陶上的刻划符号要早 1000 多年，而且符号的数量和复杂性，在世界考古学界也极为罕见，对探讨中国文字起源具有重大意义。

5. 甲骨文字

我们说文字的产生不晚于夏代，但中国最早的成熟文字还当属殷商时期出现的甲骨文字，迄今 3300 年左右。所谓成熟的文字，指的是能系统地用来记录语言和知识，并融音、形、义为一体的文字。从文字发展的源流来看，图画文字和陶器刻符是甲骨文字的两大重要源头。殷商之际，大多数图画文字经过去肥笔为线笔、去象形求抽象等一系列简化改造的工作，已演化为成熟的甲骨文字，其中以象形字和会意字为主，具备相对稳定的音、

---

① 裘锡圭：《文字学概要》，北京：商务印书馆，1988 年，第 25 页。

形、义。但也有一些未被简化，因而未能继承下来。可能是这些图画文字使用率低，或者宗教活动当中根本不需用而被遗忘之故。在殷商至西周的有些青铜器上还能看到这种图画文字的烙痕，至今无法解读。这正好从一个侧面证明甲骨文字由图画文字演化而来的事实。而陶器刻符多发展为指事字、数目字、汉字偏旁及部分象形字。这是因为陶器刻符较抽象，笔画以横竖线段居多，散笔特征明显，笔画较简单，与指事较接近之故。同样，大部分陶器刻符至殷商之际也已演变为甲骨文字。它们以为数不多的符号经过重组，衍生出大量的指事字、会意字和象形字，但也有少部分偏离殷商文化中心的刻划符号没有演化为成熟的文字。

甲骨文字作为最古老的成熟文字，是世界上唯一保存下来并发展成系统的表意文字（见图 1-5）。现在所知的甲骨文单字已逾 5000 个，其中仅 1500 多字可解。其他的，包括许多人名和地名，仍不能通读。虽如此，甲骨文字却已是比较完备的文字了，其构造相当完备，已具备中国文字构字的"六书"（即象形、会意、形声、指事、转注、假借）原则，是一种成熟文字。

图 1-5　甲骨文

二、图书的起源

有了文字，只是具备了图书产生的必要条件，并不等于说有了文字就有了图书。人们最初利用文字，只不过是为了弥补语言的不足，以帮助记事和进行简单的信息交流。只有当人们开始有意识地将文字刻写在特定形式的材料上，借以记录知识、传播思想，图书才开始出现。关于图书的起源，学术界尚没有取得完全一致，目前至少有以下五种说法：

（1）始于带刻划符号的陶器

如吴晞在《中国图书的起源》一书说："陶文，这是中国图书最原始的一种形态，其发源可以追溯到 6000 年前的半坡刻划符号和 5500 年前的大汶口图形符号。"① 而实际上，如前所述，安徽双墩刻划符号迄今有 7000 年左右的历史。

（2）始于"河图洛书"

《汉书·艺文志》云："《易》曰：'河出图，洛出书，圣人则之。'故书之所起远矣。"这里"图"指八卦，"书"指九畴。大意是说，伏羲时有龙马出于黄河，身有纹路，伏羲描摹下来而成八卦；夏禹时有神龟出于洛水，背有文字，大禹演为九畴。这只是一个久远的近乎神话的传说，但传说和神话在一定程度上也是远古历史的反映。它带给我们的启示是：在成熟的文字出现之前，中华民族的先民们就已经开始用图画和一些简单符号作为记录和传播信息的工具。另一方面也说明，图书和文字一样，是一种具有神秘色彩的灵物，为先民所敬畏。

（3）始于《三坟》《五典》《八索》《九丘》

《左传·昭公十二年》云："左史倚相趋过，王曰：'是良史也，子善视之。是能读《三坟》《五典》《八索》《九丘》。'"《左传》没有指明倚相所读的这些书究竟是什么性质的书，后人于是有了许多猜测。有人认为《三坟》《五典》是关于"三皇五帝"的书，也有人认为《三坟》指的是《连山》《归藏》《周易》三"易"，《五典》指的是"五经"。《八索》就是八卦，《九丘》就是九州方志。总之，这些都是传说中上古的书。

（4）始于甲骨、青铜、石头的书

如懿恭在《我们最古的书》一文中说："中国最古老的书，从现存实物上看，第一就是商王朝的甲骨文，也就是'龟册'了。"② 魏隐儒在《中国古籍印刷史》中称古代最早的书有"龟甲兽骨的书""青铜的书""石头的书"等。

（5）始于简策书

刘国均在《中国书史简编》中称："我国最早的正式的书籍是用竹片或木板作的。所谓正式的书籍，就是指用文字写在或印在具有一定形态的专用材料上以供人阅读为目的的著作物。甲骨、青铜都不是专门作为书写用的材料。专门作为书写用的材料在我国最早的是经过整治的竹片和木板。"③

从以上所举分歧来看，关键是因为对图书的概念和标准没有一个统一的认识。曹之在《中国古籍编撰史》中提出图书必须具备以下六个构件④：①知识信息。作为图书的内容，知识信息是图书的主体，也是其主要价值所在。②著作方式。知识信息汇集于图书，必须使其成系统，有条理才方便阅读和交流，这就有必要对知识信息进行组织和整理，这种组织整理就是我们通常所说的著作方式。常见的著作方式有撰、编、注、译等。③文字。作为记录知识信息的符号系统，文字是必不可少的表达工具。④物质载体。存在于人脑中的

---

① 吴晞：《中国图书的起源》，《大学图书馆通讯》1998 年第 3~4 期。
② 懿恭：《我们最古的书》，《文物参考资料》1954 年第 5 期。
③ 刘国均：《中国书史简编》，北京：书目文献出版社，1982 年，第 20 页。
④ 曹之：《中国古籍编撰史》（第 2 版），武汉：武汉大学出版社，2015 年，第 5 页。

知识信息除了通过语言交流之外，另一个最重要的途径就是把它固化在一定的物质载体上，通过阅读传播开去。也只有依附于一定的物质载体，知识信息才能保存久远和传播得更广泛。⑤文字制作技术。有了文字和物质载体，还需要特定的技术手段将文字记录在载体上，否则文字就不能与载体相结合。最早的记录手段比较简单，靠人工抄写，至唐代才开始有了雕版印刷术。⑥装订形式。文字记录在一定的物质载体上，必须用一定的方法将它编连在一起，成为人们方便阅读的形式。这种编连形式就是人们常说的装订形式。最早的装订形式是卷轴装。

作为图书，以上六个条件缺一不可。汉代许慎所谓"著于竹帛谓之书"①，只讲到其中的四条，还缺少著作方式和装订形式两条，是不全面的。因此，单篇竹帛文献虽然可以书于竹帛，但仍不能称其为图书。我们再用这六条标准来衡量一下上述图书起源的几种说法："陶器说"过分强调了陶文的作用，而实际上，陶器主要是作为日常生活用品来使用的，其本身的造型、质地、容量是主要的东西，而陶文则是可有可无的装饰品，内容多为器物主人的名字、官衔、年代、地点等，且陶器无著作方式和装订形式可言。"河图洛书"毕竟只是一个出自荒古的神话传说，不足为凭。《三坟》《五典》《八索》《九丘》说亦不可信。"三皇五帝"是我国原始社会军事部落制度的传说，截至目前的文献考证和考古发掘都不能证实"三皇五帝"的真正存在。皮之不存，毛将焉附？且《三坟》等书自古而今，谁也没有见过，刘向《七略》和班固《汉书·艺文志》也不见著录，之后的私家目录虽偶有著录，但经考证都是后人伪托。甲骨虽刻有文字，但其记录内容仅限于占卜的时间、地点、卜问的问题和应验情况，并不是供人们阅读获取知识的。青铜器上的铭文也一样，或记家族，或言国事，各表其功，并不是专门的读物。晚出的石刻虽然在内容上要丰富得多，但也只具备知识信息、著作方式、文字、物质载体和文字复制技术这五条标准，尚缺一定的装订形式。只有将石刻文字摹拓下来并装订成册，才可以称为书籍，但这已截然不同于石刻本身了。因此，古代的甲骨、青铜、石刻均不能称为图书。著名书史学家钱存训先生曾经指出："古代文字之刻于甲骨、金石，印于陶泥者，皆不能称之为'书'。书籍的起源，当追溯到竹简木牍，编以书绳，聚简成篇，如同今日的书籍册页一般。在纸发明以前，竹木不仅是最普通的书写材料，且在中国历史上，其被采用的时间，亦较诸其他材料为长久，甚至在纸发明以后数百年间，竹简木牍仍继续用作书写。"② 因此，只有经过编连的竹简和木牍用作书写材料时，我们才称为图书。

关于图书产生的具体时间，一般认为，我国图书最早产生于夏代。首先，夏代已经有了文字，为图书的产生提供了记录符号。其次，夏代已有史官。《吕氏春秋·先识览》载："夏太史令终古出其图法，执而泣之。夏桀迷惑，暴乱愈甚。太史令终古乃出奔如商。"可

---

① 《说文解字·序》。

② 钱存训：《印刷术发明前的中国书和文字记录·竹简和木牍》，北京：中国印刷工业出版社，1988年，第59页。

见终古为夏桀时的史官。所谓图法，即君主安邦治国的秘阁典籍和制度文书。再者，文献多有记载。据《论语·八佾》云："子曰：夏礼吾能言之，杞不足征也。殷礼吾能言之，宋不足征也。文献不足故也。足，则吾能征之矣。"不是说完全没有夏代的文献，只不过不足罢了。《国语·晋语》载："阳人有夏商之嗣典，有周室之师旅，樊仲之官守焉。"嗣典，即谱牒之类的图书。据《礼记正义·礼运》："我欲观夏道，是故之杞，而不足征也。吾得《夏时》焉。"这里的《夏时》当是夏代文献之一。《尚书·多士》中有这样一段话："惟尔知，惟殷先人，有册有典，殷革夏命。"以往的书史著作常把"先人"理解为殷人，以此作为商代已有图书的证据。认真分析语意，或有未安。"先人"抑或指"殷"的先人，即夏代人。也就是说，夏代已经"有册有典"。如果这种分析准确，夏代当已出现简册的书籍了，其装订形式当为卷轴装。只是由于竹木材料容易腐朽，保存不能久远，已无法获得物证。《史记》和《竹书纪年》都载有夏代帝王的世系表，尽管两者不尽相同，但大同小异。这说明两者是以同一份原始文献记录为依据的。殷墟甲骨文发现后，王国维根据卜辞中殷商的先公先王世系考证出《史记》中的《三代世表》是"信史"。这至少说明，在夏代已有谱牒之类的图书。否则，仅靠口耳相传，夏代帝王世系不可能记得如此清晰明确。

第二节　简策和帛书的形制

一、简策和简策制度

我国古代最早的正式的书籍是用竹片或木板制成的，称为"简策"或者"简牍"。将经过整治的竹片或木板按照一定的形式编连起来，专门用来书写并供人阅读，这种书籍制度就叫"简策制度"，也称"简牍制度"。后世许多关于书籍的习惯用语、书写方法、装帧形式等，大多源于简策制度。因而，这种书籍制度在中国出版史上具有极为深远的影响。

1. 简策的制作

《说文解字》云："简，牒也，从竹，间声。"简的制作材料，在南方主要是成熟的竹子，如湖北云梦睡虎地秦墓出土的简策全是竹简；而在中国的北方，由于不产竹子，多以松木、柳木为材料，如武威、楼兰、疏勒河出土的汉简全是木简。将众多的"简"用绳索皮条编连起来，就称为"册"，也称"策"。不过也有称较大的简为"策"的，如《广雅·释器》中释"策，谓之大简"，郑玄注："策，大简也。"

简策的制作大致可分为五个步骤：

第一，截制竹简。王充《论衡·量知篇》说："竹生于山，木长于林。截竹为筒，破以为牒。加笔墨之迹乃成文字，大者为经，小者为传记。"这里告诉我们，简的制作是首先把竹子裁截为竹筒，然后再劈开竹筒削成"牒"（竹片）。如毛竹厚实的话，还可以分为内外两层使用。最后用锉刀磨平，使其光滑，便于着墨书写。通常一个竹筒可剖制成宽1厘米左右的竹简三四十枚。

第二，杀青。剖开的竹简不能立即用于书写，因为新竹中富含水分，易遭虫蛀。因此要先进行烘干处理，即所谓的"杀青"，也有称为"杀汗""治竹"的。应劭《风俗通义》引刘向《别录》云："杀青者，直治竹作简书之耳，新竹有汁，善朽蠹。凡作简者，皆于火上炙干之。陈楚间谓之汗。汗者，去其汁也。吴越曰杀，杀亦治也。"在烘烤的过程中，新竹表面的颜色由青变黄，而竹简表面渐出的水分就好像竹子的"汗水"一样，故称"杀青"。"杀青"以后，再将竹简的背面、侧面用砂皮或锉刀磨平，除去毛刺使其光滑，便于编连。

明代姚福有另一种解释，认为"杀青"是削去新竹表面的青皮，因为青皮表面有釉质，光滑不易着墨。他在《青溪暇笔》中说："汗青者，竹皮浮滑如汗，以其易于改抹，既正则杀青于竹素，杀削也，言去青皮而书竹白，不可改易也。"但从出土的竹简来看，文字有写在竹简外侧的，也有写在里侧的，不尽一致，并且大多数并没有削去青皮。从技术角度看，如削去青皮，则易使竹简的坚韧强度降低，而且在烘烤去汁的过程中，釉质连同水分一起蒸发了，不存在不易着墨的问题。因此，姚氏的说话不正确。

第三，把零简编连成册。古代竹简，其长度因其用途和书写书籍的重要性而异。根据东汉郑玄的说法，《六经》书于二尺四寸之简，《孝经》一尺二寸，《论语》八寸。可见，长简常用于书写较为重要的典籍，而短者用于次要的书籍。《孝经》和《论语》直到公元9世纪才被列入儒家经典，故当时用短简书写。编连的方法，视竹简的长短，通常有两道编绳和三道编绳，最长的甚至有五道编绳（如武威出土的《仪礼》简丙本）。在简的上下或上中下处或更多的地方，用刀削制三角形的小契口，用丝绳、麻绳或皮条将每一根竹简编连在一起。编连时，简策开头常常加两枚无字之简，称为"赘简"。它有两个作用：一是保护正文；二是利用简背书写篇名或篇数。

第四，缮写正文。在一般情况下，先将简编连成册，然后再书写。这是因为，先写后编，一则容易错简，二则编绳会遮盖竹简上的文字，影响阅读。从出土的实物来看，武威医简上的第三道编痕上有空白，证明它确是先编后写的。但也有些簿记性的东西是先写后编的，或先编为短册后，再将若干短册连成长册，如居延汉简《永元器物簿》。分析其原因，可能因为是平日的零星记载，只有积累到一定程度后才有必要编连起来，以备查考，故先写后编。竹简的书写工具以笔、墨、砚为主，辅以刀、锯等。从考古发现来看，竹简主要是用墨书写的，个别也有用丹朱的。至于古代记载的"漆书"，尚未发现，故有人猜测"漆"即为墨。古时的书刀曾有人误认为是用来刻字的，实则是用来删改竹简的工具。简策的书写采取由上至下、由右至左的顺序，行数和字数亦不尽相同。通常情况下只写一行于简的正面，有时也有两行以上或正背皆书者。如在湖北云梦睡虎地出土的战国竹简，其中《日书》一种，就是采取正背皆书，文字连贯。

第五，收尾工作。它是竹简制作的最后一道工序，包括切边、卷起、加帙等工作。切边，就是把竹简上端对齐后，将简片下端多出不齐的部分裁去，使其平整；卷起，就是在切边后，以最后一枚简片为中轴，将竹简收卷起来，使有字的一面朝里，简背朝外；加帙，就是为了防止松散，竹简卷起之后，外面裹以书衣，盛在书箧、书笥内。书衣通常用浅黄色或浅蓝色的丝帛制成。浅黄色的称为"缃帙"，浅蓝色称为"缥帙"。书帙的具体做法是：先用细竹条织成帘子，然后在竹帘的表里缝上丝帛。为了便于擦掉灰尘，有的还在丝帛上涂上一层油。当然，因丝帛比较贵重，也有用其他物体代替的。如战国游士张仪、苏秦未发迹时，就曾用树皮作书衣。据晋王嘉《拾遗记》说：张仪、苏秦"每假食于路，剥树皮为书帙，以盛天下良书。"

2. 版牍的制作

段玉裁《说文解字注》云："版者，片也，从半木。版、板为古今字。"《说文解字》又称："牍，书版也。"由此可知，版的本义为薄木片，书写后的版就称为牍。版牍是以木头为原料制成的，所选的木材多为质地松软易于剖削的松木、杨柳、青柠木、桃木、梨木等。通常多就地取材，如敦煌出土的木牍中多以北方常见的松、杨为多。这些木材普遍具有速生速长、质地松软的特点，便于加工削平和携带。

制作版牍的第一步就是截木成段，然后用锯子锯割成木板，再根据书写内容的多少，文献内容的不同，截取大小不同的木片，并进行刮削整治，使之表面光平，不毛糙，便于书写。第二步就是将一块木板条分缕析，不断剖析下去，直至成宽1厘米左右的长木片为止。这样制成的木牍也称为木简或札。由于材质的差别，木简的制作显然比竹简费工夫多，容易剖成厚薄宽窄不一的木片，这从居延出土的木简就可以看出来。因此，大多数版牍是方形的，称为方或方牍、方版。在方上可以书写多列文字，通常加工好后没有书写的木板称为"版"，未加工的木牍称为"椠"。

版牍原用于书写公文，不宜作长篇文籍之用。如"方"主要用于政府档案或其他公文，可书写五行至九行，字数不过百。"版"形长方，表面宽广光滑，既可用来书写公文，亦可用来绘图，即所谓"版图"者，如《论语·乡党》："凶服者式之，式负版者。"魏何晏《论语集解》引孔安国注曰："负版，持邦国图籍者。"木版的绘图功能比竹简优越得多。"牒"薄而短，用途皆与"方"相似，唯大小不一。"牍"窄，长约一尺，多用来写私人书柬、契约，或抄录医方、历谱，亦可用于公文。这些木牍，原由三尺长之木椠截成，通常单独使用。数片连于一处，则称"札"，一如竹简编连之称为"策"。木牍还可制成数面可以书写的棱角形状，称为"觚"，多抄以檄书、小学字书如《急就篇》《苍颉篇》等，或作临时记事起草之用，也可用来练习写字。

各种版牍不仅功用不同，长度亦异。三尺者为未经刮削之椠，二尺者为命令，尺半者为公文报告，一尺者为信件，半尺者为身份证。可见，汉代木牍的尺寸皆为五寸的倍数，而战国竹简则为二尺四寸的分数。钱存训认为，其不同的原因，大约是因为"六"及其倍数为晚周及秦代的标准单位，而"五"则为汉制。汉代木牍的长度，由五寸至二尺不等。根据东汉蔡邕的说法，用作诏令的木牍为二尺或一尺。斯坦因在敦煌发现的大批木牍，长度大多是 23 厘米或 24 厘米，相当于汉制的一尺。自汉以后，日用的木牍标准乃定为一尺，私人函柬之所以被称为"尺牍"，实源于此。最短的木牍只有五寸，为通过哨兵站检查时所用的"符"。

二、帛书和帛书形制

帛，是用于书写的丝织品的通称，又有素、绢、纨、缯、缣之分。"素"由生丝制成，不经漂染；"绢"和"纨"亦由生丝制成，轻薄如纱，常用于书写和绘画；"缯"由粗丝加工织成，质厚而色暗，但较其他各种素帛经久耐用；与"缯"类似的"缣"，由双丝织成，色黄，精美细致且不透水，比普通的素贵得多。斯坦因在敦煌发现的残帛上，有注明为"缣"的文字。今人则以"缣帛"作为用于书写的丝织品的统称。

传说公元前 3000 年左右，黄帝之妻嫘祖发明养蚕织丝。在陕西南部西阴村的新石器时代遗址中，确曾发现经过人工整治的蚕茧。在其他许多新石器时代遗址，亦曾发现丝织品和石制及陶制的纺轮，这说明丝帛和纺织文化可能于史前就已在中国通行。[1] 殷商时期，甲骨卜辞中已常见"丝""茧""帛""桑"等字。入周以后，文献中有很多关于养蚕纺织的记载，如《诗经·豳风·七月》描述了青年妇女终年忙碌采桑、纺织、漂丝，为贵族们制作衣裳的情形。《诗经·卫风·氓》也有"氓之蚩蚩，抱布贸丝"之语。近年来，在许多殷代和周初的古墓中，曾发现玉茧和丝帛，如 1975 年陕西宝鸡市郊一座西周贵族墓葬中出土了大批玉茧，同时还发现了一些保留在青铜器和泥土上的丝织物和刺绣的痕迹。

缣帛出现后，由于它具有优异的书写性能，如质地轻薄，幅面宽阔，易于书写和携带，并可根据文字的长短任意裁剪，舒卷自如，方便保藏和阅读，故其用作书写材料是很自然的。《论语·卫灵公》中有"子张书诸绅"及《周礼·夏官·小司马》中有"凡有功者，铭书于王之大常"的记载，其中"绅"和"大常"都是缣帛制成的衣物。这说明，最迟在春秋时期缣帛已用来写字了。但一般认为，帛书晚于简策出现，至战国时期才开始普遍使用，如《墨子》一书中多次提到"书于竹帛"，《韩非子·安危》也称"先王寄理于竹帛"。

1942 年（一说 1934 年），在长沙子弹库战国时期的楚墓中发现了一件帛书，通称为"楚缯书"，后被掠至美国。该帛书写在一幅宽 47 厘米高 38.7 厘米的方形丝织物上，内容与历忌有关。整个幅面由《四时》《天象》《月忌》三部分文字组成：中间是两段反向书写的文字，一段 13 行，一段 8 行。四周是作旋转方式排列的 12 段边文，其中每 3 段居于一方，四方交角用赤、青、白、黑四木相隔，每段各附有一种奇怪图形。这是我国迄今发

---

① 钱存训：《书于竹帛：中国古代的文字记录》，上海：上海书店出版社，2004 年，第 94 页。

现最早的帛书实物。

1973 年，在长沙马王堆三号汉墓中出土了大量西汉帛书。帛书原藏于一个长方形的漆奁内，大多数折叠成长方形，少数卷在木轴上。经专家初步整理，这批帛书共计 28 种 12 万余字，黑墨书写，字体为小篆和隶书，抄写时间由战国末期至汉文帝初期，内容分为六艺、诸子、兵书、数术、方术和地图六类，其中以医书最多。值得注意的是，这批帛书具有很高的版本价值。如《老子》一书，有汉高祖时抄写本（甲本），有汉惠帝时抄写本（乙本）。每部上、下两篇，次序与传世本恰好相反。在"甲本"卷后和"乙本"卷前，还分别抄有四篇佚文，近三万字。经研究认为，"甲本"卷后的四篇佚文对研究儒家的五行学说很有价值，"乙本"卷前的四篇佚文可能是西汉初期盛行的黄老思想的代表作。《战国策》一书，内容大半为今本所无。《周易》也比今本多出 4000 余字，且六十四卦顺序也与今本不同。

帛书的书写格式沿用了简策的形式，是有界行的（也有预先织成的），其用红色的称为"朱丝栏"（朱介），黑色的称为"乌丝栏"。《初学记·文部》说："古者以缣帛，依书长短，随事裁之。"这说明帛书的长短是依据内容来剪裁的，内容多就长些，内容少就短些，通常是先写后裁。裁剪下来的帛书有卷轴装和折叠装两种形式，如长沙战国墓出土的楚缯书，就是折为八叠存放在漆盒内的。长沙马王堆西汉墓发现的帛书既有折叠装也有卷轴装。"卷"字常见于古代文籍中，卷轴当是帛书的主要形式。《后汉书·襄楷传》载："安阳泉水上所得神书百七十卷，皆缥白素、朱介、青首、朱目。"这当是汉代帛书卷轴的形制。

需要说明的是，作为书写材料，缣帛虽有很多优点，但因其价格昂贵，一般平民百姓难以承受，故难以普及。而且，缣帛的主要用途在于衣着，只有高贵的经典和神圣的文书，以及祭祀祖先和神灵的特殊场合，人们才使用缣帛。因此，缣帛书出现以后，没能取代简策书的主流地位。

第三节　纸的发明、改进及应用

一、纸的发明

要弄清纸的起源，首先要弄清楚古人纸的含义。东汉许慎《说文解字》称："纸，絮一苫也，从糸，氏声""苫，盖也""箔，潎絮箦也""潎，于水中击絮也"。由此观之，《说文解字》中所说的"纸"，指的是将恶茧、茧衣等丝织业中的次料、废料经漂洗后，放在竹席上于水面击打而荡在席面上的絮渣片。如果说，以任何纤维通过排水作用所粘成的薄页，都可以称为"纸"，那么纸在西汉以前甚至更早的时候就已经存在了。

在古代文献中，"纸"字在蔡伦之前已多次出现。《唐类函·三辅旧事》中曾记述了这样一个故事：西汉征和二年（前 91 年），汉武帝生病，卫太子刘据因鼻子生得高大，恐武帝恶之,乃"持纸蔽其鼻而入"。又《汉书·外戚孝成皇后传》曾述及元延元年(前12年)赵飞燕以小绿箧予狱中妇人,"中有裹药二枚,赫蹏书曰……"东汉应劭注曰:"赫蹏,薄小纸也。"有意见认为,卫太子之事是晋人所记,"赫蹏"是东汉末年人的解释,因此并不能代表当时的称谓。但纸在作为正史的《后汉书·贾逵传》里也有记载:"(汉章帝)令逵自选《公羊》严、颜诸生高才者二十人,教以《左氏》,与简、纸经传各一通。"章怀注"简、纸"曰:"竹简及纸也。"据考,此事在建初元年,即公元76年,距蔡伦造纸尚约有30年。

另外,在蔡伦之前,纸的发现已有不少物证:1933年夏,著名考古学家黄文弼带领考古队在新疆罗布淖尔古烽燧亭遗址中发现一张麻纸,长10厘米、宽4厘米,白色,品质粗糙,纸面尚存麻筋。根据同时出土的西汉黄龙元年的木简,断定此纸产于公元前49年之前,至少比蔡伦纸早154年。1957年,陕西省西安市灞桥一座西汉古墓中发现了不少古纸残片,其中一件大约10厘米见方,浅黄色,质地粗糙,帘纹不清,表面粘有未松散的麻筋和麻绳头,经分析化验证明是麻类的植物纤维所制,年代估计不晚于汉武帝时期,比蔡伦纸早200年左右。1973年,甘肃居延考古队在金关遗址中发现两团古纸,据化验,其主要原料是麻类纤维。此纸产于西汉甘露二年(前52年)之前,比蔡伦纸早157年。1978年,在陕西扶风中颜村西汉古建筑遗址中,出土了3张古纸,其中最大尺寸者长7.2厘米,宽6.8厘米,乳黄色,有一定的韧性,制作材料仍是麻类纤维,据考证为西汉宣帝之前的产品,至少比蔡伦纸早150余年。上述4种古纸除罗布淖尔纸毁于兵火外,其余3件保存至今,被列为国家一级文物。此外,1979年在甘肃敦煌马圈湾汉代烽燧遗址、1986年在甘肃天水放马滩、1990年至1992年在敦煌悬泉置遗址等地先后均有西汉纸的发现。其中最重要的是悬泉置遗址的3片残纸上有隶书药名的字迹,这是迄今所见最早有字的纸。[1]

由上可知,无论是从文献记载还是从实物来看,在蔡伦之前已有植物纤维纸的广泛存在,其时间不仅可以上溯到西汉,甚至还可能更早。如1975年湖北云梦县睡虎地的战国秦墓中出土大批竹简,其中《日书》简上有一"纸"字,字迹清晰,简为战国秦昭襄王(前3世纪)时代之物。钱存训先生认为,不论怎么解释这个字的字义,从糸旁的"纸"字出现在这一早期的考古文献上都值得重视。

对于东汉蔡伦造纸的评价,历史上大致有两种意见:一种意见认为蔡伦之前已有纸,蔡伦只是纸的改进者,如唐代的张怀瓘在其所著《书断》中说:"左伯,字子邑,东莱人……擅名汉末,又甚能造作。汉兴,用纸代简,至和帝时蔡伦工为之,而子邑尤行其妙。"北宋苏易简在《文房四谱·纸谱》中说:"汉初已有幡纸代简,成帝时有赫蹏书诏。应劭曰:赫蹏,薄小纸也。至后汉元兴,中常侍(蔡伦)剉故布及渔网、树皮而作之弥

---

[1] 钱存训:《书于竹帛:中国古代的文字记录》,上海:上海书店出版社,2004年,第111~112页。

工，如蒙恬以前已有笔之谓也。"陈槱在《负暄野录》中说："盖纸，旧亦有之，特蔡伦善造尔。"南宋史绳祖在《学斋拈毕》中也说："纸、笔不始于蔡伦、蒙恬，但蒙、蔡所造，精工于前世，则有之，谓纸笔始此二人则不可也。"因此，后世很多学者认为，造纸术是西汉以前劳动人民发明的，东汉劳动人民在继承西汉造纸技术后，又有所改进、发展和提高。至和帝时，尚方令蔡伦组织宫廷充足的人力、物力，监制出一批精工于前世的良纸，于元兴元年（105 年）奏上，经推广后，"自是莫不从用焉"。

另一种意见认为蔡伦是纸的发明者。此以刘宋范晔为代表，他在《后汉书·蔡伦传》中记载："蔡伦，字敬仲，桂阳人也……后加位尚书令。永元九年，监作秘剑及诸器械，莫不精工坚密，为后世法。自古书契多编以竹简，其用缣帛者谓之为纸。缣贵而简重，并不便于人。伦乃造意，用树肤、麻头及敝布、渔网以为纸。元兴元年奏上之，帝善其能，自是莫不从用焉。故天下咸称'蔡侯纸'。"范氏的意见在很长时间内占据了主流地位。后世沿袭这种观点的学者坚持认为，蔡伦是我国造纸术的发明者。理由是：根据汉代许慎《说文解字》中有关纸的解释，在蔡伦之前古代文献中所提到的纸，都是丝质纤维所造的，实际上不是纸，只是漂丝的副产品。而要造成一张中国式的植物纤维纸，一般都要经过剪切、沤煮、打浆、悬浮、抄造、干燥定型等基本操作。灞桥纸并不是真正意义上的纸，理由是：从外观看，其纸腼松弛，纸面粗糙，厚薄相差悬殊，是由纤维自然堆积而成，没有经过剪切、打浆等造纸的基本操作过程，不能算真正的纸。其余几种所谓西汉古纸，也都十分粗糙，充其量不过是纸的雏形。蔡伦及其工匠们在前人漂絮和制造雏形纸的基础上，从原料和工艺上把纸的品质提升到可以书写的阶段。诚然，"蔡伦纸"不会是蔡伦一手制作，但没有他的"造意"，单凭工匠也制造不出这种植物纤维纸。另外，《后汉书》有关蔡伦造纸的记载主要取自刘珍等人的《东观汉记》，而刘珍和蔡伦是同时代的人，应为可信。从记载中可知，蔡侯纸既能进贡，又能代替缣帛用作书写，纸质必定达到一定水平。还有学者认为，纸最初的发明并不是用来书写的。汉代的漂丝，是为了制作御寒的衣服。富人用新蚕茧作絮，穷人只好用旧絮，而更贫苦的人则是用麻絮而不是用丝絮来填充寒衣。在漂茧治麻的工艺过程中，可从漂絮的水里捞出纤维薄片，这就是纸的前身。它最初是杂用的，比如用作包装材料、引火材料或卫生用途。灞桥纸出土的状态，就是作为铜镜的包裹。西汉时期的古纸少有文字，这和用作书写材料的纸的概念是不一样的。因此，即使在雏形纸出土的今天，把蔡伦评作我国造纸术的发明者或代表人物仍然是正确的，是有充分历史根据的。

由此看来，关于"纸"的发明者究竟是谁，学界尚存有争议。这也说明，用作书写材料的"纸"的概念是经历了一个漫长的发展过程的。但有一个事实是无法否认的，即在蔡伦对造纸的材料来源和技术工艺进行改进之后，纸才开始作为一种书写材料逐渐被人们广泛接受。蔡伦对造纸的贡献至少有三：

第一，新原料的采用和制造方法的改进。据《后汉书·蔡伦传》记载，蔡伦造纸所用的材料可分为两类：一类是树肤和麻头，为新鲜植物纤维；另一类是敝布和渔网，为旧材料的废物利用。原来的旧材料败絮和故麻来源有限，不能大量供应。而采用树肤，可以人工培植，大量供应。两者都不妨碍纺织的需要而同时又合乎经济原则。现在所发现的早期残纸都是麻类纤维所制。至采用树皮为原料，仅能上溯至蔡伦时期。史书中对蔡侯纸的制造方法虽未详细说明，但树皮造纸必须经过剥皮、沤烂、蒸煮、舂捣、漂白及加入药剂等手续，当非原始的漂絮或用敝布等较为简单的方法可比。因此，这种新原料和新方法的使用，是蔡伦对造纸工艺的重大改良。

第二，使造纸从纺织业中分离出来。造纸以前，纸只是纺织业漂絮沤麻的副产品，产量很低，技术上的改进也很受局限。由于蔡伦采用了新原料和新工艺，纸的品质和产量都大有提高，这使得造纸业成为独立的制造行业有了可能，在造纸发展史上具有重大意义。

第三，对于造纸术的普及和推广亦有一定的贡献。"蔡侯纸"制成后，"帝善其能，自是莫不从用焉"，可见其影响范围之广。这在很大程度上得益于蔡伦长期在宫廷工作，得益于担任了"尚方令"这一主管皇室手工工场的职务。一方面他有机会近距离地观察和改进造纸的生产工艺，另一方面可以通过"奏上之"的方式，通过皇室的率先使用来推广"蔡侯纸"。

历史上任何一项重大工艺技术的发明，都有一个从设想，到雏形，再到完善的发展过程。蔡伦之前虽然有纸，但这无损于蔡伦作为重大改良者的丰功伟绩。

二、纸的改进及应用

1. 造纸术的改进

为了使纸更趋于实用，人们对造纸技术仍不断加以改进。蔡伦之后，东汉还有一位叫左伯（字子邑，东莱掖县人）的人，是当时有名的学者和书法家。他在精研书法的实践中，感到蔡侯纸的质量还可以进一步提高，就与当时的学者毛弘等人一起研究西汉以来的造纸技艺，总结蔡伦造纸的经验，改进造纸工艺。他造出的纸，光亮整洁，适于书写，盛行一时，人称"左伯纸"，与张芝笔、韦诞墨并称为文房"三大名品"。东汉书法家蔡邕"每每作书，非左伯纸不妄下笔"，南朝竟陵王萧子良给人写信时称赞"子邑之纸，研妙辉光"，足见其声誉。

魏晋南北朝时期，造纸技术又有了很大进步。第一是发明了帘床抄纸机。帘床是一个木制的长方框架，上有竹条编连而成的帘子。首先帘尺在帘床两端，用以绷紧帘子，使之保持平直。抄纸时，将竹帘斜插纸槽中，让纸浆均匀地附着在帘子上；然后提起竹帘，让多余的水分从竹条缝隙中滤出，帘面上就形成一张湿纸；最后，把这张湿纸刷在墙上烘干，一张纸就制成了（见图1-6）。用这种机械，既能造出匀细的薄纸，又能提高工作效率，是造纸史上一项划时代的伟大发明。第二是发明了染潢和涂布的纸张加工方法。古人染潢有两种方法：一种是先写后潢，即先在白纸上书写文字，然后染色。西晋陆云《陆士龙集》卷八《与兄平原书》中"前集兄文为十二卷,适讫十一,当潢之",指的就是这种方法;另一种是先潢后写,即在已染色的纸上书写文字,如荀勖《穆天子传序》中所载:"谨以二尺黄纸写上。"染潢所用的原料为黄柏中的生物碱,可杀虫防蛀,延长纸的寿命,同时还有一股清香气味。按照古代的五行说,黄是五色中的正色,故古时凡神圣、庄重的物品常饰以黄色,重要典籍、文书也取黄色。所谓涂布,是把白色矿物细粉黏合剂或淀粉刷糊到纸面上,再予以砑光。这样既可使纸变白,又可增加纸的平滑度和吸墨性。1924 年新疆鄯善出土的东晋写本《三国志》残卷,用的就是这种涂布纸。

图 1-6　中国古代造纸流程

隋唐是我国造纸业的兴盛时期,无论是纸的产地、原料来源、品种和技术都大大超过前代。就产地而言,造纸地区扩大到全国范围,其中陕西、四川、安徽、浙江为全国四大造纸中心,江苏、江西、河南等省的造纸业也较为发达。就造纸原料而言,有麻类、楮皮、藤皮、桑皮、瑞香皮、木芙蓉皮和竹类,比魏晋南北朝时期增加了好几种。就品种而言,唐代麻纸仍是主要纸种,其制作工艺已达顶峰。这一时期皮纸产量比前代有所增加,始与麻纸争夺主导地位。藤纸从晋代兴起到唐代达到顶峰,因过分砍伐野生藤,唐以后藤纸逐渐绝迹。楮皮纸因原料构树充足,产量猛增,成为高级书画用纸和重要经典著作用纸。桑皮纸的产量比前代有提高,发现于敦煌石室的隋唐之际的《妙法莲华经》即写于黄色的桑皮纸上。竹纸发明于唐代,为宋代的竹纸大发展奠定了基础。唐代已有生熟纸之分。生纸是指从纸槽中抄出后烘干的纸,未做任何加工处理,故易吸水;熟纸是对生纸经施胶、涂布、加蜡、填料、染色等加工处理的纸,纸质较密,运笔时不致走墨而晕染。纸中之王的"宣纸",就是这一时期产生和兴盛起来的。就技术而言,唐代的施胶技术又有了新发展。魏晋南北朝时以淀粉糊加入纸浆中,除有施胶效果外,还对湿纸起到润滑作用,而唐代开始使用植物黏液为施胶剂,这样可以抄造出比前代更薄的纸。唐代后期及五代时期能造出巨型皮纸，与一匹绢一样长。苏易简《文房四谱》云："江南伪主李氏，常较举人毕，放榜日给会府纸一张，可长二丈，阔二丈，厚如缯帛数重。"由此可见当时抄纸技术的进步。

　　2. 纸的应用及流传

　　自蔡伦以后，尽管造纸术在不断改进，但作为一种实用的书写材料，纸的普及却经历了一个漫长的过程。据钱存训先生估计，纸和简牍大约并存了三百年，和缣帛并用了至少五百年。至东晋末年纸卷才完全取代简牍，而帛书直至唐代仍在使用。这是因为，纸的品质和产量要完全适用于书写得有一个过程，而要转变人们早已习惯于竹帛的观念同样需要一个过程。据《北堂书钞·纸四十六》记载："崔瑗与葛元甫书云：今遣送《许子》十卷，贫不及素，但以纸耳。"这从一个侧面反映出当时有钱人是不屑于用纸的。《三国志·魏书·文帝纪》载："帝以素书所著《典论》及诗赋饷孙权，又以纸写一通与张昭。"这说明三国时期纸已用于上层社会，但同时也说明纸的地位是不如缣帛的。从目前发现的早期纸写物来看，最早的为公元二世纪的遗物，多为信函、札记、账簿之类，还没有大部头的纸写书的发现。现存最早的纸卷书籍写于3世纪，如三国魏甘露元年（256年）用"六合纸"抄写的《譬喻经》为最早的写本之一。① 这种纸是用大麻、楮皮、破布和渔网等材料所掺和制作而成，其他现存古纸也大多是用的此类材料。

　　入晋以后，纸的使用更趋普遍。西晋丞相何曾，性奢豪，"食日万钱，犹曰无下箸处。人以小纸为书者，敕记室勿报。"② 可见在当时奢靡的风气下，仍有贱纸的观念，但也从一个侧面说明纸张已在官宦之家使用了。不仅如此，政府库中藏纸的数量也相当多。如："王右军为会稽令，谢公就乞笺纸，库中唯有九万枚，悉与之。"③ "秘府中有布纸三万余枚，不任写御书而无所给。愚欲请四百枚，付著作吏，书写起居注。"④ 以上两例，不仅说明政府库内有一定量的纸藏，连谢公、虞预这样的上流人物已习惯用纸，且书写的还是记录皇帝行居的起居注，这说明纸逐渐为人们所接受。404年，桓玄帝明令以纸代简："古无纸故用简，非主于敬也。今诸用简者，皆以黄纸代之。"⑤ 至此，纸取代简牍而成为普遍的书籍材料。至南北朝时，纸张更加普及，除个别特例外，几乎已是无书不纸。载体的变更，极大地促进了文献数量的增长。东晋末年，"宋武入关，收其图籍，府藏所有，才四千卷。"⑥ 宋武的入关时间为420年，至宋文帝元嘉八年（431年）谢灵运编目的时候，图书猛增到14582卷，11年增加了3倍多。南北朝时私人藏书蓬勃发展起来，家有千

---

① 钱存训：《中国古代书籍纸墨及印刷术》，北京：北京图书馆出版社，2002年，第91页。
② 《晋书·何曾传》。
③ 《太平御览》卷六〇五引《语林》。
④ 《初学记》卷二一引晋人虞预《请秘府纸表》。
⑤ 《太平御览》卷六〇五引《桓玄伪事》。
⑥ 《隋书·经籍志》。

卷藏书已不足夸耀，万卷以上的藏书家也是屡见不鲜，最多的达 3 万卷，如陆澄、崔慰祖、王僧孺、任昉、张缅、沈约、张缵等人。私人藏书的大发展，纸的普及无疑是其中最主要的原因之一。

隋唐以后，随着造纸业的迅猛发展，纸已是无处不在，无处不用了。纸不仅用来抄书、抄公文，还用来写信、练习书法和作画。在民间，以抄书为业的经生，需大量用纸，信佛的善男信女抄写大量佛经，用纸也多。纸还用来制作灯笼、纸衣、纸被、纸帐、饰品和冥钱。晚唐时，纸甚至用来制作盔甲，如徐商拜河东节度使，"置备征军凡千人，襞纸为铠，劲矢不能洞。"① 以公文用纸为例，据《新唐书·食货志一》载："中书令李林甫以租庸、丁防、和籴、春彩、税草无定法，岁为旨符，遣使一告，费纸五十余万。"仅向全国发布一个通告就用纸五十多万张，可见唐朝官府公文用纸量之大。为此，唐中央政府向全国各地征集品质优良的纸作贡纸。《新唐书·地理五》列出 9 个州以纸作土贡：浙江杭州余杭郡的藤纸、越州会稽郡的纸、衢州信安郡的绵纸、婺州东阳郡的藤纸、安徽宣州宣城郡的纸、歙州新安郡的纸、池州的纸、江西江州浔阳郡的纸、湖南衡州衡阳郡的绵纸。《唐六典·右藏署令》也记载了几个州必须向官府提供各种纸张，如益府（成都府）的黄白麻纸，杭、婺、衢、越等州的上等精细黄白状纸，均州的大模纸，宣、衢等州的案纸、次纸，蒲州的百日油细薄白纸等。据不完全统计，唐代大约有 12 个州的纸作为土贡提供给中央政府作公文用纸。

造纸术不仅成就了灿烂的中华文明，也为世界文明作出了重要贡献。两汉交替之际，大批中国百姓为避乱涌入朝鲜半岛，造纸技术随之传到那里。20 世纪 60 年代，在朝鲜半岛的一处古墓中曾经发现过带有西汉永始三年（前 14 年）字样的纸张，成为有确切年代可考的中国造纸术外传的最早物证。751 年，唐朝大将高仙芝率军与大食（阿拉伯帝国）将军沙利会战于中亚重镇怛逻斯（今哈萨克斯坦的江布尔）。由于唐军中的西域军队发生叛乱，唐军战败，唐军中的部分造纸工匠被阿拉伯军队俘虏。沙利将这些工匠带到中亚重镇撒马尔罕，让他们传授造纸技术，并建立了阿拉伯帝国第一个生产麻纸的造纸场。在怛逻斯战役中被俘的唐代著名史学家杜佑的侄子杜环，后来辗转归国。在他的回忆录中，曾提及中国工匠传授阿拉伯人造纸术的史实。随后，源自中国的造纸术随着阿拉伯大军迅速传到叙利亚、埃及、摩洛哥、西班牙和意大利等地。

第四节　图书的抄写

在印刷术发明之前，文献的复制主要是通过手工抄写来完成的。抄书按其性质可分为两类：一类是不带营利性质的，如政府官员受命在征集图书、整理藏书过程中的抄书，私人为读书治学而抄书，即属此类；另一类是带营利性质的，或受雇于官方机构，或受雇于

---

① 《新唐书·徐商传》。

私人、书商、寺观等，以获取经济利益为目的而替别人抄书，故称为"佣书"。有学者认为，出版是复制并传播文献的活动。照此定义，抄书、佣书都应属于我国古代早期的出版活动。

一、先秦两汉的抄书、佣书活动

抄佣书现象早在先秦伴随着图书的产生就已经出现了。《墨子·兼爱下》有"书于竹帛，镂于金石"的话，这是对纸书出现以前书籍制作和复制方式的高度概况。1993年，湖北荆门郭店出土了战国中期三种不同版本的简书《老子》，是迄今所见年代最早的《老子》抄本。佣书最早见于战国时期，据王嘉《拾遗记》卷六载："张仪、苏秦二人，同志好学，迭剪发而鬻之，以相养。或佣力写书，非圣人之言不读。"入汉以后，抄佣书现象更为普遍。首先是官方非常重视抄书，汉武帝元朔五年（前124年）诏令"置写书之官"。汉成帝河平三年（前26年），诏刘向等整理国家藏书，每书《叙录》之后都有"杀青而书，可缮写也"之类的话。汉政府还注意搜访民间藏书，每遇好书，辄令抄写收藏。例如东汉著名学者贾逵精通《左传》《国语》，"为之解诂五十一篇。永平中，上疏献之。显宗重其书，写藏秘馆。"①

其次是民间私人抄书也很盛行。汉代私人抄书当首推河间献王刘德，他用精写本换取民间故旧本，抄书数量"与汉朝等"②。另外，司马迁、梁子初、杨子林、王溥、李郃、班超、高君孟、盖晋、陈长次等人也抄了不少书。司马迁写成《史记》之后曾说："藏之名山，副在京师，俟后世圣人君子。"③可见《史记》于正本之外，还另抄了一副本。梁子初、杨子林抄书的事迹见于桓谭《新论》："余同时佐郎官梁子初、杨子林好学，所写万卷，至于白首。"梁子初、杨子林终生抄书，积至万卷。东汉安帝时，琅琊人王溥"家贫不得仕，乃挟竹简插笔，于洛阳市佣书。美于形貌，又多文辞，来僦其书者，丈夫赠其衣冠，妇人遗其珠玉。一日之中，衣宝盈车而归"④。可见当时佣书已不限于官方，在民间亦有很大市场。李郃，字孟节，汉中南郑人，曾在洛阳太学求学，"常以赁书自给"⑤。东汉著名史学家班超，少时"家贫，常为官佣书以供养"⑥。与班超同时代的高君孟，为官佣书成终身职业。据《书林纪事》卷二："高君孟自伏写书，著作郎署哀其老，欲代之，不肯。云：我躬自写，乃当十遍读。"盖晋，敦煌人，"贫为官书，得钱，足供而已"⑦。东汉末期的陈长次，字君渊，"昼则躬耕，夜则赁书以养母"⑧。

---

① 《后汉书·贾逵传》。
② 《汉书·河间献王传》。
③ 《史记·太史公自序》。
④ 《拾遗记》卷六。
⑤ 《太平御览》卷二五二引《李郃别传》。
⑥ 《后汉书·班超传》。
⑦ 《太平御览》卷四二六引东汉侯瑾《汉皇德传》。
⑧ 《北堂书钞·写书》。

二、魏晋南北朝的抄书、佣书活动

魏晋时期，抄佣书活动继续发展。魏时蔡琰，字文姬，陈留人，蔡邕之女。据《后汉书·列女传》记载，蔡琰继承其父遗书 4000 余卷，但因颠沛流离，丧失殆尽，后根据记忆抄写了 400 多篇。吴人阚泽，字德润，会稽山阴人，"家世农夫，至泽好学，居贫无资，常为人佣书。"① 晋代官方抄书记载不多，西晋惠帝时国子祭酒裴頠曾"奏修国学，刻石写经"。晋代民间抄书可考的有葛洪、纪瞻、范汪、释僧肇等。葛洪，字稚川，丹阳句容人，《晋书·葛洪传》称其"少好学，家贫，躬自伐薪，以贸纸笔，夜辄写书诵习，遂以儒学知名"。纪瞻，字思远，丹阳秣陵人，《晋书·纪瞻传》称其"性静默，少交游，好读书，或手自抄写"。范汪，字玄平，十三岁丧母，家贫无资，"乃庐于园中，布衣蔬食，然薪写书"②，最终博学多通。释僧肇，京兆人，年少家贫，"以佣书为业"③。晋代抄书最为著名的例子当属"洛阳纸贵"的故事了。左思作《三都赋》，初不为人所重，皇甫谧为其写了篇序言，张载、刘逵、卫权又先后为之作注，于是豪贵之家竞相传抄，一时洛阳为之纸贵。这也说明当时抄家甚多。

南北朝时期抄佣书已经非常盛行。据曹之先生统计，南北朝官方大规模抄书见于记载的约有 13 次④，只是由于文献无征，抄书数量大多不得而知。南北朝时期，以梁代抄书最多，共有三次：第一次是梁武帝天监初年（502 年），诏令张率抄乙部书，"又使撰妇人事二十余条，勒成百卷，使工书人琅琊王深、吴郡范怀约、褚洄等缮写，以给后宫"⑤。第二次是在梁武帝天监二年（503 年），"（到洽）迁司徒主簿，直待诏省，敕使抄甲部书"⑥。第三次是在梁武帝天监七年（508 年），张率"除中权建安王中记室参军，俄有敕直寿光省，治丙丁部书抄"⑦。至此，梁武帝天监年间把四部群书全部抄写了一遍。其他规模较大的抄书有：宋文帝元嘉间年，文帝"使秘书监谢灵运整理秘阁书，补足遗阙"。"补足遗阙"的主要手段就是抄写。南齐永元末，当时"后宫火，延烧秘书，图书散乱殆尽。（王）泰为丞，表校定缮写，武帝从之"⑧。北魏孝庄帝时抄书数量也很多，抄后有一年多没有编目，乱七八糟。后来孝庄帝令高道穆编写秘书目录。⑨ 除上述较大规模的抄书活动外，官方还设有负责抄书的胥吏，把聚书、抄书当作一项经常性的工作，如《魏书·

① 《三国志·阚泽传》。
② 《晋书·范汪传》。
③ （梁）释慧皎撰，汤用彤校注：《高僧传》卷六《晋长安释僧肇》，北京：中华书局，1992 年，第 248 页。
④ 曹之：《中国古籍版本学》（第 3 版），武汉：武汉大学出版社，2015 年，第 144 页。
⑤ 《梁书·张率传》。
⑥ 《梁书·到洽传》。
⑦ （清）朱铭盘：《南朝宋会要·文学·藏书》。
⑧ （清）朱铭盘：《南朝宋会要·文学·藏书》。
⑨ 《魏书·高崇传》。

蒋少游传》载，少游因佣书而知名，"被召为中书写书生"。又《北齐书·张景仁传》载：景仁因"工草隶，选补内书生"。《北齐书·赵彦深传》载：彦深"初为尚书令司马子如贱客，供写书。子如善其无误，欲将入观省舍"。《南史·庾肩吾传》又载：肩吾"初为晋安王国常侍，王每徙镇，肩吾常随府。在雍州被命与刘孝威、江伯摇、孔敬通、申子悦、徐防、徐摛、王囿、孔铄、鲍至等十人抄撰众籍"。

南北朝民间抄佣书的例子甚多。王淮之，字元曾，琅琊临沂人，任宋丹阳尹，生前抄书甚多，死后"有遗抄一簏，谓之青箱学"①。沈驎士，字云祯，吴兴武康人，藏书数千卷。在他80多岁时，一场大火把其藏书全部烧光，但他并不灰心，"手以反故抄写，火下细书，复成二三千卷，满数十簏"②。臧逢世，东莞人，"欲读班固《汉书》，苦假借不久，乃就姊夫刘缓乞丐客刺书翰纸末，手写一本"③。袁峻，字孝高，陈郡阳夏人，"笃志好学，家贫无书，每从人假借，必皆抄写，自课日五十纸，纸数不登则不止"④。王筠，字元礼，"幼年读五经，皆七八十遍。爱《左氏春秋》，吟讽常为口实。广略去取，凡三过五抄。余经及《周官》《仪礼》《国语》《尔雅》《山海经》《本草》并再抄。子史诸集皆一遍。未尝倩人假手，并躬自抄录，大小百余卷，不足传之好事，盖以备遗忘而已"⑤。郑灼，字茂阳，东阳信安人，"家贫，抄义疏以日继夜，笔毫尽，每削用之"⑥。裴汉，字仲霄，河东闻喜人，"借人异书，必躬自录本"⑦。以上所举都是抄书自用的例子。此外还有很多佣书的例子，如陶贞宝，字国重，秣陵人，"家贫，以写经为业，一纸直价四十"⑧。周山图，义兴人，"少贫微，佣书自业"⑨。庾震，字彦文，新野人，双亲病故，无钱安葬，乃"赁书以营事，至手掌穿，然后葬事获济"⑩。王僧孺，字僧孺，东海郯人，少时"家贫，常佣书以养母"⑪。朱异，字彦和，吴郡钱塘人，"居贫，以佣书自业"⑫。张缵，字伯绪，范阳方城人，晚年"颇好积聚，多写图书数万卷"⑬。这么大量的抄书，想必是雇人所抄。北齐神武皇帝长子高澄曾雇书手抄写过《华林遍略》，据《北齐书·祖珽传》载："州客至，请卖《华林遍略》，文襄（即高澄）多集书人，一日一夜写毕，退

---

① （唐）许嵩：《建康实录》卷十二。
② 《南齐书·沈驎士传》。
③ （北齐）颜之推：《颜氏家训·勉学》。
④ 《南史·袁峻传》。
⑤ 《梁书·王筠传》。
⑥ 《陈书·儒林传》。
⑦ 《周书·裴汉传》。
⑧ 《云笈七签》卷一〇七《纪传部·华阳隐居先生本起录》。
⑨ 《南齐书·周山图传》。
⑩ 《梁书·庾震传》。
⑪ 《梁书·王僧孺传》。
⑫ 《梁书·朱异传》。
⑬ 《南史·张缵传》。

其本曰:'不须也。'"《华林遍略》是一部 700 卷的类书,一昼夜抄毕,说明当时社会上的书手极易招雇。在北方,崔光,字长仁,东清河鄃人,"年十七,随父徙代。家贫好学,昼耕夜诵,佣书以养父母"①。刘芳,字伯文,彭城人,因战乱流落平城, "处穷窘之中……昼则佣书以自资给"②。蒋少游,乐安博昌人,"见俘,入于平城……以佣写书为业"③。房景伯,字长晖,生于桑乾,"家贫,佣书自给,养母甚谨"④。

三、隋唐的抄书、佣书活动

隋唐以后,抄佣书事业更为发达。隋朝享国日浅,但对图书事业却相当重视。隋政府部门都配备了大量的专业书手,如中书省就有书手 200 人,秘书省有书手 20 人。隋朝官方抄书主要由秘书省负责,可考的大规模的抄书活动主要有 5 次⑤:第一次抄写是在隋文帝开皇三年(583 年),根据秘书监牛弘的建议,于各地搜访图书,"每书一卷,赏绢一匹。校写既定,本即归主"⑥。第二次是在开皇九年(589 年)平陈之后,据《隋书·经籍志》载:"及平陈已后,经籍渐备。检其所得,多太建时书,纸墨不精,书亦拙恶。于是总集编次,存为古本。召天下工书之士,京兆韦霈、南阳杜頵等于秘书内补续残缺,为正副二本,藏于宫中。其余以实秘书内、外之阁,凡三万余卷。"第三次是在开皇十七年(597 年),许善心编写《七林》时,善心"奏追李文博、陆从典等学者十许人,正定经史错谬"⑦。按照惯例,文献整理完毕都要重抄一遍。第四次是开皇二十年(600 年),王劭等在编写《开皇二十年书目》时,按照"校写"图书的习惯做法,也抄写了不少图书。第五次是在隋炀帝即位之后。这次抄书活动规模之大,远非前四次可比。据司马光《资治通鉴·隋纪六》载:"初,西京嘉则殿有书三十七万卷,帝命秘书监柳顾言等诠次,除其重复猥杂,得正御本三万七千卷。纳于东都修文殿。又写五十副本,简为三品,分置西京、东都宫、省、官府。其正书皆装翦华净,宝轴锦褾。"这次抄书活动分为两步:第一步是抄写正御本 37000 卷;第二步是抄写 50 副本。一套副本的卷数是 37000 卷,50 套副本的卷数则是 185 万卷。抄本的装订也很讲究,正本"装翦华净,宝轴锦褾";副本按内容分为三类,"上品红琉璃轴,中品绀琉璃轴,下品漆轴"⑧。此外,隋代民间佣书业依然兴隆,兹举二例。沈光,字总持,吴兴人,"陈灭,光家于长安……甚贫窭,父兄并以佣书为事"⑨。虞世基,字茂世,会稽余姚人,"及陈灭归国,为通直郎,直内史省。贫无产

---

① 《魏书·崔光传》。
② 《魏书·刘芳传》。
③ 《魏书·蒋少游传》。
④ 《北史·房景伯传》。
⑤ 曹之:《隋代官方出版考略》,《晋图学刊》,2004 年第 5 期。
⑥ 《隋书·经籍志》。
⑦ 《隋书·许善心传》。
⑧ 《隋书·经籍志叙》。
⑨ 《隋书·沈光传》。

业，每佣书养亲，怏怏不平"①。

唐代官方大规模抄书共有 7 次②：第一次是在高祖武德五年（622 年），因图书在隋末战乱中丧失殆尽，令狐德棻"奏请购募遗书，重加钱帛，增置楷书，令缮写"③。第二次是在太宗贞观年间，"命秘书监魏徵写四部全书，将进内贮库。别置雠校二十人、书手一百人。征改职之后，令虞世南、颜师古等续其事，至高宗初，其功未毕。显庆中，罢雠校及御书手，令工书人缮写，计其酬佣，择散官随番雠校"④。此次抄书，前后历时 30 余年。第三次是在唐高宗乾封间。乾封元年（666 年）十月十四日，"集儒学之士刊正，然后缮写"⑤。第四次是在唐玄宗开元五年（717 年），著名学者褚无量"以内库旧书，自高宗代即藏在宫中，渐致遗逸，奏请缮写刊校，以弘经籍之道。玄宗令于东都乾元殿前施架排次，大加搜写，广采天下异本。数年间，四部充备。仍引公卿已下入殿前，令纵观焉。开元六年驾还，又敕无量于丽正殿以续前功"⑥。到开元八年（720 年）褚无量"临终遗言，以丽正写书未毕为恨"⑦。第五次在玄宗天宝间。从天宝三载（744 年）至十四载（755 年），集贤院书库"续写又一万六千八百四十三卷"⑧。第六次在德宗贞元间。抄书之后，编有《贞元御府群书新录》。第七次是在唐文宗时，当时"郑覃侍讲禁中，以经籍道丧，屡以为言，诏令秘阁搜访遗文，日令添写"⑨。除上述 7 次规模较大的抄书活动外，官方平时也抄书，如《旧唐书·吐蕃上》载："（开元十八年）吐蕃使奏云：'公主请《毛诗》《礼记》《左传》《文选》各一部。'制令秘书省写与之。"唐政府机关都配备有专事抄书的书手，据张九龄《唐六典》载，唐玄宗时，集贤院有书直及写御官 100 人、装书直 14 人、造笔直 4 人；秘书省有校书郎 8 人、楷书手 80 人、熟纸匠 10 人、装潢匠 10 人、笔匠 6 人；著作局有楷书手 5 人；太史局有楷书手 2 人、装书历生 5 人；弘文馆有楷书手 75 人、笔匠 3 人、熟纸装潢匠 8 人；司经局有楷书手 25 人。这些书手除了抄写公文外，还兼事抄书。由于官方重视，至开元间，凡四部库书，两京各一本，共 125960 卷，可惜这些书尽毁于安史之乱。后来肃宗、代宗、文宗等又陆续搜购抄写数万卷。

唐代私人抄书可考的也不少。韦述，少聪敏，好谱学，"秘阁中见常侍柳冲先撰《姓族系录》二百卷，述于分课之外手自抄录，暮则怀归。如是周岁，写录皆毕"⑩。柳仲郢，字谕蒙，京兆华原人，柳公绰之子，《旧唐书·柳公绰传》载其"退公布卷，不舍昼

① 《隋书·虞世基传》。
② 曹之：《中国古籍版本学》（第 3 版），武汉：武汉大学出版社，2015 年，第 147~148 页。
③ 《旧唐书·令狐德棻传》。
④ 《旧唐书·崔行功传》。
⑤ 《唐会要·经籍》。
⑥ 《旧唐书·褚无量传》。
⑦ 《旧唐书·褚无量传》。
⑧ 《唐会要·集贤院》。
⑨ 《旧唐书·经籍志》。
⑩ 《旧唐书·韦述传》

夜。《九经》《三史》一抄；魏晋以来南北史再抄。手抄分门三十卷，号《柳氏自备》"。吴彩鸾，古代女子抄书的著名代表，据《列仙传》载："彩鸾写《唐韵》，运笔如飞，日得一部。售之，获钱五缗。"①《全唐文》卷八一六引李竣《慧山寺家山记》云："贞元中，先丞相方肃公……退隐山寺僧房，犹孜孜勤经史，洎十年，手写书籍，前后约五百轴。"华良夫，"从十岁读书，学为文章，手写之文，过于千卷"②。陆龟蒙，字鲁望，多所论撰，"得书熟诵乃录，雠比勤勤，朱黄不去手。所藏虽少，其精皆可传"③。许多著名文人的作品很多也是赖以传抄才得以流传下来的，如白居易的《白氏文集》，就先后誊写五本，分寄五处，以便传诸后世。唐代民间佣书现象仍不少，如萧铣，后梁宣帝曾孙，"少孤贫，佣书自给，事母以孝闻"④。王琚，怀州河内人，"及同皎败，琚恐为吏所捕，变姓名诣于江都，佣书于富商家"⑤。

---

① 《书林清话》卷十《女子抄书》。
② 《唐摭言》卷二《恚恨》。
③ 《新唐书·陆龟蒙传》。
④ 《旧唐书·萧铣传》。
⑤ 《旧唐书·王琚传》。

第二章　图书的编撰及编辑活动

第一节　编辑活动考源及"编著合一"现象

一、编辑活动考源

编辑活动有着悠久的历史。早在殷商时期，甲骨上就已出现"编"字。从甲骨文"编"字的原始形态来看，左边是编连物参差不齐的龟册形象，右边是代表物品性质的符号"系"，是一个会意字，指的是串联龟册的丝绳。古文中"编"与"缠"可以通假。几股丝绞在一起称"辫"，几根"辫"绞在一起称"缠"。可见"编"最初用以指编连龟册的丝辫绞成的绳索。孔子读《易》，"韦编三绝"中的"编"就是此义。西周后期，简册取代了龟甲，"编"字也指编连简册的绳索，不过简册的编绳已不仅限于丝绳。后来"编"又派生出多种含义。如作动词，《说文》："编，次简也。从糸，扁声。"段玉裁注："以丝次第竹简而排列之，曰编。"《史记·孔子世家》："序书传，上纪唐虞之际，不至秦缪，编次其事。""编次"便是按次序编排的意思，它反映了编辑工作的最原始、最基本的含义。如作名词，如《史记·留侯世家》："出一编书，曰：读此则为王者师矣。"裴骃《史记集解》引徐广《史记音义》曰："编，一作篇。""编"又成了文献单位，如"上编""下编""简编""长编"等。

"辑"字的本义为车舆。《说文解字·车部》："辑，车和辑也。"段玉裁注云："辑，车舆也。各本作'车和辑也'，大误，今正……《列子·汤问篇》唐殷敬顺释文引《说文》'辑，车舆也'，殷氏所见未误。"古时"辑"与"缉"相通。《说文解字·糸部》："缉，绩也。"段玉裁注云："凡麻……析其皮如丝而割之，而续之，而后为缕，是曰绩，亦曰缉，亦累言缉绩。"《拾雅·释训中》："缉，会聚也。"《韩非子·外储说左上》："饰以玫瑰，辑以翡翠。"王先慎集解："《艺文类聚》《御览》引均作'缉以翡翠'"，陈奇猷校注："辑、缉相通。"《汉书·艺文志》："夫子既卒，门人相与辑而论纂，故谓之《论语》。"颜师古注曰："辑，与集同"，有搜集之义，就是把各自分散的事物收集整理起来。

从现有材料来看，"编"与"缉"连用要早于"编"与"辑"连用。《魏书·李琰之传》载："修撰国史……前后再居史职，无所编缉。"《魏书》是北齐中书令兼著作郎魏收奉诏于天保二至五年（551—554年）编撰的北魏史，可惜北宋初已有部分散佚，其中包括《李琰之传》。今本是根据《北史》补全的，而《北史》是唐李延寿于贞观四年（643

年）采录各朝史书编撰而成的。也就是说，"编缉"一词最早出现于6世纪或7世纪中期。"编缉"在《李琰之传》中意同修撰，"无所编缉"也就是无所修撰。李延寿稍晚于显庆四年（659年）编成《南史》，其中讲到梁朝名臣刘苞"少好学，能属文，家有旧书，例皆残蠹，手自编缉，筐箧盈满"。这里的"编缉"指的是书籍的整理修补行为。唐刘知幾在《史通·史官建置》"原注"中引高宗咸亨年间（670—674年）的一道诏令称："修撰国史，义存典实，自非操履忠正，识量该通，才学有闻，难堪斯任。如闻近日以来，但居此职，即知修撰，非唯编辑讹舛，亦恐泄漏史事。"此处的"修撰"是指著述、撰写；"编辑"是指避免史料发生差错或遗漏，仍是整理之意。唐高崇仪凤初（676年）《颁行新令制》称："然以万机事广，恐听览之或遗；四海务殷，虑编辑之多缺。"这里的"编辑"亦指广泛收集整理资料之意。唐玄宗时期的著名书法家颜真卿的伯父颜元孙写《干禄字书序》时说："若总据《说文》，使下笔多碍，当去泰去甚，使轻重合宜，不揆庸虚，久思编辑。"颜元孙想在《说文解字》的基础上删掉一些内容深奥且不常用的词条，按照自己的思想和体例，另编一本他认为更适用的字书。这里的"编辑"，有删削编纂或改编的意思。

以上是从辞源的角度来考察"编辑"一词的起源。而实际上，从收集材料、整理成书的古义来看，编辑工作早在先秦就已经产生了，只是暂没有"编辑"的名目罢了。孔子作《春秋》，"笔则笔，削则削"①，"笔削"便是"编辑"一词出现前的同义词或近义词。先秦经典古籍大致可以分为三类：第一类是选择已有文献资料编成的书籍，以《诗》《书》为代表。第二类是诸子的著作。诸子之书又有不同情况，有个人的著作，如《老子》，《史记·老子韩非列传》中说："（老子）至关，关令尹喜曰：子将隐矣，强为我著书。于是老子乃著书上下篇，言道德之意五千余言而去。"有弟子门人根据笔记辑录整理而成的书，如《论语》《墨子》等。第三类是既有著作又有选编的作品，如《周易》。它包括经、传两部分。《易经》是卜筮官根据长期积累的卜筮资料总结而成的，春秋中叶已有蓝本（也有学者认为在西周初期就已成书）。《易传》是解释《易经》的作品，完成于战国中期至秦末汉初，是成于众人之手的著作汇集。

从先秦文献的流传来看，历史上长期积累的文献资料，只有按照一定的标准和体例，进行选择、整理之后才能成为可以阅读流传的书籍。早期做这种工作的人只能是负责记录、保管这些资料的人，即史官、乐官和卜筮人员。直到"官守其学"的局面被打破后，才有其他文人学者加入其中。每当文献资料积累到一定程度，需要向社会传播的时候，便有人进行选择、整理，将它们编次结集而成书籍。《诗》《书》的选编就是这样产生的。我们不能说《诗》《书》是由哪一个人独立编成的，而是成于众人之手，最后经过孔子的整理。他们所做的工作，不是直接创造文化成果，而是选择整理文化成果，但对于文化的传播和发展却有重要意义。这是选编的情况。著作情况同样离不开编辑工作。先秦时期，

---

① 《史记·孔子世家》。

著书立说者很多，有些书留下来了，有些书则湮没无闻。连当时的显学墨家学说也在很长时期内成为绝学。这就是选择的结果。当时没有专职编辑人员做选择工作，但社会需要一些人做这类工作。他们或是作者的门人弟子，或是信奉这一学派的人，或是需要阅读、研究这些著作的人，于是他们将自己认为有需要、有价值的作品加以编辑、传抄，使其流传于社会。像《庄子》这类某一学派作品的汇集，没有人收集、选择，是不可能成为可以流传的书籍的。整理也是诸子之书能够流传的必要条件。这是因为，有的著作本身尚未最后定型，比如没有书名，多数以单篇流传，没有结集成为一个定本；有的著作由多人分别抄写流传，或由各家学派世代相传，因而形成不同的版本，内容多有差异；有的著作的传抄者常根据自己的需要羼入其他作品或自己的作品；有的著作在传抄过程中由于错简和抄写的笔误，造成文字和内容上的错误和缺漏。这些情况都需要有人选定内容，完善体例，刊改错误。这里说的整理，实际上包括了选择和加工两方面的内容。

通过以上考察可以看出，书籍的产生和流传与编辑活动有着密切的联系。先秦典籍首次记录了中华民族长期积累的对自然、社会和人的认识成果，是中华文化的奠基之作。而这批典籍既有原作者创作活动的成果，也有编者收集、选择、整理活动的成果。无数编者的名字虽然湮没在历史长河里，但他们在文化创造和文化传播方面的贡献却永不磨灭。因为文化成果转化为书籍，收集、选择、编次、加工是不可或缺的环节。无人收集，文化成果就会散失；无人选择，文化成果就会精芜杂陈；无人编次整理，文化成果就不能获得固定有序的形式，也就无法在社会上流传。选编的《诗》《书》是这样，著作的《老子》《论语》等书也是这样。因此我们可以说，编辑活动和书籍是同步产生、同步发展的。早在夏代图书出现之时，原始的编辑活动就相应产生了。只是由于时代久远，当时的图书编辑活动已无从查考。但有一点可以肯定的是，当时学在官方，官守其学，图书编辑活动当由官方垄断，个人参与其中。现在可考的最早的图书编辑家当属孔子七世祖正考父，时为西周宋国大夫。据《国语·鲁语下》："昔正考父校商之名《颂》十二篇于周太师，以《那》为首。"今本《诗经·商颂》仍以《那》为篇首，正是当年由正考父所定。

二、"编著合一"现象

"编著合一"是中国古代编辑活动中普遍存在的现象，也是古代编辑活动的一大特色。中国古代文献不论是官修还是私著，作者往往既是著作者，又是编辑加工者。既编又著，把编辑工作融于著述活动之中，称为"编著合一"，完全不同于现今著作与编辑分属两个不同的体系。这些编著者多为学富五车的饱学之士，在学术研究中常把创作活动与编辑活动融为一体，在整理和编排文献时，按照自己的理解对原始文献的内容加以阐发和延伸，将自己的学术思想和观点巧妙地融入注释和编排体例之中。

张舜徽先生在《中国文献学》中将历史文献的产生方式归为三类：第一是"著作"。它是将一切从感性认识所取得的经验教训，提高到理性认识以后，抽出最基本最精要的结论，而成为一种富于创造性的理论。第二是"编述"。它是将过去已有的书籍，重新用新的体例，加以改造、组织的工夫，编为适应于客观需要的本子。第三是"抄纂"。它是将过去繁多复杂的材料，加以排比、撮录，分门别类地用一种新的体式出现。三者虽同是书籍，但从内容实质看，却有高下深浅的不同。

古人对于"作"和"述"是有严格区分的。王充在《论衡·对作篇》中说："造端更为，前始未有，若仓颉作书，奚仲作车，是也。《易》言伏羲作八卦，前是未有八卦，伏羲造之，故曰作也。"仓颉造字，奚仲造车，伏羲作八卦，都是前所未有的开创性工作，可见"著作"强调的是"前所未有"的创作。按照这种理解，真正称得上"著作"的文献并不多。因此，孔子在整理完"六经"之后，才会给自己下一个"述而不作，信而好古"① 的自我鉴定。

所谓编述，《说文》解释为："述，循也。"强调的是古已有之，有所因循。清代学者焦循对"述"下过这样的定义："已有知之觉之者，自我而损益之。或其义久而不明，有明之者，用以教人，而作者之义复明，是之谓述。"② 可见，这种因循并不是简单的继承，而是有所创造的继承。它要求编述者对前人的作品有个消化、吸收、领会的过程。在领会的过程中，可能还有所增益，使之更加完整；或有所删订，使之更加正确。而对于那些隐晦的道理，还要做一番探微索隐的工作。按照这种理解，编述是既包含了编辑（即收集材料、整理成书）的成分，又包含了著作的成分，即所谓"编著合一"。如孔子根据鲁国历代史官递相编撰的国史，"笔则笔，削则削"，修成《春秋》，后人对微言大义的《春秋》进行注解，又生成了《左传》《公羊传》和《穀梁传》，这些都可以看作是编述的成果。有的文献编述的难度并不亚于文献的原创，因而成了历史名著，如裴松之的《三国志注》、郦道元的《水经注》、刘孝标的《世说新语注》和李善的《文选注》，有"四大名注"之美誉。由汉到隋八百年中，祖述六经的两汉传注、六朝义疏以及史部群书等，大多属于编述文献。因而可以说，"编著合一"是中国古代编辑活动中极普遍的现象。

所谓抄纂，是根据一定体例缀辑旧文，强调的是对原始文献不加改窜地照录，如丛书、类书、资料汇编的编纂即是。这种文献生成方式编辑的成分居多。但在编排体例的安排，在注释、序跋的编写等方面，也体现了一定的著作成分。

历史上"编著合一"的现象不胜枚举。如《论语》的编撰，是孔子死后由其门人弟子根据记忆和听闻，将孔子与其弟子的语录片段记载下来，经过有意识的筛选并进行了一定的文学艺术加工，显然有著作的成分，但其编纂意图十分明确，即通过对孔子及其弟子的言论进行选择、加工、整理，以传播儒家思想。像司马迁编撰我国第一部纪传体通史《史记》，除了采用《六经》中的资料外，还博采《世本》《国语》《战国策》《楚汉春秋》之类的古书，尽可能地凭借几部古代重要的文献典籍，用裁剪、熔铸的方式加以改编，成为贯通古今的通史。例如他依据《尚书》写成夏、商、周《本纪》；依据《左传》和《国

---

① 《论语·述而》。
② （清）焦循：《雕菰集·述难篇》。

语》写成列国《世家》；依据《论语》写成《孔子世家》《仲尼弟子列传》。其他如《孟子荀卿列传》《老子韩非列传》，也都是从诸子百家的书里，通过提要钩玄的工夫总结出来的。因此，当士大夫壶遂将他修《史记》的工作和孔子修《春秋》相提并论时，司马迁却在《太史公自序》中郑重其事地说："余所谓述故事，整齐其世传，非所谓作也。而君比之于《春秋》，谬矣。"这里的"述"和"整齐"都是"收集材料、整理成书"的意思。我国另一部史学名著《资治通鉴》也很好地体现了"编著合一"的特点（参见第二编第二章第一节"宋代图书编撰及编辑活动"）。

任何事物的发展总有一个孕育、分化、独立的过程，编辑工作亦不例外。"编著合一"成为我国文献史上的一种普遍现象，反映了编辑工作起源于著述活动的实质。由于当时社会生产力低下，人们的思想观念和科学技术不发达，反映在文化生产、文化传播和文化接受上受主客观条件的制约和限制较多，社会分工不明显。各朝上层建筑中设有称谓不同但实质一样的文化官员，例如太史令、著作郎、修撰、编修等。他们在整理、编撰国史之类的文献时，本身既是作者又是编者，其行为既是著述活动又是编辑活动。即使民间的著书立说、编集修整行为，也是编著主体合一，编著行为不分。但到了近代，随着社会的发展和专业分工的细化，编辑工作开始从著述活动中游离出来，成为独立的文化工作，其性质也发生了相应的变化。

第二节　先秦图书编撰及编辑活动

中国古代图书"编著合一"的历史状况，决定了我们在研究古代图书编辑出版史时，必须以历代图书编撰情况为考察对象。图书产生于夏代，图书编撰活动也随之出现。夏、商、周三代的图书编撰是与史官制度密不可分的。从夏、商至西周时期，执掌图书编写、收藏、使用的权利主要集中在史官手里，政教不分、官师一体。这一时期的文献主要是档案性质的，多为卜辞及帝王言行的记录，传播范围有限，只能称为图书编辑出版活动的萌芽时期。春秋末年，史官制度渐被打破，学术开始向民间下移，私家著述兴起，编辑活动有了较大发展。

一、史官制度与史书的编撰

中国古代的史官制度，起源很早。据《吕氏春秋·先识篇》载："夏太史令终古出其图法，执而泣之。夏桀迷惑，暴乱愈甚，太史令终古乃奔如商。""终古"是最早见于记载的史官人名，可见夏代已有记事的史官。殷商时期甲骨文中的"作册""史""尹"等都是史官名，所以《尚书》中有"王命作册""命作册度"等语。从已发掘的殷墟卜辞来看，商王的一切活动，包括战争、祭祀、田猎、农事、官员任免、吉凶预测等，都要向上帝卜问，几乎是每天必卜，每事必卜。商王之下最高的执政官，就是那些身兼数职的巫、史。巫史集团不仅掌握着直接与神事有关的占卜、祭祀的大权，而且事实上还控制着军事、司法、教育、历法、记事、保管档案等方面的大权，甚至直接掌管着王室事务。如武丁时的史官甘盘，既是王的老师，又是军事将领，同时还是王室档案的保管者，权重位尊可见一斑。巫史集团融入早期国家体制的过程，就是将中国古代特有的宗教神学势力不断融合和依附于世俗政治的过程，同时把他们"敬祖重史"的传统自然延伸和渗透到整个统治集团的灵魂与主流意识之中。因他们本来就有注重保存部族传说和历史知识的传统，故进入官方系统后，便自然而然地承担起掌管宫廷文书和记事之职，并由此发展成为一种史官记事制度。

周代的史官，名目渐繁，职掌渐细。据《周礼·春官》载，周王室有所谓五史：大史、小史、内史、外史、御史等。大史又作太史，掌管国家典法籍则，发布历法，主持国家祭祀活动；小史掌管邦国之志及贵族世系等事务；内史掌管爵、禄、废、置、生、杀、予、夺八法，策命诸侯及卿大夫，并掌书王命；外史掌管向京畿以外的地区发布王令，掌四方地志与三皇五帝之书，并起草外交文书；御史掌管邦国及都鄙、万民之治令，掌赞书。上述五官为春官之属，而六官之下，莫不有史。老子为周王室的守藏史，就是掌管文书典籍的史官。可见他们各有职掌。但其时史官仍多与巫官并提，属同一系统。至春秋时期，王室式微，五霸迭兴，虽然史官制度延续着西周旧制，但由于受到社会发展的冲击和破坏，旧的史官制度内部不断发生变迁，这表现在两个方面：

第一是史官的流散。由于诸侯国的兴起，周王朝的史官大量流向诸侯国。《左传·昭公十五年》："及辛有之二子董之晋，于是乎有董史。"辛有是周平王时的王朝大史，他的子孙就有一支流散到晋国作了史官。在先秦文献中，常可以看到春秋时各诸侯国史官忠于职守的记载，著名的如晋国的董狐直书大臣"赵盾弑其君"事。春秋中晚期，随着诸侯国政权重心的下移，诸侯的史官又开始流入卿大夫家，如《国语·晋语九》："赵简子田于娄，史黯闻之，以犬待于门。"韦昭注云："史黯，晋大夫史墨，时为简子史。"史官流入卿大夫家，造成了家史的兴起。《仪礼》记载诸侯国卿大夫家，多有史官行祭祀、卜筮、文书、典礼等职事，应是春秋中晚期卿大夫家史官兴起的如实反映。

第二是史官职守的分化。春秋时期，史官的职守开始沿着两个方向分化：一是向神秘化方向发展。这一时期史官对文化学术的垄断地位受到严重冲击，部分史官不得不依靠倡言鬼神来与新的社会思潮相抗衡，如《史记·封禅书》载："苌弘以方事周灵王，诸侯莫朝周，周力少，苌弘乃明鬼神事，设射《狸首》。《狸首》者，诸侯之不来者。依物怪欲以致诸侯。"二是向记事方向发展。春秋时期，随着诸侯国之间交往的日益频繁，需要记录成案的事情及盟会、约誓、纳贡等也越来越多，这就使得原本依附于神职事务的史官的记事功能获得了发展与完善。《国语·楚语》载："有事不书，是史失其职守。"《左传·僖公七年》："夫诸侯之会，其德刑礼义，无国不记。"《礼记》也有"动则左史书之，言则右史书之"的说法。

史官记事制度的发达，使先秦时期出现了一批由史官编录的历史文献、世族谱系和官方大事记。中国最早的档案文献汇编《尚书》收录的大多就是春秋以前历代史官保存的重要文件和政论。《史记》中提及的《牒记》《春秋历谱牒》，以及《世本》中的一些记载也当出自官修。至于《左传》中提到的《郑志》，《孟子·离娄》提到的楚《梼杌》、晋《乘》、鲁《春秋》，《墨子·明鬼篇》提到的齐、燕、宋诸《春秋》，《史记·六国年表》提到的《秦记》，大抵都是各诸侯国的大事记。这些文献虽因秦吞并六国后，令"史官非秦记皆烧之"，而多亡佚，但仍能从流传至今的《春秋》和《竹书纪年》中窥其大略。此外，还编写了诗、礼、乐之类的书。《汉书·艺文志》曰："古有采诗之官，王者所以观风俗，知得失，自考正也。"《孝经·广要道章》引孔子曰："移风易俗，莫善于乐；安上治民，莫善于礼。"由此可见，先秦尤其是春秋战国时期竹帛书的繁盛，与当时史官们所做的大量"收集材料，整理成书"的劳动是分不开的，他们在长期的史书编辑实践中，创立了正式的史书体裁。

（1）编年体

殷商时期的甲骨文中已用干支记日，日下记所卜之事。西周有史官记载帝王事迹的"牒记"，到春秋时期已经形成比较成熟的按年、时、月、日顺序的记事方法，出现了各诸侯国（如齐、燕、宋）史官编定的《春秋》，故墨子曾说："吾见百国《春秋》。"孔子编定的《春秋》是我国现存最早的一部编年体史书，该书将历史事件严格按发生时间的年月日顺序编排，准确记录了自鲁隐公元年（前722年）至鲁哀公十四年（前481年）的历史。《竹书纪年》，西晋太康二年（281年）出土于战国魏襄王墓中，以编年体例记录夏、商、周三代事，止于魏襄王，据考证是由魏国史官编订而成。原书已佚，今仅有辑本传世。《世本》，战国时人依据古代各国史官长期积累的史料整理而成，记录黄帝至春秋时期帝王、诸侯、列国卿大夫的世系。原书亦佚，有清儒辑本传世，为后世谱录类文献的滥觞。

（2）国别体

《国语》分周语、鲁语、齐语、晋语、郑语、楚语、吴语、越语，记八国人物、事迹和言论，旧题春秋末鲁国人左丘明撰。西晋出土的战国时期的竹简有名为《国语》的古书，其中言及楚、晋事，证明此书在战国时期已流传于世。《战国策》由西汉刘向根据《国策》《国事》《短事》《事语》《长书》《修书》等六种书整理而成。原书多记纵横家言行，以战国时游士书信说辞为主，相传为当时各国史官或策士辑集而成。这种史书体裁在秦始皇统一中国之后逐渐退出了历史舞台。

（3）纪事本末体

据《史记》载，先秦已知的纪事本末体史书有两种。一是铎椒编的《铎氏微》。《十二诸侯年表》序记载："铎椒为楚威王傅，为王不能尽观《春秋》，采取成败，卒四十章，为《铎氏微》。"二是《虞氏春秋》，《十二诸侯年表》序又载："虞卿上采《春秋》，下观近势，亦著八篇，为《虞氏春秋》。"此二处《春秋》是先秦各诸侯国编年史的通称。铎椒和虞卿因编年史纪事绵延数年，牵连多国，"不能尽观"，因此将其中有关史事的记载采录出来，按历史事件发展的始末重新加以编排，使其首尾完整，得见成败，便观始末。这种改变后的体例就是后世所谓的"纪事本末体"。

二、私学兴起与子书的编撰

继春秋诸侯争霸后，战国群雄并起，社会动荡不安。在这样一个"邦无定交，士无定主"的时代，各种社会思潮和学术思想也如星聚云涌。各家学派出秦入楚，游走于诸侯之间，并相互诘难辩论，形成了百家争鸣的局面。春秋末战国初形成了以孔丘的儒家、墨翟的墨家、李耳的道家为中心的三大思想流派；战国中期以后有儒家的孟子、荀子，道家的尹文子、庄子，法家的商鞅、韩非子，名家的公孙龙、惠施，阴阳家的邹衍，兵家的孙武、孙膑等。《汉书·艺文志》中"诸子略"共著录儒家、道家、阴阳家、法家、名家、墨家、纵横家、杂家、农家、小说家等 10 家、189 种、4324 篇，其中大部分为战国时期的著述，如《论语》《孟子》《荀子》《老子》《庄子》《墨子》《韩非子》《管子》《晏子》《孙卿子》等。

春秋末战国初，诸子书的编撰有一个特点，即基本上都是老师去世后，由其弟子门人编辑而成，内容多为老师与弟子的言谈记录，即所谓的"语录体"。如《论语》几乎每章都是以"子曰"开始，《墨子》也有很多篇章是以"子墨子曰"开始的。最初的语录体文献没有系统完整的编纂体例，往往每句话即为一章，章与章节不相连贯，因不是一人一时之作，故内容庞杂没有逻辑性。从篇名看，最初的形式是摘取首章数字以作标识，无所取义。以《论语》为例，"学而第一""为政第二"等篇名，既不是完整的短语，也不能概括全篇内容，各篇之间亦无一定联系。由于成于多人之手，弟子各有记载，且年代先后不一，故内容有重复现象，如"巧言令色，鲜矣仁"句，重见于《学而篇》和《阳货篇》；"三年无改于父之道，可谓孝矣"句，重见于《学而篇》和《里仁篇》。这都是早期资料汇编的特点。

到了战国初期和中期，诸子书基本上仍是先师去世后由其弟子编辑成书，但编撰形式和内容都有了一定进步。如《孟子》一书，不仅记载孟子的言论，而且文字成篇，首尾一致，因事为文，即文成章。从问题的提出到辩论的展开，有关人物对事件的不同看法和态度，双方的口气和表情都有所描述。这说明诸子书在编辑成书之前已进行了初步加工，使得单篇的内容颇具连贯性。但这时篇名仍和《论语》一样，撮取每篇第一句的几个字作为标识，无所取义，篇与篇之间仍没有一定的逻辑联系。到战国后期，诸子大多在生前即将其作品以篇为单位进行编辑传播，待去世后再由其弟子将单行的篇什编辑成书，其性质颇类似于后世编辑的别集。如《韩非子》，据《史记·老子韩非列传》："非见韩削弱，数以书谏韩王，韩王不能用……故作《孤愤》《五蠹》《内外储》《说林》《说难》十余万言……人或传其书至秦，秦王见其《孤愤》《五蠹》之书。"由于以篇为单位独立传播，而一篇文献往往只有一个主题，因而归纳出来的篇名大致能反映其内容。

三、教育家孔子的编辑活动及其历史意义

孔子（前 551—479 年），名丘，字仲尼，鲁国陬邑人，春秋末年的思想家、政治家和

教育家，儒家学派的创始人。他少时家贫，年长后做过委吏、乘田等小吏，曾拜老聃学过礼，拜苌弘学过乐，拜师襄学过琴，30 岁左右就开始聚徒讲学，50 岁时做过鲁国的司寇，后周游列国，终不见用。晚年回到鲁国，致力于教育活动，集中整理编订了《六经》。

孔子所处的春秋末期，正是我国社会历史由奴隶制向封建制过渡的时期。这一时期，周室式微，一系列社会制度和价值观念也随之崩溃。孔子用他自己的话讲就是"信而好古"，因此对"礼坏乐崩"的社会趋势很不满，企图"恢复周礼"。为了推行他的政治主张，他周游列国，游说诸侯，但四处碰壁。由于他的政治主张不能为诸侯所用，遂认为"我欲载之空言，不如见之于行事之深切著明也"①。值此无可奈何之际，他只有转而从事古代文献的整理，以"追迹三代之礼"，并通过兴办教育的途径，以所编订的《六经》为教本，传播其思想和主张。尽管他的政治理想在当时的情况下不可能实现，但孔子的这些活动打破了贵族对教育的垄断，同时也整理和保存了我国古代文化遗产。

1. 孔子与"六经"的关系

孔子编订《六经》的最早记载见于《庄子·天运》："孔子谓老聃曰：丘治《诗》《书》《礼》《乐》《易》《春秋》六经。"而记述较为系统的当推司马迁《史记》："孔子之时，周室微而礼乐废，《诗》《书》缺，追迹三代之礼，序《书传》，上纪唐、虞之际，下至秦穆，编次其事。"又说："古者《诗》三千余篇，及至孔子，去其重，取其可施于礼义，上采契、后稷，中述殷、周之盛，至幽、厉之缺……《礼》《乐》自此可得而述，以备王道，成《六艺》。"② 后人据此将孔子对六经的整理归纳为：删《诗》《书》，定《礼》《乐》，赞《易》道，修《春秋》。这里的"删""定""赞""修"，显然是多种不同的编撰方式。

《诗经》是民歌与祭歌总集，写作时间始于周初，下迄春秋，地域涉及黄河流域及汉水一带。作者既有贵族，也有平民，特别是其中的"国风"，采自各地民歌，文化习俗、语言风格差异很大。但我们今天见到的《诗经》，不仅绝大多数为四言体，而且用韵也很一致。许多诗的章次结构和叠韵形式也大同小异。这说明《诗经》是经人挑选、修改和润色而成的。孔子究竟有没有删订过《诗经》？后世有不同的看法。按照司马迁的看法，孔子将古诗 3000 余篇删为 305 篇。取舍的原则，一是去其重，二是以礼义规范为标准，并亲自配乐，使之符合韶武雅颂之音。《论语·述而》篇云："子所雅言，《诗》《书》、执礼，皆雅言也。"《子罕》篇说得更直接："吾自卫返鲁，然后乐正，雅颂各得其所。"这里所说的"乐正"和"雅颂各得其所"和司马迁所说的"三百五篇皆弦歌之，以求韶武雅颂之音"，显然指的是同一回事。但也有学者否认孔子删订过《诗经》，理由主要有三：第一，《左传·襄公二十九年》记载吴公子季札到鲁国观周乐，演奏十五国风和雅颂各部

---

① 《史记·太史公自序》。
② 《史记·孔子世家》。

分，其编排顺序与今天的《诗经》大体相同。而据现存资料来看，孔子当时只有八岁，根本不可能删《诗》。第二，孔子自己只是说"正乐"，并没有说删《诗》。虽然当时的诗是配乐的，但诗和乐毕竟还是有区别的。再说孔子返鲁"正乐"时已经六十九岁，如果删《诗》与此同时发生，那之前所称的"《诗》三百"又作何解释？第三，《诗经》中有不少所谓的"淫诗"，亦不符合孔子礼乐仁政的思想。上述两种观点至今仍争论不休。比较合理的解释是，《诗经》诸篇是由各诸侯国协助周王朝采集而来，然后由史官和乐师编纂成型，之后孔子也可能对《诗经》进行过整理。

　　《尚书》是我国古代最早的一部典型的档案文献汇编。孔子有没有编撰过《尚书》，这个问题比较复杂。因为《尚书》本身的版本问题比较复杂，有今文和古文两个版本系统，后来又有"伪古书《尚书》"。虽然《论语》里多次提到"书"，但它的篇目和后世流传的《尚书》的篇目不相符合，因此有学者否认孔子编撰过《尚书》。但传统的看法认为，孔子曾经"序"今文《尚书》，这主要是根据《史记·三代世表序》的记载："孔子因史文次《春秋》，纪元年，正时日月，盖其详哉。至于序《尚书》则略，无年月，或颇有，然多阙，不可录。"这里的序就是次序、整理的意思。孔子作为一个大教育家，曾经诵读、教授《尚书》是确定无疑的，在诵读教授过程中，对它的各个版本进行整理也是很自然的事情。

　　《礼》，包括《周礼》《仪礼》《礼记》。关于《周礼》的作者，有很多种说法，有说是周公所作，有说是战国人作，有说是汉人刘歆伪作，也有说是东周惠王时某人所作。一般认为，《周礼》虽出自儒家之手，但与孔子关系比较疏远。关于《仪礼》的作者有两说，一说是周公，以唐孔颖达和贾公彦为代表，但后人多怀疑此说。另一说便是孔子。《史记·孔子世家》《史记·儒林列传》《汉书·儒林传》都有此记载。一般认为《仪礼》为孔子亲手修订是可信的。当然，该书并不是孔子凭空编造的，而是采辑周鲁各国的礼仪资料整理而成的。《礼记》又称《小戴礼记》，是秦汉前各种礼仪论著的选集，相传为西汉戴圣编撰。《乐》和《礼》的关系十分密切，因为很多礼仪的进行都要配乐，因此孔子对《乐》的整理也是很自然的事情。

　　《易》，分为经文和经传两部分。经文包括卦画、卦辞、爻辞三项内容。经传是对经文的解释，包括《彖传》《象传》等《十翼》。《易》的产生时间非常复杂，它的经文中的三项内容产生时间也是不一致的，有很多种说法。经传的产生时间当然比经文的时间晚。一般认为，孔子和《易》的经文没有关系，但可能创作了部分经传的内容。关于孔子和《易》的关系，《史记·孔子世家》有："读《易》，韦编三绝。"《论语·述而》有："加我数年，五十以学《易》，可以无大过矣。"等记载。

　　《春秋》是我国古代最早的一部编年体史书。传统的看法认为，孔子编修了《春秋》。根据是《孟子·滕文公下》的记载："世衰道微，邪说暴行有作，臣弑其君者有之，子弑其父者有之。孔子惧，作《春秋》。"司马迁在《史记·孔子世家》和《史记·太史公自序》中也有类似的表述。孟子距离孔子时代不远，且为孔子学术的传人，他所言孔子作

《春秋》，其真实性应该是可信的。但有人根据《左传·哀公十六年》中"夏四月己丑，孔丘卒"的记载提出质疑，如果是孔子所编，怎么会记自己死亡的时间呢？另外，《春秋》的体例也存在前后不一的情况。这怎么解释呢？这说明该书成于众人之手，是鲁国史官世系相承、集体编撰而成的。孔子作为鲁国人，在给弟子讲述国史的过程中，在鲁国国史的基础上进行了整理是很有可能的，至于说《春秋》有孔子卒年的记载，则只能说明，在孔子身后，仍有人对《春秋》的内容进行了递补。

2. 孔子的编辑思想及其历史意义

（1）"述而不作，信而好古"①

这是孔子从事文献编撰坚持的第一原则，也是其编辑思想的集中体现。《礼记·乐记篇》说："作者之谓圣，述者之谓明。"凡是前始未有的创造，叫"作"；凡是前有所凭借，只是加以编次整理的工夫，只能叫"述"。按照这种划分，孔子编订六经，不过是整理古代文献而已，所以他给自己下了"述而不作"的自我鉴定。孔子编订《六经》所依据的材料，都是故国文献，所谓"先王之陈迹"。《诗》《书》《礼》《易》，大多是原始档案文献的汇编。《春秋》虽属编述性的作品，但基本上是依时代顺序排比史实，属于大事记的性质，都尽可能保持原有的文字。他认为把事实照录下来，要比自己空发议论深刻明白得多，即所谓"微言大义"。孔子倡导"述而不作"的编撰原则，为我国图书编辑，特别是史料的编纂创立了科学的原则，为历代学者所推崇和遵行。

（2）"不语怪、力、乱、神"②

也就是删去芜杂妄诞的篇章。所谓的"怪""力""乱""神"，就是宣扬怪异、暴力、叛乱和神鬼之事。"力"和"乱"，是孔子一向反对的，可能因此不谈；"怪"和"神"则可能是孔子"多闻阙疑"的部分，因此也不谈。孔子在编订《六经》过程中，对故国文献中大量有关鬼神的糟粕，都本着上述原则加以删除，所以《六经》中很少涉及鬼神主宰之类芜杂妄诞的篇章。这条原则对于现代图书编纂的选材来说仍是具有积极意义的。

（3）"攻乎异端，斯害也已"③

攻，治也。即专持异端观点的危害可以休矣，也就是要持中庸之道。孔子所处的时代，各种社会思潮蜂起，他的思想观点、政治主张自然会受到其他学说的非难和反对，而他把反对自己学说的观点称为异端，这是"百家争鸣"时代的反映。在编辑文献时，删除自认为是有害的见解，是不足为怪的。这也正说明编者在图书编辑工作中的主体地位。然而孔子的这条标准，在今天看来，显然有其历史局限性。排斥一切与编者观点对立的材料，这对于选材来说并不是完全可取的。

---

① 《论语·述而》。
② 《论语·述而》。
③ 《论语·为政》。

（4）"多闻阙疑"①"毋意，毋必，毋固，毋我"②。

所谓多闻阙疑，就是要求多听，多看，对有怀疑的地方加以保留，而不必妄改。在进行必要的校改时，则应采取不臆测、不武断、不固执、不主观的态度。兹举孔子校改经文的一个例子。《春秋》载："昭公十二年，春，齐高偃帅师纳北燕伯于阳。"这段话很费解。《公羊传》注解说："伯于阳者，何？公子阳生也。子曰'我乃知之矣。'在侧者曰：'子苟知之，何以不革？'曰：'如尔所不知何？'"何休在《公羊解诂》中说："子，谓孔子。乃，乃是岁也。时孔子年二十三，具知其事，后作《春秋》，案《史记》（不是司马迁的《史记》，而是鲁国旧史），知'公'误为'伯'，'子'误为'于'，'阳'在，'生'刊灭阙。如，犹奈也。犹曰：'奈汝所不知何，宁可强更之乎？'此夫子欲为后人法，不欲令人妄臆错。"即取"多闻阙疑"的办法，以为后人作示范，说明他在编辑加工文献时是严格忠于原文的。

四、《吕氏春秋》的编撰

《吕氏春秋》，又名《吕览》，成书于秦始皇统一全国前夕。该书的编撰迎合了先秦诸子由"百家争鸣"到相互交融合流的转变，适应了政治上全国统一局面形成的需要。其时，吕不韦以秦相之尊，招致食客三千，"乃使其客人人著所闻"，编成了这部20余万言，以为"备天地万物古今之事"的巨著。该书分十二纪、八览、六论。其内容兼儒墨，合名法，集众家之长。在选稿方面，体现了秦国特有的务实精神，如不是简单地排斥名家言论，但反对不切实际的诡辩；收录不少墨家学说，但不取它的鬼神之说；引用庄子、列子的宇宙观，却不采用荒诞不经的说法。在体例上，该书编次整齐有序，系统性很强。书中所论，包括治国、哲学、政治、道德、军事、艺术、经济、历史，以及做人、养生等方面，各篇都有精心拟定的标题，在编排上构成了一个具有严密条理的整体。像这样一部书，如果事前没有制定周密的写作计划，没有组织专门的编辑班子，没有预定题目、篇名，它是根本无法"凑"出来的。正因如此，吕不韦才敢在书成之后，在首都咸阳市门公布，"悬千金其上，延诸侯游士宾客有能增损一字者予千金"③。从《吕氏春秋》的问世过程来看，从组建写作班子、拟定内容、收集材料、筛选整理材料到书成之后征求多方意见等，可以说，吕不韦的编辑活动完全是自觉的，用现在的话说，他已经具有"出版意识"了。《吕氏春秋》的编撰，代表了战国时期图书编辑的最高水平。

五、先秦图书编撰的特点

综前所述，先秦图书编撰有以下特点：第一，就编撰形式而言，以汇编整理为主，一

---

① 《论语·为政》。

② 《论语·子罕》。

③ 《史记·吕不韦列传》。

书编撰者多非一人，而是成于众人之手，且成书时间较长，非一时之功，这样就造成先秦著作的编撰者和成书年代非常复杂；第二，就图书内容而言，先秦多子书，这主要与当时的政治气候有关；第三，就编撰体例而言，已经出现编年体、国别体和纪事本末体，并出现了图书编撰凡例，如杜预《春秋左氏传序》云："其发凡以言例，皆经国之常制，周公之垂法，史书之旧章，仲尼从而修之，以成一经之通体。"可见，早在孔子之前，史书已经"发凡以言例"，孔子整理史书所用凡例乃"史书之旧章"。

第三节　秦汉图书编撰及编辑活动

一、秦代文化政策与图书编撰

公元前 221 年，秦国灭六国之后，建立了中国第一个封建中央集权的统一帝国。针对长期以来诸侯割据造成的"田畴异亩，车途异轨，律令异法，衣冠异制，言语异声，文字异形"① 的局面，秦始皇采取了统一法律、统一货币和统一度量等一系列措施，以维护和巩固中央集权。在文化上，除了采用战国阴阳家的"五德终始说"来维护秦朝的法统，使其皇权神秘化外，还施行了统一文字和焚书坑儒两个互为表里的重要举措。李斯以周代籀文为基础，汲取齐鲁等地通行的蝌蚪文笔画简省的优点，创制出一种形体匀圆齐整、笔画简略的新文字，称为"秦篆"，作为官方规范文字颁行全国，为图书在全国范围内的传播扫清了障碍。这是其积极的一面。但秦始皇同时采纳了李斯焚书的建议，"非秦记皆烧之""所不去者，医药、卜筮、种树之书"②。公元前 212 年又因对儒生不满，秦始皇活埋了460 多位儒生。秦代焚诗书、坑儒生、禁私学的文化专制行为，也是对中国古代典籍的一大摧残，对文化的发展起了严重的阻碍作用。

秦代沿用前代官制，但有所变更，执掌图籍的官员是御史大夫。《汉书·百官公卿表上》称："御史大夫，秦官，位上卿……在殿中掌图籍秘书。"御史大夫是御史之长，主要做皇帝的秘书工作，如掌管文书、图籍，记述皇帝言行，起草文件等。御史张苍曾任柱下史，"明习天下图书计籍。"③ 秦代史官当也编撰了一些图书，但限于文献无征，所知不多。据《史记·六国年表序》称，秦史官曾编撰了《秦记》，但不载日月，文略不具。《汉书·艺文志》小学类序称："《博学》七章者，太史令胡母敬所作也。"但由于秦代历史过短，其图书编撰谈不上有什么成就。

二、两汉图书编撰机构及官私编校活动

西汉统治者在吸取秦朝速亡的教训后，实行"与民休息"的政策，文化环境相对宽

---

① 郭沫若主编：《中国史稿》（第 2 册），北京：人民出版社，1976 年，第 124 页。

② 《史记·秦始皇本纪》。

③ 《史记·张丞相列传》。

松。汉高祖即位不久，即废除秦代对私学的禁令。汉惠帝四年（前191年）更诏告天下，取消"挟书令"，大收篇籍，广开献书之路。到汉武帝时，"建藏书之策，置写书之官"①，各地图书逐步被收集起来，并得以立于学官，博士官增多，这就为汉武帝独尊儒术创造了条件。汉武帝从加强中央集权的需要出发，采纳董仲舒等的建议，"罢黜百家，独尊儒术"，立五经博士，尊儒兴学，并将教育、考试和选官结合起来。士人只要潜心攻经，就可能入仕，大大刺激了官方和民间对书籍的需求。

东汉沿袭西汉崇儒的文化政策。光武帝刘秀除了积极争取儒生、博士的支持外，还广泛组织了对图书文献"采求阙文，补缀漏逸"的搜集编辑活动，于是四方学士"莫不抱负坟策，云会京师"②。东汉其他皇帝也多崇尚儒学，雅爱典籍。如明帝刘庄曾亲自主讲儒经，诸儒或执经端坐于前，或侧耳站立于后，听讲者数以万计。章帝刘炟也曾亲自主持今古文学派的学术论辩，钦定了班固编撰的《白虎通义》一书。灵帝刘宏于熹平四年（175年）诏蔡邕等人正定经书文字，刊石于太学门前，这就是历史上著名的"熹平石经"。两汉崇儒兴学的文化政策为这一时期图书编辑出版的发展提供了有利条件。

西汉时期的官方图书编撰机构有石渠阁、天禄阁、麒麟阁等。据《三辅黄图》《汉宫殿疏》等史籍载，萧何建造三阁后，用石渠阁典藏"入关所得秦之图籍"，用天禄、麒麟二阁来"藏秘书，处贤才"。汉宣帝时起，石渠阁、天禄阁已成为校书和著述之所。宣帝甘露三年（前51年），曾诏集诸儒讲《五经》异同于石渠阁，由太子太傅萧望之平奏其议，宣帝亲临裁决。汉成帝时的刘向、王莽时的扬雄亦都曾在天禄阁校书。

东汉以后，兰台、东观和秘书监成了重要的图书编撰机构。兰台在洛阳南宫，西汉时即为典藏御史台藏书之所，专收王朝中央档案典籍，由御史中丞执掌。又设兰台令史6人，负责图籍的编撰和保管工作。兰台是当时最主要的藏书及图书编校机构。据《后汉书》载，明帝永平五年（62年），兰台令史班固受命与陈宗、尹敏、孟异等共同编撰《世祖本纪》，还曾与贾逵、傅毅等多人在兰台共同校理藏书。东观，始建于汉明帝时期，主要收藏东汉王朝建立后积聚的图书，章帝后渐取代兰台成为国家主要的藏书及编撰机构，时人誉之"老氏藏室，道家蓬莱"。在东观任职者为校书郎，又称东观郎、著作郎。刘珍、李尤就曾在此编撰过《东观汉记》。随着藏书的不断丰富及图书编校活动的频繁，旧有的集藏书、编纂、著述、校对活动于一体的工作模式已经不能适应社会发展，于是，桓帝延熹二年（159年）专门创立了我国历史上第一个主持图书编校工作的官方机构——秘书监，"掌典图书、古今文字，考合异同，属太常。以其掌图书秘记，故曰秘书。"③ 秘书监荀悦曾对班固的《汉书》进行过改编，将其纪传体改为编年体，编成《汉纪》。作为图书编撰专门机构的设立，秘书监对于推动中国古代图书出版事业发展的意义不言而喻。

---

① 《汉书·艺文志》。
② 《后汉书·儒林传序》。
③ （元）马端临：《文献通考》卷五十六《职官考十·秘书监》。

"天下既定"之后，汉朝就开始了有计划有组织的图书编校工作，"令萧何次律令，韩信申军法，张苍定章程，叔孙通制礼仪，陆贾造《新语》。"① 汉武帝以后，文献中屡有图书编校活动的记载。为兴边弭狄，武帝曾令"军政杨仆捃摭遗逸，纪奏《兵录》"②。宣帝为统一思想，在甘露三年（前51年）于未央宫石渠阁"诏诸儒讲五经同异"③，并亲自称制临决。然而，上述几次图籍整理工作都是出于应急性的政治需要，所整理的图书常囿于某一方面，不成系统。成帝时，"学残文缺，稍离其真"④，对图书的整理再次成为当务之急。于是在河平三年（前26年）"使谒者陈农求遗书于天下"⑤，同时诏令刘向等人整理"经传、诸子、诗赋、兵书、数术、方技"之书，开始了中国官方历史上第一次大规模的图书编校工作。东汉荀悦在《汉纪》中对这次图书整理给予中肯的评价："刘向父子典校经籍，而析义分方，九流区别，典籍益彰矣。"东汉除殇、冲、质、少帝四个短命王朝外，还有九代，其中七代从事了图书整理。较著名的有以下几次：光武帝时，"博通经记"的学者尹敏和"善说灾异谶纬"的薛汉整理图谶书籍；明帝时贾逵与"班固并校秘书"⑥，历时十余年，直至章帝时才结束。章帝"建初中大会诸儒于白虎观，考详同异，连月乃罢。肃宗亲临称制，如石渠故事，顾命史臣，著为《通义》。"⑦ 安帝时，先于永初四年（110年）令刘珍、马融"及《五经》博士校定东观《五经》诸子传记百家艺术，整齐脱误，是正文字。"⑧ 后又在元初四年（117年）因"经传之文多不正定，乃选通儒谒者刘珍及博士良史诣东观，各雠校家法"，并令蔡伦监典此事⑨。顺帝永和元年（136年），诏伏无忌"与议郎黄景校定中书《五经》、诸子百家艺术"⑩。灵帝熹平四年（175年），议郎蔡邕"与五官中郎将堂溪典、光禄大夫杨赐、谏议大夫马日磾、议郎张训、韩说、太史令单扬等，奏求正定《六经》文字"⑪，刻石于太学门外，成为儒家经典的标准版本。

除官方主持的图书整理之外，两汉私人图书编撰活动也很盛行。刘安，汉高祖之孙，文帝时袭父封淮南王，为人好书，"招致宾客方术之士数千人，作为《内书》二十一篇，《外书》甚众，又有《中篇》八卷，言神仙黄白之术，亦二十余万言。"⑫ 今传说《淮南子》即其《内书》21篇，《外篇》33篇早已亡佚。董仲舒，西汉经文学家，一生著述甚

① 《汉书·高帝纪》。
② 《汉书·艺文志》。
③ 《汉书·宣帝纪》。
④ 《汉书·楚元王列传》。
⑤ 《汉书·艺文志》。
⑥ 《后汉书·贾逵传》。
⑦ 《后汉书·儒林列传》。
⑧ 《后汉书·安帝本纪》。
⑨ 《后汉书·蔡伦传》。
⑩ 《后汉书·伏无忌传》。
⑪ 《后汉书·蔡邕列传》。
⑫ 《汉书·刘安传》。

丰，内容"皆明经术之意，及上疏条教，凡百二十三篇，而说《春秋》事得失，《闻举》《玉杯》《蕃露》《清明》《竹林》之属，复数十篇，十余万言，皆传于后世。"① 司马迁，西汉著名史学家，编撰了我国第一部纪传体通史《史记》。扬雄，西汉辞赋家，一生"实好古而乐道，其意欲求文章成名于后世，以为经莫大于《易》，故作《太玄》；传莫大于《论语》，作《法言》；史篇莫善于《苍颉》，作《训纂》；箴莫善于《虞箴》，作《州箴》；赋莫善于《离骚》，反而广之；辞莫丽于相如，作《四赋》。皆斟酌其本，相与放依而驰骋云。"② 班固，东汉史学家，编撰了我国第一部纪传体断代史《汉书》。贾逵，东汉经学家，一意研经，编撰了《左传解诂》《国语解诂》《周官解诂》《周易贾氏义》《古文尚书训》《尚书古文同异》《毛诗贾氏义》《春秋左氏长经章句》《春秋三家经本训诂》等诸经传注及论难文字百余万言，为汉人著述数量最多者之一。许慎，东汉古文经学家、文字学家，编撰有《说文解字》《五经异义》《孝经古文说》《淮南鸿烈解诂》等书，其中《说文解字》是我国第一部根据字形结构解说字义、字音的文字学专著。郑玄，字康成，东汉著名经学家，著有《六艺论》《天文七政论》《毛诗谱》《驳许慎五经异义》等。时"经有数家，家有数说"，各有家法和师承，形成了对立的学术政治派别，郑玄于是"囊括大典，网罗众家，删繁裁芜，刊改漏失。自是，学者略知所归。"③ 他以校释的形式全面校勘了群经，如编校《三礼》时，采用古文本与今文本对勘、古书与今书并校的办法，择善而从；注明原来古文本或今文本中作什么字，以备读者查考；发现错简、误字，在注中加以纠正，并不逞臆改字，由此开拓了一系列校勘准则，把训诂、考据与义理很好地结合起来，成为注经的典范。

三、《史记》与《汉书》的编撰

司马迁（前145—前86年?），字子长，夏阳（今陕西韩城）人，著名史学家。"年十岁则诵古文"④。后随父司马谈入长安，先后从名儒孔安国习《尚书》，从儒学大师董仲舒习《春秋》。20岁开始，司马迁漫游全国各地，大开眼界。其父去世后，继任为太史令。天汉二年（前99年），遭李陵之祸，身陷囹圄，第二年惨遭腐刑，太始元年（前96年）出狱后任中书令。大约在始元元年（前86年）去世，终年六十岁左右。

《史记》的编撰大致分为三个阶段：第一，司马谈草创阶段；第二，初撰阶段，从太初元年（前104年）至天汉三年（前98年）司马迁入狱为止；第三，从太始元年（前96年）至始元元年（前86年），历时10年，为主要创作阶段。

《史记》的编撰很有特色：首先在选材上，《史记》博采古书及档案材料，除了采用《六经》中的资料外，还博采《世本》《国语》《战国策》《楚汉春秋》之类的古书，用裁

---

① 《汉书·董仲舒传》。
② 《汉书·扬雄传》。
③ 《后汉书·郑玄传》。
④ 《史记·太史公自序》。

剪、熔铸的方式加以改编。例如他依据《尚书》写成夏、商、周《本纪》；依据《左传》和《国语》写成列国《世家》；依据《论语》写成《孔子世家》《仲尼弟子列传》。其他如《孟子荀卿列传》《老子韩非子列传》，也都是从诸子百家的书里，通过提要钩玄的工夫总结出来的。作为太史令，司马迁还有条件翻检宫廷秘不示人的档案材料，《汉书·艺文志》著录内府图书 38 种，596 家，13269 卷，除个别晚出者外他都不难看到。另外，通过漫游全国，他还获得了大量第一手材料。其次在编撰体例上，《史记》是我国第一部以人物为中心的纪传体通史，包括本纪 12 篇、世家 30 篇、列传 70 篇、书 8 篇、表 10 篇。"本纪""世家""列传"分别是关于帝王、诸侯和社会各阶层人物的传记，是全书的主体部分；"书"是记载各种典章制度的专篇；"表"分世表、年表、月表，记载帝王、诸侯、贵族、将相大臣的世系、爵位与简要的政治事迹。在每篇之末还有"太史公曰"，往往征引旧闻，列举轶事，对史实加以评论，开创了史书"论""赞"的先河。

司马迁的《史记》创立了以人物传记为中心叙述历史的"纪传体"，成为后世"正史"的通例。他通过对中华民族从黄帝至汉武帝间 3000 年历史发展的整体描述，对中华文明作了全面系统的总结，达到了"究天人之际，通古今之变，成一家之言"① 的目的。

班固（32 至 92 年），字孟坚，扶风安陵（今陕西咸阳市东）人，出生于"家有赐书，内足于财"② 的官宦世家。其父班彪曾续司马迁《史记》而作《后传》65 篇。班彪去世后，班固继续编撰后，因人告发私修国史而被捕入狱，经其弟班超营救出狱。明帝惜其才，任命他为兰台令史，一面典校秘籍，一面编撰《东观汉记》《汉书》等史书，直到永元四年（92 年）班固去世，《汉书》仍没有写完，其妹班昭和马续最后补齐了剩下的八表和《天文志》。

《汉书》的选材有两个重要来源：一是司马迁《史记》和刘向《七略》等书。当然，班固并非简单地采取"拿来主义"，而是在继承中有所发展，比如《汉书·艺文志》一方面继承和保留了《七略》的图书"六分"体系，另一方面进行了不少"出""入""省"之类的调整工作。二是来自司马迁等人尚且没有读过的众多著作，主要指汉武帝至西汉末年这部分材料，都是班固自己搜集来的。作为兰台令史，班固完全有条件并且肯定批阅过大量国家藏书。在编撰体例上，《汉书》继承了《史记》的纪传体体例，将《史记》的"本纪""世家""列传"合并为"纪"和"传"；增加了《百官公卿表》《古今人表》等内容；将《史记》的八"书"合并、增补，改写为《律历》《礼乐》《食货》《郊祀》《天文》《沟洫》六志，又开创《刑法》《五行》《地理》《艺文》四志，合为十"志"，是对《史记》编撰体例的重要修改。《汉书》十志在广阔的历史背景中成功地展示了西汉一代的政治史、经济史和文化史，足以代表班固的创新能力，对后世纪传体史书中史志的编撰产生了重要影响。

---

① 《史记·太史公自序》。
② 《汉书·叙传》。

四、刘向、刘歆的编校活动及历史贡献

刘向，本名更生，字子政，西汉经学家，目录学家，著有《洪范五行传》《列女传》《列仙传》《新序》《说苑》《别录》等，成帝时任光禄大夫，领校中经秘书。其子刘歆，字子骏，相继受任校书于秘阁。据《汉书·艺文志》云："至成帝时，以书颇散亡，使谒者陈农求遗书于天下。诏光禄大夫刘向校经传诸子诗赋，步兵校尉任宏校兵书，太史令尹咸校数术，侍医李柱国校方技。每一书已，向辄条其篇目，撮其指意，录而奏之。会向卒，哀帝复使向子侍中奉车都尉歆卒父业。"① 据此，参与这次图书整理的有刘向、任宏、尹咸、李柱国、刘歆和陈农等，最后由刘向总其成。刘向卒后，由刘歆最后完成了《七略》的编撰工作。

这次官方藏书的整理活动，从河平三年（前 26 年）至建平二年（前 5 年）结束，历时 21 年，对当时传世的先秦和汉初官私著述进行了第一次大规模的整理，并开创了一整套严格规范的文献整理程序，对后世影响极大。刘向等人整理文献的程序和方法大致如下②：

第一，网罗众本。也就是把一部图书的不同版本尽量收罗齐全，途径有三：一是充分利用国家藏书，即叙录中所谓"中书""太常书""太史书"之类；二是利用大臣藏书，即叙录中所谓"臣向书""臣富参书"之类；三是由谒者陈农从民间征集藏书。如整理《战国策》时用了 6 种"中书"版本；整理《管子》用了"中书""大中大夫卜圭书""臣富参书""射声校尉立书""太史书"等 5 种版本；整理《晏子》用了 4 种不同的版本；整理《列子》也用了 5 种版本。

第二，审定篇章。同书异本篇第多有差异，需要去其重复，定其先后次序。例如《晏子》"中书" 11 篇，"太史书" 5 篇，"臣向书" 1 篇，"臣参书" 13 篇，共计 30 篇、838 章，除去重复的 22 篇、638 章，定著 8 篇、215 章；《战国策》除去重复，定著 33 篇。

第三，校勘文字。同书异本文字或有差异，需要校正过来。如《战国策》中"本"讹作"半"，"赵"讹作"肖"，"齐"讹作"立"；《列子》中"尽"讹作"进"，"贤"讹作"形"等。除了校正误字之外，还要校脱简和衍文，如刘向曾"以中古文校欧阳、大小夏侯三家经义，《酒诰》脱简一，《召诰》脱简二。率简二十五字者，脱亦二十五字；简二十二字者，脱亦二十二字。文字异者七百有余，脱字数十。"③

第四，确定书名。同书异本书名往往不一，例如《战国策》，中书各本或曰《国策》，或曰《国事》，或曰《短长》，或曰《事语》，或曰《长书》，或曰《修书》。刘向根据全书内容，最后定其名为《战国策》，一直沿用至今。

---

① 《汉书·艺文志》。
② 参考曹之《中国古籍编撰史》（第 2 版），武汉：武汉大学出版社，2015 年，第 59~60 页。
③ 《汉书·艺文志》。

第五，撰写叙录。据《汉书·艺文志》："每一书已，向辄条其篇目，撮其指意，录而奏之。"这说明，叙录实际包括"篇目"和"旨意"两方面的内容，但往往还包括作者生平、整理经过、学术源流等内容，是后世书目解题的开端。

第六，缮写定本。刘向在每篇叙录之后，都有"定以杀青，书可缮写"之类的话。也就是在上述步骤完成之后，将整理好的定本重新誊写一遍，一般是抄在缣素之上。

第七，分类图书。《七略》已经亡佚，但《汉书·艺文志》继承并保留了它的分类体系。当时刘向等把图书分为六个大类，分别是：六艺略，包括易、书、诗、礼、乐、春秋、论语、孝经、小学等子目；诸子略，包括儒、道、阴阳、法、名、墨、纵横、杂、农、小说家等子目；诗赋略，包括屈原赋、陆贾赋、孙卿赋、杂赋、歌诗等子目；兵书略，包括兵权谋、兵形势、兵阴阳、兵技巧等子目；术数略，包括天文、历谱、五行、蓍龟、杂占、形法等子目；方技略，包括医经、经方、房中、神仙等子目。

第八，撰写类序。类序是每大类之前考镜学术源流，品评得失的文字。《七略》首篇"辑略"正是类序的汇编。

第九，编成目录。这是最后一道程序，其主要任务是在各类之下，一一著录书名、篇卷数。著者多不著录，因为书名多以著者姓名命名。

刘向父子主持的这次大规模的文献整理活动，不仅使大批先秦汉初典籍得到了及时、严谨、规范的整理，使之由丛杂、散乱、舛误严重的状态，转变成便于人们阅读和研究的读物，而且开创了文献编校的一整套方法，孕育了中国古代版本学、校勘学、目录学及文献编纂学的诞生，同时也是中华典籍文化的一次大整理和大总结。刘向在校书及撰写书录过程中所体现出来的"辨章学术，考镜源流"的学术精神，更为历代文献整理工作者所推崇。

五、秦汉图书编撰的特点

秦代因历年有限，图书编撰乏善可陈。相对来说，两汉图书编撰则颇有成就和特点：

第一，就编撰形式而言，汉代图书的编撰体例已渐完善。注释成为汉代经书著述的一种重要方式。史书出现了纪传体通史《史记》、纪传体断代史《汉书》及将《汉书》改变成编年体的《汉纪》。汉代出现了我国最早的卷端题名和单书目录。据余嘉锡称："自《诗》分为四，《春秋》分为五，乃题姓氏于传之上，以为识别。其后一传之中，又多别自名家，各为章句故训，于是复题其姓氏。盖其初由后人追题者，久而变为著者自署矣。其初只称氏者，久而并署姓名矣。今虽不能考其所自始，要是汉晋以后之事。"[①] 可见，卷端题名最迟不晚于汉代出现。单书目录最早出现于东汉时期，据《后汉书·胡广传》记载："初，扬雄依《虞箴》作《十二州二十五官箴》，其九箴亡佚，后涿郡崔骃及子瑗又临邑侯刘騊骃增补十六篇，广复继作四篇，文甚典美。乃悉撰此首目，为之解释，名曰

① 余嘉锡：《古书通例·案著录第一》，上海：上海古籍出版社，1985年。

《百官箴》，凡四十八篇。"这里的"首目"即《百官箴》的48篇目录。

第二，就图书内容而言，以经书编撰为主，其他类型著作也很丰富。两汉今古文之争及注疏学的兴起，极大地促进了经书的编撰。汉代图书编撰家多为经学家，甚至是经学大师，刘安、董仲舒、司马迁、刘向、扬雄、班固、贾逵、许慎、郑玄等是其代表。史书编撰也很发达，出现了我国最早的官修史书《东观汉记》，其他还有《史记》《汉书》《汉纪》等。由于经学的发达，作为经学的附庸，字书的编撰也很兴盛，以《尔雅》《说文解字》《广韵》为代表的三大字书开了古代文字训诂的先河，《方言》《通俗文》《释名》等也都编成于汉代。这一时期文集也大量涌现，据梁元帝萧绎《金楼子·立言篇》云："诸子兴于战国，文集盛于二汉；至家家有制，人人有集。"另外还有科技类图书的编撰，如《周髀算经》是我国现存最早的天文算学著作，成书于西汉中期。《九章算术》是今传最早且最完整的数学著作，四库馆臣据书中有"长安上林"之名，因上林苑是武帝时物，故考定成书于西汉中叶以后。托名黄帝的《黄帝内经》、托名神农的《神农本草经》和东汉张仲景的《伤寒杂病论》等，也是两汉时期的产物。

第四节　魏晋南北朝图书编撰及编辑活动

一、魏晋南北朝社会文化的变迁

魏晋南北朝在中国历史上是一个充满割据、纷争与战乱的大动荡时期。政权林立，豪族并起，民族斗争十分激烈。但也恰是这种集权削弱、南北经济文化大融合的局面，导致了意识形态没有标准的制约，没有权威的统辖。被尊为"官学"的儒家思想失去了"独尊"地位，经学和谶纬受到冲击，道、佛思想吸纳进来，"无为""自然""虚淡"的"老庄"思想代表了当时的精神需求，中国哲学中最具有诱惑力的"玄学"应运而生；被压抑的先秦诸子学说有再起之势。撰文著书、评议论辩之风盛行天下，思想界呈现出自由开放的局面。玄学家们以其追求个体自由的精神反对儒家名教、礼制的束缚。"竹林七贤"之一的阮籍曾辛辣地讽刺儒家所推崇的"君子"，用躲在裤裆里的虱子譬喻其伪善、猥琐。嵇康则更直接地菲薄儒家圣人周公、孔子、乃至儒家经典《六经》，主张"越名教而任自然"。他们注重的典籍是《老子》《庄子》和《易经》。在玄学清谈的思潮中，玄学家们往往通过对这三部经典的注释来反映自己的玄学思想。由于经学地位的削弱，私家修史成风，史著数量大为增加，地位也得以提高。为此，东晋大著作郎李充在编定的《晋元帝四部书目》中，将荀勖《中经新簿》中的甲乙丙丁四部顺序进行了调整，将"史记"放在了"诸子"类目之前，从而奠定了后世经史子集图书四分的格局。在文学方面，"建安七子""三曹"标志着纯粹的文人文学的出现，体现了"人的自觉"和"文的自觉"。士族制度的形成，使得知识分子阶层的地位得以提高，由此也带动了文化活动的活跃。当时的君主、诸侯王及士大夫大半爱好文学，不少都以提倡文学、招揽文士而著称，有的本身也是作家。这一时期出现了《文心雕龙》《诗品》《古画品录》《书品》等文论、诗论、画论、书论形式为特征的文学和美学理论作品。东汉传入中土的佛教也得到了充分发展，佛理为中国人所接受，并开始形成中国化的佛教宗派。佛教经典翻译、整理工作也同时全面展开。魏晋南北朝时文化的繁荣，为图书的编撰出版提供了优越的条件。另外不容忽视的是，纸张的普及使用也为这一时期图书编撰活动奠定了坚实的物质基础。

二、魏晋南北朝图书编撰机构及官私编校活动

魏晋南北朝时期，官方图书编撰机构主要是秘书监。另外，南梁华林园、北齐文林馆、北周麟趾殿也参与了图书编撰活动。

秘书监初设于东汉桓帝延熹二年（159年），掌图籍校著，隶属于太常寺，不久即废。三国时，魏武帝曹操"置秘书令，典尚书奏事。文帝黄初初，乃置中书令，典尚书奏事，而秘书改令为监，掌艺文图籍之事。"① 王象、郑默等曾在秘书监任职。王象，字羲伯，河内人，领秘书监，受诏编撰我国第一部类书《皇览》，合四十余部，每部数十篇，通计八百余万字。郑默，字思元，"起家秘书郎，考核旧文，删省浮秽"②，于魏明帝青龙二年（234年）编成魏国官方藏书目录《中经》14卷，开创我国古代图书四部分类的先河。

晋初武帝时，在中书省下设秘书局和著作局。惠帝以后，始置秘书省，著作局不再归中书省管辖，而划归秘书省。秘书省职官有秘书监、秘书丞、秘书郎、校书郎、正字等，主要执掌图书的收藏、校理事务。晋代著名学者荀勖、司马彪、华峤、张载、荀崧、虞预、王隐、孙盛、干宝、谢沈、郭璞、徐广、李充等都曾在秘书监任职编校图籍。兹略举其要：荀勖，字公曾，颍川颍阴人，曾两次参与文献整理工作。第一次是在西晋武帝泰始初年，荀勖"领秘书监，与中书令张华依刘向《别录》整理记籍"③，并编成国家藏书目录《中经新簿》，分甲乙丙丁四部。他继承了汉代刘向、魏郑默的编目方法，把图书编目与文献编校合起来。第二次是在晋武帝太康二年（281年），与束皙、卫恒等人对汲郡战国魏襄王墓出土的"汲冢竹书"进行了整理，每书整理完毕，亦为之撰写叙录，现存《穆天子传序》。司马彪，字绍统，河内温县人，泰始中为秘书郎，后转秘书丞，"注《庄子》，作《九州春秋》……讨论众书，缀其所闻，起于世祖，终于孝献，编年二百，录世十二，通综上下，旁贯庶事，为纪、志、传凡八十篇，号曰《续汉书》。"④ 华峤，字叔骏，平原高唐人，元康中转秘书监，"以《汉纪》烦秽，慨然有改作之意。会为台郎，典官制事，由是得遍观秘籍，遂就其绪。起于光武，终于孝献，一百九十五年，为帝纪十二卷、皇后纪二卷、十典十卷、传七十卷及三谱、序传、目录，凡九十七卷"⑤，定名为

① （唐）杜佑：《通典·职官·秘书监》。
② 《晋书·郑默传》。
③ 《晋书·荀勖传》。
④ 《晋书·司马彪传》。
⑤ 《晋书·华峤传》。

《汉后书》。荀崧，字景猷，颍川临颍人，"领秘书监，给亲兵百二十人，年虽衰老，而孜孜典籍，世以此嘉之。"① 王隐，字处叔，陈郡陈人，少好学，有著述之志，"太兴初，典章稍备，乃召隐及郭璞俱为著作郎，令撰《晋史》。"② 干宝，字令升，新蔡人，"少勤学，博览书记，以才器召为著作郎"，后由中书监王导推荐"敕佐著作郎干宝等渐就撰集《晋纪年》。"③ 谢沈，字行思，会稽山阴人，"何充、庾冰并称沈有史才，迁著作郎，撰《晋史》三十余卷。"④ 徐广，字野民，东莞姑幕人，义熙初，因尚书推荐，"敕著作郎徐广撰成国史"，义熙十二年（416 年），"勒成《晋纪》，凡四十六卷，表上之。因乞解史任，不许，迁秘书监。"⑤ 李充，字弘度，江夏人。在他担任大著作郎时，"典籍混乱，充删除烦重，以类相从，分作四部，甚有条贯，秘阁以为永制。"⑥

南朝因袭晋制，仍设秘书省，下置秘书监、秘书丞、秘书郎、秘书佐郎等职。南朝学者殷淳、谢灵运、王亮、王俭、殷钧等都曾在秘书监编校图书。殷淳，字粹远，陈郡长平人，宋少帝景平初为秘书丞，"在秘书阁撰《四部书目》，凡四十卷，行于世。"⑦ 谢灵运，陈郡阳夏人，宋文帝时任秘书监，上"使整理秘阁图书，补足遗阙。又以晋氏一代，自始至终竟无一家之史，令灵运撰《晋史》，粗立条流。"⑧ 王亮，字奉叔，南齐秘书丞，编撰了《齐永明元年秘阁四部目录》。王俭，字仲宝，琅琊临沂人，其任秘书丞时，"上表求校坟籍，依《七略》撰《七志》四十卷，上表献之，表辞甚典。又撰定《元徽四部书目》。"⑨ 殷钧，字季和，陈郡长平人，南梁天监初任秘书丞，"校定秘阁四部书，更为目录，又受诏料检西省法书古迹。"⑩ 除秘书省外，南梁华林园也参与了图书编校活动。梁武帝建国后，特别重视图书的搜集、典藏和整理，不仅在文德殿列藏众书 23106 卷，还在华林园中集中了佛教经典，由著名学者任昉主持整理工作。经过任昉广征异本，"手自雠校"，原来"篇卷纷杂"的混乱状况"由是篇目定焉"⑪。

北朝秘书省仍然校书不辍。北魏天兴四年（401 年），太祖道武帝"集博士儒生，比众经文字，义类相从，凡四万余字，号曰《众文经》"⑫。献文帝时，高谧为秘书郎，"谧以坟典残缺，奏请广访群书，大加缮写，由是代京图籍，莫不审正。"⑬ 这次藏书整理工

---

① 《晋书·荀崧传》。
② 《晋书·王隐传》。
③ 《晋书·干宝传》。
④ 《晋书·谢沈传》。
⑤ 《晋书·徐广传》。
⑥ 《晋书·李充传》。
⑦ 《宋书·殷淳传》。
⑧ 《宋书·谢灵运传》。
⑨ 《南齐书·王俭传》。
⑩ 《梁书·殷钧传》。
⑪ 《梁书·任昉传》。
⑫ 《魏书·太祖道武帝纪》。
⑬ 《魏书·高湖传》。

作是比较完善的。孝文帝太和年间，又"敕崔光韶兼秘书郎，掌校华林御书"①，仍在不断地校订图书。北魏最大的一次编校图书是在世宗宣武帝即位以后。当时秘书丞孙惠蔚入东观，见典籍未周，乃上疏请求整理藏书。因部帙浩繁，纰缪也不少，为了在较短的时间内整理完所有的藏书，孙惠蔚提出："今求四门博士及在京儒生四十人，在秘书省专精校考，参定字义。"世宗下诏准许了孙惠蔚的请求，乃"依前丞臣卢昶所撰《甲乙新录》，欲神残补阙，捐并有无，校练句读，以为定本，次第均写，永为常式"②。北齐文宣帝天保七年（556年），"诏令校定群书，供皇太子。"③ 樊逊、高乾和等11人受命编校群书。其时秘府典藏纰谬甚多，而要刊正，先得搜集众本，于是樊逊提议，按刘向旧例搜集中府和私家藏书，借众本以校勘整理群书，"凡得别本三千余卷，五经诸史，殆无遗阙"④。直至北齐后主天统、武平年间，犹"校写不辍"。北齐文林馆于武平四年（573年）由邓长颙、颜之推等奏求创立开馆，职责是负责编书、校书和培训生徒，其所编图书最著名的当属《修文殿御览》。为了修撰这部类书，几乎网罗了当时所有知名的学者，并按职责进行分工，有监撰、撰例、撰书等。监撰负责整体组织工作；撰例负责编制全书体例；撰书负责具体的撰写工作。该书部分借鉴了《华林遍略》的成果，因此编撰非常顺利。麟趾殿是北周编撰图书的重要场所，据《周书·明帝纪》："（明帝）幼而好学，博览群书，善属文，词彩温丽。及即位，集公卿已下有文学者八十余人于麟趾殿，刊校经史。又捃采众书，自羲、农以来，讫于魏末，叙为《世谱》，凡五百卷云。"参与麟趾殿图书编校工作的学者有元伟、苏亮、萧伪、萧大圜等，所编图书除了《世谱》外，尚有法律专书《麟趾格》等。

魏晋南北朝时期，上至皇帝百官，下至民间士子，私家图书编撰活动也很盛兴。如曹魏时期，魏文帝曹丕编撰了我国第一部多体总集《建安七子集》。入晋以后，经史子集也都有私家编撰。傅玄，字休奕，泥阳人，"撰论经国九流及三史故事，评断得失，各为区例，名为《傅子》，为内、外、中篇，凡有四部、六录，合百四十首，数十万言。并文集百余卷行于世"⑤。杜预，字元凯，杜陵人，有《左传》癖，编著有《春秋左氏经传集解》《春秋释例》《春秋长历》等。陈寿，字承祚，安汉人，著名史学家，编撰《三国志》，与《史记》《汉书》《后汉书》并称为"四史"。挚虞，字仲治，京兆长安人，"苦览者之劳倦，于是采摘孔翠，芟剪繁芜，自诗赋以下各为条贯，合而编之，谓为《流别》。"挚虞的《文章流别集》开创了集文学作品与文学批评于一体的总集编撰体例。郭璞，字景纯，河东闻喜人，在编校注释《尔雅》方面成就最大。在郭璞之前，《尔雅》已有注本10余家，然注解疏漏，犹有错误，于是他"缀集异闻，会粹旧说，考方国之语，

---

① 《魏书·崔亮传》。
② 《魏书·孙惠蔚传》。
③ 《北齐书·樊逊传》。
④ 《北齐书·樊逊传》。
⑤ 《晋书·傅玄传》。

采谣俗之志"①，并参考樊光、孙炎等旧注，对《尔雅》作了新的注解，成为集《尔雅》学大成之作。晋释道安，扶柳人，对汉魏至晋以来的佛经目录进行过整理，表其时代与译人，诠品新旧，撰为《综理众经目录》。梁释僧祐在《出三藏记集》中称"众经有据，实有其功"。刘义庆，彭城人，一生戎马，但热衷文事，"招聚文学之士，近远必至"②，集体编撰了笔记小说集《世说新语》。范晔，字蔚宗，顺阳人，编撰《后汉书》，第一次在史书中设"文苑传"和"列女传"，开创了为文学家和妇女立传的先例。沈约，字休文，武康人，年二十许便有撰述之意，逾二十年编就《晋史》，还据何承天、徐爱等《宋史》旧本，稍加增益，撰成《宋书》。萧统，字德施，南梁武帝长子，文学评论家，以太子之尊，广纳名士，组织编纂了《文选》。当时负有重名的刘孝绰、王筠、殷芸、刘勰等，都曾做过东宫的属官，或为萧统所赏接，参与了该书的编纂。《文选》所采，上自战国，下讫萧梁，收录作家130家，先按体裁分为赋、诗、骚、七、诏、册、令、教等39体，然后在卷数较多的赋体、诗体下又按事分类。赋体下分京都、郊祀、游览、江海等15类；诗体下分咏史、咏怀、赠答、行旅等23类。《文选》的编排方法对后世产生了深远的影响。刘勰，字彦和，莒人，文学理论家，编撰了我国现存最早的自成系统的古典文学评论集《文心雕龙》，分总论、文体论、创作论、批评论和总序五部分，全面论述了文学批评的种种问题，在中国文学史上写下了光辉的一页。郦道元，字善长，范阳人，少好学，博览群书，著《水经注》，对汉桑钦《水经》进行注释。全书详记水道1252条，34万言，是《水经》原书的30多倍。《水经注》已不是简单的注疏之作，而是一部全新的作品。魏收，字伯起，钜鹿下曲阳人，历仕北魏、北齐两朝，长期担任国史的编修工作，编撰有《魏书》。该书首创《释老记》，专记佛教、道教的兴衰，有重要的史料价值。

三、魏晋南北朝图书编撰的特点③

第一，就编撰机构而言，秘书监作为官方主要修书机构的地位得到巩固。此外，北齐文林馆和北周麟趾殿也参与了图书编撰活动。三国时期的史官名称不一，如魏国的著作郎、吴国的左国史、右国史等也参与了图书编撰活动。除官方编撰图书外，私家图书编撰活动也相当盛行。

第二，就图书内容而言，这一时期图书编撰有四个特点：一是史书大量出现。其中少数民族史如崔鸿《十六国春秋》、张铨《南燕录》、裴景仁《秦记》、段龟龙《凉记》、段国《吐谷浑记》等；典章制度史如《晋宋旧事》、宇文恺《东宫典记》、王珪《齐仪》《齐职仪》等；杂传如《海内先贤传》、苏林《陈留耆旧传》、阮孝绪《高隐传》、虞孝敬《高僧传》、师觉授《孝子传》、梁元帝《忠臣传》、刘昭《幼童传》、卢思道《知己传》、杜预《女记》等；地理著作如陆澄《地理书》、任昉《地记》、郦道元《水经注》、杨衒之《洛阳伽蓝记》等；由于封建门阀制度的发达，这一时期的谱牒类图书也很丰富，如王俭

---

① （晋）郭璞：《尔雅注》。

② 《宋书·刘义庆传》。

③ 参考曹之《中国古籍编撰史》（第2版），武汉：武汉大学出版社，2015年，第124~128页。

《百家集谱》、王僧孺《百家谱》《魏孝文列姓族谱》《益州谱》《杨氏谱》等。史书的大量出现除了由于史料的大量积累、九品中正制的选官制度外,东汉末年史官渎职,学者自发担负修史重任也是一个很重要的原因。二是由于魏晋玄学的影响,不少著作侈谈老庄,以道释儒。如何晏《论语集解》、王弼《周易注》《周易略例》《老子注》《老子指略例》《论语释疑》等即是代表。三是志怪小说较多。著名者如《列异传》、张华《博物志》、干宝《搜神记》、王嘉《拾遗记》等。四是多体文集开始出现,文学著作受到史无前例的重视。曹丕编《建安七子集》是古代最早的多体总集。晋代多体总集有挚虞《文章流别集》、杜预《善文》等;南北朝多体总集有萧统《文选》、徐陵《玉台新咏》等。

第三,就编撰形式而言,抄撰是这一时期重要的一种著述方式。"抄撰"一词出现于南北朝时期,据《梁书·庾于陵传》称其"与谢朓、宗夬抄撰群书。"所谓抄撰,就是边抄边撰,抄撰一体,抄中有撰,撰在抄中,抄书就是著书。早在汉代,《汉书·艺文志》著录的《儒家言》《道家言》《法家言》《杂家言》《百家》等书均属抄撰之作。晋代可考的抄撰者有郭璞、葛洪等。郭璞曾"抄京、费诸家要最"[1],葛洪"抄五经、《史》《汉》、百家之言、方技杂事三百一十卷,《金匮药方》一百卷,《肘后要急方》四卷"[2]。除了史书外,其他各类图书抄撰之作也不少。这些抄撰之作,体例各异,形式灵活。由于抄撰之发达,南北朝甚至专设"抄撰学士"之官,负责图书抄撰工作。南北朝可考的抄撰者有谢灵运、沈骥士、王俭、何佟之、陆澄、庾于陵、沈约、贺场、张缅、袁峻、任昉、王僧孺、庾仲容、王筠、陆瑜等。如张缅,字元长,抄撰有《晋书钞》《后汉纪》;袁峻,字孝高,抄撰有《史记钞》《汉书钞》;庾仲容,字子仲,有《子钞》《地理书钞》《诸集钞》等。

第四,就图书编撰质量而言,魏晋南北朝时期名著迭出,成就颇高。史书如陈寿《三国志》、范晔《后汉书》等;文学著作如萧统《文选》、徐陵《玉台新咏》、钟嵘《诗品》、刘勰《文心雕龙》等;笔记小说如干宝《搜神记》、刘义庆《世说新语》等;地理类著作如法显《佛国记》、杨衒之《洛阳伽蓝记》、郦道元《水经注》等;医学著作如皇甫谧《针灸甲乙经》、陶弘景《本草集注》等;农学著作如贾思勰《齐民要术》等;目录学著作如阮孝绪《七录》、释僧祐《出三藏记集》等,都是经典名著,对后世图书编撰产生了深远的影响。

第五节 隋唐图书编撰及编辑活动

一、隋唐社会文化的发展

隋、唐的统一,结束了自西晋末年以来270多年的分裂割据局面,为经济、文化的发展提供了良好的外部环境和坚实的物质基础。在全国统一的局面下,隋唐实行均田制和租

---

① 《晋书·郭璞传》。
② 《晋书·葛洪传》。

庸调法，调整了土地过度集中的现象，农民的赋税徭役负担有所减轻，社会经济迅速恢复发展，各民族联系加强，统一的多民族国家得到进一步发展。

隋唐文化继承和发展了传统中原文化，同时又广泛吸取了周边少数民族文化和西方外来文化的精华。以唐太宗为代表的李唐皇帝在处理与周边各民族的关系时，推行"王者视四海如一家"的民族政策，因而被各民族共同拥戴为"天可汗"。唐初连续几代实行华夏与各族文化兼容并蓄的文化政策，创造了有利于文化发展的氛围。唐朝儒、道、佛三教鼎盛，共同发展。如唐太宗认为治理国家时刻不能没有儒学，"大征天下名儒为学官，数幸国子监，使之讲论，学生能明一大经已上皆得补官"[①]。自唐高祖以老子李聃为始祖，以后诸帝皆推崇道教，甚至尊老子为"玄元皇帝"。佛教虽在东汉初已传入中原，但至唐朝才达至鼎盛，并最终完成了本土化的过程。隋唐佛教文化的繁荣，表现在佛教发展的规模和译经、著述及思想学说等许多方面，而中国化佛教宗派的创立则是重要的标志之一。尽管各时期儒、道、佛的地位次序不同，但总的来说，唐代皇帝大多尊儒崇道信佛，促使三教鼎盛，从而带动科举、法典、史学、文学艺术、音乐舞蹈、书法绘画、科学技术等各种文化的蓬勃发展。同时，隋唐的农业、丝绸、陶瓷和造纸等手工业达到很高水平，商业贸易也很发达。这一时期孕育发明的雕版印刷技术，极大地推动了图书出版业的发展。唐朝首都长安既是全国的政治文化中心，又是当时世界上规模最大的国际性城市，交通发达，贸易繁盛。洛阳、成都、凉州、扬州、京口等地也成为繁华富庶的城市和图书贸易的集散地。另外，隋唐统治者以科举制取代魏晋以来的九品中正制，通过明经、进士等常科以及其他种种名目的制科考试选取官吏。这种科举文化在很大程度上打破了封建士族对上层社会的垄断，也成为这一时期图书出版业飞速发展的重要动因，对于隋唐时期的图书类型、图书复制技术、图书贸易都产生了广泛而深远的影响，并形成了这一时期极富特色的图书出版景观。

二、隋唐图书编撰机构及官私编校活动

隋代专门成立了著作省，但仍属秘书省管辖。隋文帝时，秘书省有秘书监、秘书丞各1人，秘书郎4人，校书郎12人，正字4人，录事2人。下领著作、太史二曹。著作曹置著作郎2人，佐郎8人，校书郎、正字各2人；太史曹置太史令、太史丞各2人，司历2人，监候4人。总编制为48人。隋炀帝时，为适应大规模的图书编校活动，曾对秘书省进行了一系列改革，将秘书监、丞改为秘书令、少令，官阶从正三品升为从二品，整个机构的人员编制也猛升至120人。学者牛弘、薛道衡、魏澹、杜台卿、王劭、柳顾言、许善心等都曾在秘书省任职。牛弘，字里仁，安定鹑觚人。开皇初任秘书监，曾上表请广开献书之路，为图书编撰创造了有利条件。他个人撰有《周史》18卷，同时还注意搜罗人才。辛德源、刘焯、刘炫、王孝籍等都被召入秘阁与著作郎王劭共修国史。刘炫，著名经学

---

① 《资治通鉴》卷一九五。

家，少时闭门读书，十年不出，撰有《论语述义》《春秋攻昧》《五经正名》《孝经述议》《春秋述议》《尚书述议》《毛诗述议》《注诗序》《算术》等。王劭，史学家，自幼聪敏，笃好经史，编撰有《隋书》《齐志》《齐书》《读书记》等。柳顾言，河东人，大业初任秘书监，任期内与虞绰、虞世南、庾自直、王曹等以《华林遍略》为底本，共同编撰了《长洲玉镜》400卷。该书规模比《华林遍略》虽少300卷，资料却丰富得多。许善心、史学家和目录学家，出生于官宦之家，家富藏书，博涉经史，撰有《梁史》《灵异记》《方物志》《七林》等。

隋代的图书编撰是与隋炀帝杨广的重视和喜好分不开的。早在藩邸，晋王杨广就招募天下学者如柳顾言、诸葛颖、虞世基、王胄、朱瑒、虞绰、王眘、庾自直等100多人"以充学士"。杨广集中这一大批学者，经常在一起议论政事，讨论学术，并和他们一起编撰各种书籍。据《文献通考》记载，在杨广即位前后，编撰的图书多达31部，17000多卷，这些书内容广泛，涉及"经术文章、兵农、地理、医卜、释道，乃至捕搏鹰狗"[1]，且皆为新书，无不精洽。其中最突出的是由隋炀帝敕撰的《隋区宇图志》，该书1200卷，是我国地理学的一部巨著。它将全国地理进行分类记载，山川、郡国、城隍等门类各为一卷。每卷有绘图和文字记载，绘图精致，文字精当。公元604年，隋炀帝把原晋王府里的文人学士充实到秘书省，使他们继续为发展和繁荣图书事业服务。虞世南，字伯施，越州余姚人，在隋任秘书郎时，采撷秘书省后堂——北堂的藏书，汇编成册，名《北堂书钞》，是现存最早的类书。至隋末，图书品种迅速增多，据《隋书·经籍志》载："今考见存，分为四部，合条为一万四千四百六十六部，有八万九千六百六十六卷。"

隋代国祚虽短，秘书省还是进行过三次较大规模的图书编校整理活动。第一次是在开皇九年（589年）晋王杨广统兵灭陈之后，"收陈图籍，归之秘府"，隋文帝立即组织人员着手总集编次，存为古本，又将全国工书之士召集到秘书省补续残缺。经整理后的藏书，分别抄写正副二本，藏于宫中，其余的充实到隋初的官藏秘书内外三阁。第二次是开皇十七年（597年），隋文帝根据秘藏典籍尚多淆乱的情况，派秘书丞许善心，著作郎王劭等领导校书。许善心、王劭受命后，聘请学者刘焯、李文博、何妥、肖该、陆从典等十多人"正定经史""考定郡言"，从文字上、学术上整理和研究。又挑选一些优秀的书法人员如韦霈、杜頵等，在秘书省做"补续残缺"的工作，即把一些残缺不全、破烂不堪的旧籍重新抄写补齐。王劭最后在此基础上编成《隋开皇二十年书目》。这是南北朝之后的第一部官方书目，反映了隋文帝发展图书事业所作的贡献。第三次是大业元年（605年）隋炀帝诏令柳顾言领导的一次规模最大的编校活动。这次校书是在西京长安嘉则殿进行的，内容有三：一是在隋建国以来所收集的书籍的基础上，挑选配备一套质量最高的标准本即正御书，存放到东都洛阳宫城内的修文殿；二是编撰《隋大业正御书目录》；三是招募天下工书之士，依照正御书为底本重新抄写50副本分置各处。这50副本分为三品：上品以红色

---

① （元）马端临：《文献通考·经籍考·总叙》。

琉璃为书轴，中品以天青色琉璃做书轴，下品以黑漆圆木做书轴，分别由西京东都的藏书机构收藏，供朝廷官员使用。经过这次校书，柳顾言"除其重复猥杂，得正御本三万七千余卷。"①

唐沿隋制，设秘书省，领著作局、太史局，曾一度改名为"兰台"或"麟台"，后复称秘书省。其职官设置据《旧唐书·职官二》载："秘书监一员，少监二员，丞一员。秘书监之职，掌邦国经籍图书之事。"实际日常工作由秘书丞主持，丞下设秘书郎4人，掌甲、乙、丙、丁四部图籍，每部皆有正本、副本、贮本；设校书郎8人，掌校雠典籍、刊正文章；设典书4人，掌四库书的典藏，并出纳图书；另设各类技术人员，如楷书10人、令史4人、书令史9人、熟纸匠10人、装潢匠10人、笔匠6人等。唐秘书省与前代不同，它基本上是一个图书管理机构，主要负责图书的校勘和典藏，而不再从事图书编撰活动，其所辖的著作局仅负责撰写碑志、祝文、祭文等。

唐初由于官方图书编撰活动的频繁，于是仿照魏晋南北朝的做法，相继设立了一些文馆，如集贤院、史馆、弘文馆等，正式形成了中国历史上的馆阁制度。其中，集贤院和史馆逐渐取代秘书省，成为官方的主要图书编撰机构。

集贤院是由乾元殿书院、丽正书院逐步发展而来的。据《旧唐书·职官二》载："集贤殿书院：集贤学士、学士知院事一人，副知院事一人，判院一人，押院中使一人。侍讲学士、修撰官、校理官、待制官、留院官、检讨官、孔目官一人。专知御书典四人，知书官八人。书直、写御书一百人。摅书六人，书直八人，装书直十四人，造笔直四人。集贤学士之职，掌刊辑古今之经籍，以辨明邦国之大典。"可见，集贤院学士的主要职责就是负责图书编撰。开元十三年（725年）四月，集贤院定名时，学士有张说、徐坚等4人，直学士有赵科曦、韦述等10人，侍讲学士康子元、侯行果等4人，共18人，号"十八学士"。集贤院修书众多，著名的有《唐六典》《初学记》《瑶山玉彩》《三教珠英》等。

史馆是唐太宗贞观三年（629年）为修《隋书》而设立的。国家修史制度可以追溯到东汉的兰台和东观，班固、陈宗、刘珍、伏无忌等曾奉诏在此修撰《东观汉记》。北魏节闵帝诏令谷纂、山伟监修国史，设修史局，可看作史馆的雏形。北齐改修史局为史馆，以高隆之为总监，魏收为主修，房延祐为助手，编修《魏书》。唐高宗武德五年（622年）诏萧瑀等修南北朝诸史和隋史，史馆的规模逐渐扩大，组织形式也渐完善。但历代修史的主管部门都是秘书省著作局，由著作郎具体负责。唐太宗即位后，鉴于萧瑀修史迟迟未能成书的教训，决心单独组建史馆，加强对史书修撰的控制。贞观三年闰十二月，"始移馆于禁中，在门下省北。宰相监修国史，自是著作郎始罢史职。"②史馆建成后，其主要职责是编修前代史书及本朝国史、典志等。其职官设置如下：监修1人，以宰相兼任；修撰4人，以登朝官兼之；直馆若干人，以未登朝官任之。另配置楷书手25人、典书4人、亭

---

① 《玉海》卷三十二。
② 《旧唐书·职官二》。

长 2 人、掌固 6 人、装潢直 1 人、熟纸匠 1 人。著名史学家刘知幾、吴兢、李延寿、韦述等都先后在史馆供职。由于武德间大规模修史活动未果，太宗遂于贞观三年（629 年）复命史馆编修前五代史（即《梁书》《陈书》《北齐书》《北周书》和《隋书》），终于贞观十年（636 年）编成；贞观十五年（641 年），又撰修成《五代史志》，参加编撰的人员有李淳风、韦安仁、李延寿等；贞观二十年（646 年）太宗又下诏撰修《晋书》，由司空房玄龄、中书令褚遂良、太子左庶子许敬宗掌其事，中书舍人来济、著作郎陆元仕、太史令李淳风等约 20 人参与其事。晋代国史的修撰始于陆机《晋志》，以后又有干宝、王隐等多家私人撰修，大多只记西晋或专详东晋，唐初尚存 18 家。唐修《晋书》以臧荣绪所编 110 卷本为底本，综合众家晋史之长，兼采晋代文集，全面反映了两晋历史的全貌。编成之后，其他诸家私修《晋史》均不传于世。唐代史馆还根据前朝皇帝的起居注、时政记、月历、诏令以及奏折等档案材料加以汇总，纂成一朝实录，遂成定制。唐史馆先后编成了《高祖实录》《太宗实录》《高宗实录》《则天皇后实录》《中宗实录》《开元实录》《玄宗实录》《肃宗实录》《代宗实录》《德宗实录》《顺宗实录》《宪宗实录》《穆宗实录》《敬宗实录》《文宗实录》等。为了编撰所需的史料，唐代制定了"诸司应送史馆事例"，责成各级政府部门，按规定的时间将编撰国史所需的史料移送史馆：祥瑞由礼部录送；天文祥异由太史验报；蕃国朝贡由鸿胪寺堪报；蕃夷寇降由中书省与兵部同报；音律曲调由太常寺具报；州县废置及孝义旌表由户部即报；法令变更及断狱新议由刑部即报；天灾地震由户部与所在州县同报；诸色封建由司府勘报；文武大臣除授由吏、兵部分报；京都司长有卒由本司录送；硕学异能由州县录送；公主百官定谥由考绩处录送；诸王来朝由宗正寺堪报；刺使都督卒由本州本军录送；刺史县令善政由本州录送；《时政记》由中书省及门下省录送；《起居注》由左右起居郎抄送。"事例"还规定，史料的征集必须按时录送，通常是一月一报，或于季末移报史馆。自是，由宰相监修国史的史馆制度一直沿用下来，历千余年而不断，对后世产生了深远的影响。

弘文馆设于唐高祖武德四年（621 年），初称修文馆。太宗即位后，在弘文殿集中四部书二十余万卷，并将修文馆从门下省旁移至弘文殿侧，改称弘文馆。选当时著名学者虞世南、褚亮、姚思廉、欧阳询等，以本官兼学士，轮流宿直。弘文馆主要职责为详正图籍，并参议国家大事，也从事图书编撰活动。高祖武德五年（622 年），命弘文馆学士欧阳询主编类书《艺文类聚》，参与其事者有令狐德棻、裴矩、陈叔达、赵弘智、袁朗等人，至武德七年（624 年）编成。该书 100 卷，分 46 部，博采 1400 余种古书，采用"事"与"文"合编共类的编纂体例，优化了类书的功能。

唐代图书校理活动自太宗始，"贞观中，令狐德棻、魏徵相次为秘书监，上言经籍亡逸，请行购募，并奏引学士校定"[1]，这次校书至贞观十九年（645 年）秘书监颜师古去世为止，先后由魏徵、虞世南、颜师古领导主持，前期重点在整理、抄录，后期则转为校

---

① 《旧唐书·经籍志上》。

正文字。高宗和武宗时期，校书活动仍在继续，只是规模有所缩小，主要以校勘、缮写为主。至玄宗开元间集贤院成立，国家藏书的校理活动再次达到高潮。开元三年（715年），玄宗命左散骑常侍、昭文馆学士马怀素为修图书使，与右散骑常侍、崇文馆学士褚无量一起进行图书的校勘与整理工作。同时，诏令公卿士庶各将家藏异书借与官府缮写。据《新唐书·艺文志》载："既而太府月给蜀郡麻纸五千番，季给上谷墨三百三十六丸，岁给河间、景城、清河、博平四郡兔千五百皮为笔材。两都各聚书四部，以甲、乙、丙、丁为次，列经、史、子、集四库。"可见图书整理规模是很大的。马怀素、褚无量去世后，右散骑常侍元行冲总领校书和编目工作。开元九年（721年），殷践猷、王惬、韦述、毋煚、刘彦真等重新修成《群书四部录》200卷，后毋煚又略为40卷，名为《古今书录》，凡著录图书3060部、51852卷。开元十九年（731年），玄宗至东都集贤院观书，院内藏书已达8万余卷，其中包括贞观及高宗朝奉诏缮写的书籍，故史称"唐之藏书，开元最盛"。

为了中央集权的需要，唐政府非常重视对儒家经义的统一。唐太宗曾下令召集当时一些著名的儒士共同撰修《五经正义》，因国子祭酒孔颖达名位独重，故由他负责此事。《五经正义》撰成于贞观十六年（642年），后经马嘉运校定，长孙无忌、于志宁等再加增损，于唐高宗永徽四年（653年）颁行。唐太和四年（830年）至开成二年（837年），仿东汉"熹平石经"旧例，由国子祭酒郑覃建议，起居郎周墀、水部员外郎崔球、监察御史张次宗、礼部员外郎温业等参与校定，艾居晦、陈珍等用楷书分写，共刻《周易》《尚书》《诗经》等12种经书，以及五经文字和九经字样，立石于唐长安城的国子监内，史称"开成石经"。以上可看作唐代官方教科书的两次颁定。

在官方修书的带动下，唐代出现了玄奘、陆德明、颜师古、李淳风、孙思邈、李善、陈子昂、刘知幾、吴兢、韦述、颜真卿、陆羽、杜佑、柳宗元、韩愈、元稹、白居易、杜牧等一批图书编撰家。玄奘，洛州缑氏人，著名高僧，佛经翻译家。他自贞观二十年（646年）至麟德元年（664年）圆寂为止，先后在弘福寺、大慈恩寺、北阙弘法院、玉华宫等处译出佛典共75部，1335卷；还通过口述，由其弟子辩机笔受完成《大唐西域记》的编撰。陆德明，名元朗，以字行，苏州吴人，所采汉魏六朝音切凡230余家，又兼载诸儒之训诂，证各本之异同，撰为《经典释文》，是汉魏六朝至唐初群经音义的总汇。颜师古，名籀，以字行，琅琊临沂人，奉诏在秘书省考定《五经》，多所厘正，另有《汉书注》行于世，是历来《汉书》注解中质量最高的一种。李淳风，岐州雍人，天文学家和数学家，历任太常博士、太史令、秘阁郎中等职，撰写了《隋书》和《晋书》中的《律历》《天文》《五行》三志，全面系统地总结了魏晋以来我国天文、律历、数学及气象方面的研究成果。他还主持编注了《算经十书》，注贾思勰《齐民要术》，参与整理陶弘景《本草集注》。李善，江都人，高宗显庆间任崇贤馆直学士，撰《文选注》60卷，征引繁富，解释精审，是"文选学"初盛时最重要的成果。吴兢，陈留人，史学家，其家藏书颇丰，编有《吴氏西斋书目》。武则天时以"有史才"之名，被荐入史馆修国史，与刘知幾等撰有《则天实录》《睿宗实录》《中宗实录》等；又撰《贞观政要》，成为各朝皇帝推崇和必修的功课书。今传《旧唐书》的前部，也多为吴兢所撰《唐史》原文。韦述，京兆人，"家聚书二万卷，皆自校定铅椠，虽御府不逮也"①。他居史职 20 年，先后编撰《唐春秋》《开元谱》《国史》《唐职仪》《高宗实录》《御史台记》《两京新记》等。颜真卿，编有《庐陵集》，曾以俸钱为纸笔之费，延请江东文士萧存等人广搜群籍，编纂《韵海镜源》300 卷。陆羽，茶学家，编撰《茶经》，在科技文献史上有重要地位。白居易，著名诗人，历任秘书省校书郎、江州司马、杭州刺史等职，非常重视自己作品的结集流传，先后将他的个人文集七次整理结集，题为《白氏长庆集》或《白氏文集》。

三、刘知幾与《史通》

刘知幾（661—721 年），字子玄，徐州彭城人，唐高宗永隆元年（680 年）举进士。武则天长安二年（702 年）始担任史官，撰起居注，历任著作佐郎、左史、著作郎、秘书少监、太子左庶子、左散骑常侍等职，兼修国史。长安三年（703 年）与朱敬则等撰《唐书》。神龙时与徐坚等撰《武后实录》。玄宗先天元年（712 年），与谱学家柳冲等改修《氏族志》，至开元二年（714 年）撰成《姓族系录》。开元四年（716 年）与吴兢撰成《睿宗实录》，重修《则天实录》《中宗实录》。景龙二年（708 年），刘知幾因不满当时史馆制度的混乱和监修权贵对修史工作的横加干涉，愤而辞去史职，"退而私撰《史通》，以见其志"②。

《史通》成书于唐中宗景龙四年（710 年），内篇、外篇各 10 卷。内篇 39 篇，主要评述史籍源流、体例和编撰方法；外篇 13 篇，主要论述史官建置沿革和史书得失。刘知幾的《史通》系统总结了上古至唐初的史籍编撰理论及史学成就，是我国古代一部具有开创性的史籍编撰学著作，其图书编撰方面的贡献如下：

第一，区分了史料与史书。现代人对史料和史书的划分是很清楚的，如张舜徽先生所说："大别之，不外二类，一则属于历史资料；一则属于成家著述耳。"③ 但在唐以前，人们对史料和史书是不分的。最早指出史料和史书的区别与联系的，首推刘知幾。他在《史通·史官建置》中说："夫为史之道，其流有二。何者？书事记言，出自当时之简；勒成删定，归与后来之笔。然则当时草创者，资乎博闻实录，若董狐、南史是也。后来经始者，贵乎隽识通才，若班固、陈寿是也。必论其事，前后不同。然相须而成，其归一揆。"这里的"书事记言，出自当时之简"，指的是记注之类的史料；而"勒成删定，归与后来之笔"，则指的是史书。刘知幾还指出史料和史书是"相须而成"的关系。

第二，总结归纳了史书体例。刘知幾在《史通·六家》中一开始就提出"六家""二体"之说："古往今来，质文递变，诸史之作，不恒厥体。权而为论，其流有六。"他所

---

① 《旧唐书·韦述传》。

② （唐）刘知幾：《史通·自叙》。

③ 张舜徽：《史学三书平议》，北京：中华书局，1983 年，第 104 页。

称的"其流有六"，指的是《尚书》《春秋》《左传》《国语》《史记》和《汉书》六家。其中《尚书》《春秋》《国语》《史记》等"四家其体久废，所可祖述者唯《左氏》及《汉书》二家"，因此又有"二体"说。所谓的"二体"，指的就是断代编年体和断代纪传体。刘知幾所谓"正史"即指此。除正史外，尚有杂史，《史通·杂述》云："能与正史参行，其所由来尚矣。爰及近古，斯道渐烦。史氏流别，殊途并骛。权而为论，其流有十焉：一曰偏纪，二曰小录，三曰逸事，四曰琐言，五曰郡书，六曰家史，七曰别传，八曰杂记，九曰地理书，十曰都邑簿。"虽然刘知幾所说的"六家""二体"及十种"杂史"并不能完全包括所有史书体例，但基本上是唐代以前史书体例的总结。

　　第三，提出了一般史籍的编撰原则和方法。一是史书编撰应严格区分时代断限。刘知幾认为，作为断代史书，应只记本朝史实，不得超越这个朝代的界限。如果是一国之史，则不应超越本国的界限。他认为《汉书》《隋书》等并未严守这个原则。《汉书》是西汉史书，而"表志所录，乃尽牺年"。《隋书》是隋代史书，"则仰包梁代"。刘知幾认为"有一代之史，上下相交，若已见它记，则无宜重述。"① 二是选材时主张"博采"与"善择"相结合。史书编撰，选材广泛是很重要的。刘知幾说："盖珍裘以众腋成温，广厦以群材合构。自古探穴藏山之士，怀铅握椠之客，何尝不征求异说，采摭群言，然后能成一家之言，传诸不朽。"② 不仅要搜集经书、正史，同时要搜集家史、别传、笔记、杂记、小录、琐言、地理书、逸事等各种杂史、野史资料。但对于收集到的史料，要注意严格鉴别和挑选，即所谓"书有非圣，言多不经，学者博闻，盖在择之而已。"③ 三是阐述了史书编撰的详略问题。刘知幾认为，详近略远是写史的必然趋势，如《春秋》"载其行事，多有阙如。且其书自宣、成以前，三纪而成一卷，至昭、襄已下，数年而占一篇"；西汉"会计之吏，岁奏于阙廷；辎轩之使，月驰于郡国"，"夷夏必闻，远近无隔"，所以西汉史书倍增于《春秋》；东汉"作者弥众"，"邑老乡贤，竞为别录；家牒宗谱，各成私传"，因而东汉史书又多于西汉。因此，评论史书，不要把详略当作最终目的。四是篇章标题应与内容相吻合。《史通·题目》云："大名以定体，为实之宾，苟失其途，有乖至理。"刘知幾对历代史书的个别篇名提出了批评，如《史记》皇后传以"外戚"作为篇名，就与内容不合。标题用字应以简明为要，如列传标题，一人单独成篇者，具列姓名，如《司马相如传》等；一篇多人者，唯书姓相同者，可结定其数，如"二袁""四张""二公孙"等。范晔《后汉书》却在题目中全录姓名，其附出人物，亦用细字列其名于主题之下。五是主张叙事与言论泾渭分明，不宜在叙事时夹杂文章、书奏等材料。他说："愚谓凡为史者，宜于表志之外，更立一书，若人主之制册诰令，群臣之章表移檄，收之纪传，悉入书部，题为制册章表书。"④ 这就是说，应该从史书纪传中将皇帝的制册诰令，

---

①　《史通·断限》。
②　《史通·杂述》。
③　《史通·杂述》。
④　《史通·载言》。

臣子的章表移檄等档案材料单独提出来，另立一个"制册章表书"的类目，实际上就是档案文献的专类。这一倡议，不仅解决了史书叙事记言的矛盾，而且为档案文献编撰指出了一条途径。六是阐明了史书叙事的方法。刘知幾从三个方面阐明了叙事方法：首先，叙事必须"简要"。《史通·叙事》云："夫国史之美者，以叙事为工，而叙事之工者，以简要为主。简之时义大矣哉!"叙事文不在多而在精，"盖饵巨鱼者，垂其千钧，而得之在于一筌；捕高鸟者，张其万罝，而获之由于一目。夫叙事者，或虚益散辞，广加闲说，必取其所要，不过一言一句耳"。其次，叙事主张"用晦"。晦和显是两个不同的概念，"显也者，繁词缛说，理尽于篇中；晦也者，省字约文，事溢于句外"。"用晦"绝不是故意隐约其辞，让人百思不得其解，而是"言虽简略，理皆要害，故能疏而不遗，俭而无阙，譬如用奇兵者，持一当百，能全克敌之功也"。怎样才能达到"用晦"呢？"夫能略小存大，举重明轻，一言而巨细咸该，片语而洪纤靡漏，此皆用晦之道也"[1]。再者，叙事不可妄饰。所谓"妄饰"，即指那些不切实际的虚浮之词。

第四，阐述了史才与史德的问题。刘知幾认为，自古以来文士多而史才少，原因在于"史才须有三长，世无其人，故史才少也。三长谓才也、学也、识也。夫有学而无才，亦犹有良田百顷、黄金满籯，而使愚者营生，终不能致于货殖者矣。如有才而无学，亦犹思兼匠石、巧若公输，而家无梗楠斧斤，终不果成其宫室者矣。犹须好是正直，善恶必书，使骄主贼臣，所以知惧。此则为虎傅翼，善无可加，所向无敌者矣"[2]。在刘知幾看来，一个合格的史籍编撰家不仅要"才""学""识"三者兼备，同时要有史德，做到善恶必书。《史通·直书》赞扬了那些仗义执言而不惜牺牲自己生命的人，并分析了他们以身殉职的原因："盖烈士徇名，壮夫重气。宁为兰摧玉折，不作瓦砾长存。"《史通·曲笔》批评了那些歪曲历史、颠倒是非的人，并指出了这样一个严峻的事实："古来唯闻以直笔见诛，不闻以曲词获罪"，既如此，"令史臣得爱憎由己，高下在心，进不惮于公宪，退无愧于私室，欲求实录，不亦难乎？"他呼吁："有国家者所宜惩革也。"

以上是《史通》关于史籍编撰的主要内容。如此全面系统地论述史籍编撰的种种问题，在中国图书编撰史上尚属首次。刘知幾关于史籍编撰理论与方法的成熟，标志着唐代图书编撰已经达到一个新的水平。

四、隋唐图书编撰的特点

隋代图书编撰有以下特点[3]：

第一，著述数量不多。隋代享国日浅，著述无多。《隋书·经籍志》著录隋代著作 95 种，《旧唐书·经籍志》著录隋代著作 96 种，《新唐书·艺文志》著录隋代著作 88 种。

---

① 《史通·叙事》。

② 《旧唐书·刘子玄传》。

③ 曹之：《试论隋代图书编撰的特点》，《山东图书馆季刊》2004 年第 3 期。

去其重复，隋代著述 140 余种。一是由于隋代国祚短暂，文、炀二帝历时仅 38 年；二是隋代南北学术界尚未能完成统一，诸多学者各行其是，精力花在明争暗斗上；三是隋代佛教势力风靡海内，儒学地位每况愈下，儒士甚至要为衣食奔走不暇。

第二，官修书数量多篇幅大。隋代文、隋二帝均重视文教，注意网罗各种人才从事图书编撰。《江都集礼》《长洲玉镜》《北堂书钞》《区宇图志》《诸郡土俗物产记》《诸州图经集》《玄门宝海》《淮南王食经并目》《桂苑珠丛》《四海类聚方》《四海类聚单要方》等百卷以上的大书均由官方修撰而成。

第三，图书内容全面。经史子集，四部皆备。其中尤以书目、地理、类书、历书等令人瞩目。隋文帝从开皇四年到二十年（584—600 年）的 17 年中，曾四次编撰国家藏书目录。这在中国图书史上是不多见的。《隋书·经籍志》著录隋代地理著作 12 种，数量之多，居各类之首。隋炀帝大业间，"普诏天下诸郡，条其风俗物产地图，上于尚书"①。这是我国古代国家明令修志的最早记载。虞世基等《区宇图志》、郎蔚之《诸州图经集》和《诸郡土俗物产记》等就是各地志书的汇编。隋代编撰的类书数量众多，如《长洲玉镜》《北堂书钞》《玄门宝海》《桂苑珠丛》《四海类聚方》《四海类聚单要方》均是。隋代编撰的历书有《张宾历》《胄玄历》《皇极历》等。

唐代是我国古代图书编撰的重要时期，这一时期的图书编撰有以下特点②：

第一，史馆和宰相监修国史制度的建立，为官修书奠定了坚实的组织和物质基础。作为专门的修书机构，史馆在人才录用、岗位责任、经费开支等方面，都有一套行之有效的制度。比如在人才录用方面，严格把关，不得滥竽充数。唐高宗专门发布过有关诏令，甚至楷书手的选用都很严格。据元和十二年（817 年）六月史馆奏："当馆楷书手，准元敕，同集贤例，五考足放选。今选务集贤年数仍旧，当馆更加三年，同弘文馆例，八年放选。"③ 在经费方面，史馆开支已纳入国家预算，有固定的经济来源。

第二，图书编撰具有较强的地域性和时代性。曹之根据冯国栋《唐代人口问题研究》(武汉大学出版社 1993 年版) 和陈尚君《唐诗人占籍考》（中国社会科学出版社 1997 年版）的研究成果得出结论：就地域性来说，山东地区是唐代图书编撰最繁荣的地区，其次才是关中和江南地区。就时代性来讲，如果说唐代前期的排名先后为山东、关中、江南的话，那么到了唐代后期则变为山东、江南和关中地区，江南由第三位跃居第二位。官方修书较频繁的时期主要集中在太宗、高宗、武则天、玄宗时期。除了客观的原因外，也与这些皇帝对图书编撰事业的重视有直接关系。不少官修书从选题到成书，皇帝都亲自过问，唐太宗甚至亲自参与了《晋书》的撰写工作。

第三，就图书内容而言，四部皆备，尤以史书、法律、类书、文集为多。史书除了南

---

① 《隋书·经籍志》。
② 曹之：《试论唐代图书编撰的特点》，《新世纪图书馆》2004 年第 4 期。
③ （宋）王溥：《唐会要》卷六十四《史馆下》。

北朝诸史、《晋史》、《通典》、《史通》，实录的编撰已形成系列。从唐代始，新君即位之后必敕史臣撰修前任皇帝实录，后沿为定例。唐律、令、格、式等法典文献的编撰也很频繁，据《新唐书·艺文志》和《新唐书·刑法志》可知，唐历朝编撰法典文献有 40 种，如《武德律》《贞观令》《垂拱格》《开元式》等。唐代编撰的类书有 45 种之多，荦荦大者如《艺文类聚》《文思博要》《文馆辞林》《东殿新书》《累璧》《瑶山玉彩》《碧玉芳林》《芳林要览》《策府》《玄览》《三教珠英》《玄宗事类》《初学记》等。唐代文集数量也很多，据统计，唐代可考诗文作者 6500 余人，不少生前或死后都有文集传世，流传至今者有 240 余种。有的文集卷数甚至超过百卷，如令狐楚《漆奁集》130 卷、《樊宗师集》291 卷、元稹《元氏长庆集》100 卷等。

第四，就图书编撰形式而言，传奇、类书、别集、科举考试书等大量涌现。中唐以后，随着城市商业经济的发展，传奇小说开始涌现。单篇如李朝威《柳毅传》、白行简《李娃传》、沈既济《枕中记》等，专集有牛僧孺《玄怪录》、康骈《剧谈录》等。唐代史料笔记也有较大发展。在内容上，有的重点记述历史事实和典章制度，如《大唐新语》《因话录》等；有的专记传说故事和社会风貌，如《朝野佥载》等；有的重点记述文人生活及其创作活动，如《云溪友议》《唐摭言》等；有的记一朝琐闻，如《明皇杂录》。在体例上，有分门别类者，如《大唐新语》；也有不分门类，条目混杂者，如《云溪友议》。唐代类书不仅数量多，而且编撰体例也颇具特色，如《艺文类聚》采取的是"事居其前，文列于后"的体例，而在此之前，一般是汇"文"而为总集，聚"事"而为类书，判若两途。《艺文类聚》合二为一，极便读者。《初学记》则分"叙事""事对""文选"三部分。"叙事"即汇抄有关事件；"事对"即将有关事件浓缩为对偶语词，两两相对，以便选用；"文选"即汇抄有关诗、赋、赞、铭等材料。唐代文学发达，诗文集数量更多，或称 800 家，或称 691 家，各家说法不一。隋唐科举制度的确立，使得大批身处乡野的知识分子看到了读书进仕的希望，因此与科举有关的图书也应运而生，编撰了一大批童蒙读物，包括小学、字书、韵书和"兔园策"（按照考试科目而设计的一种模拟试题图书）之类的图书。

第三章 图书流通与政府管理

第一节 图书市场的形成与发展

一、先秦图书市场的萌芽

我国上古时期文化的创制和传播，主要集中在史官和卜筮等文职、神职人员手中，实行的是"官守其学、学有其书"的政策，因此长期以来只有官书而无私书。而这些官书是由史官掌管的，一般人根本无法读到。

春秋末年，王室藏书的阅读范围有所扩大。当时周朝有藏书机构叫"藏室"，主管官吏是老聃，孔子曾去他那里看过书，所谓"西观周室，论史记旧闻"①。孔子是没落贵族的后代，士大夫的代表，他可以读到周王室的藏书，可见王室藏书供人阅读的范围已扩大到士的阶层。随着周王室的式微和诸侯国的崛起，集中保存在周王室的图籍也随着史官的流失而散入各诸侯国。后又因上下相克，天下大乱，诸侯国保存的典籍进一步散落民间。另一方面，私人藏书也已开始出现。孔子本人就是一位藏书家。他周游列国时曾四处搜访典籍，《公羊传》徐彦疏引《闵因叙》云："昔孔子受端门之命，制《春秋》之义，使子夏等十四人求周史记，得百二十国宝书。"孔子整理编定《六经》，没有一定数量的私人藏书是不可能完成的。

战国以后，诸子百家各持其说，养士之风渐盛，加上社会游士，纷纷著书立说，编书、抄书、藏书活动逐渐普及起来。当时的学者多有其书，如"子墨子南游使卫，关中载书甚多"②，"惠施多方，其书五车"③，"王寿负书而行，见徐冯于周涂"④。尽管尚未发现具体的文献记载，但从春秋末至战国初的整体经济、文化的发展状况来看，这一时期当已有图书买卖活动。理由有三：一是私学教育发达。如相传孔子弟子三千，其贤者七十有二。兴办教育除了口授，教材是必不可少的。要么自己抄写，要么付出一定的代价请人代抄，或用实物、货币换取他人用过的旧书。战国时期有一种三面起棱、可供书写的木简，称为"觚"。它是专供儿童启蒙识字用的，可直立放置。这种特殊形式的书籍形式，不是

---

① 《史记·十二诸侯年表序》。
② 《墨子·贵义》。
③ 《庄子·天下》。
④ 《韩非子·喻老》。

普通家庭可以制作的，而是由专业人士制成后在市场上出售，或制成半成品的"空白觚"售卖。家长为学童买来后，再花钱请老师或书法好的人在上面抄书。这实际上也是书籍买卖的一种形式。二是众多数量和品种的图书在民间流传，不可能都是无偿的。如前所述，孔子曾派弟子四处求书，得周史和百二十国宝书。这么多国史秘籍是用什么方式得来的？古文献上没有记载，完全是靠别人白送的吗？似乎不大可能。孔子出身卑微，而其弟子子贡却是"家累千金"的大商人，"结驷连骑，束帛之币以聘诸侯"①，孔子能周游列国和求得百二十国宝书，在相当程度上是靠子贡等弟子经济上的赞助。战国时期百家争鸣，哲学、史学、文学、法学、医学、农学、军事、天文、历算等方面的图书纷纷问世，散入民间，广为流传。这么多书的流传不可能都是免费的。三是战国时期已出现佣书活动。王嘉《拾遗记》卷六载："张仪、苏秦二人，同志好学，迭剪发而鬻之，以相养。或佣力写书，非圣人之言不读。"通过替人抄书而获得一定数量的佣金，这实际上是一种变相的图书买卖行为。

秦始皇统一中国，实行"书同文，行同伦"的文化政策，一度为图书的流通和传播创造了有利条件。但之后又施行"焚书坑儒"的政策，私家藏书遭到极大的破坏，"所不去者，医药、卜筮、种树之书"②。所幸的是焚毁的只是私家之藏，官府藏书还是存在的。但项羽攻入咸阳，一把火烧了秦宫室，这批官藏文献也荡然无存了。因此一段时间以来，图书的流通和传播陷于停滞状态。

二、两汉图书市场的形成

入汉以后，图书流通和贸易有了很大发展，出现了我国最早由官方组织的图书交易市场——槐市。据《三辅黄图》载："王莽作宰衡时，建弟子舍万区……为博士舍三十区。东为常满仓，仓之北为槐市。列槐树数百行为隧，无墙屋，诸生朔望会此市，各持其郡所出货物及经传书记、笙磬乐器，相与买卖，雍容揖让，侃侃闾闾，或论议槐下。"作为西汉政权文化教育政策的产物，"槐市"受到政府的直接管理和监督，每半月集中开放一次，成千上万的读书人聚集在一起，一方面交流学术思想和读书心得，一方面买卖"经传书记、笙磬乐器"等物品。它不仅对当时的官方教育起到了积极作用，也为太学弟子互通有无提供了便利。槐市出现于太学不是偶然的，西汉末年由于教育事业得到发展，太学生名额猛增，至成帝时增至三千人。平帝元始四年（4年），王莽奏立明堂、辟雍、灵台，为学者筑舍万区。这么多读书人聚在一起，极大地刺激了对图书的需求，于是就有人把自己抄录的书籍售于别人，或拿到槐市那样的贸易集市上去与别人交换。开始时只是偶然交换，慢慢地成为经常性的，最后发展为以交换为目的的抄书，从而使书籍成为可流通的商品。

---

① 《史记·货殖列传》。
② 《史记·秦始皇本纪》。

两汉时期除了由政府出面组织的"槐市",在民间还有大量的书肆存在,这主要得益于民间教育事业的发展。扬雄《法言·吾子》云:"好书而不要诸仲尼,书肆也。""肆"就是店铺,也是手工业工场。因为秦汉时代手工业者和商人往往兼于一身,卖者就是制者。后来"肆"单指店铺,如汉崔豹《古今注》称:"肆,所以陈货鬻之物也。"《史记》《汉书》都载有卜式指责桑弘羊"令吏坐市列肆,贩物求利"的话。"肆"就是商人坐以渔利的场所,即售货摊。当时稍大的城市都设有一处或数处商业区,商人开设店铺做买卖只能在规定的区域内进行,这个商业区域就称为"市"。市中各类商品琳琅满目,为了方便买卖,同类商品都得集中在一起,这就叫"肆",而同类商品陈列在同一行列内就称为"一肆"。班固《西都赋》说:"九市开场,货别隧分。"注曰:"隧列肆道也。"可见,书肆就是分类肆列的书货摊。《法言》写于西汉平帝元始四年(4年)至王莽称帝(9年)前,书肆的出现当不晚于西汉后期。

需说明的是,汉代的书肆与槐市性质还是稍有不同。槐市是由政府出面组织的,以读书人之间互通有无为目的,集市开放的时间和地点是固定的,图书交易也主要以儒家经义为主;而书肆是由民间书商组成,以盈利为目的,交易时间不受限制。其图书种类丰富,既卖儒家典籍,也卖诸子诗赋等书籍,且经营方法灵活,敞开售书,允许自由阅览。这样既可招揽读者,也利于贫苦知识分子求知自学,深受各类读者的欢迎。历史上就有依靠书肆自学成才的例子,比如东汉学者王充,《后汉书·王充传》称:"充少孤,乡里称孝。后到京师,受业太学,师事扶风班彪,好博览而不守章句。家贫无书,常游洛阳书肆,阅所卖书,一见辄能诵忆,遂博通众流百家之言。后归乡里,屏居教授。"

如前所述,佣书作为以盈利为目的的抄书活动,为图书市场提供了丰富的图书来源,实际上也是图书发行市场的一个重要内容。东汉时期的班超、王溥、李郃、高君孟、盖晋、陈长次等人,都曾因家贫而以佣书自给。他们虽家境贫寒,但都有一定文化修养和书法功底,为了谋生,或在自家抄好书后再去市场上售卖,或直接在书肆上代人抄写书籍,对图书的交流和传播起到了不可忽视的作用。各代佣书情况详见本书第一编第一章第四节,此不赘述。

三、魏晋南北朝图书市场的发展

三国时期,魏、蜀、吴的都城人文荟萃,书业有所发展。两晋南北朝时期,著述范围和数量继续增加,史地、文学、科学技术诸方面都有大批新作问世。纸张的普及和佣书业的发展,使得书籍生产更为容易,这都为图书贸易的发展提供了条件。在一些商业较为发达的城市,以贩书为业的书肆兴旺起来,在南方和北方分别形成了以建康和洛阳为中心的书业格局。

建康曾是三国时期孙吴政权的都城,始称秣陵,后称建业,东晋时改称建康,此后宋、齐、梁、陈四代也相继在此定都,因此成为当时的政治、经济、文化中心,也是图书贸易中心。东晋梅赜献给秘府一部《古文尚书》,唯缺《舜典》一篇。至南齐建武三年

(496 年)，名儒姚方兴于大桁 "市得其书，奏上。比马、郑所注，多二十八字，于是始列国学"①。南齐武帝萧赜曾下令 "诸王不得读异书，《五经》之外，唯得看《孝子图》而已"。江夏王萧锋时年十岁，喜读书聚书，"乃密遣人于市里街巷买图籍，期月之间，殆将备矣"②。花了一个月的时间就把市面上有关的书差不多买齐了，这说明当时建康的图书品种还是很丰富的。儒家经典仍是当时太学生的必读课程，是书肆的热销品。南朝的五经博士严植之曾在建康设馆讲学，"每当登讲，五馆生毕至，听者千余人"③。这么多儒生需要五经之类的教材，主要是来自书肆，当然也不排除个人借书抄写，如南朝的袁峻，"家贫无书，每从人假借，必皆抄写，自课日五十纸，纸数不登则不止"④。借书抄写的多为贫寒子弟，富裕的学生则可以从书肆或佣书人那里购得。由于玄学盛行，学者多好讲《易》《老》《庄》，因此这方面的注释作品如《周易义》《老子义》《庄子内篇义》《外篇义》《杂篇义》《玄部通义》《游玄桂林》等，成为书肆的长销品种。此外，这一时期的识字教材增长很快。东汉史游的《急就篇》，成为传统教材风行数百年。唐颜师古在《急就篇注·叙》中称："蓬门野贱，穷乡幼学，递相承禀，犹竞习之。"因为流通量大，一些著名书法家如三国时期的钟繇、皇象，晋代的王羲之及其早年宗师卫夫人、尚书郎索靖等人，都曾抄写过此书。其他还有三国时期朱育的《幼学篇》、项峻的《始学篇》、晋代杨方的《少学》、束皙的《启蒙记》、王义的《小学篇》、顾恺之的《启蒙记》及《常用字训》《俗语难字》《杂字要》《杂字指》《字指》《要字苑》等，也在书肆流通。

在南朝其他一些城市，如荆州、成都、寿春和襄阳等，书肆也很发达。梁元帝萧绎在荆州任刺史时，"博极群书"，聚书十万卷，据其《金楼子》卷四《聚书篇六》载："前在荆州时，晋安王子时镇雍州，启请书写，比应入蜀，又写得书，又遣州民宗孟坚下都市得书。又得鲍中记泉上书。"说明荆州书肆上不仅有一般图书出售，甚至有孤本、异本售卖。成都的书业也很有名，西晋左思在《三都赋》中这样描述魏时的成都："市廛所会，万商之渊，列隧百重，罗肆巨千，贿货山积，纤丽繁星。"在 "罗肆巨千" 中就有书肆这个行业。北朝人往往通过成都购买南朝的书籍。寿春和襄阳位于南朝北部边境，是南北互市的枢纽。南朝撰著、抄写的大批图书（包括佛经）经常通过这两个城市流通到北朝境内，如北齐的辛术就曾到淮南寿春一带，"大收篇籍，多是宋、齐、梁时佳本，鸠集万余卷"⑤。

洛阳是北方的政治、文化中心，也是书业贸易中心。曹魏和西晋时期，文人学者荟萃于此。史学家陈寿在洛阳写成《三国志》，司马彪写成《后汉书》。晋武帝 "太康中，三张（张载、张协、张亢）、二陆（陆机、陆云）、两潘（潘岳、潘尼）、一左（左思）勃尔

① 《隋书·经籍志》。
② 《南史·江夏王萧锋传》。
③ 《南史·严植之传》。
④ 《南史·袁峻传》。
⑤ 《北齐书·辛术传》。

复兴，踵武前王，风流未沫，亦文章之中兴也"①。聚会于洛阳的"建安七子""竹林七贤""金谷二十四友"等留下了不少著述，丰富了洛阳书肆的图书品种。北魏时，孝文帝、宣武帝曾两次大规模修建洛阳街坊，全城有三个热闹的市场，书肆多集中于城南的"四通市"。各市设"市令"来管理市场和收税。市中心有市楼，悬钟鼓，击之以开市、闭市。西域一些少数民族政权如高昌、龟兹、鄯善、车师等，常派使者来洛阳购书。洛阳的书肆也常常出售南朝的书籍。北魏的散骑常侍崔鸿为撰写《十六国春秋》，经常到书肆"搜集诸国旧史"，花 7 年时间草成 95 卷，"唯常璩所撰李雄父子据蜀时书，寻访不获，所以未及缮成"②，因为该书是南朝撰录的，一时不易购得。20 年后，崔鸿之子崔子元任秘书郎，终于在洛阳书肆购得李翊《蜀书》，并参照该书加以补充改写，完成了《十六国春秋》102 卷。北魏末期的秘书监常景也经常在洛阳书肆购书，"若遇新异之书，殷勤求访，或复质买，不问价之贵贱，必以得为期"③。

　　洛阳以外，邺城也是北魏的大城市。它又是东魏、北齐的都城，书肆也较繁荣，不仅卖儒家经典和诸子百家，也出售适合民间说唱的通俗读物。据《北史·阳俊之传》："当文襄时，多作六言歌辞，淫荡而拙，世俗流传，名为《阳五伴侣》，写而卖之，在市不绝。俊之尝过市，取而改之，言其字误。"文襄，即掌握东魏朝廷实权的高澄。他从洛阳迁都至邺城，几经修建，使邺城繁荣起来，从而带动了东魏书业的发展。阳俊之就是《阳五伴侣》的作者。他发现书肆卖的这本书有错字，乃"取而改之"。北魏时期的长安和晋阳是一方的都会，图书贸易也较活跃。平城是北魏的旧都，随着鲜卑族的日益汉化，那里也出现了书肆。

　　南北朝时期书商在书籍供应上开始出现了新的形式。史籍上有书商送书上门的记载，如《北齐书·祖珽传》载："（珽）事文襄。扬州客至，请买《华林遍略》。文襄多集书人，一日一夜写毕，退其本曰：'不须也。'"《华林遍略》是梁武帝命人编纂的一部 620 卷的大型类书，这说明当时的扬州书商已拥有较雄厚的资金，图书贸易已具一定规模。而文襄能雇书手用一日一夜抄写完这样一部大书，说明当时书手众多，佣书业已很发达。

四、隋唐图书市场的初步繁荣

　　隋朝统一全国后，南方与北方的文化交流更加便利，图书流通也得以畅通。唐代是我国封建社会经济文化的繁荣时期，文献数量众多，品种丰富，加上藏书家的日益增多及佣书业的发展，使得写本书市场逐渐达至鼎盛。而雕版印刷术的发明和应用，使得刻印本首次进入图书流通市场。这一时期的图书市场呈现出初步繁荣的景象。

　　唐代早期的书肆以出售抄本为主。本编第一章第四节对隋唐民间佣书业已有论及，此

①　（南梁）钟嵘：《诗品·序》。

②　《魏书·崔鸿传》。

③　《魏书·常景传》。

不赘述。除了一般抄本外，唐代商人还有以"铸佛写经"为业的。玄宗开元二年（714年）七月壬子诏曰："自今以后，禁坊市等不得辄更以铸佛写经为业。"① 自六朝至唐初，铸佛写经成为商人牟利之途。这种铸有佛像的经铺，人们需要什么经文，铺内就有人抄写出售，这实际上就是专业性质的书肆。但后因被认为"口食酒肉，手漫膻腥"，对佛不够尊重，遂被禁止。而人们要瞻仰佛像尊容，可到寺庙去礼拜；要诵读经文，也可到寺庙内去购买。此外，民间也涌现许多抄写佛经的"经生"。敦煌遗书中的佛经，就有不少是施主出钱雇经生抄写的。敦煌至今保留了一首抄经人写的怨诗："写书今日了，因何不送钱？谁家无赖汉，迥面不相看。"② 根据隋唐时代的高僧传记资料的记载，当时经生们抄写一部佛经动辄以千百份计，索酬也不低，写一张纸"多的要到二百五十钱，少的也要数十钱"③。

值得一提的是，中晚唐以后，书肆开始刻书售卖，印本书开始进入图书流通市场。唐代后期出现的书肆以"印卖"书籍为中心，自印自销、刻售兼营、亦工亦商，且有固定店铺，即后世所谓的坊刻。这类新型书肆跟早期书肆相比，性质发生了很大变化。它刻书最早，分布最广，印刷量也最大，且所刻之书多是民间需求量最大的日常用书，如历书、阴阳占卜书、字书、医书、佛经等。坊刻的出现，是我国古代图书出版发行史上的一个重要事件，标志着中国古代出版业进入了一个新的发展阶段。

隋唐时期的长安是政治经济文化中心，也是学者、文人、艺术家、读书人聚居之所。隋唐两朝大兴教育，特别是在唐代，国子监下辖国子学、太学、四门学、广文馆、书学、算学和律学，学生最多时达 8000 人，这还不算民间私塾授徒的数量。为数众多的文人学士、师生群体，以及赴京赶考的生徒、乡贡，构成长安书肆的主要读者对象。这种优越的外部环境，使得长安成为当时全国的书业中心。据文献记载可考的唐代长安城中的书肆有"京中李家""上都东市大刁家"书坊，它们都位于长安城中繁华的东市。唐会昌三年（843 年），东市夜间失火，烧毁十二行店铺 4000 余家，可见东市商业店铺之多，其中就包括书肆在内。唐李播任蕲州刺史时，有个将要应举的秀才李生求见，并呈送作品给李播，希望向主考官推荐。李播惊奇地发现，该生所投诗卷竟是自己当年应举时的作品。经查问，李生才说出"二十年前，实于京辇书肆中以百钱赎之"④。可见当时长安书肆中图书品种之广杂。天宝年间，李娃在长安"命车出游，生骑而从，至旗亭南偏门鬻坟典之肆，命生拣而市之，计费百金，尽载以归"⑤。这也说明当时长安书肆出售的书籍众多，可供人大批选购。

除长安城，洛阳、扬州、成都、金陵等城市的书业也比较发达，成为地区性的书业中

---

① 《全唐文》卷二十六《玄宗七·禁坊市铸佛写经诏》。
② 胡适：《敦煌写经题记与敦煌杂录序》，《国立北平图书馆馆刊》第 10 卷第 3 期，1936 年 5 月。
③ 转引自高信成：《中国图书发行史》，上海：复旦大学出版社，2005 年，第 33 页。
④ 《太平广记》卷二六一《李秀才》。
⑤ 《太平广记》卷四八四《李娃传》。

心。东都洛阳的书业仅次于长安，许多文人学者也云集于此，如"初唐四杰"王勃、杨炯、卢照邻、骆宾王都在洛阳留下了著名篇章。有"诗圣"之称的杜甫一生中大部分时间都在洛阳度过。杰出医学家巢元方、孙思邈、张文仲等为洛阳书肆撰著了《诸病源侯论》《备急千金要方》《随身备急方》等多种常销不衰的医书。唐人吕温《衡州集》内有上官昭容的《书楼歌》："君不见洛阳南市卖书肆，有人买得《研神记》。"可见，当时洛阳书肆多在南市，通俗小说类图书已成为唐代书肆的常见品种。江南名城扬州是南北水陆交通要道，诗云"十里长街市井连"（唐张祜《纵游淮南》）、"夜桥灯火连星汉"（唐李绅《宿扬州》），是扬州昔日繁华景象的写照，那里的佣书业也很发达。《唐大和尚东征记》记载，"大和尚"去日本之前在扬州采办一切用品，其中就有"金字《华严经》一部，金字《大品经》一部，金字《大涅槃经》一部，杂经论章疏等都一百部"。元稹《白氏长庆集序》的自注中也提到了扬、越（杭州）间多将白居易和元稹两人的诗歌"卖于市肆之中"。成都盛产竹纸，既适于抄写，更适于印书，因此雕版印卖的书坊较早在成都兴起。初期刻售兼营的书肆脱胎于以家庭为单位的手工作坊，往往以"某某家"为店名刻印在书上，如考古发现有"剑南西川成都府樊赏家"印售的历书、"西川过家"印卖的《金刚经》。唐末柳玭在《柳氏家训·序》中说，中和三年（883 年），他在成都一个书肆中看书，"其书多阴阳杂记、占梦相宅、九宫五纬之流，又有字书小学，率雕版印纸，漫染不可尽晓"。这段文字反映了唐末成都书肆图书品种的大致情况。建康城在隋唐时期改称为金陵。由于六朝故都奠定的基础，金陵依然是东南地区的书业中心。南方的福州、泉州、建安的书肆也兴盛起来，这主要得益于当地教育业的发展。建安有两任太守推崇文学，故书肆也颇为有名，据《天禄琳琅书目·续篇》称："盖建安自唐为书肆所萃。"①

　　唐代书肆继承了前代的传统，大多敞开陈列，无论抄本还是印本书，都可任人翻阅、选购，因此很多家境贫寒的读书人有机会从书肆中获得知识。唐代史籍中关于"阅书于肆""即市阅书"的记载屡见不鲜。如徐文远"兄林鬻书为事，文远每阅书肆，不避寒暑，遂通五经"②。吕向，字子回，少孤，"强志于学，每卖药，即市阅书，遂通古今"③，终于玄宗开元十年（722 年）被诏入翰林，兼集贤院校理。唐人好诗，诗中也多提及"书肆""卖书人"等语，如皮日休《和鲁望》有"阅彼图籍肆，致之千百编"、张籍《送杨臣源少尹赴凤翔》有"得钱只了还书铺，借宅常时事药栏"、王建《赠崔礼驸马》有"金埒减添裁药地，玉鞭平与卖书人"、元稹《酬乐天东南行诗一百韵》有"文房长遣闭，经肆未曾铺"等句。这些都反映了唐代书肆的普及。

　　唐代书肆经营的图书品种随着文教事业的发展逐渐丰富。唐承隋科举制，儒家经典仍是各地书肆的必备书。孔颖达奉诏撰著的《五经正义》成了科举考试的指定教材，也是书

①　（清）叶德辉：《书林清话》卷二。
②　（唐）刘肃：《大唐新语·劝励》。
③　《新唐书·吕向传》。

肆的长销书。武则天当政时期，曾命人编写《臣轨》《兆人本业》二书。前者是作为九品以上官员必读之书，同时列入举人考试科目；后者是颁发给朝集使（每年十月下旬来朝集会的地方官员）的，要求地方官按照此书要求劝课农桑，并有相应奖惩措施。李唐皇帝把老子说成是本家始祖，玄宗下令贡举人加试《老子策》，鼓励人们读《道德经》《庄子》《列子》和《孝经》。在启蒙教材方面，《千字文》取代了《急就篇》而经久不衰。敦煌石室藏有许多唐至五代时期的《千字文》写本，仅被外国人斯坦因、伯希和劫至西方的就达31种之多，可见此书在隋唐五代时期流传之广。另外还有马仁寿的《开蒙要训》、李瀚的《蒙求》、杜嗣先的《兔园册府》等。唐人作诗成风，以诗赋取仕是唐代推行科举制度的重要内容。因此，唐人自选诗集或由别人选编的诗集很多，一般都通过书肆广为流通。我国古代小说在唐代也达到成熟阶段，一些优秀的小说作品也依靠书肆的抄写售卖得以流传。再就是前文提到的，唐代书肆还多有佛经、字书、历书、医书等长销书。

第二节 官府藏书需要下的图书征集与收购

一、先秦两汉的图书征集与收购

早在殷商之际，甲骨文献都是由官方集中保存和管理的，具体由"作册""御史"等史官和"卜""贞"等巫官负责。从甲骨收藏处所的考古发掘来看，有几个朝代的甲骨集中于一个窖穴的，也有一个朝代的甲骨集中于一个窖穴的。这说明人们已开始有意识地对甲骨进行集中收藏和管理。周王室一方面承袭前朝，另一方面又在与诸侯国交往中不断征集和丰富自己的藏书。这从老子担任周"守藏室之史"以及《诗》《书》之结集可以看出来。春秋战国之交，民间私学兴起，打破了官方对于知识的垄断，图籍也随着周王室史官的流失向各诸侯国和民间传播，私人藏书开始出现。

先秦藏书经过一段时间的发展和积累之后，遭遇了我国图书史上的第一次"书厄"，即秦始皇燔灭诗书。在这次焚书活动中，六国史籍损失最为惨重，而散存于民间的诸子百家之作虽也被毁不少，但仍有人冒着生命危险将之保存下来。刘邦建立西汉政权后，立即着手前朝典籍的收藏。据《汉书·高帝纪》称："（高帝）元年（前206年）冬十月，萧何尽收秦丞相府图籍文书。"西汉还筑石渠、天禄、麒麟诸阁，以典藏图籍。文、景时期已开始有意识地向民间征求儒家经典旧籍，其来源有二：一是靠秦代遗儒凭记忆口授，用当时通行的汉隶记录下来，称为今文经，如晁错向伏生学习的《今文尚书》；二是从地下或墙壁内发掘出来的用先秦文字书写的古文经，如鲁恭王拆孔子故宅时发现的《古文尚书》。汉人轻商，皇家买书只说征书，民间卖书则称献书，而书籍价格全由皇家赏赐。先秦旧籍得之不易，总要赏以重金。景帝间，河间人颜芝藏有《孝经》，他的儿子颜贞长途跋涉把这部书献给景帝。北平侯张苍也将家藏《左传》献出。献书在当时实际上是名利双收的事情，属有偿交换。但直至汉惠帝四年（前191年），朝廷正式解除挟书禁令，民间藏书才名正言顺，图书的抄写和传播得以快速发展。汉武帝时，"敕丞相公孙弘广开献书之路，命天下计书，先上太史，副上丞相；建藏书之策，置写书之官，下及诸子传说，皆充秘府"①。至刘歆编撰《七略》时，"百年之间，书积如山丘"②。但图书还是颇有散亡，于是汉成帝派谒者陈农出使四方，求遗书于天下，广泛搜罗散落于民间的新旧典籍，同时命刘向等人对先秦以来的典籍进行系统整理。东汉光武帝刘秀为了建立新的皇朝，在征战中比较注意网罗儒生博士，并"采求阙文，补缀漏逸。先是四方学士，各怀挟图书，遁逃林薮。自是莫不抱负典策，云会京师"③。这些都有利于新王朝典籍的聚集。建武元年（25 年），刘秀定都洛阳，把收集到的各种典籍也搬至洛阳，史载"其经牒秘书，载之二千余两"④，可见当时已征集到不少图书。

二、魏晋南北朝的图书征集与收购

曹魏政权也很重视图书的搜集。曹操虽身处军旅，攻城拔寨之余，还不忘将对手的图书收归己有。他在任魏王时，置秘书令，负责购求、整理和掌管图书。曹丕称帝后，改秘书令为秘书监。我国第一部类书《皇览》就是由魏秘书郎刘劭、王象等人编纂的。魏明帝时，领秘书监的郑默四处购求图书，采掇遗亡，"考核旧文，删省浮秽"⑤，撰成《中经》。与曹魏鼎立的吴、蜀二国，也都依汉制设置了"东观"，负责征求和整理典籍。西晋不仅承袭了曹魏的官藏，还收孙吴图籍和其他图书。晋龙骧将军王濬自蜀率水军沿长江东下，攻入建康，孙皓投降。王濬先"收其图籍，封其府库"⑥，并把这些图籍运回洛阳，受到晋武帝嘉奖。消息传出，一些地方官也四处搜求图书献给朝廷。西晋末期，凉州刺史张寔仍"遣督护王该送诸郡贡计，献名马方珍、经史图籍于京师"⑦。荀勖担任秘书监时，与中书令张华受命"依刘向《别录》，整理记籍"⑧，从各地征集、购求的图书达 10 万卷之多。他参照郑默的《中经》，著成《中经新簿》，首创甲乙丙丁四部分类法，著录图书 1085 部、29035 卷。这是西晋搜求整理图书的重要成果。经"八王之乱"和永嘉之乱后，西晋灭亡，图书损失惨重。东晋政权虽偏安江南，但对文教仍比较重视。为恢复朝廷藏书，晋元帝司马睿采纳丞相王导的建议，向民间征求藏书。对于私人藏书不愿意献出的，则有偿借来，由秘书监组织人力抄写复制。秘书丞王谧曾让秘书郎到殷允、张尚文、郗俭之、桓石秀等"多书之家""分局采借"。经过多方购求、借抄，东晋朝廷藏书得以重新

① 《汉书·艺文志》。
② 《汉书·艺文志》。
③ 《后汉书·儒林传》。
④ 《后汉书·儒林传》。
⑤ 《晋书·郑默传》。
⑥ 《晋书·王濬传》。
⑦ 《晋书·张寔传》。
⑧ 《晋书·荀勖传》。

聚集起来，"中朝遗书，稍流江左。"① 在东晋元帝"鸠集遗书"的号召下，建武将军应詹"破杜弢于长沙，贼中金宝溢目，詹一无所取，唯收图书，莫不叹之"②。随着朝廷藏书增多，大著作郎李充以类相从，分作"五经""史记""诸子""诗赋"四部，编成《晋元帝四部书目》。

南北朝时期，刘宋政权的官府藏书主要是继承东晋的官方藏书，但也有通过战争掠夺来的，如宋武帝平后秦，将府库中所有四千卷赤轴青纸、文字古拙的藏书全部收归刘宋。宋文帝时谢灵运编成《元嘉八年秘阁四部目录》，宋明帝时王俭编成《元徽四部书目》，都是在征购天下藏书、补足阙文的基础上完成的。萧齐政权历时仅 23 年，但永明间在秘书监谢朏的主持下，开展图书的购求和整理工作，编成《秘阁书目》。萧梁是南朝文化最发达时期，梁武帝萧衍还在平定东昏侯时，就接受柳恽"请城平之日，先收图籍，及遵汉祖宽大爱民之义"③ 的建议，"命吕僧珍勒兵封府库及图籍"④。天监元年（502 年），萧衍又采纳秘书丞王泰的建议，诏令向民间购求图书："宜选陈农之才，采河间之阙。怀铅握素，汗简杀青，依秘阁旧录，速加缮写。"⑤ 通过这次购书，秘书监藏书达 23000 余卷。任昉在担任秘书监时，"躬加部集，又于文德殿内列藏众书，华林园中总集释典，大凡二万三千一百六卷"⑥。他本人也是藏书家，聚书至万余卷，率多异本。任昉去世后，梁武帝特派学士贺纵、沈约到他家了解遗书目录，凡秘书监所缺，就向任家购买。梁武帝长子昭明太子萧统也酷爱图书，凭借皇家财力四处购买图书，藏书数量比秘书省还多。据《梁书·昭明太子传》载："于时东宫有书凡三万卷，名才并集，文学之盛，晋宋以来未之有也。"陈朝承袭梁制，主管图书事业的机构仍为秘书监。由于侯景之乱和梁元帝自焚大批图书，陈朝秘书监的藏书十分有限，只是将梁秘阁劫后残存的图书加以收集、整理。陈朝第二代皇帝陈文帝较有作为，崇尚儒术，曾下诏向各地征集图书，但收效不大。故《隋书·经籍志》说："陈天嘉中，又更鸠集，考其篇目，遗阙尚多。"

北朝图书事业虽不及南朝，但也有所建树。北魏政权曾多次向天下征求图书。道武帝曾问博士李先："天下书籍，凡有几何？朕欲集之，如何可备？"李先对曰："陛下诚欲集之，严制天下诸州郡县搜索备送，主之所好，集亦不难。"道武帝于是"班制天下，经籍稍集"⑦。献文帝时，秘书郎高谧以秘府图书残缺不全为由，"奏请广访群书，大加缮写"，"由是代京图籍，莫不审正"⑧。太和十八年（494 年），北魏孝文帝迁都洛阳，翌年发布

① 《隋书·经籍志》。
② 《晋书·应詹传》。
③ 《梁书·柳恽传》。
④ 《梁书·武帝纪》。
⑤ 《梁书·王泰传》。
⑥ 《隋书·经籍志》。
⑦ 《魏书·李先传》。
⑧ 《魏书·高谧传》。

诏令："求天下遗书，秘阁所无，有裨益时用者加以优赏。"① 这次购求图书虽然收获很大，但尚未来得及整理，篇目虽多，全定者少。之后的宣武帝时期，秘书丞孙惠蔚再次上书，反复强调经籍对于治理天下的重要性，主张凡秘书省没有的书籍，都应"广加推寻，搜求令足"②，宣武帝从之，遂于永平三年（510 年）"六月壬寅，诏重求遗书于天下"③。北齐沿袭北魏官制，由秘书省掌管图书事业。北齐开国之初，即派人访求图书，但规模不大。天保七年（556 年），文宣帝诏令樊逊、高乾和等学者校定群书。由于秘阁藏书残缺不全，樊逊等人除向民间搜购外，还到太常卿邢子才、太子少傅魏收、吏部尚书辛术、司农少卿穆子容、前黄门郎司马子瑞、故国子祭酒李兴业等"多书之家，请牒借本参校得失"，经过借书参校和抄写复本，"凡得别本三千余卷，《五经》诸史，殆无遗阙"④。北周除设秘书监外，另设麟趾殿、虎门殿为藏书和著述之所。明帝曾召公卿以下学士 80 余人于麟趾殿刊校经史。明帝被害后，这项活动也就停顿下来。故《隋书·经籍志》说："后周始基关右，外逼强邻，戎马生郊，日不暇给。保定之始，书止八千。后稍加增，方盈万卷。"保定是北周武帝的年号，经过几年的访求，秘书监藏书才到达一万卷，只相当于北齐辛术的个人藏书。但周武帝深知图书的重要性，在挥师灭齐时，命攻入邺城的将军"先封书库"，将缴获的五千卷图书作为战利品归入北周的秘书监珍藏。

三、隋唐的图书征集与收购

隋立国未经战争，得以完整继承北周的官府藏书。但如前所述，北周藏书本身正处于萧条期。因此，隋开皇三年（583 年）秘书监牛弘以典籍遗佚，上表请开献书之路。隋文帝"诏购求遗书于天下"，并以"每书一卷，赏绢一匹"的措施鼓励人们献书。秘书监还派出专使到民间各地搜访和购买异书，遇到不愿献书的则借来抄写，"校写既定，本即归主"⑤，如此"一二年间，篇籍稍备"⑥。因为向朝廷献书有利可图，有人甚至不惜作伪书卖给朝廷以获利。如经学大师刘炫，获悉秘书监征集天下遗书，乃"伪造书百余卷，题为《连山易》《鲁史记》等，录上送官，取赏而去"⑦。开皇九年（589 年），晋王杨广统兵灭了陈朝，战将裴矩、高颍注意保护陈朝的书籍，"收陈图籍，归之秘府"，使陈朝的藏书完好地保存下来。隋文帝在收得陈朝的官藏典籍之后，立即着手总集编次，存为古本，又将全国工书之士召集到秘府内补续残缺。经整理后的藏书，分别抄写正副二本，藏于宫中，其余的充实到隋初的官藏秘书内外三阁。此时，宫中藏书总共约 3 万卷，比之隋初整整增

---

① 《魏书·高祖纪》。
② 《魏书·孙惠蔚传》。
③ 《魏书·世宗纪》。
④ 《北齐书·樊逊传》。
⑤ 《隋书·经籍志》。
⑥ 《隋书·牛弘传》。
⑦ 《隋书·刘炫传》。

加了一倍。隋炀帝即位后，更是大肆搜集、抄写图书，"秘阁之书限写五十副本"，并在东都洛阳观文殿设立官藏，"东屋藏甲乙，西屋藏丙丁"①。西京嘉则殿藏书更多，达 37 万卷，是我国历史上官府藏书的最高记录。

唐朝国力强盛，文化繁荣，官府藏书发展到了写本时期的顶峰。唐在立国之初就十分重视图书的收聚。武德初，隋嘉则殿藏书尚余 8 万卷，悉数为唐所取。武德四年（621年）唐高祖李渊克王世充后，又将隋东都洛阳的图书收归唐所有，可惜在水运途中，"行经砥柱，多被漂没，其所存者，十不一二"②。战事平息后，令狐德棻即仿前例，"奏请购募遗书，重加钱帛，增置楷书，令缮写。数年间，群书略备"③。唐太宗贞观年间，魏徵、虞世南、颜师古相继任秘书监，"请购天下书，选五品以上子孙工书者为书手，缮写藏于内库，以宫人掌之"④。经过这次大规模的征集图书，"数年之间，秘府图籍，粲然毕备"⑤。唐中宗景龙三年（709 年）六月庚子，又"以经籍多缺，使天下搜括"⑥。这里所称的搜括，仍是用钱帛购买民间珍本异书。唐睿宗李旦景云年间，再"以经籍多缺，令京官有学行者分行天下，搜检图籍"⑦。这一次是派有学识品行的京官到各地去搜求图书，保证了图书的质量。唐玄宗也多次搜集图书，如开元七年（719 年），"诏公卿士庶之家，所有异书，官借缮写"⑧、开元十年（722 年）九月，"张说都知丽正殿修书事，秘书监徐坚为副，张悱改充知图书括访异书使"⑨，可见有专门负责搜访图书的官职。开元十三年（725 年），玄宗改丽正殿为集贤院，其主要任务是"掌刊缉古今之经籍，以辨明邦国之大典。凡天下图书之遗逸，贤才之隐滞，则承旨而征求焉"⑩。玄宗开元间是唐代官府藏书的鼎盛时期，所藏图书至 7 万卷，由学士张说等 47 人分司典籍。安史之乱后，唐代官藏也随着唐代政权的没落开始走下坡路。之后的唐代皇帝作了很多努力以恢复官藏，如肃宗、代宗"崇重儒术，屡诏购募"⑪。肃宗时，太常少卿于休烈上疏说："京城陷贼后，皆被焚毁，且《国史》《实录》，圣朝大典，修撰多时，今并无本，伏望下御史台推勘史官所由，令府县招访，有人别收得《国史》《实录》，如送官司，重加购赏。若是史官收得，仍赦其罪。得一部超授官资，得一卷赏绢十匹。"⑫ 藏书家韦述曾在秘书省撰修过史书，时任工部侍郎，以其家藏国史 113 卷送于官，可得绢 1000 多匹。代宗时期，效仿此法，

① 《隋书·经籍志》。
② 《隋书·经籍志》。
③ 《旧唐书·令狐德棻传》。
④ 《新唐书·艺文志》。
⑤ 《旧唐书·魏徵传》。
⑥ 《旧唐书·中宗本纪》。
⑦ 《唐会要·经籍》。
⑧ 《旧唐书·经籍志》。
⑨ 《古今图书集成·理学汇编·经籍典》引《集贤注记》。
⑩ 《旧唐书·职官志》。
⑪ 《旧唐书·经籍志》。
⑫ 《旧唐书·于休烈传》。

"元载为相，奏以千钱购书一卷。又命拾遗苗发等使江淮括访"①。以千钱购一卷书，可见当时收书已很不易。"文宗时，郑覃侍讲禁中，以经籍道丧，屡以为言。诏令秘阁搜访遗文，日令添写。开成初，四部书至五万六千四百七十六卷。"② 至此，唐代官藏虽有很大恢复，但已无法重现昔日的辉煌了。

第三节　中外图书交流

图书是记录人类社会知识的重要物质载体，是人类社会交流体系中不可或缺的重要工具。通过图书这个媒介，世界各民族、地区、国家之间，不同类型的文化相互交流，彼此融合。因此可以说，中国古代出版事业的进步和繁荣，推动了中华文化与外来文化的大发展和大交融，而中外图书交流就是最有力的助推器。中外图书交流的状况，也从一个侧面反映了图书出版事业和文化交流的发展水平。

一、汉魏两晋南北朝的中外图书交流

中外图书交流的开端是从西汉末年佛经的传入开始的。《三国志·魏书·乌丸鲜卑东夷传》篇末裴松之注引鱼豢的《魏略·西戎传》说："昔汉哀帝元寿元年（前2年），博士弟子景卢受大月氏王使伊存口受《浮屠经》，曰复立者，其人也。《浮屠》所载临蒲塞、桑门、伯闻、疏问、白疏间、比丘、晨门，皆弟子号也。"印度佛典的收集、翻译、收藏、流通，是早期中外图书交流的重要组成部分。佛经翻译最早采用的是口译笔受的方式，正如汤用彤先生所言："然古时译经，仅由口授，译人类用胡言，笔受者译为汉言，笔之于纸。故笔受者须通胡语。"③ 东汉明帝间曾派蔡愔、秦景等10余人到西域访求佛法，在大月氏国遇到沙门迦叶摩腾和竺法兰，并得佛像、佛经若干，便一同用白马驮到洛阳，明帝特为建白马寺。迦叶摩腾、竺法兰两人在白马寺译出《四十二章经》，此为早期佛经汉译的代表。东晋至南北朝时期，佛经翻译渐至鼎盛，涌现了一大批佛经翻译家，如法显、觉贤、昙无谶、求那跋陀罗、菩提留支等，其中以鸠摩罗什的成就最大。鸠摩罗什本是印度人，婆罗门族，后秦弘始四年（402年）开始设场译经，门人弟子号称三千，至去世时共译出近40部300余卷佛经。

汉魏两晋南北朝时期，中外图书交流的主要途径和方式是由梵译汉、由胡译汉的翻译工作。而在具体翻译过程中，也涉及文献编撰方法的运用。例如，自三国时支谦起，佛教徒为了研诵方便，常把同本异译的佛经合编在一起，称"上本下子"或"上母下子"。所谓的"本""母"，指的是大字正文，"子"指的是小字注文。这实际上是把别本意义相同

---

① 《新唐书·艺文志》。
② 《旧唐书·经籍志》。
③ 汤用彤：《汉魏两晋南北朝佛教史》，北京：中华书局，1955年，第66页。

而文字不同者列入小注中，与大字正文相互比较。这种形式改变了以往经注分离的状况，直接影响了后来的图书出版形式。佛教经典还多用总集和类书的编撰形式，如刘宋时陆澄将东汉至刘宋的260余篇佛教文章汇成《法论》，梁宝唱编《续法轮论》，僧祐编《法苑杂缘原始集》等，都是佛教文献的总集；注重资料排比，以类相从的类书则有《三宝记》《众经要钞》《经律异相》《义林》《法宝联璧》等。

中外图书交流是双向的。早在秦始皇之际，便有徐福携书东渡的传说。欧阳修《日本刀歌》诗云："前朝贡献屡往来，士人往往工词藻。徐福行时书未焚，逸书百篇今尚存。令严不许传中国，举世无人识古文。先王大典藏夷貊，苍茫浩荡无通津。令人感激坐流涕，锈涩短刀何足云。"① 当然这只是个无法求证的传说，姑且存之。实际上，从西汉至魏晋时期汉籍东传的线路来看，一般是通过陆路假道朝鲜半岛，再由朝鲜半岛渡过对马海峡而达至九州等地。汉籍东传最早见于文献记载的是《日本开国五千年史》："应神帝之朝，百济王遣阿直歧至日本。阿直歧善谈经典，尚言其国有王仁者，胜于己。帝即征王仁。翌岁，王仁来朝，献《论语》十卷，《千字文》一卷。在践阼16年之时，太子菟道稚郎师事王仁，而得通晓于典籍。"② 一般认为应神天皇十六年是公元285年，如果这篇《千字文》是钟繇所写，那么日本通过百济王仁传入《论语》《千字文》是可信的。其他可考的汉籍东传的史实还有：前秦建元八年（372年），符坚遣使送佛像及经论至高句丽；宋文帝元嘉二十七年（450年），百济王余毗"上书献方物，私假台使冯野夫西河太守表求《易林》《式占》，腰弩，太祖并与之"③；日本继体天皇七年至十年（513—516年），五经博士段扬尔和汉安茂先后至日本讲授儒学，日本始有"五经"之名；534—541年，梁武帝屡次应百济王之请，派出讲授《诗经》的毛诗博士和讲授《礼经》的讲礼博士去百济授经，同行的还有医学、百工、伎巧等专业人才。从以上所举来看，汉魏至南北朝时期汉籍的主要流向是东向的高句丽、百济以及倭国。这主要是受当时社会环境和交通条件所限。

二、隋唐的中外图书交流

隋代自文帝建国后，有释智周、宝暹等10人于北齐武平六年（575年）西游返国，自西域带回梵本260部，杨坚即令开馆翻译，立翻译学士。这是隋代译经的开始。隋炀帝杨广登基后，于东都上林园建翻经馆，以彦琮主其事，入藏从新平、林邑所获佛经，合564夹1350余部，并多昆仑书（古马来文）多梨树叶（贝叶经）。据唐《开元释教录》统计，隋代所出经论及传录等，共64部，也有称82部的。

唐代以后，佛教典籍的输入更为频繁。629年，唐太宗诏中天竺僧波颇于兴善寺译经，

---

① （宋）欧阳修：《文忠集》卷五十四《外集四》。
② 转引自彭斐章主编：《中外图书交流史》，长沙：湖南教育出版社，1998年，第20~21页。
③ 《宋书·夷蛮传》。

至 633 年译出《般若灯论释》等 3 部 35 卷；629 年，玄奘赴天竺求法，至 645 年返回长安，得经论 520 夹 657 部。唐太宗专为玄奘建成翻经院，至 664 年，共译经律论纪传总 75 部 1335 卷。公元 695 年，义净从海路到天竺、室利佛誓、末罗谕（今印尼）搜集佛经回国，携归梵本经律近 400 部。700 年义净开始自主译事，译出《金光明最胜王经》《能断金刚般若波罗密多经》《弥勒下生成佛经》等 20 部；705 年在洛阳内道场译《大孔雀咒王经》；后又在大福先寺译出《佛为胜光天子说王法经》等 4 部；此后又重译《药师琉璃光大佛本愿功德经》《浴佛功德经》等 20 部；睿宗时还译出《称赞如来功德神咒经》。自天后久视至睿宗景云间，共译出佛经 56 部 230 卷。公元 746 年，不空自印度求得密藏经论 500 余部，带回长安，于净影寺安置。不空译经有《金刚顶一切如来真实摄大乘现证大教王经》《发菩提心论》等。

唐代译经的僧人还有部分是来自外国的，这些译经活动也可看作中外图书交流合作的一部分。如前文提到，633 年中天竺僧波颇与唐太宗组织的人员一起合作翻译了《般若灯论释》等 3 部 35 卷；652 年，中印度僧无极高携带梵本至长安，后从《金刚大道场经》撮要钞译成《陀罗尼集经》12 卷；655 年，中印度僧那提三藏携大小乘经律论 500 余夹、1500 余部抵长安，住慈恩寺；659 年，印度僧智通译出密教经典《千啭陀罗尼观世音菩萨咒经》等 3 种；692 年，吐火罗国僧弥陀山共法藏等译出《无垢净光陀罗尼经》；693 年，南印度僧菩提流志到长安，译出《宝雨经》，后又译《大宝积经》；693 年，北印度僧宝恩维至洛阳译出《陀罗尼经》；695 年，实叉难陀与菩提流志等译《华严经》；705 年，中印度僧般刺密帝译《楞严经》；716 年，中天竺僧善无畏携梵经来长安，译经 4 部；720 年，南天竺僧金刚智至长安，译密教经典 5 部。

除翻译，隋唐时期人们还对佛经进行了总集、纂要、注疏、编目等文献整理活动，这实际上也可视作隋唐图书编辑活动的一部分。佛经总集有隋灌顶《国清百录》、唐道宣《广弘明集》、释圆照《代宗朝赠司空大辨正广智三藏和上表制集》等。纂要也就是"经论会要""众经要钞""诸经要集"，实际上是一种佛经专科类书，如隋文帝敕有司编撰的《众经法式》、慧远编《大乘义章》、智果等编《香域甘露》；唐代有玄则编《禅林妙记集》、会稳等编《禅林要钞》、道世编《诸经要集》和《法苑珠林》、一行编《释氏系录》、骆子义编《经论纂要》。隋唐时期佛经的注疏形成了不同的宗派，著名的有三论宗、天台宗、法相宗、华严宗等。各派都有自己的注疏类代表作，如三论宗有《三论序疏》《三论玄义》《三论略章》等，天台宗有《净名经疏》《法华玄义释笺》《维摩经疏记》等；法相宗有《无垢称经疏》《法华经记略》等；华严宗有《华严探玄记》《华严经旨归》等。隋唐佛教目录的编制也颇为盛行，如隋代有释法经《大隋众经目录》、费长房《开皇三宝录》、释灵裕《译经录》、释彦琮《林邑所得昆仑书诸经目录》等；唐代有释玄琬《唐众经目录》、释道宣《大唐内典录》、释静泰《大唐东京敬宝寺一切经论目》、释靖迈《古今译经图记》、释明佺《大周刊定众经目录》、释智昇《大唐开元释教录》、释圆照《贞元新定释教目录》等。

　　从以上所举来看，佛经的翻译和整理是隋唐时期外域图书输入的主要形式。此外，也输入了不少天文、历数、医药类书籍，这从两朝史志目录的著录就可见一斑。《隋书·经籍志》子部天文类，著录有印度的多种天文书籍，如《婆罗门天文经》《婆罗门竭迦仙人天文说》《婆罗门天文》《摩登迦经说星图》等；历数类著录有《婆罗门算法》《婆罗门阴阳算历》《婆罗门算经》等。《新唐书·艺文志》天文类著录有《大唐开元占经》，由服务于唐天文台的印度人瞿昙悉达编集；历算类著录有《都利聿斯经》《聿斯四门经》等，都利是吐火罗的异译，大多是占星术之类的著述。隋唐时期医学发达，但对于古印度和拜占庭的医学也能吸收。《隋书·经籍志》所载医方类有《龙树菩萨药方》《西域诸仙所说药方》《西域波罗仙人方》《婆罗门药方》《耆婆所述仙人命论方》《乾陀利治鬼方》《新录乾陀利治鬼方》等。可惜这些书均已亡佚，无法确知其内容。唐代在医学方面出现中外交融的原因有二：一是帝王为求长生不老术，常派人到各地问丹求药，这样促使当时各类僧、道人士贡献神丹秘方；二是唐代僧人、道人的鼓吹与施行，也使神丹秘方得以流传。上述《隋书》《旧唐书》中的经籍志所载书籍，很多是通过翻译而汇编成集的，这是它们成书的一个特点。另外，中国传统医书中载有国外的药方，如《千金翼方》载波斯医方"悖散汤"，即用牛奶和荜芨末熬煮成汤，并注明"波斯国及大秦甚重此法"。唐代《新修本草》《本草拾遗》等国家药典，也收录外国药物。这从一个侧面反映了隋唐时期国外科技图书传入的一些情况。

　　隋唐时期学术思想兼收并蓄，文化事业灿烂辉煌，开创了中国中世纪堪称世界文化大国的新局面。文化大国的巨大影响，不仅吸引了东方诸国的学者、文人、僧侣等来唐留学、进修和讲学，还促进了中国典籍的对外输出及汉文化圈的形成。当时来隋唐进行文化交流的人士被称为"遣隋使""遣唐使"，如隋时正值日本推古天皇在位，由圣德太子主政，在短短的20多年间曾4次派"遣隋使"来中国。607年遣隋使来华，更是把"买求书籍"作为主要任务。据统计，由隋至唐末，具有使团性质的日本来华使团共16次，其中有3次未成行。8世纪日本政坛的名人吉备真备，曾随第9次遣唐使团赴中国，与阿倍仲麻吕一起在华学习长达10余年，回国后又于751年任第11次遣唐使团副使再次来华。他先后两次来中国搜罗经史子集各类书籍，最后写成专门目录《将来目录》。唐高僧鉴真和他的弟子们于753年应邀东渡日本，不仅带去了佛经及各类古籍，还带去了盛唐的文学、艺术和建筑技术等知识，在日本产生了深刻的影响（见图3-1）。日本学者谓"日本中古之文化，全系由唐移植之文化，无论何人，均无异议。其直接移植之文化者，则赴唐留学生也"①，这是符合当时实际情况的。据池田温研究，唐代时日本有中国典籍1800余部，计18000余卷，隋唐时经史子集各部均有，大致已摄取隋唐时宫廷藏书的一半。②

　　①　彭斐章主编：《中外图书交流史》，长沙：湖南教育出版社，1998年，第44页。
　　②　彭斐章主编：《中外图书交流史》，长沙：湖南教育出版社，1998年，第44~45页。

图 3-1　鉴真大师法像

除了日本，隋唐的典籍还通过各种途径传入了其他一些周边国家，如东边的高句丽、百济，及以后统一的新罗等。新罗灭高句丽、百济后，对汉文化极为重视，多次派出使节向唐朝求文、购书，还直接派人来唐学习文化，进修佛学，引进各类礼仪制度。如 648 年新罗派使赴唐，唐太宗将新撰《兵书》赠送给使者；686 年新罗派使节求唐时诗文，武则天送给新罗 50 卷书籍。① 唐时张鷟有文名，日本、新罗使者至长安，"必出金宝购其文"②。白居易的诗文也受到新罗商人的重视，"居易于文章精切，然最工诗……当时士人争传，鸡林行贾，售其国，相率篇易一金。"③ 682 年新罗仿唐设立国学，讲授中国的五经三史。747 年改国学为太学监，设博士助教讲授儒学，以《论语》《孝经》为必修，《周易》《尚书》《毛诗》《礼记》《春秋》《左氏传》《文选》为选修。唐代佛教对新罗影响巨大，大量新罗僧侣来唐求法，参与佛事，并加入译经的行列，大量佛教典籍传入新罗，如新罗僧慈藏从唐取回《三藏》400 余函，举国欢迎。

第四节　政府禁书与文化管制

一、先秦两汉的禁书与文化管制

禁书与图书文化管制是伴随着私家藏书的出现而产生的，故在西周以前"官守其学、学有其书"的局面下不存在这个问题。古代文献关于禁书的记载，最早见于战国时期的《韩非子·和氏》："商君教秦孝公以连什伍，设告坐之过，燔灭《诗》《书》而明法令，

① 彭斐章主编：《中外图书交流史》，长沙：湖南教育出版社，1998 年，第 56 页。
② 《新唐书·张荐传》。
③ 《新唐书·白居易传》。

塞私门之请而遂公家之劳，禁游宦之民而显耕战之士。" 商鞅在秦国推行变法，为了使政令畅通，防止上层文弱化，对《诗》《书》采取了严厉的燔灭政策，开了中国历代封建王朝禁毁图书的先例。此后整个战国后期，虽没有再爆发类似的禁书运动，但有关文化禁锢的理论乃至禁书的主张，却一直没有销声匿迹，其中尤以法家代表人物韩非的学说为代表。韩非一再将文化事业与耕战活动相对比，在肯定人有趋利避害本能的前提下，强调放任文化事业的发展必然导致国家政治的衰败，而保证独裁统治的最根本途径便是推行愚民政策，故他极力主张"明主之国，无书简之文，以法为教；无先王之语，以吏为师"①。韩非子的这套禁书理论，最终为秦始皇所接受，并在秦统一中国后得到了施行的机会。

公元前 213 年，在丞相李斯的建议下，秦始皇颁布了"挟书律"，包括以下内容：一是"史官非秦记皆烧之"。除秦国史书外，其他六国史籍统统烧毁。二是"非博士官所职，天下敢有藏《诗》、《书》、百家语者，悉诣守尉杂烧之"。换言之，官方可以保留《诗》《书》之类的儒家经典，但寻常百姓绝对不允许收藏这类图书，现存的必须送交地方官署烧毁。三是"有敢偶语《诗》《书》者弃市。以古非今者族。吏见不举者与同罪。令下三十日不烧，黥为城旦"。这是为了保证前两条的实施，对国人采取的严酷的法律措施。四是"所不去者，医药、卜筮、种树之书。若欲有学，以吏为师"②。对于医学、占卜和农业方面的实用性图书，不加禁止。秦始皇这次"焚书"对先秦典籍造成了极大破坏，是中国历史上的第一次"书厄"。

继秦之后的汉代是一个文化相对昌明的朝代。但在汉初的十余年里，由秦始皇制定的严禁私家藏书的文化禁锢政策却依然作为汉律在施行着。汉初出于休养生息、恢复生产的需要，黄老无为的思想开始流行蔓延开来，对包括"挟书律"在内的文化控制政策产生了一定影响。汉惠帝四年（前 191 年），由实际掌权的吕后正式下令，废止了起于秦代而行于汉初的"挟书律"，允许民间藏书和讲学，从法律上为图书的公开流通扫清了障碍。由此，"文学彬彬稍进，《诗》《书》往往间出"③。从汉惠帝四年废除"挟书律"，直至建安年间（196—220 年）曹操禁谶纬图书，在长达近 400 年的时间里，中国历史上没有发生禁书案。这对于繁荣创作和恢复图书事业是非常有利的。

二、魏晋南北朝的禁书与文化管制

魏晋时期的禁书主要是与谶纬图书联系在一起的。早在汉献帝建安间，各州牧武装之间战争不息，一些军阀利用谶纬图书制造夺取"神器"的社会舆论，魏王曹操于是下令禁止私藏谶纬图书和兵书。据《三国志·魏志·常林传》裴注引《魏略·吉茂传》载："（建安）二十二年（217 年），坐其宗人吉本等起事被收。先是科禁内学与兵书，而茂皆

---

① 《韩非子·五蠹》。
② 《史记·秦始皇本纪》。
③ 《史记·太史公自序》。

有，匿不送官。及其被收，不知坐本等，顾谓其左右曰：'我坐书也。'"所谓的"内学"，即指谶纬。"谶"是秦汉间巫师、方士编造的预示吉凶的隐语；"纬"是汉代假托神意解释儒家经典的书。几乎每种经书都有解释它的数种纬书，如《易》有《乾凿度》《坤灵图》；《书》有《刑德放》《帝命验》；《诗》有《推度灾》《含神雾》；《礼》有《含文嘉》《稽命徵》；《春秋》有《演孔图》《元命苞》《感精符》《潜潭巴》，等等。从这些古怪的书名，我们或许已能感受到其中的神秘色彩了。谶纬书的预言多建立在汉代盛行的阴阳五行学说的基础之上，借天人感应之名以达到作者个人的政治目的。它发源于先秦，风行于西汉末年和东汉之际，如西汉王莽就曾借助谶纬篡权夺位。东汉光武帝刘秀登上皇帝的宝座也曾借助谶纬的作用。西晋开国皇帝司马炎夺取曹魏政权后，觉得谶纬既然可为统治者服务，同样也可为野心家所利用，遂于泰始三年（267年）十二月下令"禁星气、谶纬之学"①。与谶纬图书一起被禁的还有所谓的"星气"之书，这是一种比谶纬还要古老的与古代天文学相关联的著作，如甘德的《天文星占》和石申的《天文》等。这类书通常都有通过观察星象的活动来预告人间灾祥的内容，因而也能起到谶纬的作用。在泰始四年（268年）颁布的《泰始律》中，这条禁书令正式以法律条款的形式被确定下来。

南朝的刘宋、萧梁政权也禁过谶纬图书。据《隋书·经籍志》载："至宋大明中，始禁图谶；梁天监已后，又重其制。"刘宋始禁谶纬发生在孝武帝刘骏大明年间（457—464年），很可能与当时刘宋政权每况愈下有关。萧梁禁谶纬则发生在天监（502—519年）年间，当时的大学者阮孝绪就曾"兼有其书"，有人劝他藏匿起来，也有人向他求谶纬之书，阮孝绪"答曰：'己所不欲，岂可嫁祸于人。'乃焚之"②。北朝的禁书活动相对更频繁，禁书的范围也更广泛。首先是沿用西晋禁谶纬之书的政策，如后赵的第二代皇帝石虎于建武二年（336年）下令，"禁郡国不得私学谶纬，敢有犯者诛"③，其文化禁锢政策比西晋更为严厉。前秦建元十一年（375年）十月，苻坚又下诏曰："增崇儒教，禁《老》《庄》、图谶之学，犯者弃市。"④尚书郎王佩因读谶被苻坚杀害，学谶者遂绝。苻坚禁《老》《庄》之学，跟他崇儒有很大关系。淝水之战后，中国北方政权就像走马灯一样你方唱罢我登场，氐、羌、鲜卑、匈奴等各少数民族你争我夺，"三秦""四燕"好不热闹，戎马倥偬之际，既顾不上文化建设，也无暇去禁书。这种情况一直持续到北魏统一北方后才有了改变。北魏太武帝拓跋焘本信佛教，后听信司徒崔浩的辩说，改信寇谦之的道教。太平真君七年（446年）冬，拓跋焘因怀疑长安一佛寺的僧徒与关中盖吴叛乱有勾结，下令杀掉所有和尚并查抄寺庙家产，这一抄不仅抄出酿酒用具与州郡官吏、富人寄藏的财物，还发现了地下室窝藏的女人。崔浩趁机献言，劝拓跋焘毁经灭佛。拓跋焘下令："自王公已下，有私养沙门者，皆送官曹，不得隐匿。限今年二月十五日，过期不出，沙门身

① 《晋书·武帝纪》。
② 《南史·隐逸·阮孝绪传》。
③ 《晋书·石季龙载记》。
④ 《资治通鉴》卷一〇三《晋纪二十五》。

死，容止者诛一门。"并下诏曰："有司宣告征镇诸军、刺史：诸有佛图形像及胡经，尽皆击破焚烧，沙门无少长，悉坑之。"① 北魏"焚经坑僧"之酷烈堪比秦始皇"焚书坑儒"。以太武帝灭佛诏为标志的禁毁佛经的文化措施，在北魏大约实行了七年之久，直至拓跋焘去世，新魏主义成帝拓跋濬宣布停止执行该项政策，佛经律论才得以重见天日。公元534—535年，北魏分裂为东魏、西魏，后由高氏和宇文氏分别建立了北齐、北周政权，而这期间，佛、道二教相争也愈演愈烈。北周武帝宇文邕权衡再三，于建德三年（574年）下令，"禁佛、道二教，经、像悉毁。罢沙门、道士，并令还俗"②。佛、道二教谁也没有占到便宜，佛经、道书同时遭到了禁毁。

三、隋唐的禁书与文化管制

隋代国祚虽短，却也有三次禁书活动。第一次始于开皇十三年（593年）二月，朝廷下制书曰："私家不得隐藏纬候、图谶。"③ 谶纬星象之类的图书，只能藏于宫廷秘府，民间不得私藏。这其实是魏晋以来禁谶纬风气之余绪。隋朝的第二次禁书，是仅在第一次禁书令颁布三个月之后，朝廷再次下诏："人间有撰集国史、臧否人物者，皆令禁绝。"④ 所谓国史，就是当代史；所谓臧否人物，就是擅自评论当政者。这是对西汉以后，尤其是魏晋以来私家修史之风的急刹车。著作佐郎王劭，"以母忧去职，在家著《齐书》。时制禁私撰史，为内史侍郎李元操所奏。上怒，遣使收其书，览而悦之。于是起为员外散骑侍郎，修起居注"⑤。揆其原因，或许《齐书》并非当代国史，但也从一个侧面说明此项举措并不十分严厉。隋文帝禁"撰集国史"，在很大程度上反映了统治者对社会舆论的重视，因而要干预史书的修撰。这次禁撰国史，虽未能"禁绝"，但自此以后，私家修史之风确趋于式微，而朝廷设局修史，遂渐次成了一项固定的制度。隋朝的第三次禁书，是在炀帝即位初期，据《隋书·经籍志》载："炀帝即位，乃发使四出，搜天下书籍于谶纬相涉者，皆焚之，为吏所纠者至死。自是无复其学，秘府之内，亦多散亡。"炀帝即位于605年，这次禁书去第一次禁谶纬书仅12年。在这么短的时间里再一次禁毁谶纬，而且与"谶纬相涉者"都在其列，这给了谶纬书以致命打击，使存世的谶纬书大都消亡或残缺了。《隋书·经籍志》仅著录13部谶纬书。

唐代虽是我国图书文化的繁荣时期，但为了巩固政权和维护图书市场的正常秩序，官方也加强了对出版市场的管理，严禁出版非法著作。唐代所禁之书，大概有以下几类⑥：一是禁所谓的"妖书"，即怪诞不经、蛊惑人心、危害统治的书。《贞观律》卷七《贼盗

---

① 《魏书·释老志》。
② 《周书·武帝本纪》。
③ 《隋书·高祖纪》。
④ 《隋书·高祖纪》。
⑤ 《隋书·王劭传》。
⑥ 曹之《唐代禁书考》，《图书情报知识》2004年第5期。

律》第二十一条规定："诸造妖书及妖言者绞。传用以惑众者，亦如之。其不满众者，流三千里；言理无害者杖一百，即私有妖书，虽不行用，徒二年；言理无害者，杖六十。"可见唐代对于言理有害的妖言妖书的处理是十分严厉的，重者处以极刑，轻者也要判处两年徒刑。晋代鲍静的《三皇经》因言理不合，遂被禁止。二是禁天文、图谶、兵书、占卜等杂书。《贞观律》卷三《职制律》第二十条规定："诸玄象器物、天文、图书、谶书、兵书、《七曜历》《太一雷公式》，私家不得有，违者徒二年，其纬侯及《论语谶》不在禁限。"这些书除兵书外，都和谶纬星象有关。三是禁《化胡经》。《化胡经》又叫《老子化胡经》，是西晋道士王浮所作的一部褒道抑佛的著作。该书称老子曾西出函谷关到达天竺，化身为佛，教化胡人，从而产生佛教。唐代奉行佛、道二教并立的政策，神龙元年（705年）九月，唐中宗发布《禁化胡经敕》云："如闻天下诸道观，皆画化胡成佛变相，僧寺亦画元元之形，两教尊容，二俱不可。敕到后限十日内，并须除毁。"① 四是禁历书。历书事关国家农业生产，而民间不法书商为了牟利，私制历书错误极多，有碍农事。因此，官方下令禁止民间私自出版历书。唐文宗太和九年（835年），冯宿奏云："准敕禁断印历日版。剑南两川及淮南道，皆以版印历日鬻于市。每岁司天台未奏颁下新历，其印历已满天下，有乖敬授之道。"② 唐文宗准冯宿之请，于当年十二月"敕诸道府不得私置历日版"③。五是禁书坊私写佛经售卖。唐玄宗《禁坊市铸佛写经诏》云："如闻坊巷之内，开铺写经，公然铸佛，口食酒肉，手漫膻腥，尊敬之道既亏，慢狎之心斯起……自今以后，禁坊市不得辄更铸佛写经为业。"④ 书坊写经以牟利为目的，是对佛的不敬，因而被禁止。人们购买佛经，可以到官方指定的寺庙购买。六是禁相书和私史。相书也就是算命之类的书，与谶纬书有相同的作用。载初元年（689年）六月，武后《禁相书敕》云："相书及朔计家书，多妄论祸福，并宜禁断。"⑤ 唐贞观间设置史馆，由宰相监修国史，民间私人修史是绝对不允许的。郑虔，郑州荥阳人，据《唐语林》卷二载："郑虔，天宝初协律，采集异闻，著书八十余卷。人有窃窥其稿草，上书告虔私修国史，虔遽焚之，由是贬谪十余年。"

---

① （清）董诰等纂修：《全唐文》卷十七。
② （清）董诰等纂修：《全唐文》卷六二四。
③ 《旧唐书·文宗纪》。
④ 《全唐文》卷二十六《禁坊市铸佛写经诏》。
⑤ （宋）王溥：《唐会要》卷四十四《杂录》。

第二编　印本时期（唐——清）

第四章　图书的制作与抄写

第一节　拓印的原理与发展源流

一、拓印的原理与方法

中国古代有在金石器物上刻字的传统。金，指青铜器。石，指石料，包括石片、玉片、石鼓、石碑、摩崖等。青铜器上起初只是铸刻物主的姓名，或者仅刻一个符号，以示对器物的私有权，后来渐渐刻上带有纪念性的文字，或者说明作器的原因，或者说明作器的用途，再后来发展到将需要永久保存的重要文献铭刻在上面，如现藏台湾地区的"毛公鼎"，铭文 497 字，大致意思是说：周宣王即位之初，亟思振兴朝政，乃请叔父毛公为其治理国家内外的大小政务，并饬勤公无私，最后颁赠命服厚赐，毛公因而铸鼎传示子孙永宝。这段铭文对于研究周代政治史具有重要价值。

与青铜器相比，石头价格低廉，取材方便，因而也常被用来勒刻记功。秦始皇统一中国后的十年时间里，四方巡行，每到一处，都把他的功绩刻在石头上，以晓谕天下。像这样的石刻一共有峄山、泰山、琅琊、芝罘、东观、碣石、会稽七处。再到后来，也把书籍刻在石头上，如东汉熹平四年（175 年），蔡邕、杨赐、张训等人将校勘过的《鲁诗》《尚书》《周易》《春秋》《公羊传》《仪礼》《论语》7 部儒家经典用当时通行的汉隶写刻在石碑上，立于太学门外，供国子生传抄。全国各地儒生闻风而动，齐聚洛阳，"其观视及摹写者，车乘日千余辆，填塞街陌"①。"熹平石经"的刊刻，是利用官方的权威对图书文本的一次校定和出版。此后历代都仿效此法，先后出现了魏正始三体石经、唐开成石经、五代后蜀石经、北宋嘉祐石经、南宋绍兴石经、清乾隆石经等。刻石的内容也越来越丰富，除了记功、记事和儒家经典外，古代的佛经、名人书法作品以及人物传记、墓志等，也常被刻在石碑上。

因为金石器物上铭刻的内容具有重要的史料价值和艺术价值，所以引发了后人的研究兴趣，但由于传抄和摹写不便，人们就开始绞尽脑汁想尽一切办法，能不能用一种简便、高效且能保留原迹的方式，来复制金石器物上的文字和图案？这就导致了拓印技术的发明。

---

① 《后汉书·蔡邕传》。

所谓拓印，是用纸、墨、槌子、棕刷等工具将金石器物上的文字、图案的原迹转移到纸张上的一种文献复制技术，它先于雕版印刷技术而产生。拓印完成后，再将印好的纸张装订成册，就形成了古代图书的一种版本形式——拓本，又称打本、脱本、蜕本等。具体的制作原理和操作步骤如下①：第一步，清洗金石器物上的灰尘和污垢，使文字和图像清晰地显现出来；第二步，将能覆盖整个图文表面的柔软的薄纸（多用生宣纸）浸湿后，刷贴在石碑等金石器皿的表面；第三步，用棕刷和小槌隔着毡布轻轻捶拍，使薄纸紧贴文字图像，嵌入图文的凹陷部分；第四步，待薄纸晾干，但不可太干，也不可太湿，将干未干的时候，用朴子蘸墨（多用油烟墨）反复轻拍纸面，使文字图像在薄纸表面显现出来，直到墨色逐渐加深；第五步，将薄纸揭下后晾干，并把一张张拓片装订在一起，成为书籍形式。拓本与普通书籍不同的是，拓本是黑底白字，而普通书籍是白底黑字。

二、拓印的发展源流

拓印技术是什么时候发明的？目前学界还没有统一的认识。多数学者认为，拓印术始于东汉熹平年间，如范文澜在《中国通史简编》中谈到东汉时的刻石技术时说："刻石技术却愈益普遍而精工，好字因好刻得保存于久远，并由此发现摹拓术……蔡邕学李斯，工篆书，似东汉时已有李斯的拓本。"但此说并没明确的实物或文献记载依据。《后汉书·蔡邕传》描述"观视及摹写"熹平石经的盛况，"摹写"指的是抄写，而非拓印，且蔡邕用的是当时通行的汉隶，而非秦篆。从考古发现的二、三世纪的古纸来看，纸面厚而粗糙，也不宜用于拓印。

《隋书·经籍志》著录有《秦皇东巡会稽刻石文》一卷、《一字石经周易》一卷（梁有三卷）、《一字石经尚书》六卷（梁有《今字石经郑氏尚书》八卷，亡）、《一字石经鲁诗》六卷（梁有《毛诗》二卷，亡）、《一字石经仪礼》九卷、《一字石经春秋》一卷（梁有一卷）、《一字石经公羊传》九卷、《一字石经论语》一卷（梁有二卷）、《一字石经典论》一卷、《三字石经尚书》九卷（梁有十三卷）、《三字石经尚书》五卷、《三字石经春秋》三卷（梁有十二卷）。其后注曰："后汉镌刻七经，著于石碑，皆蔡邕所书。魏正始中，又立三字石经，相承以为七经正字……至隋开皇六年，又自邺京载入长安，置于秘书内省，议欲补缉，立于国学。寻属隋乱，事遂寝废，营造之司，因用为柱础。贞观初，秘书监臣魏征始收聚之，十不存一。其相承传拓之本，犹在秘府。"②所谓"一字"，就是单种字体，比如"熹平石经"就是汉隶一种字体；所谓"三字"，就是三种字体，比如魏正始石经，用了籀书、篆书、隶书三种字体。王国维称："拓石之事，未识始于何时，然拓本之始见于纪载者，实自石经始……是自汉至晋之中叶，尚无拓墨之法。《隋志》注载梁有'一字石经''三字石经'，其为拓本或写本，盖无可考。唯《隋志》著录之二种石

---

① 曹之：《中国古籍版本学》（第3版），武汉：武汉大学出版社，2015年，第397~398页。
② 《隋书·经籍志》。

经，确为拓本。"①

现存最早的拓本是唐初的拓本，如《温泉铭》《孟法师碑》等。《温泉铭》是唐太宗李世民为骊山温泉书写的一块行书碑文，原石已佚，残存拓片 50 行，尾题"永徽四年（653 年）八月三十一日圉谷府果毅（下缺）"墨书一行，"圉谷府"是唐军府名，"果毅"是唐代统率府兵的武官，前人定为唐初拓本（见图 4-1）。该拓本原藏敦煌石室藏经洞，后被法国人伯希和窃去，现藏法国巴黎图书馆。《孟法师碑》为岑文本撰文、褚遂良书写，唐贞观十六年（642 年）刻石，碑石久佚，有唐拓孤本传世，存 769 字，为清人李宗瀚所藏，后流入日本。从这两幅拓片的拓印手法和艺术表现力来看，毋庸置疑，唐初的拓印技术已相当成熟了。

图 4-1 唐初《温泉铭》拓片

不过历史上有一种误会，经常有人以《唐六典》《旧唐书》《新唐书》等文献记载弘文馆、集贤院设有"搨书手"若干人，作为唐代已有拓印技术的证据。其实，"搨"是临摹、影写的意思。宋人黄伯思《东观余论·临摹二法》云："以薄纸覆古帖上，随其细大而搨之。"搨，即用透明的薄纸覆盖在古字帖上，照着原迹认真摹写。窦暨《述书赋》又云："季初则隐姓名，展纤劲，写搨共传，赏能之胜（注释云：杨肇，字季初，今见草书一纸，共十行，有古署榜，无姓名，今共传搨之）。"② 注文讲的是西晋著名书法家杨肇写在纸上的十行草书，这里所谓的"传搨"就是临摹的意思。因此，"搨本"是搨写的产物，而"拓本"是拓印的产物，"写"和"印"有本质的不同。搨本有双钩本和填廓本之别。双钩本是将字的轮廓描摹下来，中间留作空心；填廓本是将描摹下来的空心字，用墨填满。

宋代拓印技术的应用已非常普遍了，拓本的数量也有了很大的增长，著名者有欧阳询书《九成宫醴泉铭》、蔡京书《大观帖》、唐高宗李治书《纪功颂》、欧阳询书《皇甫诞

① 王国维：《观堂集林》卷二十《魏石经考四》。
② 转引自施蛰存《金石丛话·谈拓本》，《文史知识》1987 年第 4 期。

碑》、蔡邕书《夏承碑》、沙门怀仁集王羲之字书《集字圣教序》等。对于金石拓本的研究，也逐渐形成了一门学问，即金石学。北宋欧阳修作《集古录》，收录宋以前历代金石铭文400余篇并予以考证，是我国现存最早的金石专著。南宋赵明诚编的《金石录》，著录五代以前的金石拓本凡2000余件。金、元拓本不多，上海博物馆藏有金拓《重修蜀先主庙碑》，原刻于金承安四年（1199年），由金代著名诗人兼书法家王庭筠撰书；元拓的代表作有唐代柳识撰、张从申写的《茅山玄静碑》，毡蜡精湛，纸墨淳古。

明代拓本发展出了南、北两种不同的风格。"南纸坚薄，极易拓墨；北纸松厚，不甚受墨。故北拓如薄云之过青天，以其北用松烟，墨色青浅，不和油蜡，故色淡而文皱，非夹纱作蝉翅拓也；南拓用烟和蜡为之，故色纯黑，面有浮光。"① 传世著名的明拓本《七佛偈》，由黄庭坚手书、摩崖石刻，位于庐山秀峰寺后读书台侧，今存上海图书馆。还有明拓本《麓山寺碑》，由李邕手书，刻于唐开元十八年（730年），立于长沙岳麓山。此碑曾一度嵌入壁间，故碑阴拓本甚为罕见，加之后人妄刻题名于碑阴文字之上，致使碑阴字损伤，故碑阴拓本佳者亦极难得。李邕笔势雄健，刚柔相济，开合得体，明杨士奇称赞道："北海书矩度森严，筋骨雄劲，沉着飞动，引笔有千钧之力，故可宝也。"② 上海书画社有明拓影印本。

清代的拓印技术又有了新的发展。从地域分布来看，全国随处可见，尤以江苏、浙江、陕西、河南、山东、湖北、山西、河北、福建、广东、云南等地为多。如江浙一带的著名拓手有谢庸、马傅岩、释六舟、李锦鸿等。浙江嘉兴拓手马傅岩曾为阮元作《百岁图》，外廓草书一个特大的"寿"字，廓内填满百种金石捶拓，令阮氏叹为观止。陕西拓本多用粗纸，色黄而厚，间或有用香墨、连史纸者。车永昭为陕西著名拓手，其作品人称"车拓本"。叶昌炽曾说："毕秋帆（毕沅字）抚陕时，有郃阳车某，以精拓擅场，至今关中犹重'车拓本'。"③ 山东潍县陈簠斋（名介祺，字寿卿，以号行），专门定制一种既坚韧又薄软的宣纸，用于拓石。陈拓墨淡而有神，非但不失古人笔意，且不损坏碑石，号称海内之冠。清代碑拓最著名者当属《三希堂法帖》和《快雪堂法帖》。三希堂原为紫禁城月华门以西养心殿的西室，乾隆时曾将王羲之《快雪时晴帖》、王献之《中秋帖》和王珣《伯远帖》藏于此，故得此名。乾隆十二年（1747年），梁诗正、蒋溥等奉敕将包括这3部法帖在内的内府所藏魏晋至明代共135位书法家的300余件书法作品勒刻成石，现存北京北海公园阅古楼。《快雪堂法帖》于明末清初由涿州冯铨撰集、宛陵刘光旸摹刻，所选法帖，上起晋唐，下迄元代赵孟頫，共五卷21家80余件。因卷首为王羲之《快雪堂晴帖》，故得此名。又因刻石初在涿州，又称"涿拓"；后石归福建黄可润，此时拓本称"建拓"；乾隆时，闽督杨景素购入，献给朝廷，弘历命筑堂嵌石，堂名仍名快雪堂。此时

---

① （明）高濂：《遵生八笺·燕闲清赏笺》。
② （明）杨士奇：《东里续集》卷二十《跋李北海书麓山寺碑》。
③ （清）叶昌炽：《语石·语石异同评》（合订本），北京：中华书局，1994年，第565页。

的拓本称"内拓"或"京拓"。

清代因为拓本的盛行，涌现出一批拓本鉴定专家，如李宗瀚、侯念椿、叶昌炽等。李宗瀚，字公博（一字春湖），江西临川人，乾隆五十八年（1793 年）进士，官至侍读学士、左副都御史、工部侍郎、浙江学政，酷嗜金石文字，筑湖东楼专藏名拓本，其中不乏桂林奇石岩壁名迹，也曾摹刻孔庙碑、化度寺碑于石。侯念椿，浙江湖州人，在苏州经营一家书肆，于拓本的鉴定经验丰富，什么年代的拓本，经他的眼一望而知。叶昌炽，字颂鲁，号鞠裳，又号缘督，自号缘督庐主人等，苏州人，光绪间进士，著名藏书家和金石学家，收藏碑拓多至 8000 余通，且对导致同一碑不同拓本精粗迥别的原因有深入研究。

第二节　雕版印刷术的发明与应用

一、雕版印刷品实物及文献记载

关于雕版印刷术的发明时间，自宋元以来，历代学者先后提出了"东汉说""晋代说""六朝说""隋代说""初唐说""中唐说""晚唐说""五代说"等多种观点。近百年来，这个问题更是成为中外学者研究、关注的热点。经过几代学者的辨疑析误，以及考古实物的不断发现，雕版印刷术发明于唐代已为学界普遍接受，但究竟是初唐还是中晚唐，学界还存在不同的看法。

按照史学界习惯的划分方法，从唐代建国（618 年）至开元元年（713 年），这段时期被称为初唐。认为初唐时期就已发明雕版印刷术的，主要基于以下几件出土文物的发现：

一件是 1974 年于西安市柴油机械厂出土的梵文《陀罗尼经咒》单页，全长 27 厘米，宽 26 厘米，麻纸印刷。考古工作者根据随同出土的器物的形制及纹饰图案的风格，将其定为唐初印刷品，时间不晚于 690 年至 699 年。但也有学者提出，从经咒本身及手书题字"吴德口福"的字体特征判断，应属中晚唐时期。此姑且存疑。虽在印刷时间上存在分歧，但其为唐代印刷品这一点是毫无疑问的。

另一件是日本收藏家中村不折收藏的残卷《妙法莲华经》。该经在新疆吐鲁番出土，内容为鸠摩罗什译七卷本系统之卷五"如来寿量品第十六"及"分别功德品第十七"，初为新疆布政使王树楠收藏，后辗转为中村不哲购去。该经现藏于日本东京书道博物馆，卷轴装，小字，每行 24 字，黄麻纸印刷，经文中混用了武则天诏令中独创的"制字"，日本学者长泽规矩也据此推测该经刻印的时间或去武周时期（684—704 年）不远。① 国内也有学者支持此观点。不过，1978 年在苏州瑞光寺塔内发现了一些《妙法莲华经》印本的残卷，李际宁经过仔细对比，确认它与中村不折的藏本为同一版木所印，而这部《妙法莲华

---

① ［日］长泽规矩也：《和汉书の印刷とその歴史》，东京都：吉川弘文馆，1952 年。

经》的刊刻年代，应在五代时期至北宋初年，刊印地点在江南地区。①

再有一件是 1966 年在韩国庆州佛国寺释迦塔内发现的《无垢净光大陀罗尼经》（见图 4-2）。该经卷长近 20 尺，卷轴装，刻以唐人写经楷体，楮纸印刷，经文中也使用了武则天的四个"制字"。以李弘植为代表的部分韩国学者认为该经是新罗王朝的雕版印刷品，遭到了中外学者的反对。张秀民在《中国印刷史》② 及《南韩发现的佛经为唐朝印本说》③ 一文中首先论证了该经是中国唐朝的印刷品。钱存训在《现存最早雕版印刷品及实物》④ 一文中，针对李弘植就该经印刷用纸、使用制字、经文、字体等判断为新罗文化的产品予以批驳：第一，楮纸（李弘植认为该经是新罗楮纸所印）、字体及制字都源自中国，使用普遍，也是中国产品的特征，有大量文献和实物可以印证，即使新罗和日本也曾采用，但其在唐代中国的可能性远较新罗为高。第二，新罗时代的文献中并没有印刷的记载，而朝鲜最早的印刷品直至 11 世纪初的高丽时代才开始出现，其间相距约 400 年。如果此经为新罗所制，不可能无其他印刷品的记载或实物出现，而使这一印刷品成为孤立事件。第三，当时唐代与新罗文化交流频繁，新罗遣唐僧数次携回大部头的佛藏，数以千百卷计，则此卷印本"陀罗尼"由遣唐僧带回，或系中国寺庙赠送新罗佛国寺作为新建释迦塔的一件纪念品，则推断较为合理。李致忠、潘吉星等学者进一步指出，该经卷是唐长安元年至四年（701—704 年）间东都洛阳刊本，因为公元 705 年唐中宗即位后诏令废除武周制字。⑤但据辛德勇考证，这部《无垢净光大陀罗尼经》至武后末年，也就是公元 704 年才译出汉文经本。经咒中对女皇武曌制字的混用，并不能作为该经印制于武周时期的判断依据，因为直到唐王朝灭亡以后仍然可以看到一些沿用部分武周制字的情况。⑥ 当然，也不排除该经刻印于 704—713 年。

综上所述，"初唐说"的证据并不充分。相较而言，中晚唐以后考古发现的雕版印刷品的物证更加可靠。1944 年，成都市东门外望江楼附近的唐墓中出土了一份印刷品《陀罗尼经咒》，约一尺见方，上刻古梵文经咒，四周和中央印有小佛像，边上有一行汉字依稀可辨，为"成都府成都县龙池坊卞家印卖咒本"。据《新唐书·地理志》可知，唐时成都原称蜀郡，至肃宗至德二年（757 年）始升蜀郡为成都府。此经咒既题"成都府"，印卖时间当在公元 757 年之后。这份印刷品现存四川省博物馆，是国内现存比较重要的一份唐代印刷品实物。1899 年，甘肃敦煌莫高窟第 17 号窟的石室中发现了大量六朝和唐代的

---

① 李际宁：《中村不折藏吐鲁番出土小字刻本〈妙法莲华经〉雕版年代考》，见《版本目录学研究》第 1 辑，北京：国家图书馆出版社，2009 年，第 85～92 页。
② 张秀民：《中国印刷史》，杭州：浙江古籍出版社，2006 年。
③ 《中国印刷年鉴》（1982—1983），北京：印刷工业出版社，1984 年，第 248 页。
④ 钱存训：《现存最早的印刷品和雕版实物》，见《中国书籍纸笔及印刷史论文集》，香港：香港中文大学出版社，1990 年。
⑤ 李致忠：《〈无诟净光大佗罗尼经〉译刻考》，《新闻出版报》1996 年 12 月 25 日。
⑥ 辛德勇：《论中国书籍雕版印刷技术产生的社会原因及其时间》，载《中国典籍与文化论丛》第 16 辑，南京：凤凰出版社，2014 年。

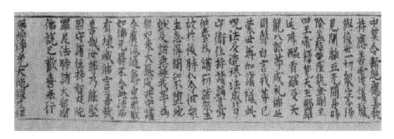

图 4-2　现存韩国庆州博物馆的唐代印刷品《无垢净光大陀罗尼经》

珍贵文献，大部分为写本，但也有少量印本，其中有一卷《金刚经》长 16 尺，高 1 尺，由 7 张印页粘连而成。经文前有一副镌刻精美的扉画《祇树给孤独园》，卷末题"咸通九年四月十五日王玠为二亲敬造普施"。咸通九年（868 年），该经卷属晚唐时期的印本。在这批敦煌遗书中，还有两份印本历书，一份是唐僖宗乾符四年（877 年）所印，另一份是唐僖宗中和二年（882 年）所印，虽为残卷，却保留了"剑南西川成都府樊赏家历"字样和中和二年的纪年。以上三件印刷品当年均为英国人斯坦因劫走，现藏英国伦敦。敦煌遗书中，还有些文献虽是写本，却是据印本抄录的，如现存法国巴黎的咸通二年（861 年）写本《新集备急灸经》，书内有"京中李家于东市印"字样，说明该书是据印本转抄而成，且印刷时间早于 861 年。

　　除现存实物外，我国古代文献中还有不少关于唐代雕版印刷的文字记载。其中有一条，唐穆宗长庆四年（824 年）元稹为《白氏长庆集》所作序中有"至于缮写模勒，炫卖于市井"的话，以往的出版史著述常引"模勒"一词作为唐人雕版印刷的例证，实有不妥。"模勒"一词，实际上是"模写编辑"之意，并不是指雕版印刷。① 其他可确知的文献记载，如《旧唐书·文宗本纪》："太和九年（835 年）十二月丁丑，敕诸道府，不得私置历日版。"这说明唐代政府曾下令禁止民间私自印刷历书，而其起因是由于时任东川节度使的冯宿的一份奏请："剑南两川及淮南道，皆以版印历日鬻于市。每岁司天台未奏颁下新历，其印历已满天下，有乖敬授之道。"② 而据《新唐书·地理志》可知，剑南分置东、西两川始于唐肃宗至德二年（757 年），可见在 757 年之后，南方一带私人印买历书的现象已很普遍了。又据唐范摅《云溪友议》卷下载："纥干尚书泉苦求龙虎之舟十五余稔。及镇江右，乃大延方术之士，乃作《刘宏传》，雕印数千本，以寄中朝及四海精心烧炼之者。"纥干泉，字咸一，雁门人，大中元年至三年（847 至 849 年）任江南西道观察使，这说明在九世纪中叶，道家著作已经雕版印行了。另唐人司空图（字表圣）《司空表圣集》卷九有《为东都敬爱寺讲律僧惠确化募雕刻律疏》一文，题下注有"印本共八百纸"。文中提到："自洛城罔遇时交，乃焚印本，渐虞散失，欲更雕镂"，这里的"焚印

---

① 曹之：《"模勒"辩——兼论白居易诗文集的最早刻本》，《图书情报论坛》1989 年第 3 期。

② 《全唐文·冯宿禁版印时宪书奏》。

本"，当指唐武宗会昌五年（845年）灭佛毁经之事。司空图于咸通十年（869年）登进士第，至乾符六年（879年）任职，他所提"欲更雕镂"佛经之事，当发生在这段时间内。宋人王谠《唐语林》载："僖宗入蜀，太史历本不及江东。而市有印货者，每差互朔晦，货者各争节候，因争执，里人拘而送公，执政曰：'尔非争月之大小尽乎？同行经纪，一日半日，殊是小事。'遂叱去。"这是发生在僖宗乾符年间（874—879年）的事。可见，当时四川一带民间印卖历书已很常见了，还因版本朔晦有差，各起争执。唐人柳玭《柳氏家训·序》亦载："中和三年（883年）癸卯夏，銮舆在蜀之三年也。余为中书舍人。旬休，阅书于重城之东南，其书多阴阳杂记、占梦、相宅、九宫五纬之流，又有字书、小学；率雕板印纸，浸染不可尽晓。"重城，即成都。柳玭乃唐代藏书家柳仲郢之子，因黄巢之乱，随僖宗逃入成都避难，看到城内书肆已多有雕版印刷的书籍售卖。

由以上所述可知，中晚唐时期关于雕版印刷的文献记载已很常见，这说明雕版印刷术在社会上已相当普及了。而一项新的技术从发明到普及需要一个过程，结合雕版印刷的实物发现及相关文献记载，可以推断我国的雕版印刷术大致发明于8世纪初，即初唐的末期。

二、雕版印刷术发明于唐代的历史条件分析

雕版印刷术发明于唐代绝不是历史的偶然，而是唐代社会经济、文化发展的必然结果，也是由当时的物质、技术条件所决定了的。

从读书人和著述者的角度来看，唐王朝建立后，仿照隋代的做法，废除了魏晋以来的贵族世袭官制，代之以科举取士，民间读书风气大盛。读书人除了正常的科举考试外，还有一条捷径，那就是把自己的诗文作品投献给当时的社会名流，通过他们向考官举荐而步入仕途。因此，读书人非常渴望能有一种手段，尽可能快捷、广泛地传播自己的作品。将作品题写在墙壁上，就是当时通行的一种做法，但这毕竟只是权宜之计。从读书人和著述者的角度来看，人们迫切希望有一种效率更高的图书复制、传播方式。

从兴办教育的角度来看，唐高祖时即设置国子学、太学和四门学。太宗即位后，继续加强学校教育，增建校舍1200间。太学、四门学扩大编制，学生人数剧增。唐代对外交往发达，儒家学说在东方邻国日本、高丽、百济、新罗等地产生了深远的影响。这些国家纷纷把自己的子弟送到长安来求学，学生最多时达8000多人。除官办教育，唐代民间私学也很发达。据《新唐书·儒林传》的记载，曹宪，扬州江都人，聚徒教授凡数百人，公卿多从之游；王幕，滑州白马人，少笃学，教授乡里，学生数百人；马嘉运，魏州繁水人，隐居白鹿山，诸方来学者至千人。这么多学生就学，所需教材光靠手工抄写，既费时又费力，因此教材短缺成了当时一个严重的社会问题，人们希望能有新的文献复制技术解决这一问题。

从宗教文化的传播与繁荣来看，唐王朝兼容佛、道、景、祆等教。特别是佛教，经太宗、武后、宪宗、懿宗的倡导，几至狂热，因而佛经翻译、传抄非常盛行。唐太宗贞观三

年（629年）始设译场，由政府组织译经。后历朝相沿，直至宪宗元和六年（811年）才终止，前后译师凡26人。唐太宗还派高僧玄奘去印度取经。玄奘西游17年后共取回佛经657部，并在长安设译场，共译出佛经75部、1335卷。后又经义净等数十人，或译新经，或对旧译本重新翻译。所译佛经，必大量抄写，以广流布。武则天甚至亲自主持了《华严经》80卷的翻译工作。士大夫纷纷效尤，写经、铸佛、建寺、施财、饭僧等无所不为。如萧瑀采用10多家注疏为《法华经》作注，他的家族中有20人出家，其兄萧璟一生诵《法华经》上万遍，雇人抄写该经1000余部。萧颖士、李华、段成式、柳宗元、刘禹锡、白居易等深研佛理，于志宁、来济、许敬宗、杜正伦、李义府、徐坚、苏晋、陆象先、郭元振、张说、魏知古、孟简、刘白刍等都曾参与译经活动。① 唐人写经，仅从《敦煌遗书》中可考的就有郭德、萧敬、彭楷、袁元哲、王谦、孙玄爽、王思谦、蔡义哲、成公道、杨文泰、任道等36人。写经是一件很辛苦的事情，人们在日复一日地重复着这种单调的工作时，内心必然有改进这种传统的文献复制方式的要求。

从物质条件来看，唐代的造纸、造笔、造墨等技术已经非常成熟，雕版印刷所需的纸、笔、墨数量也非常丰富。特别是造纸术，经过前代的不断积累和改进，到唐代已有了长足的进步。这表现在两个方面：一是造纸地区不断扩大。唐代产纸地区遍布全国，据《新唐书·地理志》《元和郡县图志》《通典·食货志》等文献的记载，陕西的长安、凤翔、洋县，四川的成都、广都，安徽的宣州、池州、歙县等，浙江的杭州、衢州、婺州、越州、睦州，广东的韶州、罗州、广州，江西的江州、信州、临川，江苏的常州、扬州，湖南的衡州，山西的蒲州，河南的洛州，河北的巨鹿，湖北的均州，甘肃的武威、敦煌，新疆的吐鲁番等地，均生产纸张。二是纸张品种不断增多。唐代的造纸原料已由麻发展到楮皮、桑皮、藤皮、檀皮、木芙蓉和竹子等。四川造纸多以大麻、楮皮为原料，成都的薛涛纸久负盛名；安徽泾县、宣城等地出产的宣纸以青檀皮为原料，名闻天下；浙江造纸多以藤树皮、桑树皮为原料，杭州、嵊县等地出产的藤纸质白坚韧，非常有名。唐代的毛笔制造也达到了很高的水平，仅从官府各部门配备有专门的制笔、修笔的笔匠就可见一斑。据《唐六典》记载，唐玄宗时集贤院有造笔匠4人，秘书省有笔匠6人，弘文馆有笔匠3人。就民间而言，宣州的紫毫笔最负盛名。唐代制墨业发展也很快，制墨地区由初期的陕西、江西扩大到后来的山西、河北等全国各地。仅可考的著名制墨家就有李阳冰、祖敏、王君德、奚鼐、奚鼎、奚超、李惟等数十人。

从技术条件来看，唐代石刻，纸的发明、改进及应用，印章技术已很成熟。据《通志·金石略》著录，唐代石刻有1000多种，其中碑版、石幢极多。这与唐人撰写碑文、镌刻墓志成风有关。如李华，"晚事浮图法，不甚著书，惟天下士大夫家传，墓版及州县碑颂，时时赍金帛往请，乃强为应"②。据李肇《唐国史补》卷上载："长安中争为碑志，

---

① 曹之：《中国印刷术的起源》（第2版），武汉：武汉大学出版社，2015年，第236页。
② 《新唐书·李华传》。

若市贾然。大官薨卒，造其门如市，至由宣竞构致，不由丧家。"唐代碑刻中著名的"开成石经"，始刊于唐文宗太和七年（833年），刻成于开成二年（837年），立于长安国子监太学门外，一共是十二经。石幢是用来刊刻佛经的，故又称为经幢。佛经之中，刊刻最多的为《金刚经》和《陀罗尼经》。所谓拓印，是把石碑或器物上铭刻的文字或图案复印到纸张上的一种办法。与雕版不同的是，碑刻文字往往是阴文，拓印时刷墨的是纸张贴字的背面，故得到的是"黑底白字"。唐初拓印术已经产生。唐人韦应物《石鼓歌》云："令人濡纸脱其文，既击既扫黑白分。"显然，"既击既扫"是拓本的制作方法，而"黑白分"是拓本的外观形式。从唐碑的书写形式来看，字行分段书写，这是为了便于装订拓片。而唐代以前的碑文都是贯通上下书写的，这是因为那时的人们还未掌握拓印技术，不存在拓片的装订问题。唐代尚有拓本流传至今，如《化度寺塔铭》《孟法师碑》《温泉铭》等。印章的反文阳刻技术对雕版印刷的发明启发很大。印章早在先秦就有了，但由于纸张还未普及，直到南北朝以前，印章因钤于印泥而多呈阴文，印章面积也较小。也就是说，南北朝以前的阴文印章，对于雕版印刷没有借鉴意义。南北朝以后，随着纸张的普及，印章面积不断扩大，特别是隋唐以后，字体大多变为阳文，成为雕版印刷发明的一个关键技术因素。

综上所述，唐代科举制度、教育、宗教及外交的发展，造就了雕版印刷术产生的社会环境和客观需求；纸、笔、墨的制作技术的不断改进以及由此带来的品种数量的增多，为雕版印刷术的发明提供了必不可少的物质材料；以手工雕刻和转印复制技术为基础的石刻、拓印及印章技术的不断完善和相互结合，为雕版印刷术的发明奠定了技术基础。

雕版印刷术的发明，影响了整个人类文明的进程，在人类文化史上具有划时代的意义，带来了不可估量的经济效益和社会效益。就经济效益而言，它解放了生产力，把千千万万书工从露抄雪纂的痛苦中解放出来；它大大提高了图书制作的效率，缩短了出书周期，加快了知识信息的传播速度；它繁荣了图书市场，为鳞次栉比的书肆找到了源源不断的货源；它降低了图书成本，减轻了读者的经济负担，扩大了知识信息交流的广度。就社会效益而言，它使各类图书有更多的机会付梓刊行，调动了文人学者著书立说的积极性；它造就的大量图书不胫而走，为人们更多地接受文化教育提供了取之不竭的精神食粮；它像魔术师一样，把不同地域、不同肤色、不同语言的人们紧紧联系在一起，促进了人类文化的大开放、大交流、大融合，这对于提高人类的文化素质、加快人类文明的进程，有着举足轻重的作用。

第三节　活字印刷术的发明及应用

雕版印刷相对于传统的手工抄写来说，确实是一次历史性的革命。但它也有自己的缺陷：它一页一版，有了错字难以更正；雕刻大部头的书，不仅需要耗费大量的木材，而且费时费力，出版周期长；用过的版片占据大量空间，不便保存，时间一长还容易缺损或变形，不便下次印刷。为了解决这些矛盾，进一步提高效率，人们在实践中又发明了活字印刷术。所谓活字印刷，就是预先制成单个活字，然后按照付印的稿件，拣出所需要的字，排成一版而施行印刷的方法。采用活字印刷，一书印完之后，版可拆散，单字仍可用来排其他的书版。在排版时，临时遇到没有的字，还可当场制作。中国古代制作活字的材料有泥、木、铜、锡、铅等。

一、泥活字印刷

世界上最早的活字印刷术是宋代毕昇发明的，发明时间为仁宗庆历年间（1041—1048年）。沈括《梦溪笔谈》卷一八《技艺门》载："板印书籍，唐人尚未盛为之。自冯瀛王始印五经，已后典籍皆为版本。庆历中有布衣毕昇又为活板，其法用胶泥刻字，薄如钱唇，每字为一印，火烧令坚。先设一铁板，其上以松脂蜡和纸灰之类冒之。欲印，则以一铁范置铁板上，乃密布字印，满铁范为一板，持就火炀之，药稍熔，则以一平板按其面，则字平如砥。若止印三二本，未为简易；若印数十百千本，则极为神速。常作两铁板，一板印刷，一板已自布字，此印者才毕，则第二板已具。更互用之，瞬息可就。每一字皆有数印，如'之''也'等字，每字有二十余印，以备一板内有重复者。不用则以纸贴之，每韵为一贴，木格贮之。有奇字素无备者，旋刻之，以草木烧，瞬息可成。不以木为之者，文理有疏密，沾水则高下不平，兼与药相沾，不可取。不若燔土，用讫，再火令药熔，以手拂之，其印自落，殊不沾污。昇死，其印为予群从所得，至今宝藏。"根据这段文字记载，毕昇的泥活字印刷方法包括以下几个步骤：第一步，用胶泥刻字。各字所刻字数不等：一般的字刻几个就够了；"之""也"等常用字，要刻20余个，冷僻字临时刻烧。第二步，烧字。泥字烧过之后，不易破碎。第三步，排版。先在一块铁板上撒上松脂蜡、纸灰等黏合材料，接着用铁框把四周围起来，把活字排在铁框里面，然后用火在铁板下烘烤，等黏合材料熔化之后，用平板把板面按平即可。第四步，印刷。为了加快印刷速度，可用两块铁板，印第一版时，第二版便可排字，互相轮换，以提高效率。第五步，回收泥活字。回收的方法是用火烘烤铁板底部，等黏合材料熔化后，用手一推，字就掉了，然后按字韵分别把字存放在木格里，等到下次印书时再用。

毕昇发明的活字印刷术，在当时究竟印了什么书？什么式样？既不见传本，亦不见著录，现已无法作进一步的考证了。但是，后来仿用此法印书者，倒不乏其人。宋光宗绍熙四年（1193年）周必大在写给他的朋友程元成的信中提道："近用沈存中法，以胶泥铜板移换摹印，今日偶成《玉堂杂记》二十八事。"[1] 后人多认为周必大按照沈括所记的方法，以胶泥铜板刊印了他所著的《玉堂杂记》。[2] 元初之际，姚枢（字公茂，柳城人）曾在元

[1]　（宋）周必大：《文忠集·绍熙四年致程元成札子》。
[2]　曹之先生多方考证，认为此说不可信，姑且存疑。详见曹之：《中国印刷术的起源》（第2版），武汉：武汉大学出版社，2015年，第557~559页。

朝为官，因蒙古族同僚贪赃枉法，不肯同流合污，"遂携家来辉，垦荒苏门，粪田数百亩。修二水轮，诛茅为堂……又汲汲以化民俗为心，自版《小学》书、《论孟或问》《家礼》；俾杨中书版《四书》、田和卿版《尚书》《声诗折衷》《易程传》《书蔡传》《春秋胡传》，皆脱于燕。又以《小学》书流布不广，教弟子杨古为沈氏活板，与《近思录》《东莱经史论说》诸书散之四方。"① 可见，姚枢曾教学生杨古用沈括所记毕昇泥活字法，印成《小学》《近思录》《东莱经史论说》等书。此后，泥活字印书沉寂了很长一段时间，直至清人金埴《不下带编》载康熙间有人用此法印书："康熙五十六七年，泰安州有士人，忘其姓名，能锻泥成字，为活字版。"现在能见到的泥活字印书实物，是清代苏州人李瑶和安徽人翟金生两家用毕昇遗法自造泥活字印刷的书籍。李瑶，字宝之，苏州人。曾于道光九年（1829 年）用泥活字印《南疆绎史勘本》；道光十二年（1832 年）又用泥活字印《校补金石例四种》，此本今藏国家图书馆，内封面有 "七宝转轮藏定本，仿宋泥版印法" 长方条记两行。翟金生，字西园，安徽泾县水东村人。他嫌刻版印书费力，决计造泥活字印书。他于嘉庆十九年（1814 年）开始造字，至道光二十四年（1844 年）终于制成十万个泥活字。他在《泥版试印初编·自序》中这样描述自己："一生筹活版，半世作雕虫。珠玉千箱积，经营卅载功。"在亲属的帮助下，翟金生先后摆印了《泥版试印初编》、黄爵滋《仙屏书屋初集》、翟廷珍《修业堂集》、翟震川《水东翟氏宗谱》等书。中国历史博物馆和中国科学院自然科学史研究所，曾从安徽泾县水东地区征集到翟氏当年的泥活字实物。

二、木活字印刷

木活字的起源实际上也可以追溯到宋代的毕昇。毕昇在创制泥活字之前，就曾试验过木活字。他之所以 "不以木为之者"，是因为 "文理有疏密，沾水则高下不平，兼与药相沾，不可取"。这说明毕昇也用木活字印过书，只是没有成功。12 世纪下半叶，西夏人根据毕昇泥活字印刷的原理，改进排字拆版方式，试制成功了木活字印刷术。据史金波考证，现俄罗斯所藏中国西夏文《维摩诘所说经》为 12 世纪下半叶的木活字印刷品。《大乘百法明镜集》《三代相照言文集》，也是西夏时的木活字印本。1991 年宁夏贺兰山县拜寺沟方塔废墟中出土的《吉祥皆至口和本续之干文》《吉祥皆至口和本续之障疾文》《吉祥皆至口和本续之解生喜解补》等，也是 12 世纪中下半叶的活字印刷品。② 可惜西夏人未能留下有关制字材料、制字方法、排印技术等方面的文字材料。

至元代时我国始有木活字印书的明确记载。王祯，字伯善，山东东平人，农学家，在担任安徽旌德县尹期间，为官清廉，政绩卓著，尤关心农业生产。他在整理前代农业生产方面文献资料的基础上，结合生产实践，撰写了我国第一部农学名著《农书》。该书 13.6

---

① （元）姚枢：《牧庵集》卷十五。
② 李致忠：《古代版印通论》，北京：紫禁城出版社，2000，第 357 页。

万字，规模可观。王祯在工匠的帮助下，设计制作了 3 万多个木活字，准备用木活字摆印《农书》。据王祯《农书·造活字印书法》称："前任宣州旌德县县尹时，方撰《农书》，因字数甚多，难于刊印，故尚己意，命匠创活字，二年而工毕，试印本县志书，约计六万余字，不一月而百部齐成，一如刊版，使知其可用。后二年，予迁任信州永丰县，挈而之官，时《农书》方成，欲以活字嵌印，今知江西，见行命工刊版，故且收储，以等别用。"由此可知，王祯调至永丰的时间正是"《农书》方成"之时。又据《农书·自序》后署"皇庆癸丑三月望日东鲁王祯书"，可知《农书》成于仁宗皇庆二年（1313 年）。再据文中的"后二年"，那么王祯摆印《旌德县志》的时间当在武宗至大四年（1311 年）。可见，王祯先期用自制木活字摆印了《旌德县志》100 部，但由于《农书》刚成就要调至江西永丰任职，没来得及印《农书》，只好将木活字从安徽带至江西，准备继续摆印《农书》。可到江西之后，发现江西方面已经准备用传统的雕版印刷方法印行《农书》，于是中辍摆印计划，将带去的木活字收藏起来，留待别用。

王祯在《造活字印书法》一文中记载了自己的木活字印书方法："今又有巧便之法：造板木作印盔，削竹片为行，雕板木为字，用小细锯锼开，各作一字，用小刀四面修之，比试大小高低一同，然后排字作行，削成竹片夹之。盔字既满，用木榍榍之，使坚牢，字皆不动，然后用墨刷印之。"据此可知，王祯造木活字印书的程序可分为以下几个步骤：第一步是写韵刻字。把字按韵写在纸上，再贴到木板上，然后像雕版印刷一样刻好。第二步是锯字。用细齿小锯将木板上的字锯成单个的字。第三步是修字。将单字修理整齐，使其高低大小一致。第四步是造轮盘贮字。造两个直径七尺的轮盘，盘面以韵分格编号，各字按韵摆入相应位置。第五是排字。排字需两人，一人按韵喊号，一人就盘取字，并依次放入带有边栏的平板上。第六步是刷印。刷印必须竖刷，不可横刷。王祯的这套木活字印刷法，较之毕昇的泥活字印刷，在工艺上有了新的改进，效率大为提高（见图 4-3）。

元代采用木活字印刷的还有马称德（字致远），他在浙江奉化作官时，刻了 10 万枚木活字，至治二年（1322 年）印过《人学衍义》等书。木活字印刷术还流入兄弟民族中，如敦煌千佛洞中曾发现元代数百个用回鹘文刻制的木活字，可惜绝大多数为法国人伯希和盗走，仅剩下 2 枚陈列在中国历史博物馆。此外在敦煌研究院也还藏有几枚。这是迄今为止世界上最古老的木活字实物。

明代木活字印书进一步发展，范围越来越广，从民间到官方都曾流行木活字印书，有书名可考者 100 余种，多为万历印本，弘治以前的极少见。明代民间著名的木活字出版家有长洲韩氏、丽泽堂、虞山荣荆堂、海虞黄美中、海虞赵用贤、太仓赵枢生、太仓张溥、上海顾从德、仁和卓明卿、豫章魏显国、蜀人张佳胤、鄞人包大柯、朱仁儆、庐陵陈嘉谟、福州林氏、碧云馆、浙江倪灿、嘉定徐兆稷、南京李登等 20 余家，分布在江苏、浙江、江西、福建、云南、四川等省，尤以江苏为多。在民间木活字印刷的带动下，明代官方也多采用木活字印书，如蜀藩摆印了《栾城集》，益藩摆印了《辨或篇》和《辨或续篇》等。明朝末年，由于国势衰变，政治形势复杂，军情传递频繁，官方开始采用木活字

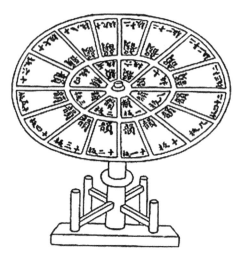

图 4-3 王祯发明的转轮排字盘

排印邸报。据顾炎武《日知录》卷二十八云："忆昔时《邸报》至崇祯十一年（1638 年）方有活版，自此以前，并是写本。"其实南宋时的朝报，射利书铺便有雕版印行以牟利者。明万历年间，北京已出现以送邸报为业的报房。由于邸报的时效性很强，不大可能全靠手写，至崇祯时已全部改用木活字排印。这是我国报纸用活字排印的开端，也是新闻史上的一大进步。

清代木活字印书蔚然成风。各地衙门、书院及官书局多有活字印书者，有的书坊索性把坊名叫做"活字印书局"或"聚珍堂"。清代官方最著名的木活字印本当属乾隆时期的《武英殿聚珍版丛书》，共印书 134 种。在金简的主持下，武英殿聚珍版比王祯木活字印书法又有了改进：一是在制字方法上，先做好一个个独立的木模子，然后刻字，而不是先在整块板上刻上字，再锯成单个的字；二是栏线是刻在漕板上的，而不是用竹片作行线；三是在储字方法上，把字储放在十二个大字柜里，标明某部某字和笔画数，而不是按韵储在转盘里；四是排字所需人数不同。王祯法用两人，一人按韵喊号，一人就盘取字；而聚珍版则要六人，其中四人管平上去入四声之字，两人按书向管字者要字摆字。聚珍版排字，大字每人一天可排两版，小字只能排一版。摆完一版，交给印刷工人，先行刷样，由翰林校对无误后，即可照预定部数刷印。金简把这次木活字印书的经验写成《钦定武英殿聚珍版程式》，这是继王祯《造活字印书法》之后，我国活字印刷史上的又一重要文献。嘉庆间，这套活字还被用于刷印过宋吕祖谦的《大事记》、清鄂辉奉敕编撰的《钦定平苗纪略》、清王履泰编的《畿辅安澜志》等书，但版式行款与聚珍版已然不同了。

在官方聚珍版的带动下，民间纷纷仿效用木活字印书。据不完全统计，河北、河南、山东、江苏、浙江、江西、福建、湖北、湖南、广东、陕西、甘肃等省份都有木活字印书活动，所印之书，经、史、子、集四部皆备，内容十分丰富，其中尤以历代诗文集最多，有 200 多种，如嘉庆十年（1805 年）周氏易安书屋用木活字摆印的《甫里逸诗》，嘉庆二十一年（1816 年）吴淑骐企瑶山馆摆印的明黄端伯的《瑶光阁集》，道光二十三年（1843 年）崇敬堂摆印的清华恕的《燕香居诗稿》等；丛书也有 20 余种，如道光十一年（1831 年）六安晁氏以聚珍版雅名排印《学海类编》。另外，鼓词、弹词、宝卷、唱本、小说、戏曲等民间文学作品也不少，如咸丰元年（1851 年）山阴俞万春以木活字摆印过《结水浒全传》，道光二十九年（1849 年）味尘轩摆印过《放杨枝》《投圆中》《谒府帅》《题园壁》等，光绪二十九年（1903 年）杭州实文斋摆印过《天花乱坠》等。清代民间木活字印本，最著名的要算程伟元萃文书屋排印的 120 回本《红楼梦》。该书于乾隆五十六年（1791 年）由萃文书屋首次排印，是谓"程甲本"。翌年春，程甲本销售一空，萃文书屋只好重新排印，并订正了一些误字，是谓"程乙本"。这是《红楼梦》传抄本以外的第一个版本。两本前都有图赞 24 页，系木板雕印，是清前期著名的插图版画之一。光绪、宣统以后，木活字印本传世的较多，尤以宗谱家乘最为普遍。特别是书铺，更喜以木活字印书，如汇珍楼排印的《野叟曝言》、文则楼排印的《群经质》、瘦影山房排印的《徐霞客游记》、北京隆福寺聚珍堂排印的《绣像王评红楼梦》等，在当时行销甚广，影响深远，大有取代雕版印书之势。

清代修家谱之风盛行，在浙江（尤其是绍兴地区）、江苏（尤其是苏州、常州地区）及安徽（尤其是皖南地区）、江西、湖南、四川等地，出现了一类"谱匠"（或称"谱师"）。每到农闲时节，他们便挑起活字印刷担子，走村串巷，专为人摆印家谱。据不完全统计，流传至今的清末活字本有数千种之多，其中不少具有较高的学术价值。

三、铜活字及其他金属活字印刷

根据毕昇泥活字印刷的基本原理，人们也尝试用金属材料来制作活字。在各种金属活字中，流行最广的当属铜活字。关于铜活字的起源，学界有五代、宋、元、明等多种说法。但一般认为，铜活字起源于明代较为可信。明弘治、嘉靖年间，江苏无锡、常州、苏州一带盛行铜活字印刷，其中尤以无锡华氏和安氏家族最为著名。

华氏家族用铜活字印书，历时四代。华珵、华燧、华坚、华镜是其主要代表。华珵，子汝德，号尚古，成化八年（1472 年）贡生，做过一任北京光禄寺丞，是无锡的巨富。但他喜好藏书，勤于学习，精于鉴赏。清康熙《无锡县志》卷二十二称他"又多聚书，所制活板甚精密，每得秘书，不数日而印本出矣"。他用铜活字摆印的南宋陆游《渭南文集》和《剑南续稿》比较有名。华燧，字文辉，号会通，华珵之侄。每得罕见之书，他总要认真校订一遍，并说："吾能会而通之矣！"遂以"会通馆"名室。弘治三年（1490 年），有人想重刻《宋诸臣奏议》，但考虑到雕版所耗费用巨大，便约请会通馆以铜活字印行，华燧允之，当年即以铜活字摆印《宋诸臣奏议》50 册。该本正文注文字体大小一样，注文双行，故版式参差不齐。且版面高低不平，有的字只印出一半，墨色不均。最严重的是内容校勘不精，几乎每页都存在脱文误字现象。因此从出版质量来看，该书质量低劣，但它却是我们目前所知的现存最早的铜活字印本。此后，华燧对铜活字印刷技术作了改进，先后摆印过《记纂渊海》《古书合璧事类前集》《锦绣万花谷》《容斋随笔》《文苑英华纂要》《百川学海》《音释春秋》《九经韵览》《君臣政要》等书，有相当影响。华坚，字允刚，华燧之侄，书坊名为"兰雪堂"，摆印过《蔡中郎集》《白氏文集》《元氏长庆集》《艺文类聚》等书。他所印之书，多有"锡山兰雪堂华坚允刚活字铜版印行"牌记，或刊跋语，又常钤有"锡山"圆印或"兰雪堂华坚活字铜版"篆文小印。因华坚铜活字本每格排印两行，故又叫"兰雪堂双行本"。由于明代铜活字印本所据底本多为宋本，故随着宋刻的失传，明铜活字本便显得弥足珍贵，被版本学家称为"下宋版一等"。华坚兰雪堂铜活字印本，便是这类版本的杰出代表。华镜，华坚之子，也用铜活字印过书，但事迹不详。华氏四代中，以华燧、华坚较为著名。

安国，字民泰，以布衣经商起家，为明代中期无锡巨富之一，人称"安百万"。因居无锡胶山，种桂花二里余，故名其室"桂坡馆"。他好风雅，喜藏书，闻有奇书名画，必重金购置，以至充栋。因财力富足，他既能用雕版印刷，亦能用铜活字摆印。明嘉靖十年（1531年）俞泰跋安氏所印《初学记》云："经、史、子、集活字印行，以惠后学，二十年来，无虑数千卷。"可考的安氏铜活字印本有《正德东光县志》《吴中水利通志》《颜鲁公文集》《古今合璧事类备要》《初学记》《春秋繁露》《五经说》《石田诗选》等，其中《正德东光县志》是已知的我国唯一用铜活字摆印的方志，可惜早已世无传本。

除无锡华氏、安氏外，明代铜活字本在江苏的苏州、常州、南京等地也很流行，如苏州金兰馆印有《石湖居士集》和《西庵集》，五云溪馆印有《玉台新咏》和《襄阳耆旧传》，五川精舍印有《王歧公宫词》，吴郡孙凤印有《阴何诗》；常州佚名氏印有《杜氏通典纂要》及《艺文类聚》；南京张氏印有《开元天宝遗事》。另外，在浙江、福建等地也有铜活字本出现，如上海图书馆藏有《诸葛孔明心书》，上题"浙江庆元学教谕谅台韩袭芳铜版印行"，印行时间为正德十二年（1517年）。该书前有韩氏题识："兹用活套书板翻印，以与世之志武事者共之，庶亦得乎安不忘危之意云。"这是明代浙江铜活字印书的实例。嘉靖三十年（1551年），福建建宁佚名氏以铜活字摆印了《通书类聚尅择大全》，第二年又摆印了《墨子》。万历元年（1573年），建阳游榕用铜活字摆印了《文体明辨》，翌年又摆印了1000卷的《太平御览》。这是明代福建铜活字印书的实例。

清代铜活字印书数量不多，但规模却不小，最著名的当属雍正四年至六年（1726—1728年）间摆印的《古今图书集成》。该书一万多卷，全部用铜活字印刷，共印了64部，每部5200册，其卷帙之富、排印之精，史无前例，是中国历史上规模最大的一次铜活字印刷，也是世界活字印刷史上的壮举。可惜所用铜活字在使用过后就被销毁熔化，铸成铜钱了。清代私家用铜活字印书的传世极罕，可考的有吹黎阁、福州林春祺、满人武隆阿等。康熙二十五年（1686年），吹黎阁用铜活字摆印了钱陆灿选、刘士弘订的《文苑英华律赋选》，比《古今图书集成》还要早40年。福州林春祺是历史上造铜活字最多的人，他18岁开始请人制铜活字，历时21年，耗费白银20多万两，于道光二十六年（1846年）

制成大小铜活字 40 多万枚，并将他的铜活字定名为"福田书海"。他用这些活字，印过《军中医方备要》《水陆攻守战略秘术》、顾炎武《音学五书》中的《音论》和《诗本音》。他还撰写过一篇《铜版叙》，说明其造字的原因和经过。这是我国古代制造金属活字仅有的一篇文献。满人武隆阿在嘉庆十二年（1807 年）任台湾总兵官时，曾用铜活字印过《圣谕广训》。咸丰八年（1858 年），常州也有人用铜活字印过《毗陵徐氏宗谱》，这是已知家谱中唯一的铜活字本。明清两代的铜活字本传世至今的只有 20 余种，其中绝大多数珍藏在国家图书馆。

除了上述的泥活字、木活字和铜活字，历史上还出现过锡活字、铅活字等。在明人王祯《造活字印书法》中有"近世又铸锡活字"之语，说明在元初我国就出现了锡活字，惜语焉不详。清代始有锡活字的明确记载。19 世纪中叶，有个叫卫三畏的美国人记载了广东佛山唐姓书商铸造锡活字的详细情况：先在小块木头上刻字，把刻好的字压印到澄泥上，做成泥模，然后把烧熔的锡液浇入泥模，等冷却后，敲碎泥模，锡字就铸成了，再经过整修打磨，使锡字之高低大小一致。印刷的时候，把锡字摆放在坚固的梨木盘里，扎紧四周，用黄铜条作界行，然后上墨印刷。唐姓书商主要用锡活字来印刷赌博用的彩票，另外还印了马端临的《文献通考》。铅活字始于明代，据明人陆深《金台纪闻》："近日毗陵人用铜、铅为活字，视板印尤巧便，而布置间讹谬尤易。"毗陵即常州，这说明当时不仅有铜活字，且有铅活字行世。可惜缺乏详细的文献记载，也无实物可证。

活字印刷术的发明，是印刷史上一次伟大的技术革命。它对于普及知识，促进生产，传播文化，沟通中外学术交流，都曾起过积极的作用。但总的看来，活字印刷在中国古代出版业中，并未取代雕版印刷成为主流出版技术。原因主要有以下两点：首先，雕版印刷在一整块木板上完成，所有的字处于同一水平面，着墨均匀美观。而活字印刷的字模因工艺精度达不到要求，排版时很难保持在同一水平面上，导致着墨深浅不一，印刷质量不如雕版印刷；其次，雕版藏至数十年乃至数百年后，仍可继续进行刷印，重印不难。而古代的活字印刷技术，因无法解决重印的问题，每一次的重印，都须费工重排，在一次印数较少的情况下，反而不如雕版印刷经济。只有那些大部头的图书，或者印数确定的家谱之类的文献，活字印刷才能体现出它的经济优势。

第四节　套印、饾版、拱花及书籍插图

一、套印技术的产生与发展

汉魏以后，古代文献出现了很多注释类的作品，如《诗经》有汉毛亨传，郑玄笺，唐孔颖达疏；《春秋》有《左氏传》《穀梁传》《公羊传》；《春秋左氏传》又有晋杜预注，唐孔颖达疏；《史记》有刘宋裴骃集解、唐司马贞索隐、张守节正义，等等。为了方便理解正文，人们最初把注文和正文交错抄写在一起，但这样容易将正文和注文混淆，于是人

们想出用不同颜色的笔分别抄写正文和注文的办法。据《隋书·经籍志》著录，汉贾逵所撰《春秋左氏经传朱墨例》是最初采用朱墨二色套写的书籍。在公元6世纪初，曾有人把《神农本草经》和陶景宏《本草集注》合为一书，用朱笔抄写《神农本草经》原文，用墨笔抄写陶景宏所集注文。7世纪初，唐陆德明《经典释文》也"以墨书经本，朱字辨注，用相分别，使较然可求"①。敦煌莫高窟所出唐写本佛经也有用朱墨二色分写经注的，如《道德真经疏》即是。宋代也照此例，如范仲淹根据《神宗实录》，"为《考异》一书，明示去取，旧文以墨书，删去者以黄书，新修者以朱书，世号'朱墨史'"②。宋人周辉《清波杂志》亦载："淳化五年（994年），翰林学士张洎献《重修太祖纪》一卷，以朱墨杂书。凡躬承圣问，及史官采摭事，即以朱别之。"③可见，我国古代就有以朱墨二色套写的传统。

另外一个不容忽视的原因是，中国有着悠久的丝绸印染技术。我国是最早生产丝织品的国家，雕镂木板或纸板往丝织品上印染花色文饰，也是中国人的早期发明之一。这种雕板印染法与木刻版画、彩色套印，均有密切关系。所不同的是，一个是印在丝绸棉布上，另一个是印在纸上。这说明，套印技术在中国也有着悠久的传统。这种传统，便构成了以后产生套色印制书籍和套版印制鸟兽虫鱼、花草器物等画面的技术原型。

一个是中国古书久有朱墨套写的传统，另一个是中国久有印染绸布的技术，这种书写传统与印染技术的结合，便是套色印书印画技术产生的原动力。④

1974年，在山西应县佛宫寺木塔内发现了三幅彩印的《南无释迦牟尼佛像》，其印刷方法与我国民间漏孔印染花布的技法基本相同，尚不是后来套版印刷技术的正宗。经考证，该佛像的印刷时间在辽统和年间（983—1012年），是我国目前已知的最早的套印作品，比欧洲第一本彩印作品《梅因兹圣诗篇》要早400多年。至元代，雕版印刷技术进一步发展，套印也终于施于印书，其技术也获得了质的突破，其代表就是至元六年（1340年）中兴路（今湖北江陵）资福寺无闻和尚套印的《金刚经》。该经经文红色大字，注文双行墨色小字，每半页五行，行大字十二，小字二十四，经折装。该书是迄今为止，我国现存最早的朱墨双色套印的书籍。它的问世虽远晚于辽代采用丝漏方法套色印制的《南无释迦牟尼佛像》，但在技术上却突破了墨印彩绘及移用民间印染花布的局限，使雕版套色印刷获得了成功。

由于套版印刷技术相对复杂，刻印一部书籍，比单版雕印费工时，成本亦高，故推广不易，很长一段时间没有被普及。至明代后期，套印技术才得到广泛应用。这是因为：首先，明代经济繁荣，为套印奠定了雄厚的物质基础；其次，明代印刷技术已经到了炉火纯青的地步，为套印普及作了技术准备；再者，明代套印的广泛应用也与评点盛行有关。如

① （唐）陆德明：《经典释文·序录》。
② 《宋史·范仲淹传》。
③ （宋）周辉：《清波杂志》卷十二《朱墨本》。
④ 李致忠：《古代版印通论》，北京：紫禁城出版社，2000年，第342页。

李卓吾大力推崇通俗文学，评点有《水浒传》《三国志通俗演义》《琵琶记》《浣纱记》《金印记》等；杨慎评点了《晏子春秋》《商子》《公孙龙子》等；钟惺评点了《水浒传》《封神演义》等；孙矿评点各类图书更是达到 43 种之多。另外，科举考试以八股取士，"四书"以朱熹的《四书集注》为标准，"五经"以宋元注疏为标准。为了应考，各类四书五经的评点著作更是泛滥成灾。所谓评点，或对书的内容阐发意见，并将之写在天头上；或遇到精彩的内容，在字旁加上圈点以示注意。这些评点的文字或标记，在印刷时要与正文相区分，因此套印技术便有了广阔的用武之地。

明代将套印技术发展到新阶段的代表人物是吴兴闵氏和凌氏。闵齐伋，字及武，号寓五，家蓄资产，最初于万历四十四年（1616 年）套印了朱墨本《春秋左传》，后又陆续套印了《史记钞》《东坡易传》《老子》《庄子》《列子》《楚辞》《陶靖节集》《韦苏州集》《王右丞集》《孟浩然集》《韩昌黎集》《柳宗元集》《花间集》等书，还套印了三色本《孟子》《战国策》《杜子美七言律》和四色本《国语》等，所印之书均十分精美。闵氏一门还有闵光瑜刻有朱墨本《邯郸梦》、闵齐华刻有朱墨本《九会元集》、闵绳初刻有四色本《文心雕龙》、闵昭明刻有朱墨本《新镌朱批五经七书》等。

在闵氏刻书稍后，吴兴凌氏也开始了套版印刷事业。凌蒙初，字玄房、号初成，别号即空观主人。他文学造诣很深，是著名戏曲小说家和出版家，代表作有《初刻拍案惊奇》《二刻拍案惊奇》。他所刻之书多戏曲小说，多用朱墨二色套印，并附插图。所刻戏曲今存者有《琵琶记》《绣襦记》《幽闺记》《南柯记》等。另外，还套印了朱墨本《韩非子》《吕氏春秋》《孟浩然集》等。凌濛初所刻之书纸墨俱佳，质量上乘。凌氏一族，争相仿效，参与者有凌稚初、凌澄初、凌瀛初、凌汝亨、凌弘宪、凌启康、凌杜若等人。如凌汝亨刻有朱墨本《管子》。凌瀛初刻有四色本《世说新语》，该书正文为墨色，刘辰翁所批用蓝色，王世懋所批用朱色，刘应登所批用黄色（见图 4-4）。凌蒙初与凌瀛初合刻有三色本《古诗归》《唐诗归》等，凌启康刻有《四书参》及四色本《苏长公集》等。闵氏、凌氏二家套印本有共同特点：四周有版框，中间无界行。这样设计的目的是便于在行字旁套印不同颜色的批点评注。其每页多为八行十八字、十九字，或半页九行十九字。正文为仿宋印刷体，注释、批语多用手写体，版面清爽悦目。

在 20 余年的时间里，闵凌二家共印套版书 130 多种，数量十分可观，尤其是使单版分色套印技术达到了炉火纯青的地步，是套版印刷技术的一次飞跃，并由此启发了饾版、拱花技术的诞生。闵、凌之外，明代从事套版印书可考的还有茅兆河刻印的《庄解》，茅坤刻有《柳文》《苏文忠公策选》，南京吴京省刻有《苏长公密语》，以及聚奎堂、一贯斋、庆云馆、程氏滋兰堂、版筑居等十余家。

清代套印承明之余绪，继续发展。尤其在清代前期，宫廷内府套版印制了不少高质量的书籍。如康熙间内府刻有五色印本《唐宋文醇》《唐宋诗醇》及王奕清撰著的《曲谱》等；雍正间内府刻印了朱墨两色《朱批谕旨》；乾隆间内府套印书有《昭代萧韶》《劝善金科》《西湖佳话》等，刻印精美，均为殿版套印的代表作品。在民间，虽没有出现闵、

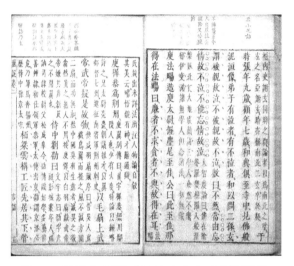

图 4-4　明吴兴凌瀛初刻四色套印本《世说新语》

凌两家那样著名的套版印书家，但数量却也不少。据杨绳信《中国版刻综录》著录，清代套印出版家有 40 余家，如北宜阁刻有《西厢记》，守意龛刻有《南游记》，步月山房刻有《四六法海》，听雨斋刻有《楚辞集注》，羊城青云楼刻有《聊斋志异新评》，径香阁刻有《天文地舆图》，叶氏海录轩刻有《文选》，汉口森宝斋刻有《东周列国志》，等等。由于时间距今较近，清代套印本虽然不是很多，但尚有流传。清代晚期，官私套版印书趋向衰落，印书数量既少，质量也明显低于清初。

二、饾版及拱花技术

明末在版画艺术及五色套印技术发展的基础上，产生了饾版及拱花的印刷技艺。所谓"饾版"，是将彩色画稿按不同颜色分别勾摹下来，每色按其画稿形状刻成一块小木版，然后逐色由浅入深套印或叠印，最后印成完整的彩色画面。因每色小木版形如饾饤，故称饾版。所谓"拱花"，是用凹凸两版嵌合压印而成，使版面拱起花纹，立体感很强，适用于鸟类羽毛及行云流水的印制。

以前一般认为，饾版及拱花技艺始于徽州的胡正言，因为传世能见到的饾版拱花印本是明崇祯十七前（1644 年）胡刻《十竹斋笺谱》和《十竹斋画谱》。但 1963 年春，上海博物馆曾于浙西访到明天启六年（1626 年）颜继祖作小引、江宁吴发祥在金陵用饾版拱花技法印制的《萝轩变古笺谱》上下两册。[1] 李致忠在《古代版印通论》中也说："（吴兴）闵家不仅套色印刷过不少四部书，最近获悉，闵齐伋还辑印过《西厢》插图册，现藏德国。曾见彩色照片两幅，看去印得颇精。如果此说可信，则饾版套印版画技术，也在

---

① 魏隐儒：《中国古籍印刷史》，北京：印刷工业出版社，1988 年，第 139 页。

闵齐伋时出现了。"① 这说明，早在胡正言之前，就已经产生饾版套印技术了。

胡正言，字曰从，原籍徽州，寄居金陵鸡笼山侧。因家中庭院种竹十余竿，故用"十竹斋"名其室。他于崇祯间在鸡笼山侧以饾版拱花技法印制了《十竹斋笺谱》和《十竹斋画谱》二书。其刊版套印之精美，施墨着色之娴熟，在技术上达到了一个新的高峰。对此，李克恭在《十竹斋笺谱·序》中盛赞它"汇古今之名迹，集艺苑之大成，化旧翻新，穷工极变。"《十竹斋画谱》行世者多为清代翻版复制，原版流传极少。十竹斋的技法后为北京的荣宝斋和上海的朵云轩所继承（见图4-5）。

图 4-5　《十竹斋笺谱》

清代饾版套色印刷的代表是李渔芥子园甥馆印的《芥子园画传》。李渔，号笠翁，浙江兰溪名士，寓居金陵。其女婿沈心友，家藏李流芳所绘课徒山水画稿 43 幅。沈心友约请王概、王蓍、王臬兄弟为之整理增绘，经三年努力，增绘至 133 幅，又临摹古人各式山水画 40 幅，于康熙十八年（1679 年）用饾版套印而成，此为《芥子园画传》第一集；沈氏又与王氏兄弟增删诸曦庵《竹兰谱》和王蕴庵《梅菊草虫花鸟谱》为《芥子园画传》第二集；后书商别出心裁，析出第二集中的下册，删去沈氏例言十条，编为《芥子园画传》第三集；更有书贾投机，把丹阳画家丁鹤州编的《写真秘诀》杂拼《晚笑堂画传》中的某些画谱，名为《芥子园画传》第四集，实与原书无涉。但这四集画传确是绘事津梁，故历来为世人所重。

三、书籍插图沿革

早在先秦两汉的写本时期，不少图书就有插图了，只不过是手绘的。例如，战国时期的"楚缯书"，在文字的四周绘有三首、鸟身、珥蛇等 12 尊神像，运笔细腻，其状奇异；睡虎地秦简《日书》上，也绘有一幅人字图，描述了一种依据胎儿产日占卜其一生命运的

---

① 李致忠：《古代版印通论》，北京：紫禁城出版社，2000 年，第 346 页。

方法；周家台秦简《二十八宿占》绘有二十八星宿图；江苏连云港出土的西汉《神龟占》木牍，绘有一只栩栩如生的神龟。《汉书·艺文志》六艺略著录《孔子徒人图法》二卷，是孔子七十二弟子的画像集。该书原出鲁壁，应是秦火之后的幸存物。魏晋南北朝时期，因相较于简牍更便于绘图的纸张的推广和普及，插图本书籍大量出现，以至于王俭《七志》专设"图谱志"一目，以收录此类图书。《隋书·经籍志》虽没有为图谱设有专类，但著录的插图本在百种以上，如《周官礼图》《三礼图》《尔雅图》《五服图》《丧服礼图》等。

南北朝时期，在佛经中捺印佛像的做法悄然兴起。它是将佛像图案镌刻在印模上，然后用印模沾墨捺印在佛经空白处，类似于肖像印（见图4-6）。这样就可以在一长卷佛经上，轮番捺印各种不同图案的佛像（也有重复单印一种佛像的），大部分是墨印的，也有朱印的，也有印后再用笔涂上不同色彩的。从制作技术上讲，这是一种比较特殊的插图本，介于写本与雕版印本之间。

图4-6 捺印有坐佛像的敦煌经卷

唐代发明雕版印刷技术以后，书籍插图也由人工绘制和捺印发展为雕版印刷，俗称版画。我国现存最早的版画，是唐咸通九年（868年）王玠雕造的《金刚般若波罗蜜经》扉页版画《祇树给孤独园》（见图4-7）。画面描绘的是释迦牟尼佛坐在祇树给孤独园的经筵上说法时的情景。长老须菩提偏袒右肩，右膝着地，合掌恭敬，面佛而言。佛的左右前后，围站着两员护法天神以及众多贵人施主和僧众。经筵的前面，卧着两头猛狮，说明佛法无边足以降服猛兽。图的上部，在微风飘动的幡幢上，两位仙女驾着祥云而来。画面纯用线刻，流畅严谨，由于处理得巧妙，自有虚实关系。① 当然，唐代由于雕版初兴，大部分书籍插图仍是手工绘制。如《新唐书·艺文志》经部著录的《毛诗草木虫鱼图》，就是开成年间唐文宗亲命集贤苑撰写绘图的；史部有《汉明帝画赞》《益州文翁学堂图》《王会图》《杨佺期洛城图》等；子部杂艺类、医书类插图本最多，有《竹苑仙棋图》《汉王元昌画汉贤王图》《阎立德画文成公主降蕃图》《凌烟阁功臣二十四人图》《开元十八学士

———————————————

① 朱国荣：《中国美术之最》，北京：知识出版社，1987年，第22页。

图》《本草图经》《王超仙人水镜图诀》《裴王廷五色傍通五藏图》等。

图 4-7　唐咸通九年（868 年）雕印的《金刚般若波罗蜜经》

　　唐、五代的雕版佛画，从其图式来看，大致可归纳为四种：一是经卷扉画，二是经典插图，三是独幅木刻画，四是捺印与加彩。[①]

　　五代插图本无论从题材、品种还是数量上来说，与唐代相比都有较大发展，但由于存世稀少，亦属鲁殿灵光。兹举一例：五代后晋开运四年（947 年）刻印的《大圣毗沙门天王像》，采用上图下文的形式。上半部分镌画的是一位健壮的地神从地下露出半个身躯，用双手擎起毗沙门天王的双足。毗沙门天王头戴宝冠，身披铁甲，屹立正中。他左手托宝塔，右手执长戟，左有童子与婆薮仙相随，右有辩才天女手捧花果侍立，目光炯炯，傲视一切，充分表现了毗沙门天王勇猛的性格和无穷的威力。下刻曹元忠发愿文 14 行，每行 4 至 9 字不等，以界均分，内容如下："北方大圣毗沙门天王，主领天下一切杂类鬼神。若能发意求愿，悉得称心，虔敬之徒，尽获福祐。弟子归义军节度使特进检校太傅、谯郡曹元忠，请匠人雕此印板。惟愿国安人泰，社稷恒昌，道路和平，普天安乐。于时大晋开运四年丁未岁七月十五日纪。"

　　宋元以后，由于雕版印刷的发展和繁荣，版画从创作主题到表现形式都有了长足的进步。从创作主题看，既有传统的佛像，也有为经书、医书等各类书籍配的插图。如吴羿飞、黄松年等编为《六经》编有《六经图》309 幅，其中以《周礼文物大全图》最为生动。医书的插图本有《孙思邈芝草图》《崔氏产鉴图》等。嘉祐八年（1063 年），建安余志安勤有堂刻《古列女传》，有插图 123 幅，相传原图为晋代著名画家顾恺之所绘。徐康《前尘梦影录》称赞道："绣像书籍，以宋椠《列女传》为最精。"南宋景定间还刻了我国第一部画谱《梅花喜神谱》，也是一部颇有艺术价值的专题性画谱。从表现形式看，宋代除了沿袭五代卷首冠图、上图下文的旧制外，还发展出了新的连环画形式。例如，南宋临安府众安桥贾官人宅刻印的《佛国禅师文殊指南图赞》，以《华严经》中的故事为原型，采用 54 幅连环画的形式叙述了善财童子 53 次参访诸佛的不同经历和感受。全书由三部分

[①]　张健歆：《中国古代版画史发展概说》，《北京印刷学院学报》2023 年第 2 期。

组成：先用一则短文，简要记述善财童子每次参访诸佛的不同经历；再用一段赞语，讲述每次参访诸佛的各种感受；再用一幅插图，描述善财童子参访诸佛的生动画面（见图 4-8）。这种图文对照、故事情节性强的图书形式，深受社会普通读者的喜爱。

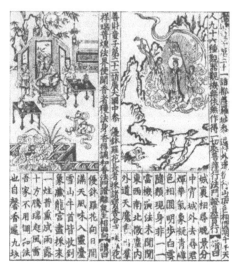

图 4-8　南宋临安府众安桥贾官人刻本《佛国禅师文殊指南图赞》插图

此外，宋代还有用版画技术制作年画的记载，如孟元老《东京梦华录·十二月》载："近岁节，市井皆卖门神、钟馗、桃板、桃符及财门钝驴、回头鹿马、天行帖子。"吴自牧的《梦梁录》、周密的《武林旧事》等文献也有类似记载。金代平阳姬家雕印的《四美图》（全题《随朝朝窈窕呈倾国之芳容》），是现存最早的年画实物。这幅年画刀刻细致入微，从人物造型特征来分析，是从佛、道的粉本中解脱出来，趋向世俗方向发展的杰作。

元代以后，连环画开始在通俗类的日用类书和平话小说中出现。建安椿桩书院所刻《事林广记》，首创了在日用百科全书式的类书中使用插图的先例，插图包括元代的骑马、射箭、拜会、车辆、旗帜、学校、先贤神圣、孔子、老子、昭烈武成王、宴会、建筑、下棋、投壶、双陆、打马、踢球、幻术、唱歌等，成为研究元朝历史和社会生活的第一手视觉资料。虞氏刻《虞氏平话五种》包括《全相武王伐纣平话》《全相乐毅图齐七国春秋后集平话》《全相秦并六国平话》《全相续前汉书平话》和《全相三国志平话》（见图 4-9），每种三卷，上图下文，画面占版面的三分之一，文字占三分之二，刻图者为樵川吴俊甫、黄叔安等。这五种平话对研究连环画史具有重要价值。

明代是雕版印刷的黄金时期，版画插图几乎遍布各类图书，仅《明史·艺文志》著录的 57 部史部仪注类图书，有插图者就有 21 部。至于地理书、农书、兵书、医书、类书、小说、戏曲等，更是有大量插图。金陵富春堂一家所刻传奇有 10 余套，插图达千幅之多。

图 4-9 元建安虞氏刻《新刊全相平话三国志》

据不完全统计，现存历代插图本古籍有 4000 余种，明本就占一半左右，① 正如顾廷龙所言："绣像图籍，流衍说部，而传奇杂剧，点缀景物，名实工致，妙擅绝艺，隆、万以还，斯业特盛。"② 不过，明代版画的风格在前期与后期有较大变化。前期的版画承袭宋元遗风，线条粗犷，不拘细节，版式多上图下文，画面题词多幡幢式；后期的版画风格婉丽工细，表现形式多样：以插图的位置分，有"绣像"（书前冠有人物画像）和"全相"（正文中插有反映故事情景的图画）之分；从插图的版式设计看，不再拘泥于上图下文的形式，出现了半幅、对幅、全副、团扇等多种样式，如金陵唐氏富春堂刻《白兔记》以半幅为图，唐氏广庆堂刻《双杯记》以对幅为图；画面题词打破了早期幡幢式的旧制，题词或长或短，但都题在最适宜的位置，成为整个画面的有机组成部分。

晚明书籍插图版画争奇斗艳，形成了徽派、金陵派、建安派、苏州派等不同流派。徽派刻工的籍贯主要集中在歙县和休宁两地，其中以仇村黄氏宗族为代表，从 21 世到 33 世有案可稽的刻工就达 300 人，著名者如黄应光、黄一楷、黄一凤、黄应祖、黄应瑞、黄一彬等，像凌濛初刻本《西厢记》的插图就是由黄一彬操刀；金陵派崛起于万历、崇祯之际，在古本戏曲、传奇的版画插图，以及木刻套色水印画谱、笺谱的刊印方面，形成了自己的艺术特色，著名的出版家有富春堂、世德堂、吴世美、继志斋、胡正言等；建安派以福建建阳为中心，所刻通俗演义及童蒙读物，大多上图下文，或上有标目，旁有联语，画面质朴天真，具有民间艺术草创的豪迈风格，著名者如建安书林熊大木、余象斗双峰堂、吴观明等；苏州派版画起步较晚，但大有后来居上之势，这得益于苏州出版家对插图版画的重视，如明崇祯四年（1631 年）人瑞堂本《新镌全像通俗演义隋炀帝艳史·凡例》言：

① 江丰：《武林插图选集·代序》。
② 顾廷龙、潘承弼：《明代版本图录初编》卷十一。

"兹编特恳名笔妙手，传神阿堵，曲尽其妙。一展卷而奇情艳态，勃勃如生，不啻顾虎头、吴道子之对面。岂非词家韵事、案头珍赏哉！"晚明苏州插图版画代表作有钱毂画、夏缘宗刻的《西厢记考》，古吴章铺镂刻印的《吴歙萃雅》，吴门萃锦堂刻印的《词林逸响》，陈长卿存诚堂刻印的《琵琶记》《西厢记》《投笔记》，三多斋刻印的《忠义水浒传》等。

承晚明之余绪，清代前期的版画得到了进一步的发展，种类更加丰富，应用范围也愈加广泛，民间版画中除戏曲小说插图、画谱、笺谱、墨谱和酒牌外，历史人物肖像、地理方志插图、宗教经文插图等也十分流行。同时，以武英殿刻本中的书籍插图为代表的宫廷版画异军突起，形成了与民间各派版画并驾齐驱的局面。顺治间的书籍插图代表作有：陈洪绶绘、项南洲刻的《张深之正北西厢秘本》，书前冠有崔莺莺绣像 1 幅，书中有双面连式插图 5 幅，图画构思新颖而不落俗套，在场景或人物编排上大量吸收了戏剧表演程式和空间表现手法。萧云从画，刘荣、汤义、汤尚刻的《太平山水图》，收入张万选编纂的《太平三书》中，作为地理志书的插图，计有《太平山水全图》1 幅、当涂风景 15 幅、芜湖风景 14 幅、繁昌风景 13 幅。所有画面构图繁简有致，落笔勾线轻重有别，意境或浑厚雄伟，或辽阔旷远，表现手法无一雷同。

康乾时期，优秀的书籍插图版画也不少。例如，康熙间宫廷画师刘源绘、吴中名工朱圭刻《凌烟阁功臣图》，画面线条娴熟，镌图纤丽工致，人物肖像多不用背景，而是着重通过不同的体姿和面目来勾画人物形象。朱圭还刻有《大汕画传》《耕织图》《万寿盛典图》《南陵无双谱》。《大汕画传》包括负薪图、读书图、吟哦图、钓鱼图、乐琴图、长啸图等图画 33 幅，冠以大汕别集《离六堂集》卷首，反映的是明朝遗民僧人大汕的生平事迹，带有连环画的性质。宫廷画家焦秉贞所绘《耕织图》包括耕、织的生产劳作图各 23 幅，是反映农业生产的连环画。同时期，李渔的女婿沈心友还用饾版技术刻印了《芥子园画传》，绘、刻、印俱佳，是一部供初学者摹习传统绘画基本技法的教科书。雍正间内府出版的铜活字本《古今图书集成》，其中的插图是木版画，山川地志、名物图录均为良工雕镂，极为精细。

乾隆时期尚有一些版画精品，如乾隆二十七年（1762 年）无锡知县吴钺辑刻的《惠山听松庵竹炉图咏》，附图 4 幅，分别为九龙山人王绂、履斋、吴珵、张宗苍所绘，都是元明人真迹摹刻，精良可嘉；乾隆五十七年（1792 年）刻《百美新咏图传》，由颜希源编集、宫廷画师王翙绘图，取材自历史与传说中的百名女子，配以百幅精美插图，并收录历代文人咏词二百余首，集图像、传记、诗词、书法艺术于一体，图画与文字交相辉映；乾隆间吴逸绘、阮溪水香园刻本《古歙山川图》，将康熙时所修《歙县志》中的版画别刊成册，构图或清丽典雅，或气势磅礴，具有较高的艺术性。乾隆间内府刻本《南巡圣典图》《避暑山庄图咏》《圆明园图咏》《江南名胜图》《棉花图》等，也是该时期版画的代表作。金简《武英殿聚珍版程式》，用 16 幅图表现了木活字印书的全过程。乾隆晚期版画已呈衰败之势，如乾隆五十六年（1791 年）程伟元活字本《红楼梦》附图 24 幅，虽是《红楼梦》最早的插图本，但人物形态稍嫌呆板。

嘉庆、道光以后，虽然戏曲小说是插图本很多，但刻印粗率，不为世人所重。特别是道光时期，在澳门、广州等地出现了石印所，光绪间上海徐家汇土山湾印刷所也开始使用石印技术，出现了石印版画，传统的木版画更趋没落了。

第五节　书籍装订形式的变迁

隋唐是写本书的极盛时期，书籍卷轴装形式也随之发展至鼎盛。玄奘从印度取经回国后，奉命在大慈恩寺译经，译完后上表奏请太宗皇帝撰写序文："所获经论，奉敕翻译，见成卷轴，未有铨序，伏惟陛下睿思。"① 可见，玄奘译过的佛经都是装成卷轴的。唐开元间，沙门玄览一人曾"写经三千余轴"②。韩愈《送诸葛觉往随州读书》诗云："邺侯家多书，插架三万轴。"北宋欧阳修在《归田录》中也说，"唐人藏书，皆作卷轴。"即便是在印本书出现之后，仍沿用卷轴装式，如唐印本《无垢净光大陀罗尼经》、咸通本《金刚经》、五代吴越国刻印的佛经，以及北宋刻印的多达 5000 余卷的《开宝藏》，都是卷轴装。敦煌遗书大部分也是卷轴装。可见，唐五代时期，书籍盛行的装帧形式仍是卷轴装。

一、卷轴装

早期的简策和绝大多数缣帛书是卷轴装。纸书流行以后，由于纸与缣帛颇有相似之处，人们采用同样的方法，把纸张粘接成长幅，将轴粘于纸的一端，以此为中心由左向右卷成一束，这就是卷轴书，又称卷子。这种装订形式盛行于汉魏六朝和隋唐五代时期。卷轴装由卷、轴、褾、带、签五个部分组成（见图 4-10）。卷的长短视文章篇幅而定，长的二三丈，短的仅数尺。卷子中间用朱、墨画成直格，分成若干行，这些线条叫做界，唐人称之"边准"，宋人称之"解行"。因为卷轴起源于帛书，所以界又叫"栏"。红色的称为"朱丝栏"，黑色的称为"乌丝栏"，上下左右四周的栏称为"边栏"。"轴"是一根短棒，卷子缠绕其上。轴可用檀木、象牙、琉璃、玳瑁、珊瑚等多种材料制成。"褾"又叫包头，是卷端另加粘接的厚纸或丝织品，有保护全卷的作用。"带"是指褾头的丝带，用以捆扎卷子。"签"是系在轴头用以标明书名、卷次等内容的小牌，可用竹、骨、玉等材料制成。一部书往往由多卷组成，为了集中保管和使用，通常用各种适于包装的织物包裹起来，这层书衣就叫"帙"，通常一帙为十卷。

卷轴书的书写格式是：每卷起首空两行，这源于简策的"赘简"。古者"赘简"小题在先，大题在后，所以卷子开头也先写小题，然后空数字再写大题。正文通常用墨书写。如果正文有注解，则用朱书写正文，墨书写注解；或者正文单行大字，注解双行小字。也有用同样大小字体写注解的，另起一行低于正文一格。这些形式都在后来的雕版印刷中保

① 陈景富等：《大慈恩寺志》卷九《玄奘表启》。
② （唐）释道宣：《续高僧传》卷二十六。

图 4-10　卷轴装

留下来了。正文以后，卷末又留一行空纸，用作题卷，统计篇章和字数。

二、经折装

唐代以后，但随着图书编撰的发展，图书品种和数量越来越多，部帙也越来越大，并出现了大量的类书、字书等工具书，如《艺文类聚》《初学记》《唐韵》等。这些书部帙既大，又要经常翻检使用，采用卷轴装极为不便。另外，佛门弟子念经时要求正襟危坐，以示恭敬和虔诚，而卷轴由于卷久的惯性，经卷往往会自动卷起，很不方便善男信女们诵经。在这种情况下，卷轴装发生了变革。

经折装是唐代后期产生的一种书籍装帧形式。它仍是单面书写或刻印，然后按照特定的行数和宽度，将经卷左右连续折叠，最后叠成长方形的折子，再在前后各加一块硬纸板，作为封面和封底（见图 4-11）。经折装的出现，是为了解决卷轴装卷舒之难的弊端而产生的。过去人们常把经折装和梵夹装混为一谈，其实二者风马牛不相及。就时间而言，梵夹装源自古印度，早在汉明帝时传入中土的佛经采用的就是这种形式，而经折装产生于中国本土，时间为唐代后期；就载体而言，梵夹装是写在贝多罗树叶上的，而经折装是写在纸上的；就装订形式而言，梵夹装是将写好的散页贝叶经依次叠好，上下用两块长条形的木板夹紧，最后穿孔用绳子扎紧，经折装则是连成长幅的连续折叠，两者显然不同。

三、旋风装

旋风装是由卷轴装向册页装过渡的一种形态，也产生于唐代后期。它的最大特点就是单页两面书写，解决了经折装单面书写翻检不便的问题。古代文献中所谓的"页子""旋风页""龙鳞"者，指的就是旋风装。如元人王辉《玉堂嘉话》卷二云："吴彩鸾龙鳞楷《韵》……鳞次相积，皆留纸缝。"值得庆幸的是，吴彩鸾的《唐韵》至今完好地保存在北京故宫博物院，采用的就是旋风装。其具体装订方法是：以一长卷作为底纸，首页单面书写，全幅裱于底纸右端。从第二页起，双面书写，将每页右侧底部无字的边缘部分鳞次粘裱于前页下面右侧的底纸上（见图 4-12）。收藏时从右至左卷起，从外观上看仍像卷轴

图 4-11 经折装

装。阅读时，除首页不能翻动，其余各页均与现代书籍一样，可以自由翻转。① 由于它在收卷时，书叶鳞次朝一个方向翻转，宛如旋风，故名"旋风装"。它虽没有从根本上摆脱卷轴装的旧制，但克服了卷轴装翻阅不便的缺点，实开了后世册页装的先河。

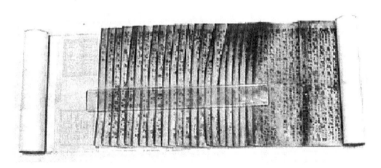

图 4-12 旋风装

四、蝴蝶装

蝴蝶装是古代图书册页装的最初形式，以书页展开类似蝴蝶而得名。它产生于唐末五代，流行于宋元，沿用于明清。所谓蝴蝶装，杜泽逊解释说："所谓蝴蝶装，是以版心中线为准，版面向里对折，然后再一叶一叶重叠在一起，在折线处对齐，用浆糊粘在一起，另外三边切齐，再用硬纸连背裹住作封面。看上去很像现在的精装书。不同的是没有锁线，每页纸只有一面有字。打开书，可以看到一整页，以版心为中轴，两边各半页，颇似展翅蝴蝶，故称蝴蝶装（见图 4-13）。"②

① 李致忠：《古书"旋风装"考辨》，《文物》1981 年第 2 期。
② 杜泽逊：《文献学概要》，北京：中华书局，2001 年，第 33 页。

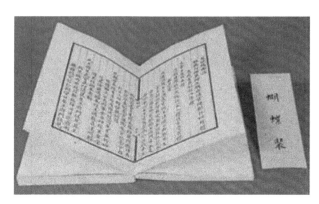

图 4-13　蝴蝶装

蝴蝶装由于用硬纸作封面，故可以竖立排架，书口向下，书背向上，书根向外。由于这种装订形式是版心向内，单口向外，故书背保护完好。其余三边若有污损，可以裁去，而不影响文字内容，这是它的优点。其缺点是每读一页，须连翻两页，不胜其烦。

五、包背装

包背装始于南宋，流行于元代和明朝前期。这是与蝴蝶装正好相反的一种装订方法。它将书页有字的两面向外对折起来，使版心向外，书叶两边的余幅向着书背，因其用一张整纸对折将书背包裹起来而得名（见图 4-14）。早期的包背装是将书页有字的一面正折，然后粘在包背纸上。后期的包背装是在书页边栏外的余纸上打孔，用纸捻穿订，然后加上封面。用纸捻穿订比用浆糊粘连要牢靠得多，但在装订时，书脑要留宽一点，打孔处要远离边栏。

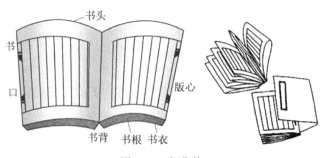

图 4-14　包背装

由于包背装版心变作书口，而书口一般都印有书名、卷次、刻工姓名等，插架时如果直立很容易磨损书口的字迹，故不宜竖立排架，而改为平放，这样封面也就不必用硬纸板，而改为软质的了。包背装在元代很盛行，国家图书馆藏有元刊包背装的《汉书》和

《文献通考》。明清还有这种装订形式，如著名的《永乐大典》和《四库全书》原装用的就是包背装。

六、线装

线装始于明代中叶，盛行于清代。现在一些仿古的铅印本和影印的古书，仍然有用线装的。所谓线装，其实是对包背装的一种改进。其基本方法和包背装一样。所不同的是，包背装用整张纸裹背，而线装只在前后各加一张护页，连同正文用线装订在一起，不包书背。一般线装书打四孔，称为"四针眼线"（见图 4-15）；开本较大的在上下角各打一眼，就成为"六眼眼线"；少数书也有八眼的，主要视书本大小及书背宽狭而定。少数珍贵的书，还有用绫绢包角的，主要是为了美观。

图 4-15 线装

线装的优点有二：一是比包背装结实，不易脱落；二是书本旧了可以重装，整旧如新。缺点是重装次数越多，针孔亦越多，对原书损坏也越严重。再则只能平放，在书架上取阅不便。

第六节 印本时期的图书抄写

唐初发明的雕版印刷，经五代至宋元的快速发展，明清达至极盛。但在印本书为主流的时代，写本书却并没有绝迹。这是因为，有的类书或丛书规模过于宏大，难以雕版印行；有的从社会需求量来看，只限于小范围流通，雕版印刷从经济上来讲不合算。另外，从著述方式来看，抄纂本身就是我国古代文献的一种产生方式，有其悠久的历史和传统；从读书治学方法来看，我国学者向来有通过抄书来积累知识的习惯；从图书收藏角度来看，相当多的手抄本不仅具有文献价值，还有书法艺术价值，很多是珍本、善本；从图书流通角度看，手抄文献不像刻本那样容易遭查禁，其隐秘性较强。因此，在印本书通行的年代，写本书仍有其存在的合理性。

一、五代抄书

五代时期，雕版印书尚处于起步阶段，抄书仍是当时主要的图书生产手段。据《五代会要·经籍》载："后唐长兴三年二月，中书门下奏请依石经文字刻《九经》印板，敕令国子监集博士儒徒，将西京石经本，各以所业本经句度，抄写注出，仔细看读。然后雇召能雕字匠人，各部随帙刻印板，广颁天下。如诸色人要写经书，并须依所颁敕本，不得更使杂本交错。"可见，当时国子监雕印的《九经》，仍有供人抄写的目的。

五代历时仅54年，可考的抄书者却不少，且抄书动机各异。有为自学而抄书的，如查文徽，字先慎，南唐休宁人，"幼好学，能自刻苦，手写经史数百卷"[1]。有备遗忘而抄书的，如文谷，后蜀成都温江人，"所撰《备忘小抄》十卷，杂抄子史一千余事，以备遗忘，世多传写之"[2]。有为聚书而抄书的，如王景绝，后汉人，"时时购四方书抄之，晚年集书数千卷"[3]。林鼎，字焕文，吴越侯官人，"性说正而强记，能书欧虞法，比及中年，夜读书每达曙。所聚图书悉由手抄，其残编蠹简亦手缀之，无所厌倦"[4]。有喜诗文而抄书的，如崔棁，字子文，博陵安平人，"平生所著文章、碑诔、制诏甚多，人有借本传写者，则曰：'有前贤，有来者，奚用此为'"[5]。冯道，字可道，自号长乐老，瀛州人，"尤长于篇咏，秉笔则成，典丽之外，义含古道，必为远近传写"[6]。有喜佛经而抄书的，如马裔孙，字庆先，棣州滴河人，"岁余枕籍黄卷中，见《华严》《楞严》，词理富赡，由是酷赏之，仍抄撮之，相形于歌咏，谓之《法喜集》"[7]。有喜史传而抄书的，如杨邠，后汉魏州冠氏人，官至中书侍郎兼吏部尚书，"居家谢绝宾客，晚节稍通缙绅，延客门下，知史传有用，乃课吏传写"[8]。也有为促进图书流通而抄的，如韩熙载，字叔言，南唐北海人，五代书画家，"性喜提奖后进，见文有可采者，手自缮写，仍为播其声名"[9]。

二、宋元抄书

宋元是我国雕版印刷的初步繁荣时期，但作为传统的图书制作方式，手工抄写在图书的复制传播中仍发挥着重要作用。特别是在宋代，官方和民间抄书仍非常盛行。

馆阁是宋代官方藏书的主体机构，仅崇文院藏书就达8万卷之多，其中写本占了相当

① （清）吴任臣：《十国春秋·南唐》。
② （清）吴任臣：《十国春秋·后蜀》。
③ （清）吴任臣：《十国春秋·北汉》。
④ （宋）林禹等：《吴越备史》卷三。
⑤ 《旧五代史·晋书·崔棁传》。
⑥ 《旧五代史·周书·冯道传》
⑦ 《旧五代史·周书·马裔孙传》
⑧ 《新五代史·杨邠传》。
⑨ （清）吴任臣：《十国春秋·南唐》。

比例。这跟宋朝历代政府重视抄写图书有关。如太宗太平兴国间，悬赏求书，不愿进献者"借本缮写"；至道元年（995年），命裴愈到江南两浙寻访图书，"不愿进纳者，就所在差能书吏借本抄写"。真宗咸平二年（999年）诏令搜访图书，以内府馆阁书目与民间私人书目比对，"有缺者，借本抄填之"①；咸平三年（1000年）"命三馆写四部书二本，置禁中之龙图阁及后苑之太清楼"；大中祥符八年（1015年）荣王宫失火，崇文院及秘阁藏书焚毁殆尽，遂"命重写书籍，选官详覆校勘"②；景德元年（1004年）三月，直秘阁黄夷简等进新写御书24162卷③。仁宗景祐元年（1034年）诏借《道藏零种》《庄子》等给三馆，差人抄写④；嘉祐六年（1061年）十二月三馆秘阁上所写黄本书6496卷，补白本书2954卷⑤。神宗元丰七年（1084年）诏置"补写所"。徽宗崇宁二年（1103年），秘阁抄书2082部，还有1213部和待补残缺289卷未抄，限期抄完⑥；宣和五年（1123年）诏令"搜访士民家藏书籍，悉上送官，参校有无，募工缮写，藏之御府"⑦。高宗绍兴十五年（1145年），秘书省复置"补写所"，招聘书手数十人，"楷书课程旧制每日写二千字，遇入冬书写一千五百字。并各置工课手历，每日抄转书勘点检，月终结押"⑧。孝宗乾道三年（1167年）准秘书省奏，抄录李焘《续资治通鉴长编》；淳熙六年（1179年）六月准吏部侍郎阎苍舒奏，派人到四川寻访图书，遍查四路州军官书目录，"如有所阙，即令本司抄写，赴秘书省收藏"⑨。从以上所举来看，抄书是当时官方征集图书不可或缺的重要手段。

宋代私人抄书，或为藏书聚书，或为读书治学，或为修史著书，或为练习书法、陶冶性情，当然也有为牟利而充当书手的。宋代藏书家可考者200余人，大多有抄书的经历。兹举数例：李行简，字易从，冯翊人，官至尚书刑部郎中，"聚书万卷，多其自录，人谓之书楼"⑩。司马光，字君实，陕州夏县人，著名史学家，于68岁高龄还亲自抄书，"所抄自《国语》而下六卷，其目三百一十有二，小楷端重，无一笔不谨"⑪。刘恕，字道原，筠州人，司马光编撰《资治通鉴》的得力助手之一，为收集史料，曾亲往著名藏书家宋次道家抄书，住在宋家十多天，"昼夜口诵手抄"⑫，满载而归。吕大防，字微仲，蓝田人，

①　（宋）洪迈：《容斋五笔》卷七。
②　《宋史·艺文志》
③　（清）毕沅：《续资治通鉴》卷二十四。
④　（清）徐松：《宋会要辑稿·职官六》。
⑤　（清）毕沅：《续资治通鉴》卷十六。
⑥　《枫窗小牍》卷下。
⑦　（清）徐松：《宋会要辑稿·崇儒四》。
⑧　（清）徐松：《宋会要辑稿·职官十八》。
⑨　《四库全书总目》卷四十七。
⑩　（宋）曾巩：《隆平集》卷十四。
⑪　（宋）陈振孙：《直斋书录解题》卷十。
⑫　《宋史·刘恕传》。

官至宰相，"常分其禄之半以录书，故所藏甚富"①。刘仪凤，字韶美，普州人，"得俸专以传书。书必三写，虽百卷为一部亦然"②。李常，字公择，建昌人，"少读庐山白石僧舍，既擢第，留所抄书九千卷，名舍曰李氏山房"③。苏轼在为他所作的《李氏山房藏书记》中说："余犹及见老儒先生，自言其少时，欲求《史记》《汉书》而不可得，幸而得之，皆手自书，日夜诵读，惟恐不及。"可见宋人读书是很重视抄书的。赵明诚，字德甫，山东诸城人，当时馆阁藏书多有散逸出来的，他凭借在馆阁任职的亲友的帮助，"遂尽力传写，浸觉有味，不能自已"④。叶梦得，字少蕴，江苏吴县人，藏书家，手抄书籍不计其数。一年夏日晒书，晒了20余日方完，其《避暑录话》曰："其间往往多余手自抄。"宋代仍有不少专业书手，如陆游记载了从书手处买书的经历："佣书人韩文持束纸支头而睡，偶取视之，《刘随州集》也。乃以百钱易之，手加装襜。"⑤ 蔡襄为范仲淹遭贬鸣不平所作的《四贤一不肖》诗，"都市人相传写，鬻书者市之得厚利"⑥。由于抄书以获利为目的，文化程度又不甚高，书工所抄书籍错误较多，甚至存在私自擅改的情况。刘爚《云庄集》曾风行一时，"然皆传录，经于书手，乌焉成马，叵克去取"⑦。王安石据宋次道藏本编成《唐百家诗选》，他预先将选好的篇目贴上标签，让书工照标签去抄写。书工嫌字多的诗篇抄起来麻烦，就把长的标签偷换到短诗上。如此成书，质量低劣，贻误后人不浅。但从整体来讲，宋代抄本质量还是很高的，不仅具有文献价值，有的还是不可多得的书法珍品。

元代抄书者文献可考的不多。兹举二例：许衡，字仲平，怀之河内人，"嗜学如饥渴，然遭乱世，且贫无书。尝从日者家见《书》疏义，因请寓宿，手抄归"⑧。庄肃，字恭叔，号蓼塘，松江青龙镇人，"性嗜书，聚至八万卷，手抄经史子集，下至稗官小说，靡所不具"⑨。

三、明代抄书

明代是我国雕版印刷的黄金时期，刻家、刻本之多，无与伦比。但即便如此，人工抄写依然经久不衰，官方、民间抄书者比比皆是。洪武十五年（1382年），朝廷特从福建、湖广、江西、浙江、直隶等地征选1910名书工到内府各部任职，专事抄写⑩。万历间，

① （宋）晁公武：《郡斋读书志·吕汲公文录提要》。
② （宋）陆游：《老学庵笔记》卷二。
③ 《宋史·李常传》。
④ （宋）李清照：《金石录·后序》。
⑤ （宋）陆游：《渭南文集》卷二十六。
⑥ （明）陈邦瞻：《宋史纪事本末》卷十五。
⑦ （宋）刘爚：《云庄集》卷五。
⑧ 《元史·许衡传》。
⑨ （清）叶昌炽：《藏书纪事诗》卷一。
⑩ 《明太祖实录》卷一四一。

焦竑奏请访求民间遗书，"愿以古书献者，官给以直；不愿者亦抄写二部，一贮翰林院，一贮国子监"①。明宣宗曾视察文渊阁，"亲批阅经史，与少傅杨士奇等讨论，因赐士奇等诗。是时，秘阁贮书约二万余部，近百万卷。刻本十三，抄本十七"②。可见，抄本占了明代官藏的大部分。明代官方抄书最著名者当属《永乐大典》的抄写。该书22877卷，计3.7亿字，是我国历史上最大的一部类书。由于规模过于宏大，雕版印刷费时费力，故全靠手工抄写。抄写人员都是擅长篆隶楷草的书法家。《永乐大典》的祖本于永乐七年（1409年）十月抄成，曾有人建议雕版印刷，但因为工程浩繁而作罢。为了完好地保存该书，嘉靖四十一年（1562年）决定重抄一部副本，又从全国各地招募了180名书手进行誊抄。为保证抄写的质量，朝廷专门制定了一套规章制度：参与抄写的人每天只抄写3页；领取《大典》底本必须登记；不准私自带出门外雇人代抄；发现有怠工者严肃处理；每册抄写完后，于册后写上重录总校官、分校官、写书官及圈点人的姓名，各负其责。直至隆庆元年（1567年），《永乐大典》副本抄录的工作方告完成，与永乐正本装帧完全一致。

明代私人抄书者甚多，袁同礼在《明代私家藏书概略》中有言："明人好抄书，颇重手抄本。藏书家均手自缮录，至老不厌。"例如，孙道明，字明叔，华亭（今上海）人，元末明初藏书家，抄书数千卷，至老不辍。宋濂，字景濂，浦江人，文学家，少时家贫无书，"每假借于藏书之家，手自笔录，计日以还"③。刘崧，字子高，泰和人，"家贫力学，寒无炉火，手皲裂，而抄录不辍"④。叶盛，字与中，昆山人，"服官数十年，未尝一日辍书，虽持节边徼，必携抄胥自随。每抄一书成，辄用官印识于卷端"⑤。杨循吉，字君谦，吴县人，藏书十余万卷，闻某处有异书，必千方百计购求缮写。陆深，字子渊，华亭人，坚持抄书56年，晚年尤喜抄方书。严嵩，字惟中，分宜人，明代奸相，曾手抄宋元书籍2613本。钱谷，字叔宝，吴县人，"闻有异书，虽病必强起，匍匐倩观，手自抄写，几于充栋"，其子钱功甫，"贫而好学，酷似其父，年八十余，隆冬病疡，映日抄书，薄暮不止"⑥。范钦，字尧卿，鄞县人，著名藏书家，曾从丰道生、王世贞等处抄录了不少异书。其从子范大澈"闻人有抄本，多方借之。长安旅中尝雇善书者誊写，多至二三十人"⑦。祁承𤸷，字尔光，山阴人，著名藏书家。他在天启二年（1622年）的一封家书中说："近所抄录之书，约一百三四十种，共两大卷箱。此是至宝，自家随身携之回也。我仕途宦况，遗汝辈者虽少，而积书已在二千余金之外，汝辈不知耳。只如十余年来所抄录之书，

①　（明）焦竑：《焦氏澹园集》卷五。

②　《明史·艺文志》。

③　（明）宋濂：《宋文宪公全集·送东阳马生序》。

④　《明史·刘崧传》。

⑤　（清）叶昌炽：《《藏书纪事诗》卷二。

⑥　（清）钱谦益：《列朝诗集小传》丁集中。

⑦　（清）叶昌炽：《藏书纪事诗》卷二。

约以二千余本，每本只约用工食纸张二三钱，亦便是五六百金矣。"① 祁氏在外为官，留给子孙抄录的图书 2000 余本，仅天启二年就抄了一百三四十本，数量惊人。赵琦美，字元度，常熟人，著名藏书家。传世《古今杂剧》242 种，即为赵氏所抄，现藏国家图书馆。吴宽，字原博，江苏长洲（今苏州）人，所藏书多手抄，传世者亦多，如《吴沈诗草合卷》《孟子注疏》《尊前集》《裔夷谋夏录》《春明退朝录》《河东先生集》《石湖居士集》等。来新夏在《中国古代图书事业史》中说："明抄本最为后人珍贵的，有吴抄（长洲吴宽丛书堂抄本）……这些著名的手抄本在用纸版式上多有独特风格和标记，如吴抄多用红格纸，版心有'丛书堂'三字。"冯复京，字嗣宗，江苏常熟人，其子冯舒，字己苍，号默庵。冯氏一门有抄书家风，据各家书目可知者甚多。黄廷鉴《读知不足斋赐书图记》载："吾乡冯己苍昆仲，闻寒山赵氏藏有宋椠本《玉台新咏》，未肯假人。尝于冬月挈其友舣舟支硎山下，于朔风飞雪中，挟纸笔，袖炊饼数枚入山，径造其庐，乃许出书传录。堕指呵冻，穷四昼夜之力，钞副本以归。"② 毛晋，原名凤苞，字子晋，虞山人，著名藏书家和出版家，雇佣了很多书手，专事抄书，"其有世罕见而藏诸他氏不能购得者，则选善手以佳纸墨影抄之，与刊本无异，曰'影宋抄'。于是一时好事家皆争仿效，而宋椠之无存者，赖以传之不朽"③。明代抄书人可考的还有谢肇淛、何大成、包柽芳、朱谋玮、何乔新、文徵明、朱存理、阎起山、王履吉、陆师道、黄居中等。

明人抄书不像宋人那样以常见书为主，而是精心挑选不易得的所谓秘本、珍本、异本来抄写，且在书法上非常讲究，如吴宽的抄本书法精楷，书贾常居为奇货，以至漫天要价。毛晋女婿高培所抄书法精好，"令人不敢触手，盖深擅楷法也"。陆师道抄本"丹铅俨然，小楷精绝"④。再就是在明代出现了影抄本，尤以毛晋汲古阁影宋抄本最为著名。孙庆增在《藏书纪要》中说："汲古阁影宋精抄，古今绝作。字画、纸张、乌丝、图章、追摹宋刻，为近世无有能继其作者。"很多宋元以前的书籍凭借明代影抄本得以保留原貌。另外，明代抄本在后来的辑佚工作中发挥了重要作用，其代表就是《永乐大典》。这部我国历史上最大的类书，成了后世学者辑佚的宝库。仅清代编撰《四库全书》时，从中辑佚出的图书就多达 385 种、4926 卷。应该说，明抄本为保留和传承中国古代文化发挥了重要作用。

四、清代抄书

清代官方抄书以《四库全书》为代表（参见第二编第二章第五节"清代图书编撰及编辑活动"）。据文津阁藏本，《四库全书》收书 3503 种、79337 卷，是我国历史上最大的一部丛书。仅从卷数上来看，它的规模相当于《永乐大典》的 3 倍多。《四库全书》的

---

① 黄裳：《银鱼集·澹生堂二三事》。
② （清）黄廷鉴：《第六弦溪文钞》卷二。
③ 《天禄琳琅书目》卷四。
④ 杨立诚，金步瀛编：《中国藏书家考略》，上海：上海古籍出版社，1987 年。

编撰是从乾隆三十七年（1772 年）开始的，经历了图书的征集、整理、抄写和校订四个阶段。在编撰过程中，共征集到图书 12237 种。各书进缴之后，即交给四库馆校勘。各纂修官将所进图书的各个版本互相校勘，考订其异同，并撰写各书考证，再将书中要旨概括成提要，并提出应刻、应抄和应存的不同意见，签贴在各书副页上，进呈乾隆皇帝御览定夺。应刻之书，是最好的，除抄入《四库全书》，还另行刊印以广其传；应抄之书稍次之，抄入《四库全书》即可；应存之书为最次，仅在存目中留其名。由于编撰规模宏大，四库馆成立后任命各类官员 360 人，著名学者纪昀、戴震、于敏中、周永年、陆锡熊、劭晋涵、姚鼐、翁方纲、朱筠、王念孙等都曾在此任职。四库馆下设缮书处，专门负责抄书，先后招募书工 2841 人。为保证抄书质量，缮书处规定书手每三个月须考核一次，实行奖惩制度。经过 10 年的努力，至乾隆四十六年（1781 年）这部书才终于编撰完成。但由于规模过于宏大，不可能雕版印行，只好在接下来的三年时间里誊写了 3 部副本，连同正本一共是 4 部，分藏在文渊阁、文溯阁、文源阁、文津阁，这就是所谓的"北四阁"；后从乾隆四十七年（1782 年）七月至乾隆五十二年（1787 年），又抄写了 3 部副本，分别珍藏在江南文宗阁、文汇阁和文澜阁，这就是所谓的"南三阁"。

　　传世抄本中以清抄最多。清代民间私人抄书成风，如顾炎武，字宁人，号亭林，昆山人，著名思想家，一生抄书很多。他在《抄书自序》中说："游四方十有八年，未尝干人，有贤主人以书相示者则留，或手抄，或募人抄之。"朱彝尊，字锡鬯，号竹垞，秀水人，官至翰林院检讨，著名学者和藏书家，抄书很多，计有《周易图说》《内外服制通释》《三礼图》《太平治迹统类前集》《崇文总目》《国史考异》《方泉集》《牟氏陵阳集》《圣宋文选》《吴都文粹》《山中白云词》等。他曾设计窃抄过钱曾的《读书敏求记》，最后竟发展到为抄书而丢官。吴翊凤，字伊仲，吴县人，著名藏书家，抄秘籍数百种，最后竟因疲劳过度导致一目失明。蒋衡，字湘帆，曾用 12 年时间抄写《十三经》，计 80 余万言，"以碑洞石经为式，用东洋纸，界乌丝栏书之"①。梁同书，字元颖，钱塘人，曾用 5 年时间手抄《文选》16 册，全书无一字草率者。倪模，字迂村，望江人，抄有《宣靖备史》《鄂国金陀粹编》《孙子》《刘宾客文集》《骑省集》《小畜集》，并在《宣靖备史》抄本之后附一书目，列书 34 种，欲待购求原本抄录。陈敬璋，字汝霖，海宁人，喜抄书，可日抄万字。钱熙祚，字雪枝，松江金山人，为编刻《守山阁丛书》，借抄文澜阁《四库全书》432 卷。刘履芬，字彦清，江山人，喜藏书，"其不能者，手自抄录，日课数十纸"②。瞿世瑛，字良玉，钱塘人，以抄书为日课，且喜收藏抄本，有名人抄本 792 种，批校本 475 种，影宋元抄本 30 种。蒋汝藻，号乐庵，南浔人，手抄宋本 100 多卷。赵魏，字晋斋，仁和人，因家贫，曾抄秘书数千卷，换米度日。曹言纯，字种水，秀水人，坚持

---

①　（清）钱吉泰：《曝书杂记·蒋氏自跋十三经字册》。
②　吴晗：《江浙藏书家史略》，北京：中华书局，1981 年，第 213 页。

抄书达30年。①

清代抄书也多以善本为底本，尤其是佞宋之风盛行之际。但宋本毕竟有限，只好通过抄写特别是影抄来弥补这个缺憾。另外，抄写图书既可防止古书亡佚，还可以起到互通有无的作用。故清代藏书家之间流行以借抄的方式来进行图书流通，其代表人物是清初藏书家曹溶。在内容方面，清代抄本有一个特点，那就是多戏曲唱本和弹词小说。如百本堂、金镒堂、聚春堂、老聚春堂、别野堂、燕翼堂、莘雅堂、昇平署、车王府等，均以传抄戏曲唱本著称。刻本流传到后来往往多有残缺，甚至有的亡佚了，而清代抄本可补历代刻本之不足，在补缺和辑佚方面具有重要的文献价值。另外，对于清代某些专题史的研究，清抄本也具有重要的史料价值。

① 曹之：《中国古籍版本学》（第3版），武汉：武汉大学出版社，2015年，第177页。

第五章　图书编撰及编辑活动

五代承袭唐制，中原五国梁、唐、晋、汉、周以及南唐都设有秘书省及弘文馆、集贤院、史馆。南方的吴、吴越、闽、前蜀、后蜀也设有秘书省或秘书监。它们在图书文化事业方面虽也作出过努力，但由于社会动荡，历年有限，几无成绩。据宋人吴处厚《青箱杂记》载，后梁的三馆位于右庆门东北，仅小屋数十间，其地"湫溢尤甚。又周庐徼道，咸出其间。卫士驺卒，朝夕喧杂。每受诏撰述，皆移他所。"① 连日常工作都难以为继，遑论图书编撰。

第一节　宋代图书编撰及编辑活动

一、宋代开明的文化政策与出版环境

有宋一代，上承汉唐，下启明清，其璀璨繁盛的文化格外引人注目。著名史学家陈寅恪曾指出："华夏民族之文化，历数千载之演进，造极于赵宋之世。"② 宋代文化的繁荣，其原因是诸方面的。除了宋代社会变革和中国传统文化的积累、创新之外，更重要的是得益于宋代所奉行的开明的文化政策。宋太祖在开国之初，即兴文教，抑武事，确立了"以文化成天下"的国策，以文人典兵权、以文人知州军、与文臣谋国事，文人大得其用，"满朝朱紫贵，尽是读书人"③，并立下誓规，"不杀士大夫"，明令不"以言罪人"。宋代的其他皇帝也都尊儒礼士。如太宗将翰林、三馆学士与宰执并列，优给俸禄；真宗亲自到曲阜孔庙行礼，赐"九经""三史"，诏立学舍，还亲自撰写《崇儒术论》，阐释宋廷的右文政策。

在科举方面，宋代大幅度扩大科举取士名额，使科举考试成为天下读书人进用的主要途径。据统计，两宋通过科举取士 115427 人，平均每年 361 人，约为唐代的 5 倍，元代的 30 倍④。宋代还创立了"特奏名"制度，凡屡试不第或殿试落第者，迟早都能以"特奏名"的资格入仕，因而对士人有很大的吸引力。而食禄之家的子弟参加科举，初试之后还要复试一次，杜绝徇私舞弊。这种教育重心下移，倾向平民化的趋势，使得读书、藏书

---

① （清）邵晋涵《旧五代史考异》引（宋）吴处厚《青箱杂记》，见《旧五代史·职官志》。
② 陈寅恪：《金明馆丛稿二编》，北京：三联书店，2001 年，第 245 页。
③ （宋）张端义：《贵耳集》卷下。
④ 张希清：《论宋代科举取士之多与冗官问题》，《北京大学学报》（哲社版）1987 年第 5 期。

成为两宋时期的社会时尚。

在宗教方面，宋代皇帝从太祖赵匡胤起，均提倡儒、佛、道三教并重。真宗明确提出"三教一旨""有助世教"①；孝宗作《三教论》，谓"三教不相远，以佛修心，以道养生，以儒治国"②，对三教各取所长。上行下效，宋代士大夫虽以儒学立身，但多与佛、道过从甚密。

宋代开明的文化政策为学术的发展和文化的繁荣奠定了基础。在学术领域，哲学方面有以周敦颐、张载、程颐、程颢、朱熹、陆九渊为代表的理学家，他们一反汉唐以来对经学进行章句训诂的传统，讲求"六经注我"的心性、义理之学。史学方面，有欧阳修的《新唐书》《新五代史》及薛居正的《旧五代史》等纪传体史学巨著；又有司马光《资治通鉴》、李焘《续资治通鉴长编》及李心传《建炎以来系年要录》等集编年史之大成者；袁枢的《通鉴纪事本末》则开创了史书编撰的纪事本末体；而郑樵的《通志》是通史及制度史方面的巨著。在文学艺术方面，有欧阳修、王安石、曾巩、四川"三苏"，与唐代的韩愈、柳宗元并称为"唐宋八大家"。宋代的词、评话兴盛一时，诗文更是内容丰富，许多文集是数百卷的巨帙。宋代学术思想和文学艺术的繁荣，进一步为宋代图书编撰和出版事业造就了优越的社会环境。

二、宋代图书编撰机构及官私编校活动

宋代官方图书编撰机构主要有崇文院、秘书省等，参与图书编撰的人员主要有在崇文院担任"馆职"的官员，以及秘书省著作局和国子监的官员。

1. 崇文院（馆阁）

宋初，设昭文馆、史馆和集贤院，合称"三馆"。太平兴国二年（977年），建三馆书院，次年，赐名崇文院。院内东廊是昭文书库，南廊为集贤书库，西廊作史馆书库。端拱元年（988年）又在崇文院中堂建秘阁，藏三馆书籍真本及内府古画墨迹等，仍与三馆合称崇文院。

昭文馆，掌经史子集四库图籍修写校雠之事。设大学士1人，以宰相兼任；学士、直学士不常设；直馆以京朝官充；判官1人，以两省五品以上官充。史馆掌修国史、日历及图籍之事。监修国史，以宰相兼任；修撰以朝官充；检讨、编修不常置；判事1人，以两省五品以上官充。集贤院亦掌经史子集四库图籍修写校雠之事，设大学士1人，以宰相兼任；学士无定员，以给谏、卿监以上官充；直学士不常设；判院士1人，以两省五品以上官充。秘阁掌缮写、储藏、供御典籍图书之事。设直阁，以朝官充；校理，以京朝官充；判阁1人，旧常以丞、郎、学士兼；秘书监兼领阁事，大中祥符九年（1016年）后，以诸司三品、两省五品以上官判。

---

① （宋）李焘：《续资治通鉴长编》卷六十三。
② （宋）李心传：《建炎以来朝野杂记》乙集卷三。

宋代官员在三馆和秘阁任职，称为"馆职"，为文臣清贵之选。洪迈《容斋随笔》说："国朝馆阁之选，皆天下英俊，然必试而后命。一经此职，遂为名流。""馆职"官员的选拔十分严格。按规定，即便有状元或制科的出身，也须先做几年地方官，经考试后才能入馆。州县幕职官入馆（称为"选入"）也要经过严格的考试，先到馆阁任校勘，然后逐级提拔。公卿侍从多由此出。故当时有"宁抱椠，勿为监"的说法，就是说宁愿到馆阁从事校勘工作，也不愿去当徒有虚名的秘书监。

馆阁是宋代官方图书编撰的主要机构，馆阁制度基本上与赵宋三百余年的历史相始终。官方每编一书，辄组建书局，由馆阁委派人领修，编修地点则不固定，书成则罢局。据周城《宋东京考·官治》："景祐中命修《总目》，则在崇文院。余皆置他所，盖避众人所见。《太宗实录》在诸王赐食厅；《真宗实录》在元符观；祥符中修《册府元龟》，王文穆为枢密使，领其事，乃就宣徽南院厅，以便其事。"兹举一些代表性的书局如下：

（1）《五代史》书局

为编撰五代国史而设，是宋代可考的最早书局之一。该局始设于开宝六年（973年）四月，薛居正监修，预修者有卢多逊、扈蒙等7人，至开宝七年（974年）闰十月罢局，历时19个月而书成，世称《旧五代史》。

（2）《太平御览》书局

始设于太平兴国二年（977年）二月，李昉、扈蒙监修，预修者有李穆、汤悦、徐铉等12人。其中李克勤、徐用宾和阮思道调任他职，补以赵邻几、王克贞、董祥3人。至太平兴国八年（983年）十二月书成罢局，历时6年9个月。该书1000卷，分55部，5426类，一改前代类书门目纷杂、失其伦次等错误，参详条次、分门定目。其体例是先列部、类名称，类目下再列古书中与此相关的内容。但由于类目过于繁冗，有一些类目在不同部中重复出现。该书以征引繁富著称，共征引经、史、子、集、释、道各类古籍1689种，包括诗、赋、铭、箴则达2579种（一说2800多种），成为后代校勘、辑佚的资料宝库。该局还编有另一大类书《太平广记》。该书自太平兴国二年（977年）二月开始，至三年（978年）八月完成，用时仅17个月。该书专门汇录汉至北宋初年的短篇笔记小说，取材于野史、杂记、小说、佛藏、道经等。全帙500卷，按类分55部，部下收罗相关笔记小说，并用小字注明出处。

（3）《文苑英华》书局

始设于太平兴国七年（982年），李昉监修，预修者有吕蒙正、李至、李穆、李范、杨砺等20人。其任务是"阅前代文集，撮其精要，以类分之"①，至雍熙三年（986年）十二月书成罢局，历时4年3个月。该书1000卷，目录4卷，分36门，门下又按文体分为各类，类下收罗诗文。所收作者始于梁末，尤以唐人作品为多，实为《文选》之续作。

（4）《册府元龟》书局

始设于景德二年（1005年），王钦若、杨亿监修，预修者有钱惟演、刁衎、杜镐、戚

---

① （宋）周密：《周益公大全集·复修〈文苑英华〉事始》。

纶等 18 人。其编书目的是"取著历代君臣德美之事，为将来取法"①，至大中祥符六年（1013 年）书成罢局，历时 8 年。该书 1000 卷，分 31 部，每部下分 1116 门。该书在编撰上有两个特点，一是仿《汉书·艺文志》例，给每一部、类撰一小序；二是收录文献不注出处。

《太平御览》《太平广记》《文苑英华》和《册府元龟》号称"宋代四大类书"。

2. 秘书省

宋初，秘书省主要职掌祭祀祝版的撰文，与崇文院互不隶属，但其长官秘书监兼领秘阁事。神宗元丰改制后，一度废馆职，恢复秘书省职能，统领三馆和秘阁，设秘书监、秘书少监、秘书丞各 1 人，监掌古今经籍图书、国史实录、天文历数之事。另设著作郎、著作佐郎、秘书郎、校书郎、正字等五级属官，掌校雠典籍，判正讹谬。南宋建炎三年（1129 年）曾一度废除秘书省制，但两年后，即绍兴元年（1131 年）旋即恢复秘书省，仍沿袭元丰旧制。绍兴九年（1139 年），高宗诏令秘书省所属著作局惟修日历，遇修国史则开国史院，遇修实录则开实录院，以正名实。

（1）日历所

初隶秘书省，由著作郎、著作佐郎掌管；元祐五年（1090 年）归门下省管辖；绍圣二年（1095 年）复归秘书省。日历主要以时政记、起居注等档案材料编撰而成，同时又是编撰实录的主要依据。据《玉海·艺文》著录，宋代修日历有《建隆龙飞日历》《开宝日历》《高宗日历》《孝宗日历》《嘉定日历》等。

（2）会要所

会要所是编撰会要的常设性机构，隶秘书省。会要是关于一代典章制度的史籍。据《宋史·艺文志》著录，有宋一代编有《庆历国朝会要》《元丰增修国朝会要》《政和重修会要》《孝宗会要》《光宗会要》《宁宗会要》等 14 种、2800 余卷。今有清人徐松辑《宋会要辑稿》。

（3）编修敕令所

这是为汇编帝王诏令而常设的编书机构。宋景祐三年（1036 年）七月诏"禁民间私写编敕、刑书"②，从此官方垄断了编修敕令之权。该所提举由宰相兼任，同提举以执政兼任，详定官由侍从官兼任。据《宋史·艺文志》著录，敕令所编修敕令总集 150 种左右，如《建隆编敕》《太平兴国编敕》《嘉祐编敕》等。

（4）国史实录院

宋代编修国史、实录的机构，或称国史院，或称实录院，或称国史实录院。名称虽不同，实乃同一机构。修实录时，就叫实录院；修国史时，则叫国史院。北宋时期尚无此

---

① （宋）王应麟：《玉海》卷五十四《艺文》。
② 《宋史·仁宗二》。

设，国史、实录的编撰均由秘书省负责。南宋绍兴三年（1133 年）始置国史院，重修《神宗实录》《哲宗实录》和国史。据《宋史·艺文志》等书著录，宋代所修实录及国史有 30 余种。

两宋馆阁既司藏书，亦有编校之责。据程俱《麟台故事》卷三载："嘉祐中，以太子中允王陶、大理评事赵彦若编校昭文馆书籍；国子博士傅卞编校集贤院书籍；杭州于潜县令孙洙编校秘阁书籍。其后，又以太平州司法参军曾巩编校史馆书籍。六年，以洙为馆阁校勘，于是诏编校书籍供职，及二年得补校勘，盖自洙始。后吕惠柳、梁焘、沈括皆自编校为馆职。"宋代馆阁校勘图书的频率是前代官方校勘无法比拟的。据汝企和统计，北宋校书总次数接近 60 次，南宋校书也达 18 次之多①。因"资治"之需，尤以史部书籍校勘为多。

经部典籍的校勘主要由国子监来完成，较大规模的有《经典释文》《五经正义》和《七经疏义》的校正。《经典释文》建隆三年（962 年）开始校勘。其中《礼记释文》由国子监判监崔颂校勘；《孝经》《论语》《尔雅》的《释文》由判监陈鹗、姜融等四人校定；《尚书释文》由判监周惟简与陈鹗修定。《五经正义》的校勘从端拱元年（988 年）开始至淳化五年（994 年）结束，具体由国子监司业孔维等人负责。《七经疏义》的校正从淳化五年（994 年）开工到真宗咸平四年（1001 年）完成，由国子祭酒邢昺、崔偓佺负责，参与其事的有杜镐、李维、孙奭等人。

史部典籍的校勘主要由馆阁来完成。据汝企和先生考证，两宋馆阁共校勘过史书 21 次，其中北宋 12 次，南宋 9 次②。北宋馆阁从太宗淳化五年（994 年）七月至哲宗元祐元年（1086 年）三月，先后校勘过北宋之前的全部十六史：《史记》《汉书》《后汉书》《三国志》《晋书》《南史》《北史》《隋书》《唐书》《宋书》《南齐书》《梁书》《陈书》《魏书》《北齐书》《周书》以及《天和殿御览》《国语》《荀子》《文中子》《资治通鉴》等，其中有的史书还多次校勘。南宋馆阁从绍兴元年（1131 年）七月至淳祐十一年（公元 1251 年），先后校勘过《太常因革礼》《神宗皇帝朱墨本实录》《国朝会要》《续资治通鉴长编》《徽宗实录》《六朝实录》（太祖、太宗、仁宗、英宗、神宗、哲宗）、《宁宗玉牒》《太上日历》《孝宗日历》等。在校勘实践的基础上，南宋馆阁还制定了《校勘式》，提出了规范的校勘条例。

两宋馆阁还校订了一些子书、集书和医书。如大中祥符元年（1008 年）六月，崇文院检讨杜镐等校订《南华真经》，四年（1011 年）校《列子》，至五年（1012 年）四月，崇文院上新印《列子冲虚至德真经》，诏赐亲王辅臣人各一本。景祐三年（1036 年）乙丑，仁宗皇帝御临崇政殿，观三馆秘阁所校两库子集书，共 1200 多卷。开宝间曾两次命翰林学士卢多逊、李昉、王祐、扈蒙及医工刘翰、道士马志等校订《神农本草》；天圣四

---

① 汝企和：《论两宋馆阁之校勘史书》，《史学史研究》2001 年第 1 期。
② 汝企和：《论两宋馆阁之校勘史书》，《史学史研究》2001 年第 1 期。

年（1026年）十月，仁宗命集贤院校订《黄帝内经素问》《难经》《巢氏病源候论》；嘉祐二年（1057年），又置校正医书局于编修院，以直集贤院掌禹锡，秘阁校理林亿、张洞，馆阁校勘苏颂等并为校正，并补注《神农本草》《本草图经》《千金翼方》《金匮要略》《伤寒论》等医书。

宋代馆阁的藏书，进行过多次大规模的校勘整理，因而很有必要编制藏书目录。北宋时期，真宗咸平元年（998年）诏朱昂、杜镐与刘承珪整理三馆秘阁的藏书，至三年（1000年）编成《咸平馆阁书目》。景祐元年（1034年），仁宗命翰林学士张观等勘察馆阁藏书，同时诏令翰林学士王尧臣、馆阁校勘欧阳修等仿《开元四部录》体例，编制新的国家藏书目录，至庆历元年（1041年）完成，赐名《崇文综目》。该目各类有小序，每书均有题录。徽宗时，曾增补数万卷而更名为《秘书总目》。南宋也于孝宗淳熙五年（1178年）由秘书少监陈骙编成《中兴馆阁书目》；宁宗嘉定十三年（1220年），秘书丞张攀又编成《中兴馆阁续书目》。

在官方编书、校书的带动下，两宋出现了宋祁、欧阳修、宋敏求、曾巩、王安石、司马光、刘攽、沈括、范祖禹、叶梦得、郑樵、吕祖谦、李焘、范成大、朱熹、洪迈、周必大、袁枢、杨万里、陆游、真德秀、李心传、王应麟、周密等一大批图书编撰家。限于篇幅，仅举司马光和郑樵为其代表。

三、司马光与《资治通鉴》的编撰

司马光，字君实，陕州夏县人，仁宗宝元间进士，著名政治家和史学家。他主持编撰的《资治通鉴》是继《史记》之后的又一部极负盛名的历史巨著。该书以编年的形式，叙述了从周威烈王二十三年（前403年）到后周世宗显德六年（959年）共1362年的历史。全书354卷。其中目录30卷，考异30卷，正文294卷。它取材十分广泛，正史、实录之外，杂史、小说、文集等无不采获。

《资治通鉴》的编撰程序大体分为三步：先作丛目，次作长编，最后删削成《资治通鉴》正文。丛目和长编具体由司马光的助手刘攽、刘恕、范祖禹、司马康等完成，最后删削定稿由司马光亲自完成。丛目的编撰又分两步：先以历代实录为主，并参照其他史料，将重要史事列出纲目，按年月日顺序调整安排妥当，称为"事目"；然后广泛搜罗史料，在各条事目之下注明全部有关史料的出处，称为"附注"。丛目完成后，再依据丛目的规范和指引，将事目下附注的全部史料检阅一遍，斟酌详略，比较异同，并作出取舍，然后抄录下来加以排列，便成为长编。显然，长编就是我们常说的史料汇编。在长编完成后，由司马光在长编的基础上删削润饰，撰成《资治通鉴》的正文。

《资治通鉴》的编撰程序，分为史料编纂和史书撰著两个阶段。丛目几乎把所有的史料网罗殆尽，并据事目加以排列，较好地解决了史料的广泛收集和初步整理问题。长编着重在史料的鉴别、筛选和考证上下工夫，是更高一级的史料整理工作。它以"宁繁毋略"为原则，史料充足，备载异辞，这样在最后撰写正文时可以从容取舍，左右逢源。司马光这种修史先编丛目和长编的做法，对后世史书的编撰产生了深远的影响，后人纷纷仿效，如李焘的《续资治通鉴长编》、李心传的《建炎以来系年要录》、徐梦莘的《三朝北盟会编》等，都借鉴了长编的体例。

司马光在给他的助手范祖禹写的一封信《答范梦得》① 中，阐述了长编的编撰原则和方法：

第一，丛目未成，不可遽然作长编。编撰初期，范祖禹等人对丛目的重要性认识不足，司马光特意给他写信，强调丛目的作用。丛目由事目和附注两部分组成。事目是按时间顺序排列的重要史实的纲目，相当于我们现在所说的"选材提纲"。附注是在各事目下对全部有关史料所作的著录，相当于现在的"史料索引"。事目在内容上对选材起着要求和限定的作用，附注则对查找史料起着指引的作用。因此，丛目对长编的编撰质量至关重要。

第二，择善而从，兼收并蓄。史料搜集齐全后，同一史实往往存在不同的文献记载，或真伪杂糅，或详略不一，这就面临鉴别和取舍问题。司马光认为："其中事同而文异者，则请择一明白详备者录之"；"彼此互有详略，则请左右采获，错综铨次"；"若彼年月事迹有相违戾不同者，则请选择一证据分明，情理近于史实者修入正文"。所谓兼收并蓄，即对那些年月事迹不相吻合的记载以及其他异辞或说，不能弃而不顾，而应通过注释的形式加以保留。

第三，"其实录、正史未必皆可据，杂史、小说未必皆无凭"。这是司马光关于史料选用的又一重要思想。在封建正统思想占绝对统治地位的年代，司马光敢于正视官修的不足，指出其不可尽信，这在当时是难能可贵的，也是他超越一般史家的地方。

第四，以事系日、以日系月、以月系时，以时系年，这是司马光要求编排史料必须遵循的基本原则。这一原则对于那些无法确定时间的史实则无从编排。司马光采取的办法是："无日者附于其月之下，称是月；无月者附于其年之下，称是年；无年者附于其事之首尾；有无事可附者，则约其时之早晚，附于一年之下。"这种变通的处理方法，对今天来说也是足资借鉴的。

第五，"大抵长编，宁失于繁，毋失于略"，这是长编取材的一个总的基本原则，也是最为人称道的一个原则。按照司马光的要求，列事目，作附注，取舍材料，编写注文，都要贯彻这一原则。据统计，《资治通鉴》引用过的书有二三百种，而长编是编写正文的基础，引用的书当远在《资治通鉴》之上。从所引用的书目来看，除了实录、正史之外，旁及杂史野史、文集小说、谱牒传记、碑碣志铭，可谓无所不有。《资治通鉴》之所以网罗宏富，很大程度上得益于长编"宁繁毋略"的取材原则。

四、郑樵的图书编撰思想

郑樵（1103—1161 年），字渔仲，号夹漈，兴化军莆田人，一生淡泊名利，刻意著

---

① （宋）司马光：《司马文正公传家集》卷六十三《答范梦得》。

书。据吴怀祺《郑樵著述表》著录，郑樵一生著作有 95 种之多，如《诸经略》《象类书》《尔雅注》《群书会纪》《校雠备论》《书目正讹》《图书志》《通志》等，其中尤以《通志》著名。《通志》200 卷，分本纪、年谱、略、世家、列传等，而"二十略"是其精华所在。郑樵对于图书编撰理论与方法多有建树，主要有以下几个方面：

第一，强调图书编撰的"会通"观。所谓"会通"，也就是"集天下之书为一书"①，会天下之理，通古今之道，把整个历史看作是一个相互联系、不断变化的过程加以研究。他在《通志·总序》中说："百川异趣，必会于海，然后九州无浸淫之患；万国殊途，必通诸夏，然后八荒无壅滞之忧。会通之义大矣哉！"

第二，图书编撰贵成一家之言。著书不能因袭前人，无所发明，而要敢于大胆创新，另辟蹊径。他在《通志·总序》中说："凡著书者，虽采前人之书，必自成一家之言。"

第三，提出系统的书目编撰思想。作为目录学家的郑樵，在《通志·校雠略》中特别阐述了关于书目编撰的心得。

（1）书目分类应当辨章学术，考镜源流

他说："古人编书，必究本末，上有源流，下有沿袭。故学者亦易学，求者亦易求。"② 而要做到辨章学术，关键在于类例。他说："类例既分，学术自明，以其先后本末俱在。观图谱者，可以知图谱之所始；观名数者，可以知名数之相承。谶纬之学，盛于东都；音韵之书，传于江左；传注起于汉魏；义疏成于隋唐。睹其书可以知其学之源流。"③

（2）重建书目分类体系

郑樵之前，图书分类有六分、四分两种体系。《隋书·经籍志》问世之后，四分法独步一时。然而四分法并非十全十美。为此，郑樵对四分法进行大胆改革，重建了一个包括 12 类、100 家、432 种的书目分类体系。其中 12 类虽保留了经、史、子、集，但根据图书之多寡和重要性，将礼、乐、小学三类升级，与经类并列；将天文、五行、艺术、医方、类书五类独立于子类之外。

（3）提出书目编撰的具体方法

郑樵主张：①著录存书的同时"必记亡书"，这样可使今后少亡或不亡图书，可以使后人"本所记而求之"，从而使亡书失而复得。②图书分类当避免"见名不见书""看前不看后"的毛病。类名拟定时，尽量要精细明确，让人一望即知；而在分类图书时，必须通观全书内容。③内容相同的书分到同类，避免同书异类。④类目设置宜细密而有条理。"类书犹持军也。若有条理，虽多而治；若无条理，虽寡而纷。类例不患其多也，患处多之无术耳。"④ ⑤图书分类宜"以人类书"，而不应"以书类人"。同一作者的不同作品应当据其内容分到不同的类中，而不能把同一作者不同内容的图书随作者集中分类。⑥每类

---

① （宋）郑樵：《通志·总序》。
② 《通志·校雠略·编次必记亡书论》。
③ 《通志·校雠略·编次必谨类例论》。
④ 《通志·校雠略·编次必谨类例论》。

之末必须总计卷数。"凡编书，每一类成，必计卷帙于其后。如何《唐志》于集史计卷，而正史不计卷；实录与诏令计卷，而起居注不计卷。"① ⑦应当著录图谱。图谱乃"国之具，不可一日无也"，且"若欲成天下之事业，未有无图谱而可行于世者"②，故应当收录。⑧注释有无，应当因书而异，不可一概而论。他说："至于杂史，容有错杂其间，故为之注释，其易知者则否。惟霸史一类，纷纷如也，故一一具注，盖有应释者，有不应释者，不可执一概之论。"③ 但他反对《崇文总目》"每书之下必著说焉"，认为这是不可取的。书目提要是古代书目"辨章学术，考镜源流"的优良传统，不宜去之。

五、宋代图书编撰的特点④

第一，图书编撰理论进一步发展。郑樵的《通志·校雠略》是继唐刘知幾《史通》之后的又一部关于图书编撰理论的力作，其"会通"观和图书编撰的系列论述，标志着图书编撰理论在宋代达到了一个新的高度。

第二，就编撰机构而言，书局是宋代官方图书编撰的重要组织形式。凡官方每修一书，照例都要设局。书局是官修书的基本组织形式。毕沅《续资治通鉴》卷三十九云："宣和二年六月甲午，罢礼制局并修书五十八所。"单在宣和二年（1120年）关闭的书局就有58所，加上没关闭的，总数当逾百所。除上文所举《五代史》书局外，两宋还有译经院、《太常因革礼》局、《祖宗故实》局、《新唐书》局、《资治通鉴》局、经义局、《鲁卫信录》局、《编类臣僚章疏》局、议礼局、道经局、玉牒所等。

第三，就编撰图书种类而言，宋代除了编撰经书之外，还编撰了大量史书、医书、类书和诗文别集等。宋代史书空前增多，著名者如《资治通鉴》《续资治通鉴长编》《新唐书》《新五代史》《旧五代史》《建炎以来系年要录》《通鉴纪事本末》等，而史书当中，尤以稗史笔记为最多，仅《四库全书总目》就著录有113种。如钱易的《南部新书》、王得臣的《麈史》、王楙的《野客丛书》、洪迈的《容斋随笔》等。宋代笔记的编排也很自由，或先分卷，次分门，后分条；或先分卷，后分条；或只分卷，不分条；或分卷不分条，不一而足。宋代医书多与官方提倡有关，如官方所编《太平圣惠方》流布天下。宋代"四大类书"名闻天下，其他还有王应麟《小学绀珠》、章如愚《山堂考索》、佚名《锦绣万花谷》、祝穆《事文类聚》、高承《事物纪原》等，但质量良莠不齐。宋人编辑整理的唐代诗文别集极多，单是杜甫诗集就有百余种。

第四，就编撰形式而言，两宋多有创新。宋代最早出现经注合一的形式，据清人钱大昕《十驾斋养新录·注疏旧本》云："唐人撰九经疏，本与注别行，故其分卷亦不与经注同。自宋以后刊本，欲省两读，合注与疏为一书。"袁枢《通鉴纪事本末》首创了纪事本

① 《通志·校雠略·编次之讹论》。
② 《通志·图谱略·索象》。
③ 《通志·校雠略·书有应释论》。
④ 参考曹之：《中国古籍编撰史》（第2版），武汉：武汉大学出版社，2015年，第235~238页。

末体，弥补了纪传、编年两种体例的不足。宋代还开创了我国古代版权保护的先例，如南宋四川刻本《东都事略》附有我国古代最早的著作权声明。

第二节　辽、西夏、金代图书编撰及编辑活动

辽国很重视国史的编撰，早在太祖阿保机时就设置了监修国史官。"太祖制契丹国字，鲁不古以赞成功，授林牙，监修国史"①。会同四年（941年）二月，"诏有司编《始祖奇首可汗事迹》"②。后来又仿宋成立了国史院。景宗以后，担任国史监修官的宰臣有室昉、韩德让、刘晟、马保忠、耶律良、窦庸、王师儒、耶律阿思、耶律白、耶律俨、张俭、王敦等。辽国史院主要负责编修起居注、日历、实录等。辽修日历已不可考，可考的起居注和实录有《兴宗起居注》《道宗起居注》《统和实录》《皇朝实录》种。据《辽史·萧韩家奴传》载，《兴宗起居注》由萧韩家奴编撰。《道宗起居注》成书情况不详，但《辽史·道宗本纪》有提及："上欲观起居注，修注郎不撅及忽突堇等不进，各杖二百，罢之，流林牙萧岩寿于乌隗部。"《统和实录》于圣宗统和八年（990年）由室昉和邢抱朴修成。《皇朝实录》于天祚帝乾统三年（1103年）由耶律俨修成，凡70卷。

辽代官方还编修了《遥辇可汗至重熙以来事迹》《礼典》《清宁集》《御制诗赋》。《遥辇可汗至重熙以来事迹》20卷和《礼典》3卷，由萧韩家奴和耶律庶成奉旨修成。《清宁集》和《御制诗赋》是道宗的作品，分别由耶律良、耶律伯编辑而成。此外，辽代官方还组织编译了不少汉文著作，计有萧韩家奴译《贞观政要译》《五代史译解》《通历》等；义宗译《阴符经》；耶律庶成译《方脉书》等。

西夏官方编修图书的机构有翰林学士院。西夏仁宗天盛十二年（1161年），"立翰林学士院，以焦景颜、王金等为学士，俾修《实录》"③。南宋理宗宝庆三年（1227年），蒙古骑兵攻占西夏首都中兴府，其血腥屠杀殄灭了西夏文化，实录谱牒之类的典籍均毁于战火。20世纪初，俄国探险家在我国内蒙古额济纳旗境内的黑水城遗址发现了一批珍贵的西夏文文献。从出土的西夏文文献来看，绝大部分是翻译汉文的著作。据考，西夏曾多次向北宋请赎典籍，并组织译场进行翻译，先后译了《论语》《孟子》《孝经》《贞观政要》《六韬》《类林》《黄石公三略》《孙子传》《十二国》《德行集》《四言杂字》《孝慈记》《九经》《唐书》《尔雅》《易经》《郭象庄子注》《册府元龟》《刘知远传》《本草》《千金方》等。斡道冲，字宗圣，先世灵武人，世代掌修夏国史，精通五经，译《论语注》，著《论语小义》《周易卜筮断》，并"以国字书之，行于国中"④。

---

① 《辽史·耶律鲁不古传》。
② 《辽史·太宗纪下》。
③ 《宋史》卷四八六《夏国传下》。
④ （元）虞集：《虞文靖公道园全集》卷十七《西夏相斡公画像赞》。

金仿辽制，国史院是主要的官方修书机构。国史院的主要职责是编修起居注、日历、实录及国史等，置监修国史、修国史、同修国史、编修、检阅等官职。检阅官设女真族和汉族书写人员各 5 人。据考，移剌履、移剌益、李汾等都担任过书写小官。《金史·李汾传》载："元光间，游大梁，举进士不中，用荐为史馆书写。书写，特抄书小吏耳。凡编修官得日录，纂述既定，以稿授书写，书写录洁本呈翰长。"

金修日历已不可考，金修起居注有《世宗起居注》《章宗起居注》等；金修实录有《太祖实录》《太宗实录》《熙宗实录》《世宗实录》《章宗实录》《宣宗实录》等。金代起居注制度不很严格，很多场合皆令起居注官回避，因而不能很好地履行记事记言的职责。在修实录时，因资料缺乏，编修人员只好走访有关当事人，以获取第一手资料。如史臣在编《太宗实录》时，"上曰：'当时旧人亲见者，惟赟英在。'诏修撰温迪罕缔达往北京就其家问之，多更定焉。"① 国史院最大的编撰任务就是修《辽史》。金代先后两次编修《辽史》：第一次成书于熙宗皇统八年（1148 年），凡 75 卷，其中《纪》30 卷，《志》5 卷，《传》40 卷。预修者有移剌固、萧永祺等；第二次始修于世宗大定二十九年（1189 年），成书于章宗泰和末，历时 19 年左右。预修者有陈大任、党怀英、郝俣、移剌益、赵沨、移剌履等 10 人，其中陈大任出力最多。

除史书外，金代还官修了一些仪注类和刑法类图书。仪注类图书有《金礼器纂修杂录》《大金仪礼》和《礼例纂》等；刑书有正隆间编《续降制书》、大定间编《权宜条理》和《重修制条》，明昌间编《律义》和《敕条》，泰和间编《泰和律义》和《金新定律令敕条格式》等。金代也设有译经所，负责编译汉文著作，先后编译了一些经、史、子书，如《易经》《书经》《孝经》《论语》《孟子》《老子》《杨子》《文中子》《列子》《新唐书》《贞观政要》《史记》《汉书》《盘古氏》《孔子家语》《太公书》《伍子胥书》《孙膑书》《黄氏女书》等。

第三节　元代图书编撰及编辑活动

一、元代社会文化发展概况

蒙古族立国之初，只谙弓马，未遑文事。但随着政权在全国的逐步确立，统治者也开始意识到文治的重要性，采取了一系列尊经崇儒、兴学立教、科贡并举的措施。经过战乱之后的社会文化一度有所恢复和发展。

元朝的文化政策具有两重性：一方面，为了巩固自身的统治，元朝统治者推行"汉法"，尊崇孔子和儒术，兴办儒学。如世祖忽必烈时期，起用姚枢、许衡、吴澄等汉族知识分子，在中央设翰林国史院、国子监和国子学、蒙古国子监和蒙古国子学、秘书监、兴

① 《金史·赟英传》。

文署等，地方则有儒学提举司和各级地方官学、蒙古提举学校官和各级蒙古字学。仁宗朝还建立了奎章阁学士院、艺文监等新的文化机构。元中期还恢复了科举取士制度。另一方面，元朝推行民族压迫和民族歧视的政策，集中表现为四等人制，将全国居民分为蒙古、色目、汉人、南人四个等级，分别给予不同的待遇。这个时代的思想文化领域，呈现出复杂、矛盾的态势。

元代继承宋代理学精神，涌现出了一批理学家，如赵复、砚坚、许衡、窦默、姚枢等。他们有的坐讲于书院，传播理学思想；有的成为内府幕僚，为推行"汉法"出谋划策。

在史学方面，元代完成了《宋史》《辽史》《金史》的编撰，出现了用畏兀儿体蒙文写成的第一部蒙古史书《蒙古秘史》，而胡三省的《资治通鉴音注》和马端临的《文献通考》是这一时期私家史著的代表。地理学的成就是元代文化的一大特色，如元朝以官方力量组织编撰了全国性志书《大一统志》，以表现大一统国家的空前规模；元朝还派专使考察黄河河源，撰成《河源志》；元代东西方交通发达，各类人员交往频繁，出现了多种蒙古和西域行记，如耶律楚材的《西游录》、李志常的《长春真人西游记》、周达观的《真腊风土记》等。

元朝对各种宗教都持包容的态度，但其中又有区别。元代曾举行过三次佛、道辩论，终以道教失败而告终。因此，很长一段时期内道教受到压抑，地位一直在佛教之后。而佛教不同教派中又以藏传佛教地位最为显赫，其声势之盛，是其他教派所无法比拟的。这一时期，伊斯兰教和基督教在中原和江南地区亦有相当规模的传播。元朝的都城大都、南方的海港城市泉州，都是多种宗教并存之地，从而形成了多种宗教文化相互辉映的局面。

在文学艺术方面，前期有金朝"遗民文学"的代表人物元好问，以及号称元诗"四大家"的虞集、揭傒斯、杨载、范梈；后期有杨维桢、张翥、王冕、张可久、睢景臣等。随着大批蒙古、色目人入居中原，他们中涌现出一批以汉文写作而卓有成就的文人，著名的有马祖常、萨都剌、贯云石等。特别值得一提的是元代通俗文艺形式的兴起。继宋代话本小说、民间说唱出现之后，元代又出现了杂剧、南戏等新的文艺形式，涌现了一批著名的杂剧作家，如关汉卿、王实甫、马致远、白朴等。此外，元代还出现了用白话文或语体文写作的通俗史书，以及对各种经典的"直解"等。通俗文化的发达，对元代出版业具有重要影响。

二、元代图书编撰机构及官私编校活动

元代官方从事过图书编撰的机构，可考的有翰林国史院、奎章阁学士院、艺文监、秘书监、司农监等，其中翰林国史院是主要编撰机构。

1. 翰林国史院

翰林国史院立于元世祖中统二年（1261年），诏修辽、金二史，纂修国史。设承旨6

人，学士 2 人，侍读学士、侍讲学士、直学士各 2 人，属官有待制、修撰、应奉翰林文字、编修官、检阅、典籍等。翰林国史院主持编撰了《宋史》《辽史》《金史》《经世大典》以及历朝实录等。

《宋史》的编撰经历了一个漫长的过程。早在元世祖时期就下诏编修宋、辽、金三史。仁宗延祐间又诏修三史，但由于图籍不备，史官对三史体例认识不一，迟迟未能动笔。直到至正三年（1343 年），元顺帝命中书右丞相脱脱为都总裁官编修三史，脱脱才力排众议，决定三国各为正统，互不依附，并制定了三史编修"凡例"。解决了悬而未决的体例问题，其他问题迎刃而解。《宋史》从至正三年（1343 年）三月始修，至正五年（1345 年）十月修成，历时一年七个月。预修者之中，脱脱、揭傒斯、欧阳玄等贡献较大。

《辽史》于元顺帝至正三年（1343 年）四月设局，至正四年（1344 年）三月修成，历时仅十一个月，是二十四史中成书最快的。但要说明的是，早在至正三年（1343 年）之前，至少已四次议修《辽史》：中统元年（1260 年）七月，王鹗请修辽、金二史，世祖从之；至元元年（1264 年）参知政事商挺又提出编修辽、金二史；至元十六年（1279 年）南宋灭亡后，下诏通修宋、辽、金三史；至治元年（1321 年）英宗又命虞集等编修宋、辽、金三史。由此可见，《辽史》和《金史》的编撰是做了很多前期准备工作的。

《金史》编修过程与《宋史》《辽史》大体相同。至正三年（1343 年）三月始修，到至正四年（1344 年）十一月成书，历时一年八个月。

三史之外，翰林国史院还编写了《蒙古秘史》（又名《元朝秘史》），13 世纪中叶成书。早在蒙古族兴起于漠北之际，蒙古大汗就责令必阇赤（书记官）用畏兀儿体蒙文书写历史，称之为"脱卜亦颜"，即"国史"的意思。经一代一代的积累，到元代正式建立后，继由翰林国史院的蒙古人和色目人编撰。直到元文宗时，撰写工作仍在进行。《蒙古秘史》记述了蒙古族的起源和成吉思汗、窝阔台汗时期的事迹。全书 282 节，有 12 卷和 15 卷两种版本。它与《蒙古黄金史》《蒙古源流》被称为蒙古族的三大历史著作，具有极为重要的史料价值。

元人不重视日历和起居注的修撰，至元十六年（1279 年），起居注被废除，由给事中兼起居注。这就是徐一夔所说的元朝"不置日历，不置起居注，独中书置时政科，遣一文学掾掌之，以事付史馆"[1]。没有起居注、日历作为基础，修实录只能靠临时搜集史实。苏天爵称"今史馆修书，不过行之有司，俾之采录"[2]。翰林国史院编有十三朝实录，分别是《太祖实录》《睿宗实录》《太宗实录》《定宗实录》《宪宗实录》《世祖实录》《成宗实录》《武宗实录》《仁宗实录》《英宗实录》《明宗实录》《文宗实录》和《宁宗实录》。

除实录外，元代官方还修了不少政书，如《至元新格》《元典章》《大元通制》《经世大典》《至正条格》《吴律令》《律令直解》等，其中以《经世大典》和《元典章》最为

---

[1] 《明史·徐一夔传》。
[2] （元）苏天爵：《滋溪文稿》卷二十六《修功臣列传》。

著名。《经世大典》，元文宗天历二年（1329 年）诏令翰林国史院等纂修，天历三年（1330 年）四月开局，至顺二年（1331 年）五月成书，历时一年成书。该书880 卷，分君事四篇、臣事六篇，是一部汇集元朝故实的大政书。总裁官是赵世延和虞集，预修者有揭傒斯、欧阳原功、王守诚等。《元典章》全名《大元圣政国朝典章》，是一部至治二年（1322 年）以前的元代制度、法令文书的分类汇编。全书仿《唐六典》，分为诏令、圣政、朝纲、台纲、吏部、户部、礼部、兵部、刑部、工部十门。前集约刊布于延祐七年（1320 年），新集约刊布于至治三年（1323 年）。

2. 奎章阁学士院

奎章阁学士院，始设于文宗天历二年（1329 年），置大学士、侍书学士、承制学士、供奉学士、参书等，多以他官兼领其职。如集贤大学士赵世延兼大学士，翰林直学士虞集兼侍书学士。又置典书、授经郎、承制、供奉等属官。

奎章阁学士院曾和翰林国史院合作编撰了《经世大典》。据虞集《经世大典序录》："天历二年，有旨命奎章阁学士院、翰林国史院参酌唐、宋会要之体，荟萃国朝故实之文，作为成书，赐名《皇朝经世大典》。"此书的总裁官就是奎章阁大学士赵世延。

3. 艺文监

艺文监也设于天历二年（1329 年），隶属奎章阁学士院，后易名崇文监。"专以国语敷译儒书，兼治儒书之合校雠者"①。设大监检校书籍事 2 人，少监同检校书籍事 2 人，监丞参检校书籍 2 人，典籍、照磨、令史、译史等各若干人。元代官方编译了一批汉文图书，如元明善等译《尚书节文》、孛罗铁木儿译《蒙古字孝经》、忽都鲁都儿迷失等译《大学衍义节文》、察罕译《忠经》《贞观政要》《帝范》等，应该都是由艺文监组织完成的。

4. 秘书监

元秘书监主持编修了《大一统志》。据元许有壬《大一统志序》："至元二十三年岁在丙戌，江南平而四海一者十年矣。集贤大学士中奉大夫行秘书监事扎玛里鼎上言：今尺地一民，尽入版籍，以为书以明一统。世皇嘉纳，命扎玛里鼎泪奉直大夫、秘书少监虞应龙等，搜集为志。二十八年辛卯书成，凡七百五十五卷，名曰《大一统志》，藏之秘府。"可见，这次编修始于至元二十三年（1286 年），终于至元二十八年（1291 年）。预修者有扎玛里鼎、虞应龙、方平、宗应星、朱孟犀等。该书还再续修过一次，于大德七年（1303 年）三月定稿，全书增至 1000 卷，预修者有小兰禧、岳铉、赵文焕、虞志龙、赵普颜等。除了全国性志书之外，各地方政府还组织编写了一批方志，如徐硕《至元嘉禾志》、袁桷

---

① 《元史·百官志》。

《延祐四明志》、张铉《至正金陵新志》等。

元司农司还编撰过一些农业书籍，如世祖至元间诏令该司编撰《农桑辑要》7卷，广录农书30种，多次刊布，颁发有司遵行劝课。

元代私家图书编撰也很活跃，著名的如胡三省编撰《资治通鉴音注》，方回编选唐宋律诗《瀛奎律髓》，吴莱编有《乐府类编》《唐律删要》，马端临编撰《文献通考》，陶宗仪编选《书史会要》《古刻丛钞》，顾瑛编撰《玉山名胜集》等。以下举马端临为其代表。

三、马端临与《文献通考》

马端临（1254—1323年），字贵与，饶州乐平人，元初学者。其父马廷鸾为宋末著名学者和政治家，有碧梧精舍，藏书甚丰。少时马端临寝食其中，博览群书，并课抄经史，日五十纸，学业日进。19岁荫补承事郎，次年漕试第一。后马廷鸾因与权相贾似道不合，解官归里，著书教子，凡14年。此时马端临父子已草创《文献通考》的编撰计划，并开始写作。至元二十六年（1289年），马廷鸾去世，马端临继续写作，直到大德十一年（1307年）终于成书，历时20余年。① 《文献通考》348卷，分为田赋、钱币、户口、职役、选举、学校、职官、经籍等24门，记载上古到宁宗时的典章制度的沿革，宋代制度尤称详备，与杜佑《通典》、郑樵《通志》并称三通。

《文献通考》是我国历史上第一部以"文献"命名的著作，马端临在序言中阐述了命名的由来及该书的编排体例："凡叙事，则本之经史，而参之以历代会要，以及百家传记之书，信而有证者从之，乖异传疑者不录，所谓文也；凡论事，则先取当时臣僚之奏疏，次及近代诸儒之评论，以至名流之燕谈、稗官之纪录，凡一话一言可以订典故之得失，证史传之是非者，则采而录之，所谓献也。"也就是说，马氏对历代典章制度的考察，所依据的材料来自两个方面：一是"叙事"材料的"文"；二是"论事"材料的"献"。这完全不同于东汉郑玄、南宋朱熹将"文献"解释为"典籍"与"贤才"，是对文献观的一次新发展。

在全书的编排上，马端临有意将"文"与"献"区别开来：叙事的"文"顶格书写；论事的"献"缩一格书写；马氏本人的"按语"又低一格书写。这样，通过书写格式的差别将叙事、论事的材料与作者本人的评论区分开来，在编排形式上也是一种创新。

四、元代图书编撰的特点

第一，就编撰机构而言，元代官方以翰林国史院为主，不少机构参与了图书编撰，如奎章阁学士院、艺文监、秘书监和司农司等，它们之间形成了一定的分工和协作关系。

第二，就编撰图书种类而言，元代官修书以史书、政书见长，经书则主要以翻译汉文

---

① 王承略：《试论〈文献通考·经籍考〉的著录依据和著录方法》，山东大学古籍所编《古籍整理研究丛刊》第2辑。

文献为主。民间图书编撰则以诗文集为特色，子书和医书也有不少。尤其值得注意的是，元代官私都编修了不少农业类的书籍，如司农司编《农桑辑要》，王祯撰《农书》，鲁明善编《农桑衣食撮要》，张光大编《救荒活民类要》，汪汝懋编《山居四要》，陆泳编《田家五行》和《田家五行拾遗》，柳贯撰《打枣谱》，苗好谦撰《栽桑图说》，刘美之撰《续竹谱》，卞管勾撰《司牧马经痊骥通元论》。另有撰人不详的《居家必用事全集》。不少农书都是政府官吏编写的。官府如此重视农书的编撰，这在中国历史上是不多见的。

第三，就编撰体裁而言，元曲、杂剧的编撰是元代图书编撰的一大特色。元曲把歌曲、宾白、歌舞、表演等有机地结合在一起，与唐诗、宋词并称，在中国文学史上写下了浓重的一笔。元曲数量很多，见于钟嗣成《录鬼簿》的就有458种，朱权《太和正音谱》著录535种。李调元《雨村剧话》云："元人剧本，见于百种曲，仅十分之一。"可见元代杂剧总数当在千种以上。如著名的有关汉卿的《窦娥冤》《望月亭》《单刀会》，王实甫的《西厢记》，马致远的《汉宫秋》《青衫泪》，白朴的《墙头马上》《梧桐雨》等。

第四节　明代图书编撰及编辑活动

一、明代社会文化的发展转型

明代的社会文化独具特色，既蕴涵着汉唐以来的民族传统，又有对传统的叛逆，体现出新颖独特的一面，即明人所谓的"反道乱德"，从而与世界性的近代化历程桴鼓相应。

朱元璋重建中央集权制之后，鉴于元末的社会状况，对思想文化采取了极为严厉的钳制政策。与这种严密的政治统治相适应，思想文化领域内，明代学术承袭宋元，尊崇程朱理学，处于"述朱"时期，科举犹用古注疏及宋儒之书，少有个人见解的新颖发挥。明太祖立国的根本，就是让所谓的"四民"（士、农、工、商）各守本业，即使释、道、医、卜也不得远游，凡"有不事生业而游惰者，及舍匿他境游民者，皆迁之四方"①。严密的政治与社会统治，必然造成整个社会与文化结构趋于保守与僵化，士人的政治变革激情和社会忧患意识开始萎缩，逐渐陷入八股取士制度的精神泥潭。

明正德以后，随着社会的变异，新经济因素的逐渐产生，思想文化开始由明初的保守、沉闷逐渐趋向革新、活跃。王阳明开启的人文主义思潮成了冲击理学禁锢的思想武器，对改变明代的学风起了关键性作用。这股发端于弘治、正德间的思潮，直至万历三十年（1602年）李贽去世后，才逐渐衰落。取而代之的是明末的"实学"与儒家知识分子自我批判精神。值得注意的是，这一时期抑商政策也开始松动，商业逐渐繁荣起来。隆庆后海禁废除，海外贸易也开始发展。以商品集散为契机，一批商业都市发展出来。在这个背景下，城市人口迅速增长，市民阶层广泛扩大。文人与商人的关系开始密切，商业对文

---

① 《明太祖实录》卷一一七《洪武十九年四月壬寅》。

艺的影响愈趋明显。文学观念和文化意识发生变化，为市民受众创作符合他们知识状况与审美情趣的通俗文艺成为风气，通俗文艺进一步繁荣起来。

明代佛教的发展亦呈现出世俗化趋势，出现了一大批活跃于政坛、文坛和思想界的居士。所谓居士，就是在家修行的佛教徒。佛教自两汉传入中国后，逐渐形成了在寺院修行的僧侣佛教和在家修行的居士佛教两大派别。两者相互支撑，此消彼长，共同促进了中国佛教的发展。据清人彭绍升所编《居士传》，其书总共 56 卷，为明代居士立传就达 17 卷；全书收入各代居士 304 人，明代就达 107 人，为历代之首。明代居士佛教的兴盛是明代社会文化生活中的新现象，对于明代社会文化的传承和变迁具有重要影响。

总的来讲，明代前期的社会文化处于保守、僵化的沉闷期，中期以后进入社会转型期，表现在社会各阶层的流动加速，朝野舆论空间在不断扩大，遂使晚明社会文化呈现多元、开放且活泼的性格。明代社会文化的发展照映了明代图书编撰与出版事业的发展轨迹。

二、明代图书编撰机构及官私编校活动

明代的图书编撰机构主要是翰林院。明翰林院初置于明太祖吴元年（1367 年），长官为学士，属官有侍读学士、侍讲学士、典籍、侍书、修撰、编修、检讨等。学士掌制诰、史册、文翰之事，奉敕主持实录、玉牒、史志诸书的修纂；侍读、侍讲掌讲读经史；修撰、编修、检讨为史官，掌修国史，凡天文、地理、宗潢、礼乐、兵刑诸大政，及诏敕、书檄，批答王言，皆籍而记之，以备实录。明太祖洪武十三年（1380 年）废秘书监，以翰林院取代了秘书监的职能。明代官修书大多是由翰林院组织编写的。官修书数量很多，经史子集，无所不有。

1. 经书的编撰

明翰林院编撰的经书有《五经大全》（即《周易大全》《书传大全》《诗经大全》《礼记大全》和《春秋大全》）、《四书大全》《书传会选》《孟子节文》《洪武正韵》等。

《五经大全》和《四书大全》始编于永乐十二年（1414 年）十一月，永乐十三年（1415 年）九月成书，历时 11 个月。这两部大书大多抄袭成编，没有什么学术价值。但《四书大全》对后来的影响很大，因为明代科举考试以四书义为主，五经几乎被束之高阁，"所研究者惟四书，所辨订者亦惟四书，后来四书讲章浩如烟海，皆是编为之滥觞"①。参与这两部书编修的有胡广、杨荣、金幼孜、叶时中等三四十人。《书传会选》始修于洪武二十七年（1394 年），预修者有张美和、钱宰、靳权等。《孟子节文》是经朱元璋删除了孟子重民轻君言论的节本。《洪武正韵》成书于洪武八年（1375 年），预修者有乐韶凤、宋濂、朱右等人。

---

① 《四库全书总目·四书大全》。

2. 史书的编撰

明代官修史书，包括实录、正史、诏令、奏议、职官、仪注、刑法、故事、志书、目录等。

（1）实录

明代官修实录有《太祖实录》《太宗实录》《仁宗实录》《宣宗实录》《英宗实录》《宪宗实录》《孝宗实录》《武宗实录》《睿宗实录》《世宗实录》《穆宗实录》《神宗实录》《光宗实录》《熹宗实录》等。杨士奇，名寓，号东里，以字行，江西泰和人，曾六任实录总裁之职。为了修好实录，史馆通过三种途径搜集资料：一是官藏图书。如明宣宗时，文渊阁藏书多达两万余部、近百万卷。二是政府各部门向史馆申报的有关材料。明代规定，凡皇帝颁发给各政府部门的诏令，以及各部门的奏事簿籍都要按照会要体例编类成书，叫"钦录簿"，由各台、省、府建铜柜加以保存。最后由翰林院把从中央和地方诸司收集到的章疏奏牍、抄存邸报、人物传记、先朝遗事等材料汇编送交史馆，以年月编次，成一朝实录。三是史官亲自到各地搜访资料。如修《神宗实录》时，董其昌"往南方采辑先朝章疏及遗事，其昌广搜博征，录成三百本。又采留中之疏切于国本、藩封、人才、风俗、河渠、食货、吏治、边防者，别为四十卷。仿史赞之例，每篇系以笔断。书成表进，有诏褒美，宣付史馆"①。

（2）《元史》和国史

《元史》的编撰分两个阶段进行：第一阶段从洪武二年（1369年）二月至八月，历时7个月。其时，李善长为监修，宋濂、王祎为总裁，汪克宽等16人为纂修官。第二阶段从洪武三年（1370年）二月至七月，历时6个月，朱右等14人为纂修官。第一阶段修成159卷，其中纪37卷、志53卷、表6卷、传63卷；第二阶段修成53卷，其中纪10卷、志5卷、表2卷、传36卷。总计212卷。修撰《元史》所需的材料，顺帝以前的主要是根据实录和《经世大典》，顺帝在位30年的主要由欧阳佑亲往北平采访而来。

《元史》的编撰有两个特点：其一，在体例方面，各篇之后没有论赞，而是"据事直书，具文见意，使其善恶自见"②。论赞属于正史体例，多附于传末，用来评论历史人物。二十四史中只有《元史》是例外。其二，在内容方面，或详略不均，或遗漏大事，或前后颠倒，或丛脞重复，后人多所非议。例如在篇幅安排方面，世祖本纪14卷，顺帝本纪10卷，而太宗、定宗本纪合起来仅1卷。定宗卒后三年未记一事，震惊世界的三次西征未记一字。耶律楚材等人均为元初之人，而《元史》却把他们置于元末顺帝时福寿等人之后。速不台与雪不台、完者都与完者都拔都、石抹也先与石抹阿辛都是一个人，《元史》却误作两人立二传。但就整体而言，《元史》的史料价值还是不容忽视的。

---

① 《明史·董其昌传》。
② 中华书局点校本《元史》附《纂修元史凡例》。

除了《元史》之外，明代还修了本朝正史。明代编修本朝正史始于万历二十二年（1594 年），先后编成的本朝正史有刘应秋等《皇明七朝帝纪》40 卷、陈懿典《七太子传》1 卷、杨继礼《后妃传》和《外戚传》各 1 卷。

（3）其他史书

明代官修诏令类图书有《太祖御制诏稿》《国初诏令》《两朝诏令》《英宗皇帝玉音》《隆庆诏令》《万历丝纶录》《崇祯丝纶录》《历代名臣奏议》等；职官类图书有《大明官制》《诸司职掌》《宪纲》《吏部职掌》《邦政条理》《国子监志》等；仪注类图书有《祭祀礼仪》《巡狩事宜》《皇明典礼》《嘉靖祀典》《册立仪注》等；刑法类图书有《大明律》《御制大诰》《问刑条例》等；故事类图书有《永鉴录》《祖训录》《臣戒录》《大明会典》《大明会要》等；方志类图书有《大明志书》《寰宇通衢书》《寰宇通志》《大明一统志》等；书目类图书有《文渊阁书目》《秘阁书目》《内阁书目》《新定内阁藏书目录》《国子监书目》《御书楼藏书目》《都察院书目》《徽府书目》《衡府书目》等。

3. 子书、集书的编撰

明代官方也编撰了少量的子书和文集。官修子书有《圣学心法》《性理大全》《五伦书》《文华大训》等。《性理大全》70 卷，编撰时间与《五经大全》同，始于永乐十二年（1414 年）十一月，终于永乐十三年（1415 年）九月，历时 11 个月。该书将周、程、张、朱关于性理之言分为理气、鬼神、性理、道统、圣贤、诸儒、学、诸子、历代、君道、治道、诗、文等 13 个类目，类聚成编，预修者有胡广、杨荣、金幼孜等。官修集书主要是些御制文集，如《太祖御制文集》《成祖御制文集》《仁宗御制文集》《英宗御制诗文》《宪宗御制诗集》《世宗御制诗赋集》《神宗御制诗文》等。

4.《永乐大典》的编修

《永乐大典》是明代最大的官修书。该书始修于永乐元年（1403 年），至永乐二年（1404 年）十一月进上，赐名《文献大成》。继而成祖以为内容不够完备，诏令重修。为了保证修书质量，多次在全国范围内征集人才，先后有两千余人预修此书。重修工作从永乐三年（1405 年）元月开始，至永乐五年（1407 年）十一月书成，更赐名《永乐大典》，明成祖亲为制序。该书的体例是"用韵以统字，用字以系事。凡天文、地理、人伦、国统、道德、政治、制度、名物，以至奇闻异见、廋词逸事，悉皆随字收载。事有制度者则先制度，物有名品者则先名品。其有一字而该数事，则即事而举其纲。一物则有数名，则因名而著其实。或事文交错，则彼此互见；或制度相因，则始末具毕"①。《永乐大典》全书正文 22877 卷，目录 60 卷，共 3.7 亿字，是我国古代规模最大的一部类书。书中保存了明代以前有关政治、经济、军事、教育、史学、哲学、文化、宗教和应用科学等各方面

---

① 《永乐大典·凡例》。

的丰富资料。它不仅在中国图书编撰史上，而且在人类文化史上享有崇高声誉。

明代图书数量增长迅速，其中私家编撰图书数量众多。明代著名编撰家有杨维桢、宋濂、杨循吉、都穆、杨慎、茅坤、李贽、胡应麟、陈第、焦竑、臧懋循、徐光启、高棅、张溥、凌濛初、冯梦龙、曹学佺、毛晋等。今举胡应麟为其代表。

三、胡应麟与图书编撰①

胡应麟（1551—1602 年），字元瑞（一字明瑞），号石羊生（一号少室山人），浙江兰溪人，著名文献学家和图书编撰家。他出身书香门第，自幼好学能诗，但在万历四年（1576 年）中举之后，却屡试不第，终无意仕进，把全部精力投入到历史文献的搜集和整理中。胡应麟著述如山，计有《六经疑义》《史蕘》《诸子折衷》《皇明诗统》《皇明律范》《古乐府》《古韵考》《交游纪略》《酉阳续俎》《隆万新闻》《隆万杂闻》《骆侍御忠孝辨》等数十种。收入《四库全书总目》者有《少室山房类稿》《少室山房续稿》《少室山房笔丛》和《诗薮》。其中《少室山房笔丛》集中体现了胡应麟的图书编撰思想。

第一，倡导并力行"会通"的编撰方法。胡应麟对"会通"有自己的理解："掇拾补苴，间以管窥。加之棁藻，稍铨梗概，命曰会通。"会通就是"渊源六籍，薮泽九流，绅绎百家，溯回千古"②，就是"绅绎群言，旁参各代，推寻事势，考定异同"③。"会通"是一种实实在在的研究方法。"会"就是从微观入手研究问题，一个一个地分析研究，然后汇而总之；"通"就是从宏观上研究问题，通过众多个案的研究，找出规律性的东西。

第二，对于图书编撰史多有创见。（1）关于图书编撰的源流。胡应麟分析了谱牒、方志、字学、字法、方书、文选、文集、小说、类书等图书的源流，得出如下结论："凡经籍缘起，皆至简也，而其卒归于至繁。"④ 他认为经书是我国古籍的源头。胡应麟还注意到古籍编撰的模拟现象，其中拟经者尤多。例如拟《易》者有扬雄《太玄经》、关朗《洞极真经》、司马光《潜虚》等；拟《书》者有孔衍《汉尚书》、陈正卿《续尚书》、崔良佐《尚书演范》等；拟《论语》者有扬雄《法言》、梁武帝《孔子正言》、王勃《次论语》等。模拟之书同出一源，一源十流是古籍编撰的一种普遍现象。（2）关于经史子集编撰的一般规律。他说："四者其撰也，道多丽经，事多丽史，物多丽子，文多丽集。经难于精，史难于核，子难于洽，集难于该。"⑤（3）关于子书的编撰历史。他说："子书盛于秦汉，而治子书者错出于六朝、唐、宋之间。其大要二焉：猎华者纂其言，核实者综其指。纂其言者沈休文、庾仲容各有钞，并轶弗传，仅马氏《意林》行世，略亦甚矣。柳河

---

① 参考曹之《中国古籍编撰史》（第 2 版），武汉：武汉大学出版社，2015 年，第 301~305 页。
② （明）胡应麟：《少室山房笔丛·经籍会通引》。
③ 《少室山房笔丛·经籍会通一》。
④ 《少室山房笔丛·经籍会通二》。
⑤ 《少室山房笔丛·华阳博议上》。

东之辩、高渤海之略，宋太史、王长公之论，则皆序次其源流，而参伍其得失者也。"①胡应麟还研究了先秦两汉诸子著者、书名的种种情况：著者有"姓存名缺者"，如景子、羊子、吴子等；有"名在姓亡者"，如臣贤、臣安成、臣寿等。书名有"名同者"，如两《孟子》、三《贾子》、四《李子》、五《孙子》等；有"甚奇怪者"，如《我子》《尸子》《少子》等②。（4）关于小说家的编撰情况。胡应麟分析了古代小说盛行的原因："怪力乱神，俗流喜道，而亦博物所珍也。玄虚广莫，好事偏攻，而亦洽闻所昵也。谈虎者矜夸以示剧，而雕龙者间掇之以为奇，辨鼠者证据以成名，而扪虱者类资之以送日。至于大雅君子，心知其妄，而口竟传之；且斥其非，而暮引用之。犹之淫声丽色，恶之而弗能弗好也。夫好者弥多，传者弥众；传者日众，则作者日繁。"胡应麟把小说家分为志怪、传奇、杂录、丛谈、辨订、箴规等六类，分析了唐代以前与宋代以后小说的不同，"唐人以前，记述多虚，而藻绘可观；宋人以后，论次多实，而彩艳殊乏。盖唐以前出文人才士之手，而宋以后率俚儒野老之谈故也"③。

第三，关于书目编撰。胡应麟非常强调类例的作用："一定之体也，第时代盛衰，制作繁简，分门建例，往往各殊"；并对历代书目的发展进行了评论，认为《七略》"以论奏之言，附载各书之下"，王俭《七志》因袭刘氏《七略》，"但于书名之下，每立一传"，阮孝绪《七录》"本王氏而加纪传，并诸子、兵书为子兵，阴阳、术艺为技艺。又益以佛、道二家。史书至是渐盛，与经子并列"。四部分类"实魏荀勖始之"，至唐而"大盛"，宋代以后的书目，递相沿袭四部之法，然于书名之下，多无"论列"，"而作者之意，未有所明"，至《文献通考·经籍考》，"始仿刘向前规，论其大旨，体制骎骎备矣！"他把古代书目归纳为三种类型："吴、尤诸氏，但录一家之藏者也；隋、唐诸史，通志一代之有者也；《古今书录》《群书会记》，并收往籍之遗者也。"④

四、明代图书编撰的特点⑤

第一，图书编撰理论的系统化、科学化趋势。胡应麟《少室山房笔丛》比较全面地论述了图书编撰的有关问题，尤其是他关于图书编撰史的理论，标志着图书编撰学发展到了一个新的高度。

第二，就编撰者而言，官方修书的主要机构是翰林院，民间编撰家数量众多，如宋濂、杨循吉、杨慎、李贽、胡应麟、焦竑、臧懋循、徐光启、凌濛初、冯梦龙、毛晋等。藩王、书商和文人墨客组成的三大著者群亦令人注目。但受明代后期学风不正的影响，冒名顶替的伪书较多。《四库全书总目·于陵子》云："万历间学士多撰伪书以欺世，如

---

① 《少室山房笔丛·九流绪论引》。
② 《少室山房笔丛·经籍会通三》。
③ 《少室山房笔丛·九流绪论下》。
④ 《少室山房笔丛·经籍会通二》。
⑤ 参考曹之《中国古籍编撰史》（第2版），武汉：武汉大学出版社，2015年，第327~330页。

《天禄阁外史》之类。今类书中所刻唐韩鄂《岁华纪丽》，乃海盐胡震亨孝辕所造《于陵子》，其友姚士粦叔祥作也。"又如，伪托陈仁锡撰《重订古周礼》和《古文汇编》，伪托苏轼撰《历代地理指掌图》，伪托刘基撰《白猿经风雨占候说》，等等。

第三，就图书编撰内容而言，明代杂史、方志、文集、西学书籍等比较多。特别是明代中期之后，杂史比比皆是。据统计，《明史·艺文志》著录杂史数百种；谢国桢《增订晚明史籍考》著录明末杂史 1000 多种。明代重视方志的编撰，至万历间，郡县莫不有志。明代文集亦多，"数十年读书人，能中一榜，必有一部刻稿"[1]；明代文集传世者有 2000 余种。明代后期，西学东渐，先后翻译了 120 多种反映西方科学技术的书籍。

第四，就编撰形式而言，有下列特征：（1）出现章回体小说。继宋元出现大量话本小说后，元末明初开始出现长篇章回小说。它实际上是由话本小说直接发展而来的。元末明初出现的《三国演义》《水浒传》以及后来出现的《西游记》和《金瓶梅》是其中的杰出代表，被人们称为"四大奇书"。（2）盛行评点著作。郑振铎曾经指出："明人评点文章的风气，自八股文之墨卷始，渐及于古文，及于《史》《汉》，最后乃遍及经子诸古作。"[2] 另外，明代套版印刷的繁荣与评点盛行有密切关系。（3）出现专书索引。如张士佩编《洪武正韵玉键》是《洪武正韵》所收各字的分类索引，傅山编《两汉书姓名韵》是《汉书》和《后汉书》的姓名索引。（4）在具体编撰方法上，也有不少特征：如书序和插图较多；凡例已经作为专篇置于书首；引文大多不标出处。另外，明代所编唐诗别集大多分体编排，与宋人分类编排法显然不同。

第五节　清代图书编撰及编辑活动

一、清代社会文化发展盛况

清代是封建社会文化发展的鼎盛时期。康、雍、乾三朝励精图治，继往开来，政治上相对稳定，经济上有了长足发展，出现了历史上所谓的"康乾盛世"，为社会文化的繁荣创造了条件。

在学术思想方面，明清之际实学思潮兴起，黄宗羲、顾炎武、王夫之等许多杰出思想家和学者的涌现，拉开了清代学术思想发展的序幕。由于社会变化和学术思想自身的逻辑发展，占据思想领域统治地位数百年之久的理学逐渐衰微。经世致用成为学者的治学宗旨，崇实黜虚成为学者追求的目标。随着政权的稳固和经济、文化的发展，清代学术进入了一个对既往成果进行全面清理、总结的时代，以考据为特征的乾嘉汉学风靡一时，与此相关的文字、音韵、训诂、辑佚、目录、版本诸学迅速发展并取得了骄人成绩。《四库全

---

① 《书林清话》卷七《明时刻书工价之廉》。
② 郑振铎：《劫中得书记·考工记》，上海：上海古典文学出版社，1956 年。

书》的编撰在很大程度上推动了学术文化的发展，南北各地编书、校书、刻书蔚然成风，致使书院林立，学者辈出。加之当局对思想领域的严格控制，大兴"文字狱"，迫使更多的优秀学者埋头于经书的训诂和注疏，出现了一大批经学名著。嘉、道以后，社会历史又发生了新的转折，今文经学兴起，乾嘉汉学逐渐走向衰落。伴随着中国近代化的艰难历程，清代的学术思想进入了一个中西文化碰撞、交融的新的发展阶段。

在民族宗教方面，清代统治者以"修其教不易其俗，齐其政不易其宜"为基本国策，推行"因俗而治"的民族政策和多元文化政策。清政府全面接受汉族文化，任用汉族人为官，学习汉语及传统的汉族文学艺术。儒、释、道作为传统社会中的三种主要信仰，进一步融合。

在科举教育方面，清代前期基本沿袭明代旧制，以八股取士，教育为科举服务。康乾时期大力提倡"崇儒重道"，特开"博学鸿词科"，广选学行兼优，文词卓越之士，形成了"古文之盛，前古罕闻"的盛况。除中央设国子监外，地方按行政区划设府、厅、州、县儒学，另有各地常设的书院及民间开办的社学、义学和私塾等。清代后期，洋务学堂、维新学堂、新政学堂先后开办，各级儒学也陆续改为学堂，培养了大批近代所需的人才。

在文艺领域，清代可谓集历代之大成，各类文体都涌现出数量众多的作品，取得了很高的成就。诗歌方面，屈大均推尊屈原，顾炎武继踵杜甫，吴嘉纪取法汉乐府，从整体上继承和发扬了中国诗史中缘事而发、有美刺之功、行"兴、观、群、怨"之用的传统精神；词曲方面，以陈维崧为宗主的阳羡词派、朱彝尊为领袖的浙西词派的形成，使词的创作呈现中兴局面；散文则有以方苞、刘大櫆、姚鼐为代表的桐城派，讲究文从字顺、清通驯整、精严雅洁，影响极大；戏剧方面，出现了兼戏剧理论家与剧作家于一身的李渔，以及洪昇《长生殿》和孔尚任《桃花扇》这样的杰作；小说方面，代表性的有章回体长篇小说双璧《红楼梦》和《儒林外史》，其中《红楼梦》代表了我国古代小说创作的艺术高峰。清代社会文化的繁荣，为图书的编撰和出版创造了良好的社会条件。

二、清代图书编撰机构及官私编校活动

清代官方修书机构可分为常设、例设、特设三种类型。常设的有翰林院起居注馆、国史馆、军机处方略馆等；例设的有实录馆、圣训馆。每位皇帝去世之后，新即位的皇帝照例都要开馆为前代皇帝修实录和圣训，此为例设；特设的有三通馆、会典馆、一统志馆和四库全书馆等，此为临时编撰某书而特设馆，书成则馆散。除方略馆外，各馆编修人员大多由翰林院官员抽调充任，因此翰林院是清代主要的官方修书机构。

1. 翰林院

清代翰林院的沿革比较复杂，几经变易。顺治元年（1644 年）沿明制置翰林院；顺治二年（1645 年）并入内三院，称内翰林国史院、内翰林秘书院和内翰林弘文院；顺治十五年（1658 年）改内三院为内阁，又设翰林院；顺治十八年（1661 年）设内三院，撤

内阁、翰林院；康熙九年（1670 年）又改内三院为内阁，翰林院又独立出来。清代翰林院职掌论撰文史，长官为掌院学士，属官有侍读学士、侍讲学士、侍读、侍讲、修撰、编修、检讨等。掌院学士掌国史笔翰，备左右顾问。侍读学士以下掌撰著记载，修实录、史、志，担任提调、总纂、纂修、协修等职务。翰林院除设典籍厅和待诏厅负责日常事务外，常设机构还有庶常馆、起居注馆、国史馆等，其中起居注馆和国史馆是负责修书的机构。

起居注馆主要负责编修起居注，其职责是记录皇帝一天言行：先记皇帝上谕，续记处理在京各衙题本，三记处理通政司所上各地方官的题本和八旗奏折，四记所见。记毕署记注官衔名。起居注馆除日讲起居注官外，还设有主事，满洲 2 人、汉 1 人，掌文稿；笔帖式，满洲 14 人、汉军 2 人，掌翻译。清《起居注》的编修起自康熙，止于宣统，保存至今的大约有 12000 册，保存在中国第一历史档案馆的 3863 册，保存在台北故宫博物院的约有 7400 册。

国史馆主要负责编修实录、圣训、传记和国史等。清入关前，实录的编修由内国史院执掌。入关后，下设有由专门负责编修实录的实录馆，内又设满文、汉文、蒙文三馆，设总纂、纂修、协修、提调、收掌、校对、翻译、誊录、供事等若干人。有清一代，包括《满洲实录》在内的从太祖至德宗共十一朝《实录》，不计序例及目录，总计 4363 卷。伪满影印《大清历朝实录》、中华书局影印《清实录》时，都将《宣统政纪》附印，统称为《大清历代皇帝实录》，以成清一代之全史，通计 4433 卷，统称《清实录》。清代实录编修规模之大，史无前例。据曹之先生统计，预修《世宗实录》者 232 人，预修《高宗实录》者 1203 人，预修《仁宗实录》者 751 人，预修《宣宗实录》者 839 人。[①]

所谓圣训，是辑录一代帝王的谕旨、诏敕及对臣下重要谈话的一类档案文献汇编。顺治时敕令编修《太宗文皇帝圣训》时，曾临时设圣训馆，康熙二十二年（1683 年）编《太祖高皇帝圣训》《太宗文皇帝圣训》（重修）、《世祖章皇帝圣训》时，还别置纂修官。雍正后，圣训的编撰改由实录馆负责。清代所修其他圣训还有《圣祖仁皇帝圣训》《世祖宪皇帝圣训》《圣谕广训》《世宗宪皇帝朱批谕旨》《世宗宪皇帝上谕八旗》等。

国史馆根据起居注和实录材料，编有《太祖本纪》《太宗本纪》《世祖本纪》《圣祖本纪》《世宗本纪》《仁宗本纪》《宣宗本纪》《文宗本纪》《穆宗本纪》《宗室王公功绩表传》《蒙古王公功绩表传》《八旗满洲氏族通谱》《满汉名臣传》《贰臣传》《功臣传》等。

清国史馆还负责编修前朝国史——《明史》。《明史》的编撰大致分为三个阶段：第一阶段从顺治二年（1645 年）至康熙十七年（1678 年），主要完成编撰队伍的组建和材料搜集工作；第二阶段从康熙十八年（1679 年）至六十一年（1722 年），王鸿绪上列传 202 卷，雍正元年（1723 年）上本纪、表、志 108 卷，初稿大体完成；第三阶段从雍正元年（1723 年）至乾隆四年（1739 年），为修改定稿阶段。乾隆四年（1739 年）七月二十

---

① 曹之：《中国古籍编撰史》（第 2 版），武汉：武汉大学出版社，2015 年，第 340 页。

五日由张廷玉领衔，奏上《明史》336 卷，其中本纪 24 卷，志 75 卷，表 13 卷，列传 220 卷，目录 4 卷。《明史》编撰前后历时 90 余年，是图书编撰史上参考资料最多的一部正史，先后参考实录 3000 多卷，私修史书 3200 余卷，典志类图书 2000 余卷，传记类图书 1000 余卷，杂史 2000 余种。

清代为编撰某书，还临时特设书馆。如设三通馆，编《清朝通典》《清朝通志》《清朝文献通考》等书，总裁为掌院学士嵇璜等 4 人；设会典馆，仿《唐六典》体例，先后编修了康熙、雍正、乾隆、嘉庆、光绪五朝行政法典，总称《大清会典》；设一统志馆，从康熙二十五年（1686 年）至道光二十二年（1842 年）间，先后编有康熙《大清一统志》、乾隆续修《大清一统志》和《嘉庆重修一统志》；设四库馆，修《四库全书》。

以上主要是史书的编撰情况。翰林院还主持编撰了不少经、子、集部文献。据清代张廷玉等编《国朝宫史·书籍》，清代官修经书有《易经通注》《周易折中》《易经解义》《日讲书经解义》《春秋传说汇纂》《日讲四书解义》《律吕正义》《康熙字典》《书经传说汇纂》《诗经传说汇纂》《清汉文孝经》《音韵阐微》等 20 余种。其中《康熙字典》收字 47035 个，是我国古代收字最多的一部字典。子书有儒家类《孝经衍义》《内则衍义》《性理精义》；天文类有《律历渊源》《星历考源》《仪象考成后编》《天文正义》《万年历》《历象考成》《历象考成后编》等；类书有《古今图书集成》《渊鉴类函》《佩文韵府》《子史精华》《骈字类编》《分类字锦》等；总集有《渊鉴古文选》《唐宋文醇》《皇清文颖》《历代赋汇》《全唐诗》《全金诗》《唐宋诗醇》《熙朝雅颂集首集》《熙朝雅颂集正集》《三元诗》《清续文颖》《千叟宴诗》《历代题画诗类》《历代诗余》《御定诗谱》《御定曲谱》等。

《古今图书集成》是现存古代最大的一部类书，正文 1 万卷、目录 40 卷，分 32 典、6109 部。每部先列汇考，次列总论，有图表、列传、艺文、选句、记事、杂录、外编等项。它是现存类书中卷帙最多、用处最大、体例也最完善的一部。它所征引的材料也像《永乐大典》那样，往往把原书整部、整篇、整段地抄入，不加改动，完整地保存了许多古籍，在辑佚方面极有价值。该书成于康熙四十五年（1706 年），由陈梦雷一手编成。

2. 方略馆

所谓方略（又称纪略），主要是指以重大军事行动为题材的专题档案文献汇编。清代设方略馆，专事方略编撰，隶属军机处。国史馆、起居注馆等的编修人员主要是专职史官，尤以翰林官居多，可以说是典型的文人学士；编撰方略的则主要是军政官员，尤以身居要职的军机处官员居多。

康熙二十一年（1682 年）八月，时值平定"三藩"之乱不久，福建道御台史戴王缙奏曰："比年以来，凡系用兵诏命，密旨征剿机宜，是应编辑成书，以垂不朽。"① 内阁及

---

① 《清圣祖实录》卷一〇四。

翰林院准行。礼部尚书、大学士勒德洪等人奉敕,四年后编成《平定三逆方略》60 卷,是为清代第一部方略。康、雍两朝,方略一直有人在编,但没有固定的机构。乾隆十四年(1749 年),军机大臣、大学士来保等人奉敕编撰《平定金川方略》,诏准于隆宗门外、武英殿后、咸安宫左设方略馆。至此,方略馆始成常设修史机构,一直延至清末,前后实际存在 162 年。方略馆设总裁 1 人,下设提调、收掌、总纂、纂修、协修、译汉、总校、校对、详校、承发、供事各员。总裁由军机大臣兼领,提调、收掌满汉各 2 人;纂修满 3 人,汉 6 人。这当中,除汉纂修一人由翰林院咨送补充外,方略馆大多数官员,都由军机章京兼任。

据《清史稿·艺文志》著录,清代一共编撰了 21 部方略,分别是《平定三逆方略》《亲征平定朔漠方略》《平定金川方略》《平定准葛尔方略》《临清纪略》《平定两金川方略》《兰州纪略》《石峰纪略》《台湾纪略》《安南纪略》《廓尔喀纪略》《巴布勒纪略》《平苗匪纪略》《剿平三省邪匪方略》《平定教匪方略》《平定回疆剿擒逆裔方略》《剿平粤匪方略》《剿平捻匪方略》《平定陕甘新疆回匪方略》《平定云南回匪方略》《平定贵州苗匪方略》。

清代私家图书编撰数量为历代之最,不胜枚举,著名者如钱谦益《列朝诗集》、马骕《绎史》、顾祖禹《读史方舆纪要》、顾炎武《日知录》和《天下郡国利病书》、徐乾学《通志堂经解》、黄宗羲《明儒学案》、万斯同《历代史表》、阎若璩《古文尚书疏证》、朱彝尊《经义考》、江永《礼书纲目》、厉鹗《宋诗纪事》、沈德潜《古诗源》、戴震《声韵考》和《方言疏证》、余萧客《文选音义》、任大椿《小学钩沉》、汪中《广陵通典》、卢文弨《抱经堂文集》、毕沅《续资治通鉴》、王鸣盛《十七史商榷》、钱大昕《廿二史考异》、王昶《金石粹编》、赵翼《廿二史札记》、黄丕烈《士礼居藏书题跋记》、江藩《宋学渊源记》、王念孙《读书杂志》、严可均《全上古三代秦汉三国六朝文》、徐松《宋会要辑稿》、魏源《海国图志》等。

三、《四库全书》的编撰

由于敏中等总裁、纪昀等总纂的《四库全书》是我国古代最大的一部丛书。据文津阁藏本,共收书 3503 种,79337 卷。它的编撰分为以下几个过程:

第一,酝酿阶段。乾隆三十七年(1772 年)十一月,安徽学政朱筠趁清廷下诏访书之机,提出访校图书的四条建议,其中第二条谈到《永乐大典》的辑佚问题:"请敕择取其中古书完者若干部,分别缮写,各自为书,以备著录。"[①] 朱筠的建议得到乾隆皇帝的认可,诏令"择其醇备者付梓流传,余亦录存汇辑,与各省所采及武英殿所有官刻诸书,统按经史子集编定目录,命为《四库全书》,俾古今图籍荟萃无遗,永昭艺林盛轨"[②]。这

---

① (清)朱筠:《笥河文集·谨陈管见开馆校书折子》。
② 《办理四库全书档案·乾隆三十八年三月二十八日谕》。

样，由《永乐大典》的辑佚引出了编撰《四库全书》的浩大工程，成为编撰《四库全书》的直接原因。

第二，征集图书阶段。图书征集工作从乾隆三十七年（1772 年）开始，至乾隆四十三年（1778 年）结束，历时 7 年之久。为了表彰进书者，清廷还专门制定了奖书、题咏、记名等奖励办法："奖书"即凡进书 500 种以上者，奖《古今图书集成》一部；进书 100 种以上者，奖《佩文韵府》一部。"题咏"即凡进书百种以上者，择一精醇之本，由乾隆皇帝题咏简端，以示恩宠。"记名"即在提要中注明采进者或藏书家姓名。在地方政府的大力协助和众多藏书家的积极响应下，征书工作进展顺利，各地进书踊跃，共征集图书 12237 种，其中以江浙两地进书最多。

第三，整理图书阶段。图书征集来了之后，首先要比较同书异本的差异，选择较好的本子作为《四库全书》的底本。例如《乐府杂录》有国子监学正汪如藻藏本和编修程晋芳藏本两种，但汪本经"分校牛稔文"校读后，发现讹字如林，因而未获采用，《四库全书》所据者即为程本。一种图书一旦定为四库底本，接下来还要进行一系列加工，飞签、眉批就是加工的产物。飞签也叫夹签，是分校官改正错字、书写初审意见的纸条。这种纸条往往贴于卷内，送呈纂修官复审。纂修官同意者，可用朱笔径改原文，否则不作改动。然后送呈总纂官三审。总纂官经过分析之后，可以不同意纂修官的复审意见，而采用分校官的初审意见。三审之后，送呈御览。

第四，抄写和校订阶段。图书整理完毕之后，接下来的工作就是抄写底本。清廷先后选拔了 2841 人担任抄写工作，保证了抄写《四库全书》的需要。为了保证全书的统一，规定了抄写体例：半页 8 行、行 21 字，注文小字双行，每书先写提要，后写正文，等等。为了保证进度，还规定了抄写定额，赏罚分明。最后就是图书的校订，这是最后一道关键性工序。为了保证校订工作的顺利进行，四库全书馆制定了《功过处分条例》。各册之后一律开列校订人员衔名，以明其责。缮书处初设分校 32 人，而总校仅有 1 人。因工作量过大，总校形同虚设。乾隆三十八年（1773 年）十月，增设复校 16 人。一书经分校、复校两关，再经总裁抽阅，最后装潢进呈。但随着时间的推移，缮写规模越来越大，大量积压，分校与复校彼此推诿等现象产生了。乾隆四十二年（1777 年）十二月，把复校一律改为分校，另置总校 6 人，上述问题才有所缓解。分校、总校、总裁等各司其职，对于保证《四库全书》的质量确实起了重要作用。当然，由于校订工作本身之艰辛、卷帙浩繁、诏期切峻等原因，《四库全书》仍然有不少错误，加上人为的删削和窜改，这部大书未能称为善本。

乾隆四十六年（1781 年）十二月，第一部《四库全书》终于抄写完毕并装潢进呈。接着，又用了将近三年的时间，抄完第二、三、四部，分贮文渊阁、文溯阁、文源阁、文津阁珍藏，这就是所谓"北四阁"。从乾隆四十七年（1782 年）七月到乾隆五十二年（1787 年）又抄了三部，分贮江南文宗阁、文汇阁和文澜阁珍藏，这就是所谓"南三阁"。每部《四库全书》装订为 36300 册，6752 函。北四阁用开化榜纸，南三阁用坚白太史连纸。七阁之书都钤有玺印，如文渊阁藏本册首钤"文渊阁宝"朱文方印，卷尾钤"乾隆御览之宝"朱文椭圆印。

《四库全书》的编撰，是对中国古代文化的一次大规模的系统总结和整理，但同样也是一次大规模的摧残和破坏。从全国各地征集来的图书经筛选后，按三种方式进行处理：一是所谓"有益于世道人心，有裨于实用者"，予以著录；二是"抵触本朝"之书，一概禁毁；三是"但浅之为谬"之书，则列为存目，不收其书。收入《四库全书》的图书占所有征集到的图书总数的比例不足 29%。而与清代密切相关的明代文学和历史作品遭到大力剿灭，甚至殃及两宋的同类作品。对于反映民族矛盾、民族压迫和民族战斗精神的作品尽量摒弃和抽毁，对于不能不收录的名家名作则加以篡改。鲁迅先生说："清人纂修《四库全书》而古书亡，因为他们变乱旧式，删改原文。"①

四、章学诚与图书编撰②

章学诚（1738—1801 年），字实斋，号少岩，浙江会稽人。曾在国子监编撰《国子监志》，因与学官意见不一而愤然辞职。先后到和州、定州编撰《和州志》和《永清县志》。乾隆四十四年（1779 年）著成《校雠通义》，先后执教于清漳书院、敬胜书院、莲池书院等。乾隆五十二年（1787 年）作为毕沅的幕僚，从事《史籍考》《续资治通鉴》《湖北通志》《常德府志》《荆州府志》等书的编撰工作。嘉庆五年（1800 年），贫病交加，眼睛失明，仍然坚持撰写了《浙东学术》等重要著作。章学诚一生著作宏富，《文史通义》《校雠通义》《史籍考》等是其代表作（见图 5-1）。

图 5-1　章学诚画像

---

① 《鲁迅全集·病后杂谈之余》。
② 参考曹之：《中国古籍编撰史》（第 2 版），武汉：武汉大学出版社，2015 年，第 407~418 页。

章学诚是清代图书编撰的代表人物，在图书编撰理论与实践方面多有建树，兹举如下。

第一，在图书编撰史方面，章学诚有如下精辟见解。（1）著述始于战国。章学诚在《文史通义·诗教上》中说："至战国而著述之事专，何谓也？曰：古未尝有著述之事也。官师守其典章，史臣录其职载……《论语》记夫子之微言，而曾子、子思俱有述作以垂训，至孟子而其文然后闳肆焉，著述至战国而始专之明验也。"战国以前，学在官府，官守其书，文化被官方垄断。战国以后，学术下移，官师分开，民间私人讲学开始形成风气，这才有了著述的可能。（2）关于孔子"述而不作"问题。章学诚《文史通义·言公上》说："古人之言，所以为公也，未尝矜于文辞，而私据为己有也。志期于道，言以明志，文以足言。其道果明于天下，而所志无不申，不必其言之果为我有也……文与道为一贯，言与事为同条，犹八音相须而乐和，不可分属一器之良也。五味相调而鼎和，不可标识一物之甘也。"战国政教学业分为两途之后，百家并出，学业言论为公有。《汉志·诸子略》所谓"流而为某氏之学"，即官司失职，师弟传业之义。孔子作为儒家学派的代表人物，他所传述的就是儒家学说。从这个意义上说，孔子自称"述而不作"，绝不是他的谦虚，而是形势发展使然。（3）文集始于晋代。章学诚认为，战国虽是著述之始，但当时人们旨在传授本学派的思想，"未尝欲以文名，苟足显其业"。到了两汉，虽有专集出现，但"皆成一家之言，与诸子未甚相远"，"文集之实已具，而文集之名犹未立也"①。自晋代挚虞编成《文章流别集》之后，学者仿而效之，文集之名才正式出现。（4）关于篇卷问题。章学诚说："古人著书名篇，取辨甲乙，非有深意也。六艺之文，今具可识矣。盖有一定之名与无定之名，要皆取辨甲乙，非有深意也。一定之名，典、谟、贡、范之属是也。无定之名，《风》诗、《雅》《颂》之属是也。诸子传记之书，亦有一定之名与无定之名，随文起例，不可胜举，其取辨甲乙，而无深意，则大略相同也。"②关于篇与卷的关系，章学诚说："篇从竹简，卷从缣素，因物定名，无他义也。而缣素为书，后于竹简，故周秦称篇，入汉始有卷也……篇之为名，专主文义起讫，而卷则系乎缀帛短长，此无他义。盖取篇之名书，古于卷也。"章学诚主张，"著书但当论篇，不当计卷。必欲计卷，听其量册短长，而为铨配可也。不计所载之册，而铢铢分卷，以为题签者著录之美观，皆是泥古而忘实者也。"③（5）推崇宋代郑樵的编撰学思想。章学诚赞成郑樵的"通史家风"及其"志乎求义"的编撰学思想，而反对那种"所求者徒在其事其文"的汇辑资料的简单做法。章学诚对宋王应麟、元马端临多有微词："王氏诸书，谓之纂辑可也，谓之著述，则不可也；谓之学者求知之功力可也，谓之成家之学术，则未可也。今之博雅君子，疲精劳神于经传子史，而终身无得于学者，正坐宗仰王氏，而误执求知之功力，以为学即在是尔。学

① 《文史通义·文集》。
② （清）章学诚：《文史通义·匡谬》。
③ 《文史通义·篇卷》。

与功力，实相似而不同，学不可以骤几，人当致攻乎功力则可耳。指功力以谓学，是犹指秫黍以谓酒也。"① 章学诚把功力和学术区别开来，功力即指纂辑之业，学术研究的第一步，但它并不等于学术，像郑樵《通志》"志乎求义"才是真正的学术，贵在创见。

第二，关于史籍编撰的理论与方法，章学诚也多有论述。（1）关于史德问题。唐刘知幾曾提出"才、学、识"的良史标准。章学诚认为这并不完全，还"必知史德。德者何？谓著书者之心术也。夫秽史者所以自秽，谤书者所以自谤，素行为人所羞，文辞何足取重？魏收之矫诬，沈约之阴恶，读其书者，先不信其人，其患未至于甚也"。② （2）关于史书编撰的分类。刘知幾第一次区分了史料和史籍。章学诚在此基础上，进一步把史籍分为著述与比类两大类："古人一事必具数家之学，著述与比类两家，其大要也。班氏撰《汉书》，为一家著述矣，刘歆、贾护之《汉记》，其比类也；司马撰《通鉴》，为一家著述矣，二刘、范氏之《长编》，其比类也。"③ 所谓"著述"，指成一家之言的史书，所谓"比类"，指排比资料而成的史书。二者的关系"如旨酒之不离乎糟粕，嘉禾之不离乎粪土"④。（3）关于选题。章学诚说："学问经世，文章垂训，如医师之药石偏枯，亦视世之寡有者而已矣。以学问文章，徇世之所尚，是犹既饱而进粱肉，既暖而增狐貉也。非其所长，而强以徇焉，是犹方饱粱肉，而进以糠秕，方拥狐貉，而进以裋褐也。"⑤ 选题不可追逐时尚，非己所长，反弄巧成拙。（4）关于凡例。章学诚说："文章宗旨，著述体裁，称为例义。"⑥ "例义"即"凡例"。章学诚在谈到正史"文苑传"的起因时说："晋挚虞创为《文章志》，叙文士之生平，论辞章之端委，范史《文苑列传》所由仿也。自是文士记传，代有缀笔，而文苑入史，亦遂奉为成规。"⑦ 章学诚还分析了列女、孝义、忠义、隐逸、儒林诸传的起因，从凡例的角度评论了《左传》《史记》等书类例的得失。章学诚一生预修《和州志》《永清县志》《湖北通志》等多种方志，根据自己的实践经验，全面系统提出了一整套编撰方志的类例。他说："凡欲经纪一方之文献，必立三家之学，而始可以通古人之遗意也。仿纪传正史之体而作志，仿律令典例之体而作掌故，仿《文选》《文苑》之体而作文征。三书相辅而行，阙一不可，合而为一，尤不可也。"⑧ 他在《修志十议》中说明修志有"二便""三长""五难""八忌""四体""四要"，并提出了关于修志的十点主张。章学诚还具体地论述了舆图、循吏、阙访等例目。（5）关于资料汇编。资料汇编对于著书是十分重要的，因为"有璞而后施雕，有质而后运斤"。章学诚把汇编资料称为"比次之业"。他说"比次之业"有"三道"和"七难"。"三道"是："有及时撰

① 《文史通义·博约中》。
② 《文史通义·史德》。
③ 《文史通义·报黄大俞先生》。
④ 《文史通义·答客问中》。
⑤ 《文史通义·说林》。
⑥ 《文史通义·传记》。
⑦ 《文史通义·和州志前志列传序例中》。
⑧ 《文史通义·方志立三书议》。

集，以待后人论定者"；"有有志著述，先猎群书，以为薪樵者"；"有陶冶专家，勒成鸿业者"。"七难"是：缺乏"良材"，无所凭借；"多非本文"，难于凭信；"不著所出"，无从查考；"自定弃取"，不能兼收；不收图谱，不录"金石之文"；不录专书，"听其孤行"；"拘牵类例"，购备不全①。

第三，关于书目编撰，章学诚发表了很有价值的见解。（1）书目编撰要"辨章学术，考镜源流"。章学诚说："刘向父子部次条别，将以辨章学术，考镜源流，非深明于道术精微、群言得失之故者，不足与此。"② 他认为《七略》之《辑略》最能体现学术源流。但东汉、三国之后，图书数量与品种大量增加，《七略》已不能反映学术进展情况，四分法取而代之，已是历史的必然。除分类体系外，撰写小序和提要也是"辨章学术，考镜源流"的重要途径。（2）关于互著和别裁。什么是互著？章学诚说："至理有互通，书有两用者，未尝不兼收并载，初不以重复为嫌，其于甲乙部次之下，但加互注，以便稽检而已。""书之易混者"，采用"互著"之法，可以"免后学牴牾"；"书之相资者"，采用互著之法，可以"究古人之源委"③。什么是"别裁"？章学诚说："古人著书，有采取成说，袭用故事者。其所采之书，别有本旨，或历时已久，不知所出；又或所著之篇，于全书之内，自为一类者；并得裁其篇章，补苴部次，别出门类，以辨著述源流；至其全书，篇次具存，无所更易，隶于本类，亦自两不相妨。""别裁"必须"申明篇第之所自"，对某书个别篇章的不同版本的著录，不能称为别裁，因其"非真有见于学问流别而为之裁制也"④。（3）关于索引。为了提高书目编撰的效率，编制群书索引也很重要。他认为，"校雠之先，宜尽取四库之藏、中外之藏，择其中之人名地号、官阶书目，凡一切有名可治、有数可稽者，略仿《佩文韵府》之例，悉编为韵；乃于本韵之下，注明原书出处及先后篇第，自一见再见以至数千百，皆详注之，藏之馆中，以为群书之总类。"过去"渊博之儒穷毕生年力"办不到的事情，有了索引之后，即使"中才"亦可"坐收于几席之间"⑤。（4）关于书目编撰的组织管理问题。章学诚认为，为了提高书目编撰水平，必须"众手为之，限以课程，画以部次"，还要立"法"（即编例），"必取专门名家，亦如太史尹咸校数术，侍医李柱国校方技，步兵校尉任宏校兵书之例，乃可无弊。否则文学之士，但求之于文字语言，而术业之误，或且因而受其累矣"⑥。他在编撰《史籍考》时，提出：古逸宜存、家法宜辨、剪裁宜法、逸篇宜采、嫌名宜辨、经部宜通、子部宜择、集部宜裁、方志宜选、谱牒宜略、考异宜精、板刻宜详、制书宜尊、禁例宜明、采摭宜详等15条编撰原则；在《校雠通义》中，还提出辨嫌名、采辑补缀、书掌于官、广储副本、著录残逸

---

① 《文史通义·答客问下》。
② （清）章学诚：《校雠通义·自序》。
③ 《校雠通义·互著第三》。
④ 《校雠通义·别裁第四》。
⑤ 《校雠通义·校雠条理第七》。
⑥ 《校雠通义·校雠条理第七》。

等方法。时至今日，这些编撰原则和方法，仍有参考价值。

五、清代图书编撰的特点①

第一，以章学诚等为代表的编撰家在丰富的图书编撰实践中提出的一系列全面系统的图书编撰理论和方法，标志着图书编撰学在清代已经成熟。

第二，就编撰者而言，清廷官修机构有常设、例设和特设三种形式，中央修书以翰林院为主，清末地方官修书则以各地官书局为主。清代民间修书成风，图书编撰家数量庞大，其中乾嘉学派诸多学者及"选家"格外引人注目，编选类图书几乎到了泛滥成灾的地步。

第三，就图书内容而言，官修书四部皆备，单是历代御制诗文集就有 30 多种。清代官方修了几部有影响的大书，如《全唐诗》《古今图书集成》《四库全书》《全唐文》等。清代各地所修方志亦多，现存清代方志有 4889 种，占现存古代方志的一半还多。此外，清代所修丛书、家谱也不少，现存 2797 种丛书和 2 万多种家谱之中，清代丛书和家谱占绝大多数。清代官修图书创下了许多历史之最：《四库全书》是中国古代最大的一部丛书，《四库全书总目》是中国古代最大的一部书目，《古今图书集成》是现存最大的一部类书，《康熙字典》是中国古代收字最多的一部字典。

第四，就编撰形式而言，清代各类图书的编例已经规范化。不少图书通过书前凡例说明其编撰方法。另外，清代还增加了一些新的图书编撰形式，学案体就是其中之一。学案体是记述学术源流的史书体裁。这种体裁源于宋朱熹撰《伊洛渊源录》，至清初黄宗羲撰《明儒学案》而最后定型，继之者有黄宗羲始撰、其子续撰、全祖望完成的《宋元学案》、江藩《国朝汉学师承记》《国朝宋学渊源记》、唐鉴《国朝学案小识》、唐晏《两汉三国学案》等。学案体著作按照儒学师承渊源关系，将各家学术观点分为若干派别，每个派别就是一个学案。每个学案之前，先作小序，概述本学派之特点和源流，然后介绍该学派的代表人物。每个人物先立小传，次录能够反映本人学术思想的文章或语录。学案体著作对历代学术史进行了一次总结。

---

① 参考曹之《中国古籍编撰史》（第 2 版），武汉：武汉大学出版社，2015 年，第 420~423 页。

第六章　历代刻书史略

第一节　坊刻系统的形成与发展

一、唐、五代坊刻

所谓坊刻，是指民间书商为了营利而刻书。通常以家庭作坊为刻书单位，一般有自己的写工、刻工、印工，也称书肆、书堂、书棚、书铺、书籍铺等。坊刻在三大刻书系统中起源最早，从唐代雕版印刷术发明以来，它就广泛存在于民间了。据文献可考的唐代坊刻有"成都府成都县龙池坊卞家""上都东市大刁家""京中李家""剑南西川成都府樊赏家""西川过家"等。

1944 年成都市望江楼附近的唐墓中出土了一份唐代印刷品《陀罗尼经咒》，中镌佛像，四周双边，框外有"成都府成都县龙池坊卞家印卖咒本"字样。唐初成都原称蜀郡，至肃宗至德二年（757 年）始升蜀郡为成都府，故此经印卖时间当在 757 年之后；英国大不列颠图书馆东方部藏有"上都东市大刁家太郎"版印历书残叶，考宝应元年（762 年）以京兆府为上都，古大刁家历书印卖时间当在 762 年之后；现藏法国巴黎的咸通二年（861 年）的敦煌写本《新集备急灸经》，书内印有"京中李家于东市印"字样，此写本是据印本转抄而成，印卖时间在 861 年之前；大英博物馆藏有两份敦煌印本历书，其中一份为唐僖宗中和二年（882 年）所印，虽为残卷，却保留了"剑南西川成都府樊赏家历"字样；国家图书馆藏敦煌遗书中"有"字 9 号《金刚经》残卷，末有"西川过家真印本"字样，又有"丁卯年三月十二日八十四岁老人手写流传"题记。丁卯年即唐昭宗天祐四年（907 年），则该经由过家印卖的时间当在此之前。以上是关于唐代坊刻的文献实物证据。

另外，我们还可以通过文献的侧面记载，窥见当时坊刻的概貌。据《旧唐书·文宗本纪》载："大和九年（835 年）十二月丁丑，敕诸道府，不得私置历日版。"这件事的起因是时任东川节度使的冯宿的一份奏请："剑南两川及淮南道，皆以版印历日鬻于市。每岁司天台未奏颁下新历，其印历已满天下，有乖敬授之道。"① 可见，当时南方一带民间私自印卖日历的现象已经非常普遍。又据唐人柳玭《柳氏家训·序》载："中和三年（883年）癸卯夏，銮舆在蜀之三年也。余为中书舍人。旬休，阅书于重城之东南，其书多阴阳

---

① 《全唐文·冯宿禁版印时宪书奏》。

杂记、占梦、相宅、九宫五纬之流，又有字书、小学；率雕板印纸，浸染不可尽晓。"重城，即成都。柳玭乃唐代藏书家柳仲郢之子，黄巢之乱，随僖宗逃入成都避难。这段文字为我们描述了当时书肆繁荣的景象。徐夤，字昭梦，莆田人，唐昭宗乾宁初进士，有《钓矶文集》。曾著《斩蛇赋》《人生几何赋》，其《自咏十韵》云："拙赋偏闻镌印卖，恶诗亲见画图呈。"[1] 这说明，唐末五代初坊间已经开始印卖诗赋作品了。五代历时较短，坊间印本相对沉寂，迄今尚未发现详实记载。

从以上所举可以看出，唐五代坊刻印卖的图书中，以佛经最多，历书、字书、韵书、占梦、相宅等民间用书次之，诗文集亦有零星出现。坊刻分布地区则以长安、四川、淮南等地为主。

二、宋代坊刻

入宋以后，随着雕版印刷的发展，坊刻有了很大的发展。但北宋坊刻实物流传下来及文献记载的很少。叶德辉《书林清话》卷三《宋坊刻书之盛》载有一例，浙江杭州大隐坊于北宋政和八年（1118 年）刻朱肱《南阳活人书》。因此有人推测，北宋坊间刻书可能受到多方限制，主要承接官方委托的图书刻印业务。

南宋以后，坊刻如雨后春笋般发展起来，形成了四大坊刻中心，即以杭州和金华为代表的两浙坊刻、以建安为代表的福建坊刻、以成都和眉山为代表的蜀中坊刻、以吉州为代表的江西坊刻。据叶德辉《书林清话》记载，两浙有临安府太庙前尹家书籍铺刻《钓矶立谈》《渑水燕谈录》《茅亭客话》《却扫编》《缪续记》等；杭州钱塘门里车桥南大街郭宅刻《寒山拾得诗》；临安府金氏刻《甲乙集》；金华双桂堂刻《梅花喜神谱》等。福建有建宁府黄三八郎书铺刻《韩非子》《钜宋重修广韵》；建阳麻沙书坊刻《类说》《新雕皇宋事实类苑》《论学绳尺》；建宁书铺蔡琪纯父一经堂刻《汉书》《后汉书》等；武夷詹光祖月厓书堂刻《资治通鉴纲目》；崇川余氏刻《新纂门目五臣音注扬子法言》；建宁府陈八郎书铺刻《贾谊新书》；建安江仲达群玉堂刻《二十先生回澜文鉴》等。四川有西蜀崔氏书肆刻《南华真经注》；南剑州雕匠叶昌刻《班左海蒙》等。江西有临江府新喻吾氏刻《增广太平惠民和剂局方》。另据陈振孙《直斋书录解题》、晁公武《郡斋读书志》等书目著录，江西吉州刻有《东坡别集》《文忠集》《周益公集》《资治通鉴纲目》等。现存《四部丛刊》中的《清波杂志》即据宋吉安刻本翻刻，《方言》据宋九江刻本翻刻。其他还有陕西咸阳书隐斋刻《新刊国朝二百家名贤文粹》；山西汾阳博济堂刻《十便良方》。宋时书坊至元时犹存的，有闽山阮仲猷仲德堂，刻有《春秋经传集解》《杨氏家传方》《说文解字韵谱》等。

南宋时期，出现了声动全国、影响后世的著名坊肆，如建阳余仁仲的万卷堂、临安陈起的陈宅书籍铺等。建安余氏是福建刻书世家，自北宋起即以刊书为业，绵延至元明时

---

[1] 《全唐诗》卷七一一。

期，仍继续刻书。叶德辉《书林清话》卷二："夫宋刻书之盛，首推闽中。而闽中尤以建安为最，建安尤以余氏为最。"余氏刻书地点在建阳县崇化书坊。因古代建阳隶属建安郡管辖，故余氏刻书每称"建本"。又麻沙镇在建阳县西 35 公里处，崇化又在麻沙镇西南十余公里处，因崇化交通闭塞，刻本多在麻沙出售，久而久之，世人遂以"麻沙本"相称。宋代余氏刻书，主要集中在南宋，可考者有余仁仲万卷堂、余恭礼、余唐卿明经堂、余腾夫、崇川余氏、余彦国励贤堂等，其中以余仁仲万卷堂最为著名。余仁仲是南宋中期人，他刻的书有《尚书精义》《春秋公羊经传解诂》《春秋穀梁经传》《事物纪原》《礼记注》《周礼注》《尚书注疏》《陆氏易解》《尚书全解》《王状元集注分类东坡先生诗》等。

陈起（又名陈彦才），字宗之，号芸居、陈道人，南宋临安著名出版家，历孝宗、光宗、宁宗、理宗四朝。陈起好诗文，有《芸居乙稿》行世，喜与文人学士交往，尤其与江湖诗人交从甚密。陈起的书坊位于临安府棚北大街睦亲坊南，坊内藏书处名叫芸居楼，楼内书积如山。陈起刻书有两大特点：第一，多刻唐宋诗文别集，如《李贺歌诗编》《孟东野诗集》《浣花集》《王建集》《韦苏州集》《唐求诗》《周贺诗集》《碧云集》《唐女郎鱼玄机诗》（见图6-1）等。清光绪二十一年（1895 年）元和江标辑《唐人五十家小集》均据陈起刻本翻刻，但其中李建勋《李丞相诗集》卷末有"临安府洪桥子南河西岸陈宅书籍铺"一行，当不属陈起刻本。而现藏国家图书馆的《常建诗集》《周贺诗集》《朱庆余诗集》等则又没有收进去。因此，《唐人五十家小集》并非陈起所刊唐集的全部，陈起所刻当在 50 家以上。第二，多刻宋江湖诗人别集。如《安晚堂集》《林同孝诗》《林希逸竹溪十一稿诗选》《白石道人诗集》《陈必复山居存稿》《刘翼心游摘稿》《李群玉诗集》《渔溪诗稿》等。陈起把江湖诗人的作品收集一批、刻印一批、发行一批，故有《江湖集》《江湖前集》《江湖后集》《江湖续集》《中兴江湖集》诸名，由于刻非一时，版非一律，各藏家所收种数也不一致。陈起死后，其子陈续芸继承父业，继续刻书。

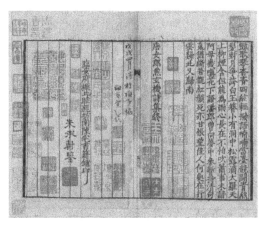

图 6-1　南宋临安陈起刻《唐女郎鱼玄机诗集》

应指出的是，临安坊肆陈氏刻书者有多家。如陈思，临安府人，也以刻书卖书为业，亦称陈道人，刻有《宝刻丛编》《书小史》《小字录》《书苑精华》《海棠谱》等，多是汇编性质的图书，不可与陈起刻书混为一谈。

三、辽、西夏、金代坊刻

都城燕京是辽国的刻书中心。范阳距燕京不远，影响所及，也刻了一些书。辽国坊刻主要分布在燕京、范阳等地。在山西应县木塔内发现的辽代印刷的佛经中，《妙法莲华经卷第四》后有"燕京檀州街显忠坊门南颊住冯家印造"题记，这是辽燕京书坊刻印佛经的例证。又据宋王辟之《渑水燕谈录·歌咏》："张芸叟奉使大辽，宿州馆中，有题子瞻《老人行》于壁者。闻范阳书肆亦刻子瞻诗数十篇，谓《大苏小集》。子瞻才名重当代，外至夷虏亦爱服如此。"这是范阳书坊刻印诗文集的例证。在应县木塔内发现的儿童启蒙读物《蒙求》当也是坊刻产物。该书半页 10 行、行 16 字，左右双边，白口，是传世至今屈指可数的辽代刻本之一。

西夏王朝的出版业主要以官刻为主，而有关坊刻的文献记载太少，不得尽窥其详。但在西夏文《音同跋》中有这样一段记载："今番文字者，乃为祖帝朝搜寻。为欲使繁盛，遂设刻字司，以番学士为首，雕版流传于世。后刻工印匠不晓事人等，因贪小利，肆开文场，另为雕刻。彼既不谙文字，未得其正，致使印面首尾颠倒，左右混杂，学者惑之。"① 可见，西夏官刻不能完全满足社会需要，导致有因射利而翻刻官书者。这说明西夏确有坊肆刻书存在。

相比辽、夏而言，金代坊刻要发达得多，刻书地区遍及平阳、宁晋、太原、运城、嵩州、碣石等地。其中平阳（又称平水）是金代的坊刻中心。叶德辉在《书林清话》卷四中说："金源分割中原不久，乘以干戈，惟平水不当要冲，故书坊时萃于此。"安定的地理环境只是一个方面，平阳地区向有雕版印刷的传统，五代家刻先驱毋昭裔就是河东人，北宋河津王氏取瑟堂、解人庞氏也是此地人，加上平阳盛产纸墨、梨枣等木材，具备优越的刻书条件。平阳书坊可考的有书轩陈氏、中和轩王宅、李子文、张谦、姬氏、徐氏等。书轩陈氏刻有《铜人腧穴针灸图经》；中和轩王宅刻有《道德宝章》《新刊韵略》《滏水文集》等；李子文刻《重刊增广分门类林杂说》；张谦刻有《新刊图解校正地理新书》；姬氏刻有《四美人图》；徐氏有刻关羽图像等。今藏国家图书馆的《南丰曾子固先生集》《刘知远诸宫调》《黄帝内经素问》《重编补添分门字苑撮要》也是金平阳坊刻本。由于平阳坊刻的发达，金代还专门在此设立了刻书管理部门。

河北西路的宁晋县是仅次于平阳的刻书地区。宁晋县唐城荆里庄人荆祐，字伯祥，从其祖父始以刻书为业，版行《五经》行世，不出 20 年，"荆氏家籍，布满河朔"。贞祐间

---

① 史金波、黄振华：《西夏文字典〈音同〉序跋考释》，载《西夏文史论丛》，银川：宁夏人民出版社，1992 年。

蒙古骑兵南侵，荆家将《五经》《泰和广韵》等书的版片藏匿起来，待兵灾过后发掘出来，修补完善，再行印卖，仍是销路极好，遍及黄河以北。荆氏刻本流传至今的有《崇庆新雕改并五音集韵》，为崇庆元年（1212 年）荆珍开雕①。此本今藏国家图书馆。

其他可考的金代坊刻还有太原刘氏书坊所刻的《伤寒直格论方》；嵩州福昌孙夏氏书籍铺所刻的《经史证类大全本草》《本草衍义》等；碣石赵衍所刻《李贺歌诗编》等。

四、元代坊刻

元代坊肆刻书风气之盛，较之南宋有过之而无不及。故叶德辉《书林清话》卷四说："元时书坊所刻之书，较之宋刻尤多，盖世愈近则传本多，利愈厚则业者众，理固然也。"仅据叶氏所举，元代坊刻就有 39 家，分布地区主要以建宁为中心。

建宁于至元二十六年（1289 年）称路，辖建安、建阳、崇安等 7 县。建宁路坊刻可考的有刘锦文日新堂刻《春秋集传释义大成》《伯生诗续编》《汉唐事笺对策机要前集》《诗经疑问》《春秋胡氏传纂疏》《太平金镜策》《诗传通释》等；高氏日新堂刻《增广太平惠民和剂局方》等；陈氏庆余堂刻《宋季三朝政要》《续宋中兴编年资治通鉴后集》《续宋编年资治通鉴》等；朱氏与耕堂刻《大广益会玉篇》《续宋编年资治通鉴》等；建安同文堂刻《四书经疑问对》等；建安万卷堂刻《王状元集百家注分类东坡先生诗》等；麻沙万卷堂刻《孟子集注》等；麻沙刘氏南涧书堂刻《书集传》等；建阳刘氏书肆刻《楚国文宪公雪楼程先生文集》等；建阳书林刘克常刻《新笺决科古今源流至论前集》等；建安虞氏务本书堂刻《赵子昂诗集》《新编四书待问》《周易程朱传义》《心镜》等；建安郑天泽文书堂刻《静修集》《增广太平惠民和剂局方》《春秋经传集解》等；建安叶日增广勤堂刻《新刊王叔和脉经》《森志补遗》《针灸资生经》《埤雅》《唐诗始音辑注》等。

建安余氏自南宋刻书兴盛以来，至元时不衰。可考的有余志安勤有堂刻《太平惠民和剂局方》《分类补注李太白集注》《集千家注分类杜工部诗》《三辅黄图》《四书通证》《唐律疏义》《国朝名臣事略》《易源奥义》《易学辨惑》《汉书考证》《后汉书考证》《诗童子问》《诗传纲领》《仪礼图》《新编妇人大全良方》《普济本事方》《诗辑》《春秋后传》《洗冤录》《古列女传》等；余氏勤德堂刻《增修互注礼部韵略》《皇元风雅》《广韵》等；余氏双桂堂刻《书集传》《广韵》《联新事备诗学大成》等。

元代坊刻其他可考的还有平阳曹氏进德斋刻《尔雅注》《中州集》《乐府》等；庐陵胡氏古林书堂刻《新刊补注释文黄帝内经素问》《新刊黄帝灵枢经》《增广太平惠民和剂局方》等；庐陵泰宇书堂刻《增修妙选群英草堂诗余前集》；燕山窦氏活济堂刻《新刊黄帝明堂针灸经》；云衢会文堂刻《集千家注批点杜工部诗集》等；杨氏清江书堂刻《通鉴纲目大全》《大广益会玉篇》等。

---

①　李致忠：《古书版印通论》，北京：紫禁城出版社，2000 年，第 174 页。

从以上所举来看，元代坊刻内容除传统的经史之外，医书有了明显增长，举业之书也较多，如朱熹《四书集注》几乎充塞书市。另外是元曲数量很多，见于元末钟嗣成《录鬼簿》著录的就有400余种，其中不乏坊刻本。为此，叶德辉在《书林清话》卷四中这样评价元代坊刻："大抵有元一代，坊行所刻，无经史大部及诸子善本，惟医书及帖括经义浅陋之书传刻最多。由其时朝廷以道学笼络南人，士子进身儒学与杂流并进。"

五、明代坊刻

明初取消了书籍印刷税，元末不少老字号刻坊得以继续保留下来。同时全国各地又涌现出一大批新的刻坊。明代刻坊数量很多，分布很广，建阳、金陵（南京）、苏州、杭州、北京、新安（徽州）等都是坊刻集中之地。就内容而言，明代坊刻前期多经史读本，后期则多戏曲、小说、医书、类书等通俗读物。就形式而言，多有插图。

1. 建阳坊刻

明代刻书仍以建阳为最盛，而建阳书坊主要集中在麻沙、崇化两地。据周弘祖《古今书刻》不完全统计，明代福建刻书470种，建阳刻书就多至366种。嘉靖《建阳县志》著录建阳书坊刻书更是多达451种。可考的建阳书坊，余氏有勤有堂、双桂堂、余新安勤德堂、余良木自新斋、余德彰萃庆堂、余象斗三台馆（双峰堂）、余南扶、余东泉、余碧泉克勤斋、余良史怡庆堂等25家；叶氏有叶天熹、叶见远、叶翠轩等；刘氏有刘龙田乔山堂、翠岩精舍、安正堂、慎独斋、日新堂等；熊氏有熊冲宇种德堂、熊稔寰燕石居、熊龙峰、熊之璋、熊云滨等；杨氏有杨江清江书堂、杨先春归仁斋、杨美生、杨起元、杨居寀等；郑氏有郑世豪宗文堂、郑少垣联辉堂等。其他还有萧少衢师俭堂、詹易斋西清堂、陈世璜存德堂、罗氏集贤书堂等。其中最著名的有余象斗三台馆、余德彰萃庆堂、刘龙田乔山堂、安正堂、慎独斋、日新堂、熊冲宇种德堂、郑世豪宗文堂、清江书堂等。

明代建阳坊刻，不乏百年以上的老字号。如余氏勤有堂，自宋至明，堪称三代老铺；郑氏宗文堂经营近300年，刘氏日新堂开业192年，刘氏翠岩精舍操刀156年，刘氏安正堂椠梓130余年，亦都是老号新张，名满海内[1]。兹略举其刻书，如勤有堂刻有《朱文公校昌黎先生文集》《杜诗》等；宗文堂刻有《性理大全》《仪礼考注》等；日新堂刻《书传大全通释》《历代道学统宗渊源问对》《通鉴一勺史意》等；翠岩精舍刻有《事林广记》《史钺》《通真子补注王叔和脉诀》《脉要秘括》等；安正堂刻有《医学起源》《诗经疏义会通》《新编汉唐纲目群史品藻》等；清江书堂刻《唐韵》《资治通鉴纲目大全》《新增补相剪灯新话大全》等。

建阳刻坊也不乏后起之秀，如余象斗三台馆、刘洪慎独斋、刘龙田乔山堂等。余象斗（又名余世瞻），字仰止（一字文台），号三台山人，以编刊通俗小说著称于世，先后刻了

---

① 李致忠：《古书版印通论》，北京：紫禁城出版社，2000年，第260页。

《四游记》《列国志传》《诸葛孔明异传》《英烈传》《唐志传》《岳王传》《东西晋演义传》《皇明诸司公案传》等。余氏不仅刻书，而且编书，《皇明诸司公案传》以及《四游记》中的《南游记》和《北游记》就是由他亲自编撰而成的。他刻的书一般都有插图，郑振铎《西谛书话·列国志传》说："（余象斗）刻的书有一个特点，那就是继承了宋元以来建安版书籍的形式，特别着意于'插图'，就像现在印行的'连环图画'似的，上层是插图，下层是文字，图文并茂。"刘洪，字弘毅（亦作宏毅），号木石山人，其刻书活动主要在正德间，先后刻有《十七史详节》《文献通考》《大明一统志》《群书考索前集》及《后集》《续集》《别集》等。他刻书态度严谨，校勘精审，叶德辉称："慎独斋本《文献通考》细字本，远胜元人旧刻。"① 刘龙田，名大易，以字行，家境富裕，其刻书活动主要在万历间。刘氏乔山堂所刻图书多是一般社会阶层通行的书，如《类定缙绅交际便蒙文翰品藻》《五订历朝捷录百家评论》《绣像古文大全》《文房备览》《西厢记》《三国志传》《古今玄相》《麻衣相法》《雪心赋》《图注伤寒活人指掌》《胤产全书》《妇人脉法》《千家姓》等。

2. 金陵坊刻

明胡应麟在《少室山房笔丛·经籍会通四》曾说："吴会、金陵擅名文献，刻本至多，巨帙类书，咸荟萃焉。"作为六朝古都的金陵，文化底蕴深厚，刻书历史悠久。明代后期，湖州、歙县刻工又多迁居至此，更促进了金陵雕版印刷业的发展。金陵刻坊可考的有50余家。其中唐姓最多，有唐对溪富春堂、唐绣谷世德堂、唐氏文林阁、唐鲤跃集贤堂、唐鲤飞、书林唐少桥、唐少村兴贤堂、唐氏广庆堂、唐际云积秀堂、金陵唐晟、唐翀宇、唐廷仁、唐龙泉等。仅万历间唐姓各家所刻之经书、医书、文集、尺牍、琴谱及戏曲小说等就有数百种，尤以唐对溪富春堂刻书最多，不下百种，如《礼记集注》《新刻出相音注劝善目连救母行孝戏文》《新镌图像音注周羽教子寻亲记》等。周姓书坊也不少，如周希旦大业堂、周曰校万卷楼、周近泉大有堂、周氏嘉宾堂、周昆冈、周如泉等。其中周曰校万卷楼刻书较多。周曰校，字应贤，号对峰，刻有《新刻校正古本大字音释三国志通俗演义》《新刊大宋中兴通俗演义》《新镌全像包孝肃公百家公案演义》《新刊京版批评百将传》等。其他的还有王直举、积德堂、吴小山、傅春溟、李潮聚奎楼、胡贤、胡氏少山堂、文枢堂、陈大来继志斋、郑氏奎璧斋、余尚勋、白下书林傅梦龙、金陵雷鸣、毛少纪、赵君耀、刘氏孝友堂、荣寿堂、荆山书林、三山书坊、两衡堂、戴氏、双泉童氏、秣陵种文堂、大盛堂、三多斋、车书楼、人瑞堂、长春堂、萧腾鸿师俭堂、兼善堂、汇锦堂、光裕堂、九如堂、周用书籍铺等。

3. 苏州坊刻

苏州向是人文荟萃之地，雕版印刷历史悠久。明胡应麟在《少室山房笔丛·经籍会通

---

① 《书林清话》卷七。

四》这样评价苏州刻书："余所见当今刻本，苏常为上"，"其精，吴为最"。苏州书坊可考者，有大观堂、天许斋、五雅堂、玉夏斋、世裕堂、白玉堂、同人堂、酉西堂、衍庆堂、清绘堂、陈长卿、贯华堂、童涌泉、敦古斋、开美堂、叶龙溪、叶杏园、叶瞻泉、叶青庵、叶敬池、叶华生、陈仁锡、杨文奎、郑子明、拥万堂、宝鸿堂、宝翰楼等。其中陈长卿、陈仁锡、拥万堂刻书较多。陈长卿刻有《古今医统大全》《刘氏鸿书》《文心雕龙》《妇人良方》等；陈仁锡刻有《三国志》《石田先生集》《陈白阳集》《藏书》《资治通鉴》等。拥万堂刻有《古名儒毛诗解》16 种、《秘书》9 种、《吕东莱先生左氏博议》等。苏州书坊大量刻印小说戏曲，尤其令人注目。①

4. 杭州坊刻

胡应麟《少室山房笔丛·经籍会通四》说："今海内书，凡聚之地有四：燕市（北京）也，金陵（南京）也，阊阖（苏州）也，临安（杭州）也。"杭州刻书虽不能和建阳、金陵相比，但也是明代四大图书聚散地之一。明代杭州可考的书坊有一初斋、胡文焕文会堂、玄览阁、虞九章更生斋、周兆斗、段斐君、容与堂、翁文溪、翁月溪、徐象橒曼山馆、冯念祖卧龙山房、段景亭读书坊等。其中以胡文焕文会堂、容与堂、徐象橒曼山馆、段景亭读书坊刻书最为著名。胡文焕，字德甫，号全庵，一号抱琴居士，于万历、天启间筑文会堂，设肆流通古籍，以编刻丛书著称，刻有《格致丛书》《百家名书》《寿养丛书》《胡氏粹编五种》等；容与堂所刻《水浒传》《幽闺记》《红拂记》《琵琶记》等戏曲本，刻印精良，字体隽美，是明杭州刻本的代表；徐象橒曼山馆刻有《古诗选》《国朝献征录》《东坡先生尺牍》《五言律祖》《玉堂丛话》等；段景亭读书坊刻书较多，有《怡云阁浣纱记》《孔子家语注》《古今诗话》79 种、《徐文长文集》《昭代经济言》《名山胜概记》《关尹子注》《扬子法言注》《证治医便》《五经纂注》等。

5. 北京坊刻

明永乐十九年（1421 年）正式迁都北京。作为国家政治、文化中心的北京，自然也成了出版中心之一。北京书肆虽多，但主要以图书贸易居多，真正刻书还在其次。"燕中刻本自稀，然海内舟车辐辏，筐篚走趋，巨贾所携，故家之蓄，错出其间，故特盛于他处。"②

明代北京可考的书坊有永顺堂、金台汪谅、冯氏忠孝堂、晏氏忠恕堂、金台岳家、铁匠胡同叶铺、国子监前赵铺、刑部街住陈氏、张家书铺、西河沿洪家等。永顺堂是明代前期北京较早的一家刻书铺，刻有南戏《新编刘知远还乡白兔记》及说唱词话 11 种，如《新刊全相说唱开宗义富贵孝义传》《新刊全相唐薛仁贵跨海征辽故事》《新刊全相莺歌孝

---

① 曹之：《中国古籍版本学》（第 3 版），武汉：武汉大学出版社，2015 年，第 318 页。
② 《少室山房笔丛·甲部·经籍会通四》。

义传》《新刊说唱包待制出身传》《新编全相说唱足本花关索传》等；金台汪谅刻有李善注《文选》及《史记集解索隐正义》。在《文选》后刻有一广告性牌记，列出刻书目录，有《史记》《文选》《杜诗》《苏诗》《唐音》《玉机微义》《武经直解》《名贤丛话诗林广记》《韩诗外传》《潜夫论》《太古遗音大全》《臞仙神奇秘谱》《诗对押韵》《孝经注疏》等，这还只是其刻书的一部分；金台岳家在正阳门内大街东下小石桥第一巷内，刻有《新刊大字魁本全相参订奇妙注释西厢记》等；铁匠胡同叶铺在宣武门里，刻有《新刊真楷大字全号缙绅便览》《新刊南北直隶十三省府州县正佐首领全号宦林备览》等；国子监前赵铺刻有《陆放翁诗集》等；刑部街住陈氏刻有《律条便览直引》等；正阳门里东城墙下张家书铺刻有崇祯十六年（1643年）《登科录》等；西河沿洪家刻有《缙绅录》等。

六、清代坊刻

清代坊刻遍及全国，数量甚多，主要集中于北京、南京、苏州及扬州等地。而传统的刻书中心建阳则因麻沙书坊遭遇大火，典籍书板尽付一炬，从此一蹶不振。就内容来看，清代坊刻多民间大众读物，诸如小说、戏曲、唱本、医术、星占、类书、日用杂书等。因书肆多重营利，往往为降低成本而影响书品质量，不如官刻、家刻精美，但它在繁荣文化市场和普及教育方面所起的作用是不容忽视的。

北京书坊的集中地为琉璃厂和隆福寺。琉璃厂位于北京南城正阳门西，辽时名海王村。自明代起，其地即有书肆，至清而大盛。孙殿起辑《琉璃厂小志》引翁方纲《复初斋诗注》语："乾隆癸巳，开四库馆……每日清晨，诸臣入院，设大橱，供茶饭。午后归寓，各以所校阅某书应考某典，详列书目，至琉璃厂书肆访之。是时浙江书贾，奔辏辇下；书坊以五柳居、文粹堂为最。"清代琉璃厂可考书肆有120余家，但主要从事书业贸易。清代中叶以后，不少书肆才开始自行刻书，可考者有30余家，如富文堂、文盛堂、善成堂、近文斋、半坡居士、二酉斋、龙威阁、正文斋、有益堂、奎文堂、宝经堂、藜光阁、书业堂、西山堂、来鹿堂、鉴古堂、文澜堂、荣禄堂、荣锦书屋、文宝堂、宏道堂、文贵堂、荣华堂、文友堂、翰文斋、书业公司、会文斋刻字铺、龙云斋刻字铺、文富堂、聚魁堂、五柳居等。其中富文堂刻《皇明经世文编》《余墨偶谈》《十三经注疏》《全唐诗》《宝绘录》《昭明文选》等；文盛堂刻《关帝事迹征信编》《元龙杂字》《六部成语》等；善成堂刻《监本书经》《唐诗三百首补注》《说唐前传》等书49种；近文斋刻《产科四十三症》等；半坡居士刻《贰臣传》《南疆绎史勘本》等；二酉斋刻《鉴撮》等；龙威阁刻《北徼汇编》等；正文斋刻《长安获古编》等；有益堂刻《汇刻书目》《五方元音》《儿女英雄传》等；奎文堂刻《客窗闲话》等；宝经堂刻《绣像第一才子书》等；藜光阁刻《三字经注解备要》《百家姓考略》《千字文释义》等；书业堂刻《景德镇陶录》等；西山堂刻《十五家妙契同岑集谜选》等；来鹿堂刻《平易方》《太上感应篇图说》等；鉴古堂刻《辑宋诗抄》等；文澜堂刻《东塾读书记》等；荣禄堂刻《朝市丛载》《洗冤录详议》《经略洪承畴奏对记》等；荣锦书屋刻《满洲名臣传》《钦定宗室王公功绩表传》等；

文宝堂刻《字法举一歌》等；宏道堂刻《笠翁对韵千家诗》等；文贵堂刻《御批历代通鉴辑览》等；荣华堂刻《圆通广禅师语录》等；文友堂刻《吉金志存》《宸垣识略》《古今集联》等；翰文斋刻《元遗山先生全集》《潘刻五种》《贷园丛书初集十二种》《樊川全集》《清秘述闻》《墨缘汇观计法书》《士礼居藏书题跋记》《百宋一廛赋注》等；书业公司刻《冬心先生集》等；会文斋刻字铺刻《阴骘文图说》等；龙云斋刻字铺刻《太上感应篇图说》等；聚魁堂刻《连镇跑》《红旗掌》《头本康有为进书》《红灯照叹十声》等唱本；五柳居刻《十三经注疏》《太玄经集注》等。

北京隆福寺也有不少书肆刻书印卖，如聚珍堂、宝书堂、文成堂、老二酉堂等。聚珍堂刻印过《孙子兵法》《幼学琼林》《书经》《御制翻译四书》《清语摘抄》《初学必读》《四书章句》《红楼梦赋》《满文圣谕广训》等；宝书堂刻过《蒙古游牧记》等；文成堂刻有《牛马经》《新注韵对千家诗》《龙文鞭影》《唐诗三百首注释》《绣像升仙传》《监本易经》《监本书经》《小学集注》《监本诗经》《四书备旨》等；老二酉堂刻有《四书章句》《说岳全传》等书。

清代南京的坊刻，其刻书种类仍集中在通俗小说、诗文选本等方面。一些由明入清的老书坊如奎璧斋、大业堂、世德堂等，新设书坊如芥子园、萃文书屋、李光明庄等，都有刻本传世。其中以李光明庄最为知名。李光明庄主人李光明，字椿峰，号晓星樵人，设书肆于金陵聚宝门三山街。其所刻图书，前多印有广告性质的告白启事，版心下印"李光明庄"四字，有的还在刊叶附刻书目录。据其所刻《书经》刊叶目录所记，李光明庄刻印图书凡167种，其中经部41种、史部6种、子部3种、集部52种、启蒙类24种、闺范类4种、医算杂学类24种、善书类13种。目录下方用白文标明"以上价目，一律制钱，不折不扣"。

清代苏州书坊林立，是当时的刻书中心地区之一。可考的刻坊有扫叶山房、书业堂、文学山房、四美堂、聚文堂、黄金屋、绿荫堂等。其中最著名的当属席氏扫叶山房。相传席玉照的扫叶山房初创于明万历年间，最初设坊于苏州。毛晋汲古阁衰落后，其《十七史》书版便转归席氏所有。扫叶山房刻书内容非常广泛，经史四部、笔记小说、村塾读本，一应俱全。由于品种丰富，经营得法，直到光绪间还在上海开设分号，在汉口设立分支机构，堪称清代刻书持续时间最长、影响最大的民间书坊。扫叶山房刻本传世已稀，最早的为汲古阁版《十七史》、补刻《旧唐书》及《旧五代史》。乾隆间刻印了《东都事略》《契丹国志》《大金国志》《元史类编》。嘉庆间刻有《唐六典》《东观汉记》；同、光间刻《绣像评点封神榜全传》《千家诗》《龙文鞭影》《童蒙四字经》等。书业堂刻书以小说为重点，所见传世本有乾隆间所刻《说呼全传》《豆棚闲话》《新刻批评绣像后西游记》及嘉庆间刻《英云梦传》等。苏州文学山房，主人江氏，刻有《望炊楼丛书》七种，《心矩斋丛书》十多种，又以木活字排印《江氏聚珍版丛书》（亦名《文学山房丛书》）。其他还有四美堂刻《龙图公案》；聚文堂刻《十子全书》；金阊书坊黄金屋刻《新刻世无匹传奇》；绿荫堂刻有《国语》《瘟疫论》等。

此外，扬州的文富堂刻有《瘟疫论》；宁波群玉山房校刻了《瘟疫条辨》等医术。

伴随着清末官书局的崛起，西方印刷新技术逐渐传入，图书市场供应量不断增大，书坊自己雕版印书的赢利可能还不及销售。特别是宋元古本日渐稀少，从事古书收购鬻卖的赢利会更大。于是，刻书坊开始分化，一部分转向以经营销售为主，间亦刻书；另一部分既自刻书亦接受委托刻书；还有一部分则成为专门接受委托刻书业务的专业作坊。当西方先进的铅印、影印等印刷技术在我国广泛应用之后，当近代普及教育的浪潮汹涌而至之时，以运用新技术大规模出版社会需求广泛的普及性文化教育书籍为主的现代民营出版企业开始大踏步走上历史舞台。雕版印书的社会需求大幅萎缩，以其为主要经营内容的书坊慢慢退出历史舞台，完成了自己的历史使命。

第二节　家刻系统的形成与发展

一、唐、五代家刻

家刻，是指不以盈利为目的，由私人出资刻印的图书。多以学问崇尚、文化推广、知识传播为目的，所以校刻精审，质量往往胜出坊刻一筹。

私家刻书，唐代已发其端。早期家刻，为了广积功德，多限于刻印佛经。如敦煌莫高窟石室中曾发现《金刚般若波罗蜜经》一卷，长16尺、高1尺，由7张印页粘连而成，卷末题"咸通九年（868年）四月十五日王玠为二亲敬造普施"，现藏英国伦敦大英图书馆。这是私人为双亲祈福而出资刻印佛经的例子。

五代时期，家刻有了很大的发展，代表人物有和凝、毋昭裔等。和凝，字成绩，汶阳须昌人。后唐天成中入拜殿中侍御史，历礼、刑二部员外郎，后迁中书舍人，工部侍郎；后晋时拜端明殿学士，兼判度支；后汉时授太子太保；后周显德二年（955年）卒。据《旧五代史·和凝传》载其"半生为文章，长于短歌艳曲，尤好声誉。有集百卷，自篆于版，模印数百帙，分惠于人焉"。这表明，五代时已出现私人自刻文集了。这里的自刻当然不是指作者自己操刀雕版，而是指由作者亲自主持，或由作者自己出资请工匠雕版印刷。毋昭裔，后蜀宰相。据《宋史·毋守素传》："毋守素，字表淳，河中龙门人。父昭裔，伪蜀宰相、太子太师致仕……昭裔性好藏书，在成都令门人勾中正、孙逢吉书《文选》《初学记》《白氏六帖》镂板，守素赍至中朝，行于世。"又据宋人委心子《新编分门古今类事·毋公印书》："毋公者，蒲津人也，仕蜀为相。先是公在布衣日，尝从人借《文选》及《初学记》，人多难色。公浩叹曰：'余恨家贫，不能力致。他日稍发达，愿刻板印之，庶及天下习学之者。'后公果于蜀显达，乃曰：'今日可以酬宿愿矣。'因命工匠日夜雕板，印成二部之书。公览之，欣然曰：'适我愿兮。'复雕九经诸书。两蜀文字，由是大兴。"据上可知，毋昭裔先后刻印了《文选》《初学记》《白氏六帖》及《九经》诸书，刻印时间在后蜀孟昶广政十六年（953年）前后。

另据文献记载，五代其他家刻还有前蜀乾德五年（923 年）昙域刻《禅月集》、后晋天福五年（940 年）张荐明刻《道德经》、前蜀任知玄刻《道德经广圣义》，另有五代刻本《唐韵》《切韵》等。据传本《禅月集》昙域后序云："暇日或勋贤见访，或朝客相寻，或有念先师所制一篇二篇，或记三句五句，或未闲深旨，或不晓根源。众请昙域编集前后所制歌诗文赞，日有见问，不暇枝梧，遂寻检稿草及暗记忆者约一千首，乃雕刻板部，题号《禅月集》。时大蜀乾德五年癸未岁。"此序记载了昙域刻印《禅月集》的缘由和时间。《旧五代史·晋书·高祖本纪》云："是时帝好《道德经》，尝召荐明讲说其义，帝悦，故有是命。寻令荐明以《道》《德》二经雕上印板，命学士和凝别撰新序，冠于卷首，俾颁行天下。"张荐明投后晋高祖石敬瑭所好，为其刻印了《道德经》。又据日人森立之《古文旧书考》卷下引文，知前蜀任知玄尝自出俸钱，召雇良工，开雕杜光庭的《道德经广圣义》三十卷。自前蜀武成己巳二年至永平癸酉三年（909—913 年），五年间雕成 460 余块版片，藏在龙兴观，印造流行。五代刻本《唐韵》和《切韵》，见著录于清人罗振玉《鸣沙石室秘录》，其书为法人伯希和所窃取，现藏巴黎图书馆。

唐五代时期为家刻的初步发展时期。因私人财力毕竟有限，家刻通常以小部帙的个人诗文集为主，主要是为了传播自己的作品。另外就是单本佛经的雕印也比较多。像毋昭裔那样以宰相身份刻印卷帙浩繁的类书和群经的毕竟是少数。

二、宋代家刻

宋代私宅家塾刻书非常普遍。陆游云："近世士大夫所至，喜刻书版。"① 陆游、洪适、叶梦得、周必大、范成大、朱熹、杨万里、姚宪等一百多位士大夫在各地做官时，兼事编辑刻书活动。据叶德辉《书林清话》卷三《宋私宅家塾刻书》著录的有 47 家，如岳珂相台家塾、廖莹中世綵堂、蜀广都费氏进修堂、临安进士孟祺、京台岳氏、建邑王氏世翰堂、建安蔡子文东塾之敬室、寇宅、瞿源蔡潜道宅墨宝堂、清渭何通直宅万卷堂、麻沙镇水南刘仲吉宅、麻沙镇南斋虞千里、建溪三峰蔡梦弼傅卿家塾、吴兴施元之三衢坐啸斋、王抚干宅、锦溪张监税宅等。

宋代家刻内容，经史子集俱全。经书如岳珂相台家塾刻《九经》《三传》，廖莹中世綵堂刻《五经》《论语何晏集解》《春秋经传集解》，秀岩山堂刻《增修互注礼部韵略》，建安刘叔刚宅刻印《附释音礼记注疏》《附释音毛诗注疏》，婺州市门巷唐宅刻印《周礼郑注》等。史书如蜀广都费氏进修堂刻印《资治通鉴》、建邑王氏世翰堂刻印《史记索隐》、麻沙镇水南刘仲吉宅刻《新唐书》、麻沙镇南斋虞千里刻《十七史蒙求》、建溪三峰蔡梦弼傅卿家塾刻《史记》、建安黄善夫宗仁家塾刻《史记正义》、建安刘元起家塾刻《后汉书》、王叔边刻印《后汉书注》及《志补注》、毕万裔宅富学堂刻印《李侍郎经进六朝通鉴博议》等。子书如瞿源蔡潜道宅墨宝堂刻《管子》、建安虞氏家塾刻《老子道德

---

① （宋）陆游：《渭南文集》卷二十六《跋历代陵名》。

经》、茶陵谭叔端刻《新刊淮南鸿烈解》、崇川于氏刻《新纂门目五臣音注扬子法言》《新增丽泽编次扬子事实品题》《新刊扬子门类题目》，王氏取瑟堂刻《中说注》等。诗文集如廖莹中世绥堂《韩昌黎集》《刘河东集》、临安进士孟祺刻《文粹》、建安蔡子文东塾之敬室刻《击壤集》、王抚干宅刻《颐堂先生文集》、吉州东冈刘宅梅溪书院刻《卢溪先生集》、建安魏仲举家塾刻《新刊五百家注音辨昌黎先生文集》、建安王懋甫桂堂刻《选青赋笺》、眉山文中刻《淮海先生文集》、姑苏郑定刻《重校添注柳文》、婺州东阳胡仓王宅桂堂刻《三苏文粹》等。从以上所举可以看出，宋代家刻以正史、正经和诸子文集为多，这与理学发达有关。下面重点介绍宋代家刻代表人物。①

朱熹（1130—1200 年），字元晦（一字仲晦），号晦庵，别称紫阳。徽州婺源人，侨寓建阳。他不仅是一位著名学者，而且是一位杰出的出版家。朱熹刻书有两个目的：一是传播文化。朱熹一生致力于著书讲学，刻书是其传播文化的一种重要方式；二是谋生，朱熹一生清贫，每每称穷，被迫"刊小书板以自助"②。对此，他的朋友张栻颇不以为然，要他别寻门路，朱熹认为"别营生计，顾恐益猥下耳"③。据文献记载，朱熹刻过"四经"（即《周易》《尚书》《诗经》《春秋左传》）、"四子"（即《论语》《孟子》《大学》《中庸》）、《礼书》《论孟精义》《近思录》《南轩集》《献寿记》《永城学记》等。此外，他还帮助别人刻过不少书。朱熹刻书态度十分严谨，与当时的滥刻之风形成了鲜明的对比。有一次，学官未经他允许刻印了他未成熟的著作，朱熹马上去信予以劝阻，并自己掏钱把已刻好的印版买下销毁。他重视底本选择，反复比较各本优劣，择优而从。底本确定后，请书工认真抄写，校对后才予以付梓。版片刻成之后，还要多次校勘，发现错误，就请刻工赶快修改。绍熙二年（1191 年），朱熹在临漳（今福建漳州）主持刻印"四经""四子"，由于刻印方面的原因，存在一些错误，朱熹马上令匠人改正。《南轩集》是著名学者张栻的文集，当时已有多种刻本流传，但比较而言，以朱熹刻本为优。别本主要收录张栻早期不成熟的"少作"，朱本除收录"少作"之外，还收录了不少最新发现的作品；别本往往随便填补文中空字，朱本则保持本来面目，暂付阙如。朱熹还亲自参与刻书活动，事必躬亲，与工匠相处融洽。他曾题有《赠书工》诗："平生久耍毛锥子，岁晚相看两秃翁。却笑孟尝门下士，只能弹铗傲东风。"形象地刻画了书工的工作特点，高度评价了书工的职业精神。在长期的出版实践中，朱熹颇通经营之法，特别注意根据市场需求来决定图书的印数。为了扩大图书宣传，还备有刻书目录，供读者索阅。当然，朱熹虽然刻书卖书，但他总是把刻书质量放在第一位，绝不唯利是图。他对"只要卖钱"的书贾十分反感，他在《朱文公集·答廖子晦》中说："今人得书不读，只要卖钱，是何见识！苦恼杀人，奈何奈何！"朱熹刻书，终其一生，直到晚年左目失明，仍坚持刻书。

---

① 曹之：《中国古籍版本学》（第 3 版），武汉：武汉大学出版社，2015 年，第 213~219 页。
② （宋）张栻：《南轩集·致朱元晦》。
③ （宋）朱熹：《朱文公文集·别集》。

陆游（1125—1210 年），字务观，号放翁，山阴人，藏书室名"书巢"，也喜刻书。他曾于乾道九年（1173 年）刻《岑嘉州集》；淳熙七年刻（1180 年）《陆氏续集验方》；淳熙十三年（1186 年）刻《江公奏议》等。陆游的先祖陆贽为唐代大臣，后贬至四川忠州，因集古方书数卷，陆家后世俱喜方书，至陆游时编为《陆氏续集验方》，付梓刊行。陆游跋曰："予家自唐丞相宣公在忠州时，著《陆氏集验方》。故家世喜方书。予宦游四方，所获亦以百计，择其尤可传者，号《陆氏续集验方》，刻之江西仓司民为心斋。淳熙庚子十一月望日，吴郡陆某谨书。"陆游之子陆子遹继承父志，也喜刻书。他刻的书主要是陆游的著作，如《剑南诗稿》《渭南文集》《老学庵笔记》等。《渭南文集》刻于南宋嘉定十三年（1220 年），"游"字缺笔避陆游讳，刻工有陈彬、吴椿、董澄、金滋、马祖、丁松年、徐琪、邵亨、刘昭、马良等，皆当时杭州地区良工。明弘治间无锡华珵铜活字本，即据此本排印。《老学庵笔记》是陆游晚年退隐镜湖之后的著作，陆游生前并未刊行。直到宋理宗绍定元年（1228 年）才由子遹印行，这是唯一的宋本。如果不是陆子遹刻本，陆游的许多著作可能就会失传，那将是一个无可弥补的损失。

廖莹中，字群玉，号药洲，福建绍武人，刻有《九经》《昌黎先生集》《河东先生集》《文选》等。其刻《九经》，"凡用十余本对定，各委本经人点对，又圈句读，极其精妙，皆以抚州萆抄清江纸、造油烟墨印刷，其装饰至以泥金为签。然或者惜其删略经注为可议耳"①。韩柳二集刻于度宗咸淳间，"二集字体版式悉同，书法在褚柳间，秀雅绝伦"②。

宋代家刻除了朱、陆、廖三家之外，广都费氏、蔡梦弼、黄善夫、魏仲举等也很著名。

三、辽、西夏、金代家刻

辽代家刻有冯绍文、杨家等。辽刻《妙法莲华经》卷四题记云："经板主前家令判官银崇禄大夫检校国子祭酒兼监察御史武骑尉冯绍文抽己分之财，特命良工书写雕成《妙法莲华经》壹部，印造流通。"冯绍文作为一介文士和官僚，既有刻书之才，又有刻书之力，除了为造功德刻印佛像之外，还当刻有其他图书。辽刻《上生经疏科文》题记云："燕京仰山寺前杨家印造"；辽刻《妙法莲华经》卷四题记云："燕京檀州街显忠坊南颊住冯家印造"。这里的"杨家"和"冯家"自然当属家刻。又据李有棠《辽史纪事本末》卷六《西北部族属国叛服》考异引证《续通考》说："辽一代内府书籍，重熙末始建秘书监收掌之。清宁元年（1055 年）十二月，诏设学，颁五经传疏。八年（1062 年）十月，禁民间私刊印文字。十一月，诏求乾文阁所阙经籍，命儒臣校雠。咸雍十年（1074 年）十月，诏有司颁行《史记》《汉书》。大安二年，召儒林学士赵孝严、知制诰王命儒等讲《五经》大义。"据这段话可知，在清宁八年（1062 年）之后，辽国民间私自刊印图书是禁止的，

① （宋）周密：《志雅堂杂抄》卷下。
② 北京图书馆编：《中国版刻图录·昌黎先生集解题》，北京：文物出版社，1961 年。

那么图书的印行只能通过官刻。这也从侧面说明，此前辽代民间刻书已很普及，以至到了有碍于政治的地步。

西夏家刻文献记载不多，且多与刻印佛经有关。惠宗天赐礼盛国庆五年（1073年），信徒陆文政为"报父母同拯之德"，"特舍净赂，恳尔良工，雕刻板成，印施含识"①。这是现知有明确纪年的西夏最早的刻本。其他家刻还有：西夏仁宗天盛四年（1152年）僧人刘德真雕印的《注华严法界观门》，其发愿文曰："今有德真幸居帝里，喜遇良规，始欲修习，终难得本。至以口授则音律参差，传写者句文脱谬，致罢学心，必成大失。是以恭舍囊资，募工镂板，印施流通。"天盛十九年（1167年），"太师上公总领军国重事秦晋国王"任得敬为了"速愈沉疴"，"镂板印施"《金刚般若波罗密经》；桓宗天庆七年（1200年），仇彦忠等为父母"同往净方"，印施《圣六字增寿大明陀罗尼经》600余卷。这些都是由个人出资的刻经，是典型的家刻。当然也有多人集资发愿刻印佛经的，如仁宗人庆三年（1146年）由宗室御史台正嵬名直本为"结缘之首"雕印的《妙法莲华经》，是由宗室提供"日费饮食"，由"清信弟子雕字人王善惠、王善园、贺善海、郭狗埋等"集体刻印的。②

金代家刻据文献可考的有：皇统九年（1149年）山西太原府榆次县郭氏刻《大方广佛华严经合论》，经尾刻"太原府榆次县仁义乡小郭村都维那郭旺、副都维那郭仲"（注："都维那"是一种僧职），并题刻"当乡小冀村施板人李展"；大定二十九年（1189年）平阳李子文刻其同乡王朋寿所撰《重刊增广分门类林杂说》；明昌三年（1192年）张谦刻《新刊图解校正地理新书》；泰和四年（1204年）平阳府张存惠晦明轩刻《重修政和经史证类备用本草》，泰和六年（1206年）张氏又刻《丹渊集》；崇庆元年（1212年）河北宁晋荆珍刻《崇庆新雕改并五音集韵》；正大六年（1229年）平阳王文郁刻《增注礼部韵略》。另外年代不确的有：苏伯修刻《补正水经》、朱抱一刻《重阳教化集》、王宾刻《道德经取善集》、常氏刻《校补两汉策要》、苗君瑞刻《琴辨》、孙执中刻《素问玄机原病式》、平阳刘敏仲编刻《尚书注疏》等。从以上所举来看，金人家刻内容相对辽、西夏来说要丰富得多，佛经之外，还有经书、别集、医书、地理书等，刻书地域则主要以平阳（又称平水，今山西临汾）为主。

四、元代家刻

元代家刻不让于宋代，仅叶德辉《书林清话》卷四《元私宅家塾刻书》就著录有39家，如平阳府梁宅、平阳许宅、建安郑明德宅、陈忠甫宅、花谿沈氏家塾、古迁陈氏家塾、云坡家塾、安成郡彭寅翁崇道精舍、虞氏南谿精舍明复斋、平阳曹氏进德斋、存存

---

①　西夏天赐礼盛国庆五年（1073年）刻本《大般若波罗蜜多经》记陆文政发愿文。

②　史金波：《西夏佛教史略·西夏碑碣铭文、佛经序跋发愿文、石窟题记》，银川：宁夏人民出版社，1988年。

斋、孙存吾如山家塾益友书堂、考永堂、平阳高昂霄尊贤堂、范氏岁寒堂、复古堂、丛桂堂、严氏存耕堂、平阳司家颐真堂、唐氏齐芳堂、汪氏诚意斋集书堂等。

就刻书内容来讲，元代家刻经史子集一应俱全，尤以经部和集部书为多。如经书有平阳府梁宅元贞二年（1296年）刻《论语注疏》，平水曹氏进德斋大德三年（1299年）刻《尔雅郭注》，刘君佐翠岩精舍延祐元年（1314年）刻《周易传义》，建安郑明德宅天历元年（1328年）刻《礼记集说》，存存斋至正八年（1348年）刻《周易集说》，崇川书府至正十一年（1351年）刻《春秋诸传会通》等；史书如平阳道参幕段君子成中统二年（1261年）刻《史记集解附索隐》，刘霞卿大德十年（1306年）刻《汉书》，云衢张氏至治三年（1323年）刻《宋季三朝政要》，苏天爵至正九年（1349年）刻《两汉诏令》，建安詹璟至正九年（1349年）刻《蜀汉本末》，刘君佐翠岩精舍至正十四年（1354年）刻《陆宣公奏议》，丛桂堂至正二十二年（1362年）刻《通鉴续编》，安成郡彭寅翁崇道精舍无年号刻《史记集解索隐正义》等；子书如古迁陈氏家塾无年号刻《尹文子》，孝永堂大德八年（1304年）刻《伤寒论》，精一书舍陈实夫延祐四年（1317年）刻《孔子家语》，其他刊刻年号不详的有严氏存耕堂刻《和济局方图注本草药性歌括总论》，平阳司家颐真堂刻《御药新方》，余彦国励贤堂刻《新编类要图注本草》，麻沙刘通判宅仰高堂刻《纂图分门类题注荀子》等；诗文集如孙存吾如山家塾益友书堂至元六年（1269年）刻《范德机诗集》，丁思敬大德八年（1304年）刻《元丰类稿》，平水高昂霄尊贤堂皇庆二年（1313年）刻《河汾诸老诗集》，李怀素延祐六年（1319年）刻《知常先生云山集》，刘君佐翠岩精舍泰定四年（1327年）刻《朱子诗集传附录纂疏》，范氏岁寒堂天历元年（1328年）刻《范文正集》，陈忠甫宅天历三年（1330年）刻《楚辞朱子集注》，复古堂后至元三年（1337年）刻《李长吉歌诗》，花谿沈氏家塾后至元五年（1339年）刻《松雪斋集》，西园精舍至正二十四年（1364年）刻《诗苑珠丛》，云坡家塾无年号刻《类编层澜文选前集》等。除私宅家塾刻书外，一些家族祠堂也参与了刻书，如金华吕氏祠堂刻印过吕本中《童蒙训》二卷，严陵赵氏祠堂刻印过《赵复斋易说》六卷等。

元代家刻以岳浚、李璋、刘贞等为代表。岳浚，字仲远，义兴（元属常州路）人，抗金名将岳飞九世孙，积书多至万卷。元初据宋廖莹中世绿堂本增补成《九经三传沿革例》，刻之家塾，刻本现存《春秋经传集解》《周易》《论语》《孟子》《孝经》及《周礼》残帙，现藏于国家图书馆。岳浚刻书的特点是重校勘，为了刻好"九经三传"，他一共用了23种版本进行比较，于书本、字画、注文、音释、句读、脱简等皆有考证。《九经三传沿革例》集中反映了岳氏的校勘成果。"九经三传"对后世影响很大，多翻刻和影抄本传世，如《易》《书》《诗》《礼记》《左传》有明翻刻本、清武英殿翻刻本；《四部丛刊》中有长沙叶氏观古堂藏明翻岳氏《周礼》十二卷影印本及江阴缪氏藏昆山徐氏影抄相台岳氏《孝经》影印本等。

李璋，山东钜野人。"是时干戈未宁，六经板本中原绝少，学者皆自抄写以成书。其后朱子《论语》《孟子》集注，《大学》《中庸》章句传至北方，学者传授，版本至者尚寡，犹不能无事手录"，李璋遂请命刻书，先刻成《易》《书》《诗》《礼》，后又刻《春秋左氏传》及朱子《四书》。为了保存久远，特意将《四书》的版片加厚，字加大。考虑到北方气候干燥，版片易裂，乃"取生漆加布其四端，归诸孔庙之下，俾久于模印而无坏"①。

刘贞，字庭干，海岱人，以文儒起家。出为嘉兴路总管，擢授海道都漕运使。他刻的书有《大戴礼记》《逸周书》《韩诗外传》等。其父名克诚，字居敬，号节轩先生，嗜校古书，"庭干所刻皆节轩所校"②。

五、明代家刻

明代初期，家刻种类不多，印数亦少，已知的有洪武十年（1377年）浦江郑济、郑洧等人刻印宋濂《宋学士文粹》；十七年（1384年）新喻付若川辑刻《付与砺文集》；三十一年（1398年）蔡伯庸刻《高季迪赋姑苏杂咏》；宣德七年（1432年）周思德刻《道德经讲义》等。明代中期以后，特别是正德、嘉靖间，兴起了翻刻、影刻宋版之风，其源出于以苏州、吴县为中心的一批私人藏书家。其中较著名的有正德间陆元大翻刻宋建康郡斋本《花间集》《晋二俊集》《李太白集》；嘉靖间袁褧嘉趣堂翻刻宋淳熙严州郡斋本《世说新语》和宋本《六臣注文选》；震泽王延喆翻刻宋黄善夫本《史记》；沈与文野竹斋翻刻《西京杂记》《韩诗外传》《唐荆川集》；吴元恭太素馆仿刻宋本《尔雅经注》，被清阮元誉为经注本之最善者；黄省曾刻影宋本《山海经》《水经注》；顾春世德堂摹刻宋本《六子全书》；郭云鹏济美堂摹刻宋本《柳河东集》等。以上刻书家均为吴县人，由于他们都是藏书家，注重善本，精加校勘，所刻书都可与宋本媲美。在这种风气的带动下，全国刻书事业得到迅速发展，涌现出一大批刻书家，著名者有李瀚、朱承爵、张习、许宗鲁、洪楩、袁褧、顾元庆、顾起经、郭勋、郭云鹏、闻人铨、范钦、胡宗宪、范惟一、王世贞、张佳胤、杜思、吴勉学、吴琯、冯梦祯、屠隆、张燮、李之藻、曹学佺、臧懋循、张溥、胡正言、毛晋等。

李瀚，字叔渊，沁水人，成化十七年（1481年）进士，刻有《三辅黄图》《中州集》《韦苏州集》《遗山先生文集》《二程全书》《容斋随笔》等；朱承爵，字子儋，江阴人，室名存余堂，刻《浣花集》《黄太史精华录》《庾开府诗集》《樊川诗集》《西京杂记》等；张习，字企翱，吴县人，室名金兰馆，刻《雁门集》《静居集》《夷白集》《侨居集》等；许宗鲁，字东侯，咸宁（今西安）人，室名宜静书屋，刻《国语解》《古文音释》《太白山人诗》《吕氏春秋训解》等；洪楩，字子美，钱塘人，室名清平山堂，刻《清平山堂话本》《六臣注文选》《路史》《唐诗纪事》等；袁褧，字尚之，吴县人，室名嘉趣堂，刻《六家文选注》《大戴礼记注》《楚辞集注》《世说新语》《国宝新编》等，其中

① （元）虞集《道园学古录·跋济宁李璋所刻九经四书》。
② （清）缪荃孙：《艺风藏书记》卷二。

《六家文选注》刻印时间长达 16 年。顾元庆,字大有,长洲人,室名夷白堂,刻《梓吴四十种》《顾氏山房丛刊四十种》《阳山顾氏文房小说四十种》;顾起经,字长济,无锡人,室名奇字斋,刻《类笺唐王右丞诗集》《国雅》《标题补注蒙求》等;郭勋,明开国功臣郭英五世孙,袭爵武定侯,刻《元次山集》《白乐天文集》《三家世典》《将鉴通论》《水浒传》《三国志演义》等;郭云鹏,吴县人,室名济美堂、宝善堂,刻《曹子建集》《分类补注李太白诗》《欧阳先生文粹》《编选四家宫词》等;闻人铨,字邦正,余姚人,刻《旧唐书》《阳明先生文录》《周礼注疏》《甘泉文集》等;范钦,字尧卿,鄞县人,刻《范钦奏议》《阮嗣宗集》《范氏奇书二十一种》《天一阁集》《司马温公稽古录》;胡宗宪,字汝真,绩溪人,刻《阳明先生文录》《传习录》《诗说解颐总论》《十岳山人诗集》等;范惟一,字于中,华亭人,刻《吴兴掌故集》《逊志斋集》《释名》《范文正公集》等;王世贞,字元美,太仓人,刻《乔庄简公集》《沧溟先生集》《皇明盛事》《华礼部集》等;张佳胤,字肖甫,铜梁人,室名双柏堂,刻《越绝书》《华阳国志》《尽言集》《天目先生集》等;杜思,字子睿,四明人,室名资深堂,刻《革朝遗忠录》《徐干中论》《齐乘》《皇极经世观物篇释义》等;吴勉学,字肖愚,歙县人,室名师古斋,刻《九经白文》《性理大全》《河间六书》《海岳山房存稿诗》等;吴琯,字仲虚,漳浦人,室名西爽堂,刻《新制诸器图说》《大唐西域记》《洛阳伽蓝记》《三国志》《水经注》等;冯梦祯,字开之,秀水人,室名快雪堂,刻《妙法莲华经》《陶靖节集注》《大唐新语》等;屠隆,字纬真,鄞县人,刻《董西厢》《唐诗品汇》《竹箭编》《徐孝穆集》《庾子山集》等;张燮,字绍和,福建龙溪人,刻有魏晋南北朝诗文别集 72 种及"初唐四子"集等;李之藻,字振之,仁和人,刻《天学初函》《泰西水法》《淮海集》《江湖长翁集》等;曹学佺,字能始,侯官人,刻《唐黄御史集》《欧阳四门集》《大明一统名胜志》《石仓历代诗选》等;臧懋循,字晋叔,长兴人,刻《古逸词》《古诗所》《唐诗所》《元曲选》等;张溥,字天如,太仓人,刻《汉魏六朝一百三家集》《删定名贤奏议》等;胡正言,字曰从,室名十竹斋,原籍新安,寓居南京鸡笼山侧,刻《订补简易备验方》《敬事草》《薛氏医案九种》《皇明诏制》等。①

从以上所举可以看出,明代家刻地域分布广泛,尤以江浙两省发达;就刻书内容而言,诗文集最多,出现了戏剧、通俗小说;以刊者身份而言,不少刻书家即是藏书家。毛晋即是他们中的杰出代表。

毛晋(1599—1659 年),常熟人,原名凤苞,字子九;后易名晋,字子晋;别号潜在、隐湖、戊戌生、汲古阁主人、笃素居士等。室名有绿君亭、汲古阁、目耕楼、读礼斋、载德堂、笃素居、宝月堂、追云舫、续古草庐等,其中以汲古阁最为著名(见图 6-2)。

毛晋的一生是藏书刻书的一生,从明天启元年(1621 年)至清顺治十六年(1659

---

① 参考曹之:《中国古籍版本学》(第 3 版),武汉:武汉大学出版社,2015 年,第 298~305 页。

图 6-2　明代著名出版家毛晋

年）去世，共刻书 600 余种，数量之多，无人能及。天启年间是毛晋刻书的起步阶段，先后刻印了《续补高僧传》《剑南诗稿》《神农本草经注疏》以及《三家宫词》《风骚旨格》《二家宫词》《极玄集》等书籍。崇祯年间是毛晋刻书的鼎盛时期，如崇祯元年（1628年）刻《唐人选唐诗八种》《杨大洪先生忠烈实录》；二年（1629 年）刻《群芳清玩》；三年（1630 年）刻《津逮秘书》，五年（1632 年）刻《宝晋斋四刻》，七年（1634 年）刻《确庵文集》，八年（1635 年）刻《弃草诗集》和《秦张两先生诗余合璧》，十一年（1638 年）刻《元人十种诗》，十二年（1639 年）刻《重刻历体略》，十六年（1643 年）刻《明僧弘秀集》。以及自崇祯元年到十七年（1628—1644 年）刻成了两部巨著《十三经注疏》和《十七史》。此外，还刻有《文选注》《六十种曲》《汉魏六朝三百名家集》等。入清之后，毛晋的主要精力放在收集散佚、修补损毁版片方面，如《十七史》在战争期间就损毁了不少，直到顺治十三年（1656 年）才修补完毕。毛晋刻书数量多，雕印精工，质量好，对后世影响很大。其刻书有以下特点：

第一，刻书多以宋本为底本。毛晋认为宋本未经重刻，最为可据。据荥阳悔道人《汲古阁主人小传》："（毛晋）性嗜卷轴，榜于门曰：'有以宋椠本至者，门内主人计页酬钱，每页出二百；有以旧抄本至者，每页出四十；有以时下善本至者，别家出一千，主人出一千二百。'于是湖州书舶云集于七星桥毛氏之门矣。邑中为之谚曰：'三百六十行生意，不如鬻书于毛氏。'前后积至八万四千册，构汲古阁、目耕楼以庋之。"他还与苏、浙、皖等地藏书家保持密切联系，书信往来，补亡析疑。在毛晋家周围二十里内，有杨彝风基楼、钱谦益绛云楼，都藏有许多珍本。毛晋经常从诸藏书家那里借来多种善本加以比较。

第二，刻书重视校勘。毛晋高价获取珍贵的宋元版本，并不只是为了收藏，而是"必手自雠校，亲为题评，无憾于心，而始行于世"[1]。但由于他刻书规模过大，单靠他个人

① （明）王象晋：《隐湖题跋·序》。

之力来校勘是不够的，因此招聘了儒、释、道三家名流担任校勘工作，还分别为他们修建了宾馆，"汲古阁在湖南七星桥载德堂后，以延文士（儒家）；又以双莲阁在问渔庄，以延缁流（释家）；又一阁在曹溪口，以延道流（道家）"①。除认真校勘外，毛晋对监刻工作也很重视。凡汲古阁刻成的书版，都要经过几次校正剜改方可开印。

第三，刻书用料讲究。毛氏刻书，纸张是从千里之外的江西特定的，厚的叫"毛边"，薄的叫"毛太"。封面要用高级藏经纸。佳纸好墨，再加之精雕细刻，质量上乘。

第四，刻书范围很广，以丛书居多。毛氏刻书内容包罗万象，除经史子集外，百家九流、传奇小说等都广为刊布。毛氏出版了大量的丛书，更好地保存了典籍，推进了典籍的整理研究工作。如《十三经注疏》《十七史》《津逮秘书》《十家宫词》《三家宫词》《二家宫词》《汲古阁合订唐宋元诗》《五唐人集》《唐六名家集》《宋六十名家词》《六十种曲》等。

第五，刻书影响深远。毛氏刻书不以营利为目的，定价低廉，所以流传很广，不少古籍赖毛刻得以保存和流传。如毛刻本《南唐书》是明末以来该书的唯一传本；《六十种曲》使得许多戏曲剧本得以流传下来；许多古籍的毛刻本是唯一传世的全本、足本，如《武林旧事》其他明刻本或六卷或不足六卷，而毛刻本十卷首尾完备；明代陈继儒刻《春渚纪闻》仅有前五卷，毛晋刻印《渊逮秘书》时，补其遗脱，而成完本。更重要的是，毛晋刻书广传天下，影响了清代的许多藏书大家，推动了古籍出版事业的发展。

六、清代家刻

清代私家藏书及考据之风盛行，极大地推动了家刻的发展。清代家刻多如繁星，不胜枚举，如周亮工、朱彝尊、徐乾学、黄叔琳、卢见曾、卢文弨、袁枚、鲍廷博、吴骞、孙星衍、张敦仁、张海鹏、黄丕烈、阮元、梁章钜、孔继涵、秦恩复、金山钱氏、蒋光煦、伍崇曜、汪士钟、顾千里、胡克家、缪荃孙、王先谦、刘喜海、黎庶昌、叶德辉、罗振玉等。以下略举其要。

周亮工，字元亮，河南祥符人，明崇祯进士，清代家刻的先驱人物，刻有《天中四君子集》《黄汉臣集》《盛此公文集》《王王屋文集》等。他所刻之书，多是在明末清初战乱的环境里完成的，实属不易。

鲍廷博，字以文，安徽歙县人，室名知不足斋，从乾隆三十四年（1769年）至嘉庆十九年（1814年）去世，共刻《知不足斋丛书》27集。其子继承父业，又刻3集。这样共刻30集，收书207种。《知不足斋丛书》是一部大型综合性丛书，以精善著称，内容形式俱佳。

张海鹏，字若云，江苏常熟人，精研经学，以剞劂为己任，刻有《学津讨原》《墨海金壶》《借月山房汇钞》三大丛书，收书总计442种。此外他还刻印过大型类书《太

---

① （清）钱泳：《履园丛话·梦幻》。

平御览》。

黄丕烈，字绍武，号荛圃，江苏吴县人，所藏宋版多至百部，有"佞宋主人"之称。据《士礼居刊行书目》著录，黄丕烈刻有《国语》《汲古阁书目》《国策》《博物志》《百宋一廛赋》《藏书纪要》《三经音义》《船山诗草选》《洪氏集验方》等 20 种书，且多以宋本或影宋本为底本，校勘精良。

金山钱氏，清代刻书世家。其刻书始于清乾隆，止于光绪。刻书内容，经史子集无所不包。主要的有钱树本校刻《春秋三传》《国语》《战国策》《庄骚读本》；钱树棠、钱树立刻《经余必读》《醉经楼经验良方》《达生编》《伤寒论》《保素堂稿》等；钱树芝刻《温热病指南集》等；钱熙彦刻《春秋阙如编》《元诗选》《元史类编》等；钱熙辅刻《艺海珠尘》《壬癸集》《重学》等；钱熙祚刻《守山阁丛书》《指海》《珠丛别录》《素问》等；钱国宝刻《务本义斋算学三种》《万一权衡》等；钱培益刻《货布文字考》等；钱培名刻《小万卷丛书》等；钱润道、钱润功还刻有《钱氏家刻书目》等。钱氏一门，前后五代相继不懈地刻书，延亘百余年，在清代家刻中足资称道。

顾千里，名广圻，以字行，江苏元和人，著名考据学家和校勘学家，多助人刻书，如助张敦仁校刻《礼记》《盐铁论》；助胡克家校刻《李善注文选》《资治通鉴》；助秦恩复校刻《三唐人集》《扬子法言》《鬼谷子》《列子》；助吴才鼎校刻《韩非子》《晏子春秋》；助汪士钟校刻《仪礼疏》《鸡峰普济方》《刘氏诗说》等；助孙星衍校刻《平津馆丛书》《岱南阁丛书》；助黄丕烈校刻《士礼居丛书》。还曾应阮元之邀，与臧镛、何元锡合作，为阮氏校刻《十三经注疏校勘记》。他校刻的书，多选宋元旧版为底本，用多种不同版本精心校勘，还将校勘所得撰成考异、考证、识误等，附于书后，因而学术价值很高。

缪荃孙，字炎之，晚号艺风，江苏江阴人，著名史学家、藏书家，刻有《云自在龛丛书》5 集 19 种、《对雨楼丛书》5 种、《藕香零拾》38 种、《烟画东堂小品》12 种等。此外，他还助姚彦侍校刻《咫进斋丛书》；为盛宣怀校刻《常州先哲遗书》和《续刻常州先哲遗书》等；晚年还为刘聚卿、刘翰怡、张石铭等编刻过丛书。总结其一生，田洪都在《艺风堂藏书再续记·序》中称："（缪荃孙）一生与刻书为缘，孤稿秘籍，多赖流布，广人见闻，裨益文化之功，可谓至巨。"

王先谦，字益吾，湖南长沙人，同治进士，刻有《东华录》《东华续录》《魏郑公谏录》《文贞年谱》《文贞故事拾遗》《新旧唐书合注》《郡斋读书志》《天禄琳琅书目》《皇清经解续编》《南菁书院丛书》《十家四六文抄》《六家词选》《世说新语》《盐铁论》《合校水经注》《汉书补注》《后汉书集解》《骈文类纂》《日本源流考》《律赋类纂》《虚受堂文集》等。他所刻之书，或自校，或以著者稿本为底本，或以旧本为底本，质量上乘。

叶德辉，字焕彬，号直山（一号郋园），湖南长沙人，著名藏书家和版本学家。据有关资料统计，叶氏刻书多达 160 余种。由于他精研版本，尤重刻印书目著作。他的《观古堂书目丛刊》汇辑了《南雍志·经籍考》《万卷堂书目》《古今书刻》等在内的书目 15 种；他的《郋园读书志》汇辑了他的藏书题跋。

罗振玉，字叔言，号雪堂，浙江上虞人，金石学家和文物收藏家，刻印书籍甚多。如宣统二年（1910年）刻《玉简斋丛书》22种；宣统三年（1911年）刻《宸翰楼丛书》5种。民国时期，罗氏影印有《永慕园丛书》《云窗丛刊》《吉石庵丛书》《鸣沙石室古籍丛残》《嘉草轩丛书》。另外石印有《七经堪丛刊》《百爵斋丛刊》等，排印有《雪堂丛刊》《贞宋老人遗稿》等。

清代家刻有两大特色：

第一，学者文人所刻自己的著作和先贤诗文，大多喜欢手写上版。当时官刻的殿本和扬州诗局本，大部分是手写上版。受此影响，清代家刻也兴此风，许多名著都是由名家精心缮写付梓的，如闽中侯官著名书法家林佶，曾手写汪琬撰《尧峰文钞》、陈廷敬撰《午亭文编》、王士祯撰《古夫于亭稿》和《渔洋精华录》，被藏书家誉为"林氏四写"；康熙四十二年（1703年）刻印的《汤子遗书》为古吴范稼庵所写；雍正间何元安所刻《读杜心解》由张亭俊手写上版；乾隆十二年（1747年）程哲七略书堂写刻了《带经堂全集》；乾隆十四年（1749年）郑燮亲自写版，由其门人弟子刻印了《板桥集》。这些都是堪与内府精品比美的杰作。嘉庆时有些私家刻书，尤其崇尚写刻，如黄丕烈手写上版的《季沧苇书目》，字画圆润而苍劲，刻印不失原书神韵，可作识别黄氏题跋手迹的有力参考。清人宋荦、黄叔琳、姚培谦、何文焕等人的著作，也都是软体字书写上版，字体秀美，笔力遒劲，刊印精工。

第二，在考据、辑佚之气的影响下，清代家刻汇刻了大量的丛书。据张之洞《书目答问》及叶德辉《书林清话》所记，清代编刻的丛书有130余种之多。较著名的有黄丕烈的《士礼居丛书》、鲍廷博的《知不足斋丛书》、卢文弨的《抱经堂丛书》、毕沅的《经训堂丛书》、孙星衍的《平津馆丛书》、钱熙祚《守山阁丛书》等。还有一些丛书，虽不很精当，但收罗宏富，足资参考，如张海鹏的《学津讨原》、吴省兰的《艺海珠尘》。嘉庆间阮元校刻的《十三经注疏》和《皇清经解》，更是清代研究汉学不可或缺的参考书。在提倡汉学的风气下，清代还刻了不少辑佚丛书，如黄奭的《汉学堂丛书》、马国翰的《玉函山房辑佚书》、严可均的《全上古三代秦汉三国六朝文》，还刻了一些地方性的郡邑丛书，如《台州丛书》《浦城丛书》等。

第三节　官刻系统的形成与发展

从历史发展的规律看，新技术的发明到推广应用，通常走的是一条自下而上的道路。雕版印刷技术大致也是如此，即最初产生于民间，在经过一段时间的应用并发展成熟后，才被官方有组织地采用。因此，官刻应当出现在坊刻和家刻之后。所谓官刻，是指由国家政府部门出资，组织人员和物资刻印图书。按照出资的来源，又可分为中央官刻和地方官刻。官刻因为实力雄厚，质量上乘，大有后来居上之势，在中国古代出版史上占有重要地位。

一、唐、五代官刻

官刻产生于唐代的具体时间，因文献无征已不可考，但应不晚于唐代中期。据唐范摅《云溪友议》卷下载："纥干尚书泉苦求龙虎之舟十五余稔。及镇江右，乃大延方术之士，乃作《刘宏传》，雕印数千本，以寄中朝及四海精心烧炼之者。"纥干泉，字咸一，雁门人，大中元年至三年（847—849 年）任江南西道观察使。他在任上雕印《刘宏传》数千本，所费不薄，很有可能是由地方政府出资的。如果推断成立，唐代地方官刻出现的时间当不晚于大中三年（849 年）。冯宿，字拱之，婺州人，官至剑南东川节度使，曾于太和九年（835 年）上疏唐文宗："剑南两川及淮南道，皆以版印历日鬻于市。每岁司天台未奏颁下新历，其印历已满天下，有乖敬授之道。"① 文宗准奏，"太和九年十二月丁丑，敕诸道府不得私置历日版"②。可见，在剑南东、西两川及淮南道辖区内书坊私印历书非常普遍的情况下，中央政府采取了有力措施，严禁地方刻印，而由中央政府直辖的司天台（或称太史局）独揽历书的颁印权。这说明当时唐代中央官刻已经产生了。

五代官刻以国子监刻书为代表，首开我国官方刻印儒家经典的先河。国子监源于西汉的太学，是中国古代执掌教育的最高机构。五代国子监大规模刻书原因有二：一是雕版印刷技术自唐发明以来，经过一段时间的实践和普及，技术上已经比较成熟；二是五代处于我国历史上大动荡、大分裂的时代，统治者需要用一种规范来统一和约束人们混乱的思想。③

五代国子监刻书大致可分为两个阶段：

第一，监本群经的雕印。据王溥《五代会要·经籍》载："后唐长兴三年二月，中书门下省奏请依石经文字刻《九经》印板，敕令国子监集博士儒徒，将西京石经本，各以所业本经句度，抄写注出，仔细看读。然后顾召能雕字匠人，各部随帙刻印板，广颁天下。"又据王应麟《玉海·艺文》载："后唐长兴三年二月，命国子监校正《九经》，以西京石经本抄写刻板颁天下。四月，命马缟、陈观、田敏详勘。周广顺三年六月丁巳，《十一经》及《尔雅》《五经文字》《九经字样》板成，判监田敏上之。"由此可知，监本群经自后唐长兴三年（932 年）开雕，经后晋、后汉至后周广顺三年（953 年）结束，共历 4 朝 8 帝 22 年。这项漫长的出版工作是由冯道主持完成的。由于朝代更迭频繁，对群经的雕刻事业势必造成影响。所幸冯道、田敏等人不只在一朝为官，才使得这项事业没有中断。

第二，《经典释文》的刻印。据《五代会要·经籍》载："显德二年二月，中书门下奏国子监祭酒尹拙状称，敕准校勘《经典释文》三十卷雕造印板，欲请兵部尚书张昭、太常卿田敏同校勘。敕其《经典释文》已经本监官员校勘外，宜差张昭、田敏详校。"又据

---

① 《全唐文·冯宿禁版印时宪书奏》。

② 《旧唐书·文宗本纪》。

③ 李明杰：《五代国子监刻书》，《图书馆理论与实践》2001 年第 5 期。

《玉海·艺文》："周显德中，诏刻序录《易》《书》《仪礼》《周礼》四经释文，皆田敏、尹拙、聂崇义校勘。自是相继校勘《礼记》、三《传》《毛诗音》并拙等校勘。又《古文尚书音义》，周显德六年田敏等校勘，郭忠恕覆定古文并书刻板。"监本群经印成以后，刻印解释群经音义的《经典释文》也自然提上了议事日程。《经典释文》自后周显德二年（955年）开始雕印，至显德六年（959年）雕成，历时5年。

据文献记载，五代国子监刻印的图书有：《周易》《尚书》《诗经》《春秋左氏传》《春秋公羊传》《春秋穀梁传》《周礼》《仪礼》《礼记》《论语》《孝经》《尔雅》《五经字样》《九经字样》《经典释文》。所据底本是所谓的"西京石经本"，也即唐开成石经。但王国维在《五代两宋监本考》中提出，五代监本的底本并非完全依照开成石经。因开成石经只有经文，没有注文，而五代监本则经、注兼备。监本注文是依据前代经注本之注以加之。即便是西京开成石经的经文，五代监本亦有改窜之处。

五代群经监本的校勘精审，参与人员众多，有据可查者有太子宾客马缟、太常丞陈观、太常博士段颙、路航、屯田员外郎田敏、国子司业樊伦、赵铢，国子监《礼记》博士聂崇义、兵部尚书张昭、国子监祭酒尹拙及郭忠恕等人，皆当时知名学者。五代监本在刊刻之前，先将开成石经抄出校勘，校勘人员皆为所业专经之士；初步校勘之后，又设详勘官5人，详勘后实无讹误，乃召选能书人端楷写样，付匠雕刻。《经典释文》的校勘亦是如此，"敕其《经典释文》已经本监官员校勘外，宜差张昭、田敏详校。"① 由此可见，五代监本的校勘至少是经过两层把关的。

五代监本的写版是由擅长书法的官员来完成的，而不是招募民间普通匠人。五代监本的写官有国子丞李鹗、太庙室长朱延熙、郭忠恕、郭嵘等人。据赵明诚《金石录》载："右后唐《汾阳王真堂记》，李鹗书。鹗五代时仕至国子丞，《九经》印板多其所书，前辈颇贵重之。"又据洪迈《容斋随笔·周蜀九经》称："《经典释文》末云：显德六年己未三月，太庙室长朱延熙书。宰相范质、王溥如前，而田敏以礼部尚书为详勘官。此书字画端严，有楷法，更无舛误。"据考，李鹗至少书写了《周易》《尚书》《诗经》《礼记》《春秋左氏传》；朱延熙写了《经典释文》；郭嵘写了《周礼》《仪礼》《春秋公羊传》《春秋穀梁传》；郭忠恕写了《古文尚书音义》。五代监本的字体多采用楷书，版页上只记校勘官、写官姓名，不记刻工。以其追求写版的审慎态度，五代监本在刻工的挑选上当也是代表了当时的最高水平。

五代监本的行款，我们只能根据现有文献来窥探一二。日本室町时曾翻刻有宋本《尔雅》，该本末有"将仕郎守国子四门博士匠李鹗书"字样，避南宋讳，据此鉴定该书的原本是翻印五代监本的南宋本。该书半页八行，行大十六字、小二十一字，与唐人卷子大小行款相近。王国维认为"此乃五代、南北宋监中经注本旧式，他经行款，固不免稍有出

---

① （宋）王溥：《五代会要·经籍》，上海：上海古籍出版社，1978年。

入，然大体当与之同"①。

五代期间，由于政局动荡，形势多变，政府拨给国子监的经费还是很有限的。如后梁建国之初的第三年（909年），国子监上奏朝廷要求修建文宣王庙，并请从官吏的俸钱中每贯抽取十五文，以充作经费。后唐明宗天成三年（928年），国子祭酒崔协因经费匮乏，奏请国子监每年只置监生200员，入学者还必须是通过了官方考试的。二年后，国子监又奏，初补国子监生者按旧例入学时应交束脩钱二千，及第后要再交光学钱一千。② 以此推知，五代国子监刻书的经费大致有两个途径：一是国家拨款，如诸司公用钱及政事堂厨钱等；二是民间筹款，如接纳及第举人的礼钱等。

五代时期，一些地方割据政权也刻印了一些书籍，如吴越国王钱俶刻印过《宝箧印经》《宝箧印陀罗尼经咒》（俗称《雷峰塔经》，计84000卷）及《应现观音像》等；南唐小朝廷刻印过《史通》和《玉台新咏》等书。据明代丰坊《真赏斋赋》称："暨乎刘氏《史通》，《玉台新咏》，则南唐之初梓也。"但其影响远不如五代国子监刻书。五代国子监刊印群经是我国儒家经典的第一次开雕，也是雕版印刷术由民间进入官方的一个重要步骤，它使印书范围上升到儒家经典的层次，大大提高了雕版印刷术的地位，是我国印刷史上一件具有划时代意义的事件，它标志着我国的书籍流通和文字传播进入了一个新的阶段。

二、宋代官刻

宋代从中央到地方，刻书机构很多。中央官刻机构有国子监、崇文院、太史局、礼制局等。地方官刻机构有各路公使库、各路使司（如安抚司、提刑司、转运司、茶盐司等），以及各州（府军监）学和县学等。

1. 宋代中央官刻

与五代一样，作为国家最高教育机关，国子监仍是宋代官刻的主体。宋代统治者主张兴文教，息武事，重视出版事业，国子监刻书有了很大发展。据《宋史·邢昺传》载："（景德二年夏）上幸国子监阅库书，问昺经版几何？昺曰：国初不及四千，今十余万，经传正义皆具。臣少从师业儒时，经具有疏者百无一二，盖力不能传写，今板本大备，士庶家皆有之，斯乃儒者逢辰之幸也。"从建隆元年（960年）到景德二年（1005年）的45年时间里，国子监藏书数量竟增加了二三十倍，这里面自然有国子监刻书的功劳。据现有资料不完全统计，北宋国子监刻书有140余种。南宋由于战争频仍、经济凋敝，刻书规模和种类虽无法与北宋相比，但也有90余种（其中不少翻刻了北宋监本）。

宋代国子监刻书打破了五代时期经书一统天下的局面，除了翻刻五代监本群经、遍刻

---

① 王国维：《五代两宋监本考》，台北：台湾商务印书馆，1976年。

② 《五代会要·国子监》。

九经唐人旧疏和宋人新疏外（如《经典释文》《五经正义》《七经疏义》等），还刻印了大量史书（如《十七史》《资治通鉴》《七十二贤赞》等）、子书（如《荀子》《扬子法言》《庄子南华真经》《孙子》《吴子》等）、类书（如《文苑英华》《太平广记》《太平御览》《册府元龟》等）和医书（如《伤寒论》《千金翼方》《太平圣惠方》《开宝重定本草》等），甚至刻印了我国第一部诗文选集《文选》，出版品种开始向经史子集多样化发展。宋监本不仅数量众多、内容广泛，而且质量颇高，其内容校勘精审不说，书品也极为考究，有"京本""京师本"之美誉，对后世图书出版业产生了深远影响。

作为国家最高教育机构，国子监无疑具有人才优势。国子监判监（元丰改制前）、祭酒、司业等监臣都是由博通经义的学者担当，校勘力量很强。如建隆三年（962年）校刻《经典释文》，其中《礼记释文》由判监崔颂校勘，《孝经释文》《论语释文》《尔雅释文》由判监陈鹗、姜融等四人校定，《尚书释文》由判监周惟简与陈鹗修定；从端拱元年（988年）到淳化五年（994年），《五经正义》的校刻由国子监司业孔维等人负责；从淳化五年（994年）到真宗咸平四年（1001年），《七经疏义》的校刻由国子祭酒邢昺、崔偓佺负责。国子监还注意联合"馆阁"的力量来从事校勘工作。"馆阁"是昭文馆、史馆、集贤院和秘阁的统称，是北宋初年的主要校雠机构。为了提高监本的校勘质量，不少馆臣参与了监本的校勘，如咸平间国子监校刻史书，直秘阁黄夷简、钱惟演，直史馆刘蒙叟，崇文院检讨杜镐，直集贤院宋皋，秘阁校理戚纶校定《三国志》；直昭文馆许衮、陈充校定《晋书》；直昭文馆安德裕、勾中正，直集贤院范贻孙、直史馆王希逸校定《新唐书》。

宋代国子监刻书注重分工协作，编辑校勘和出版往往分开进行，既可将编辑校勘好的底稿发本监书库官刻印，也可下地方各州郡镂板，类似现代出版社的做法。如北宋咸平三年（1000年）校刻史书，其中《新唐书》校完之后并没有立即刻版，直至嘉祐五年（1060年）才送国子监下杭州镂版。据王国维考证，北宋监本《周礼疏》《礼记疏》《春秋穀梁传疏》《孝经正义》《论语正义》《尔雅疏》《书义》《新经诗义》《前七史》《资治通鉴》等也都是下杭州镂板的。南宋监本更是分散在全国各地雕版，如绍兴二年（1132年）两浙东路提举茶盐司公使库下绍兴府余姚县刻监版；绍兴十五年（1145年）下临安府雕造十二经义疏；绍兴中下两淮江东转运司刻《史记》《汉书》《后汉书》等（见图6-3）。

另外，监版的写官很多是由书法优秀的有资历的官员或及第进士担当，如《毛诗正义》书后所列写官有广文馆进士韦宿、乡贡进士陈元吉、承奉郎守太理评事张致用、承奉郎守光禄寺丞赵安仁。这些人都是当时的书法高手。他们亲自为监本写版，给监本增色不少，以至于有人把监本当作书法珍品收藏。在雕版工艺方面，宋代监本也代表了当时的最高水平。北宋时期，国子监自行刻印的书版一般都是送崇文院招募汴京良工镂版，如天圣七年（1029年）在崇文院雕印《律文》及其《音义》十三卷，宝元二年（1039年）雕造《群经音辨》等。而其他大部分国子监刻书，都是下杭州镂版。其原因有二：一是杭州的

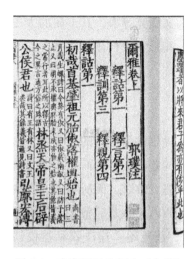

图 6-3 南宋国子监刻本《尔雅》

纸张质量上乘，比京师的还好；二是浙江杭州地区的刻书业已经相当发达，在全国居于领先地位。正是有了出版人才集中的优势，同时在校勘、写版、刻版等各个环节上实行严密的分工和协作，从而保证了宋代监本的高质量。

宋国子监刻书是用充足经费保障的。据《宋史·职官志五》载："淳化五年，判国子监李至言：国子监旧有印书钱物所，名为近俗，乞改为国子监书库官。始置书库监官，以京朝官充。掌印经史群书，以备朝廷宣索赐予之用，及出鬻而收其直以上于官。"从这段记载可知：国子监设有专门掌管印书钱物的机关，经费由政府拨款；除满足教学需要外，宋代监本还用于朝廷赏赐群臣和邻邦使者，剩下的则向社会公开发售，所得收入上缴主管部门。政府对国子监刻书投入是很大的，据《宋史·孔维传》载："（孔维）受诏与学官校定《五经正义》，刻板行用，功未及毕，被病。上遣太医诊视，使者抚问。初，维私用印书钱三十余万，为掌事黄门所发，维忧惧，遽以家财偿之，病遂亟，上赦而不问。"光是刻印《五经正义》就投资三十余万钱，可见经费之充盈。南宋以后，国子监一般都下各州郡军学雕版，中央政府拨支的经费就少了，而改由当地官衙领衔出资送往镂板。可考的有临安府、湖州、台州、衢州、泉州、成都府转运司、两浙东路茶盐司、江东漕司、淮南漕司等，都出资刻印过监本。刻书经费除了各种官资外，还有另一种途径就是图书发行的收入。叶德辉《书林清话·卷六》据北宋监本《说文解字》后的牒文称："其书宜付史馆，仍令国子监雕为印板，依《九经》书例，许人纳纸墨钱收赎。"正是因为有了充足的经费保证，两宋国子监刻书才可能有如此大的规模。

宋代内府除国子监掌刻经史群书外，崇文院也于咸平三年（1000 年）刻印《吴志》，景德四年（1007 年）刻印《广韵》，天圣二年（1024 年）刻印《隋书》，天圣七年（1029年）刻印孙奭《律文》及其《音义》，宝元二年（1039 年）刻印《群经音辨》。德寿殿刻印过《隶韵》。左司廊局于淳熙三年（1176 年）刻印了《春秋经传集解》。宋代秘书监掌管古今经籍图书、国朝实录、天文历算等事，其下属的太史局专掌天文，测定历法。太史局设有"印历所，掌雕印历书。南渡后并同隶秘书省，长、贰、丞、郎轮季点检"①。

2. 宋代地方官刻

（1）各地公使库刻书

公使库是宋代专为公使沿途提供饮食住行的服务机构，类似于现在的政府招待所。除了接待来往官吏，还要承担他们的差旅费。然而国家拨支的公使钱毕竟有限，远不够官员挥霍。各地公使库遂广开财源，恣意敛财，无所不为。有的开抵当行，有的买卖酒药，如台州公使库"每日货卖生酒至一百八十余贯，煮酒亦及此数，一日且以三百贯为率，一月凡九千贯，一年凡收十余万贯"，甚至还"违法收私盐税钱，岁计一二万缗入公使库，以资妄用"②。而刻书一则可以增加收入，二则可以附庸风雅，因此也成了各地公使库广开财源的手段之一。据清人王士禛《居易集》卷七说："宋王琪守州，假库钱数千缗，大修设厅，既成，漕司不肯破除。琪家有杜集善本，即俾公使库镂板，印万本，每部直千钱，士人争买之。既偿省庠，羡余以给公厨，此又大裨帑费，不但文雅也。"王琪借公使库之名刻印善本《杜工部集》，不但还了数千缗的旧账，还多有赢余，可见刻书在当时是很有利可图的。

据有关文献记载，宋代公使库所刻图书有：嘉祐四年（1059 年）苏州公使库刻印《杜工部集》；元符元年（1098 年）苏州公使库刻印朱长文《吴郡图经续记》；宣和四年（1122 年）吉州公使库刻印欧阳修《六一居士集》；绍兴二年（1132 年）两浙东路茶盐司公使库刻印司马光《资治通鉴考异》，第二年又刻印《资治通鉴》和《资治通鉴目录》；绍兴十九年（1149 年）明州公使库刻印《骑省徐公集》；绍兴二十八年（1158 年）沅州公使库刻印孔平仲《续世说》；淳熙三年（1176 年）舒州公使库刻印《礼记郑注》《礼记释文》《春秋经传集解》及《大易粹言》；淳熙四年（1177 年）抚州公使库刻印《礼记郑注》和《经典释文》；淳熙六年（1179 年）春陵郡公使库刻印《河南程氏文集》；淳熙七年（1180 年）台州公使库刻印《颜氏家训》，第二年又刻印《荀子》；淳熙九年（1182 年）信州公使库刻印《瀌水集》；淳熙十年（1183 年）泉州公使库刻印《司马太师温国文正公传家集》；淳熙十四年（1187 年）鄂州公使库刻印《花间集》。此外，还有一些刻印年代不详的，如淳熙间抚州公使库还刻印过《周易注》《春秋公羊经传解诂》；婺州公使库刻印过《贞观政要》；平江公使库刻印过《白氏长庆集》；明州公使库刻印过《孔丛子》等。

（2）各路使司刻书

① 《宋史·职官志四》。
② （宋）朱熹：《晦庵集·按唐仲友第三状》。

为了加强中央对地方的控制，宋代沿袭唐制，把全国划为京东路、京西路、河北路、河东路、陕西路、淮南路、江南路、荆湖南路、荆湖北路、两浙路、福建路、西川路、峡路、广南东路、广南西路等十五路。在各路设安抚司，管理较大地区的军民两政；设转运司，主管各州郡水陆转运和财政税收；设提刑司，提点各路刑狱诉讼；设茶盐司，主管茶盐专卖。宋代的各路使司，实际掌控着各地的政治和经济命脉，因而也附庸风雅，竞相刻书，兹举例如下。

安抚司（俗称帅司）：绍兴十八年（1148年）荆湖北路安抚司刻印《建康实录》；乾道四年（1168年）两浙东路安抚司刻印《元氏长庆集》。

转运司（俗称漕司）：绍圣三年（1096年）广西漕司刻印《脉经》；绍兴十七年（1147年）福建转运司刻印《太平圣惠方》；绍兴二十一年（1151年）两浙西路转运司刻印《临川先生文集》；绍兴二十三年（1153年）建安漕司刻印《东观余论》；绍兴年间，淮南路转运司刻印《史记集解》，江南东路转运司刻印《后汉书注》；淳熙九年（1182年）江西漕台刻印《吕氏家塾读诗记》和《申鉴》；淳熙十二年（1185年）江西转运司刻印《本草衍义》；淳祐十年（1250年）淮南东路转运司刻印《徐积节先生文集》。

提刑司（俗称宪司）：淳熙六年（1179年）浙西提刑司刻印《作邑自箴》；嘉定五年（1212年）江西提刑司刻印《容斋随笔》。

茶盐司：两浙东路茶盐司刻书较多，如熙宁二年（1069年）刻印《外台秘要方》，绍兴三年（1133年）刻印《资治通鉴》，绍兴六年（1136年）刻印《事类赋》（见图6-4），绍兴年间还刻有《周易注疏》《周礼疏》《尚书正义》《唐书》等书，绍熙三年（1192年）又刻了《礼记正义》。两浙西路茶盐司于绍兴二十一年（1151年）刻印了《临川王先生集》。

（3）地方官署刻书

宋代地方官署参与刻书是一种普遍现象，几乎各州（府、军）县机关都参与刻书，且所刻图书多为经书和史书。这说明当时的执政者在儒学，特别是朱程理学的影响下，把刻书当成了一种教化社会的工具。宋代地方官署刻书，据现有文献可考的有：嘉祐三年至四年（1058—1059年）建宁府刻印了《建康实录》，五年（1060年）中书省奉旨下杭州雕印《新唐书》；元祐元年（1086年）杭州奉旨开雕《资治通鉴》；绍兴二年（1132年）余姚县也刻印了《资治通鉴》，九年（1139年）绍兴府刻印《毛诗正义》，同年临安府刻印《群经音辨》《汉宫仪》和《文粹》，十年（1140年）临安府又刻《两汉文类》，十四年（1144年）四川眉山漕司刻印了《宋书》《魏书》《梁书》《南齐书》《北齐书》《周书》《陈书》，即版本学史上所谓的"眉山七史"。七史书版历宋、经元，至明，曾多次修补重印，至今流传不绝。绍兴十五年（1145年）平江府刻印《营造法式》，十九年（1149年）刻印徐铉《骑省集》，二十八年（1158年）刻印《文选》；淳熙三年（1176年）严州刻印《通鉴纪事本末》，九年（1182年）温陵州刻印《读史管见》；嘉定二年（1209年）吉州刻印《张先生校正杨宝学易传》，十五年（1222年）南康军刻印《仪礼经传通解续》；端

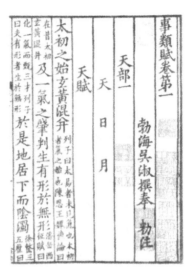

图 6-4　宋绍兴六年（1136 年）两浙东路茶盐司刻本《事类赋》

平三年（1236 年）常州军刻印《古文苑注》；淳祐十年（1250 年）福州刻印《国朝诸臣奏议》。以上所举，大部分在国家图书馆有藏，大致反映了宋代各州（府、军）县机关刻书的概貌。

（4）地方官学刻书

宋代地方官学有州（府军监）学和县学两级。仁宗庆历四年（1044 年）始诏诸州、府立学；学者 200 人以上，允许设县学。崇宁元年（1102 年）始要求所有州、县一律置学。宋地方官学称呼很多，如州学、府学、军学、郡斋、郡庠、学宫、颀官、学舍、县斋、县学等。这些地方学校有自己的学田，有一定的资金和人力，为了培养人才也多参与刻书。

李致忠先生在《历代刻书考述》中，就国家图书馆所藏，列出了宋代地方官学刻书目录：绍兴九年（1139 年）临安府学刻印《群经音辨》，十二年（1142 年）汀州宁化县学也刻印了《群经音辨》，十五年（1145 年）齐安郡学刻印《集古文韵》；乾道六年（1170 年）姑孰郡斋刻印《洪氏集验方》，七年（1171 年）又刻印了《伤寒要旨》和《药方》，同年，平江府学刻印《韦苏州集》、零陵郡庠刻印《唐柳先生外集》，八年（1172 年）姑孰郡斋刻印《两汉博闻》，九年（1173 年）高邮军学刻印《淮海集》；淳熙二年（1175 年）镇江府学刻印《新定三礼图集注》，同年，严陵郡庠刻印《通鉴纪事本末》、九江郡斋刻印《舆地广记》，六年（1179 年）湖州颀官刻印《论语集说》，七年（1180 年）舒州颀官刻印《独断》，八年（1181 年）池州郡斋刻印《文选注》，十年（1183 年）象山县学刻印《汉隽》，十一年（1184 年）南康郡斋刻印《卫生家宝产科备要》，十四年（1187 年）严州郡斋刻印《新刊剑南诗稿》；庆元六年（1200 年）寻阳郡斋刻印《轺轩使者绝代语释别国方言解》；嘉泰元年（1201 年）筠阳郡斋刻印《宝晋山林集拾遗》，四年（1204

年）新安郡斋刻印《皇朝文鉴》；嘉定四年（1211 年）滁阳郡斋刻印《汉隽》，九年（1216 年）兴国军学刻印《春秋经传集解》，十年（1217）年当涂郡斋刻印《四书章句集解》，十一年（1218 年）衡阳郡斋刻印《致堂读史管见》，十三年（1220 年）溧阳学宫刻印《渭南文集》；嘉定间建宁郡斋刻印了《西汉会要》；宝庆二年（1226 年）建宁郡斋刻印《东汉会要》；绍定元年（1228 年）严陵郡斋刻印《钜唐东观集》，六年（1233 年）临江军学刻印《朱文公校昌黎先生集》；嘉熙四年（1240 年）新定郡斋刻印《礼记集说》；淳祐十年（1250 年）上饶郡学刻印《朱文公订正门人蔡九峰书集传》；咸淳元年（1265 年）镇江府学刻印《说苑》，五年（1269 年）崇县县斋刻印《乖崖先生文集》。以上所举基本能反映宋代地方官学刻书的概貌。

三、辽、西夏、金代官刻

辽国是以契丹族为主体建立的少数民族政权。公元 916 年，耶律阿保机建国契丹，公元 947 年改国号为辽，与北宋对峙，后为金所灭，统治中国北方长达 200 多年。建国之初，辽国统治者重用从燕蓟地区俘虏去的汉族知识分子。在汉文化的影响下，辽国的图书出版事业有了很大发展。辽代官方刻书机构主要有印经院，据辽刻《释摩诃衍论通赞疏》卷第十和《释摩诃衍论通赞疏科》卷下题记云："燕京弘法寺奉宣校勘雕印流通……印经院判官朝散郎守太子中舍骁骑尉赐绯鱼袋臣韩资睦提点。"圣宗开泰元年（1012 年）八月，铁骊那沙"乞赐佛像、儒书，诏赐《护国仁王佛像》一，《易》《诗》《书》《春秋》《礼记》各一部"①。这些颁赐之书，当也是官方所刻。又据李有棠《辽史纪事本末》卷六《西北部族属国叛服》考异引证《续通考》："辽一代内府书籍，重熙末始建秘书监收掌之。清宁元年（1055 年）十二月，诏设学，颁五经传疏。八年（1062 年）十月，禁民间私刊印文字。十一月，诏求乾文阁所阙经籍，命儒臣校雠。咸雍十年（1074 年）十月，诏有司颁行《史记》《汉书》。大安二年（1086 年），召儒林学士赵孝严、知制诰王命儒等讲《五经》大义。"由这段话可知，在清宁八年（1062 年）之后，民间私刊印图书是禁止的，那么图书的印行只能通过官刻。清宁元年（1055 年）官方颁布的《五经》疏义，在当时印刷技术普及而官学用书迫切的情况下，很可能是官方雕版印行的；咸雍十年（1074 年）颁印的《史记》和《汉书》，当也是官方刻本。另外，辽政府还曾组织人员用契丹文字翻译了《贞观政要》《五代史》《通历》《白氏讽谏集》《方脉书》等，并颁行于世；清宁二年（1056 年），辽道宗耶律洪基曾御制《放鹰赋》赐群臣。以上所举之书当都是辽代官方刻本。

西夏是 1038 年在我国西北地区建立的以党项羌族为主体的少数民族政权，自立国号大夏，与宋、辽、金成鼎立之势，1227 年为蒙古所灭。受唐宋以来政治、经济、文化的影响，西夏的雕版印刷业也有一定的发展。西夏已经有了专门的刻书机构和刻书管理机构。

---

① 《辽史·圣宗纪六》。

夏仁宗天盛时期（1149—1169年）颁行的《天盛改旧新定律令》中记载国家机构的《司次行文门》，已规定中央设有刻印司，品级属第五等级的末等司，表明至少在仁宗时期西夏已有了出版的统一管理机构，同时也是出版执行机构。仁宗乾祐十二至十七年（1181—1186年）刊印的西夏文字典《类林》，辞书《圣立义海》和西夏文《诗集》的卷尾均镌有"刻印司刊印"字样，已清楚表明刻印司为西夏的官刻机构。另外，西夏人崇尚佛教，曾多次向北宋请购佛经，并组织人员进行翻译，用数十年的时间译出了西夏文《大藏经》。仁宗、桓宗、襄宗、神宗四朝曾用汉文或西夏文刻印过大量佛经，大部分是由皇帝或皇太后发愿，由政府出资雕造的，印数多达几万乃至几十万份。承担刻印佛经任务的则是寺院，如惠宗时的大延寿寺、仁宗时的大度民寺和温家寺、襄宗时的普化寺及贺兰山佛祖院等，都执行过刻经任务。这些刻经中有的有皇帝刻经的愿文，多有"命工镂板""仍敕有司印造斯经"字样，所以这种寺院刻经本质上仍属官刻。[1]

金朝是我国东北女真族建立的少数民族政权，公元1115年建国，金太宗天会间先后灭辽国和北宋，与南宋对峙，统治中国北部地区达120年之久。立国之初，阿骨打即命完颜希尹创制女真文字，并立官制、建都城、营宫室、定礼仪，极力模仿汉族典制，于天德三年（1151年）初置国子监，按照汉文化模式培养自己的人才。金代官方刻书以国子监刻书为主体，其刻书大致有三种模式：一是攻破汴京后，留用北宋国子监继续刻印图书；二是金国子监利用劫掠来的北宋国子监旧版刷印图书；三是金国子监自行雕版印刷图书。

国家图书馆藏有明万历二年（1574年）李刻本葛仙翁《肘后备急方》，前有金人杨用道为《附广肘后方》撰写的一篇序文："昔伊尹著汤药之论，周公设医师之属，皆所以拯救民族，俾得以全生而尽年也……乃复摘录其方，分以类例，而附《肘后》随证之下，目之曰《附广肘后方》，下监俾更加雠次，且为之序而刊行之……皇统四年十月戊子儒林郎汴京国子监博士杨用道谨序。"金人攻破汴京的时间为天会四年（1126年），金国子监建立时间为天德三年（1151年），此篇序文中"皇统四年（1144年）十月戊子儒林郎汴京国子监"的字样只能有一个解释，那就是金人虽将北宋国子监中的图籍、版片劫掠一空，但留用了国子监的一些降臣，继续经营刻书。金人留用的汴京国子监除了刻印了《附广肘后方》外，想必还刻印了其他一些书籍，只是文献无征，已不能知。

又据《金史·选举志》："凡养士之地曰国子监，始置于天德三年……凡经，《易》则用王弼、韩康伯注；《书》则用孔安国注；《诗》用毛苌注、郑玄笺；《春秋左氏传》用杜预注；《礼记》用孔颖达疏；《周礼》用郑玄注、贾公彦疏；《论语》用何晏集注、邢昺疏；《孟子》用赵歧注、孙奭疏；《孝经》用唐玄宗注；《史记》用裴骃注；《前汉书》用颜师古注；《后汉书》用李贤注；《三国志》用裴松之注；及唐太宗《晋书》、沈约《宋书》、萧子显《齐书》、姚思廉《梁书》《陈书》、魏收《后魏书》、李百药《北齐书》、令狐德棻《周书》、魏徵《隋书》、新旧《唐书》、新旧《五代史》；《老子》用唐玄宗注疏；

---

① 李致忠：《古代版印通论》，北京：紫禁城出版社，2000年，第161页。

《荀子》用杨倞注；《扬子》用李轨、宋咸、柳宗元、吴秘注。皆自国子监印之，授诸学校。"可知，金国子监印行了"九经""十四史"和三部子书。

这么多书的版片从何而来？金立国之初，女真文字尚初创，加上连年征伐，民不聊生，要组织众多工匠来刻版绝非易事。尤其是十四史卷帙浩繁，雕版工程浩大，绝不能速成，如有刻版之事，史书当有记载，但翻遍《金史》却没有找到。史书倒是有这样的记载，"靖康元年十二月十六日，金人入国子监取书，凡王安石说皆弃之。建炎元年正月九日，始取国子监书板、三馆秘阁四部书。二十三日，金人索监书藏经。如苏、黄文及《资治通鉴》之类，指名取索。仍移文开封府，令见钱支出收买，开封府直取书籍铺。二十六日，金人来索古器、秘阁三馆书籍、监本印版、古圣贤图像、宋人文集、阴阳医卜之书。国子监主簿叶将、博士熊彦诗、上官悟等，押书、印板并馆中图籍，往营中交割……三十日，金人索秘书省文籍、国子监印板。凡此皆有日月可稽，而见于《大金吊伐录》《靖康纪闻》《三朝北盟会编》者也。盖宋汴京百余年官私所积之图书、国子监板片，至是为之一空矣！"① 由此推断，金国子监很可能是利用了从北宋国子监劫掠来的版片印刷了这些书，当然也有可能对其中残缺的版片进行了补刻。

那么金国子监有没有自行雕版印书呢？答案是肯定的。金人元好问《中州集》壬集第九载："兴陵（指金世宗，死后葬在兴陵）曾问宋名臣孰为优，覆道以苏端明轼对，上曰：吾闻轼与王诜交甚欢，至作歌曲，戏及姬侍，非礼之甚，尚何足道耶？覆道进曰：小说传闻，未必可信，就使有之，戏笑之间，亦何得深责？世徒知轼之诗文不可及，臣观其论天下事，实经济之良才……明日录轼奏议上之，诏国子监刊行。"《中州集》丙集第三又载："刘记室迎，字无党，东莱人……无党自号无静居士，有诗文乐府，号《山林长语》，诏国子监刊行。"

据文献记载可确知的金国子监刻书有（包括用北宋国子监旧版印刷的图书）：《附广肘后方》《周易》《尚书》《毛诗》《春秋左氏传》《礼记》《周礼》《论语》《孟子》《孝经》《史记》《汉书》《后汉书》《三国志》《晋书》《宋书》《南齐书》《梁书》《陈书》《魏书》《北齐书》《周书》《隋书》《新唐书》《旧唐书》《新五代史》《旧五代史》《老子》《荀子》《扬子》《东坡奏议》《地理新书》《山林长语》。

自迁都燕京后，金人浸染华风，故俗渐失。金主深以为患，始禁女真人改汉姓，禁女真人汉人装束，卫士不谙女真语者，勒令学习，并于京师置女真国子学，设译经所翻译汉籍。译经所先后翻译了《贞观政要》《白氏策林》《史记》《汉书》《孝经》《周易》《尚书》《论语》《孟子》《老子》《扬子》《文中子》《刘子》《新唐书》《春秋左氏传》《诗经》《礼记》等书，皆令版行，或以上千部分赐护卫亲军。这批女真文字版的图书也极有可能是由国子监刊行，只是史无明载，不好断言。

---

① 张秀民：《金源监本考》，《图书季刊》1935 年 2 卷 1 期。

四、元代官刻

1. 元代中央官刻

元朝是由我国蒙古族依靠金戈铁马建立起来的封建王朝。在立国之初，蒙古族只谙弓马，未遑文事，但随着政权在全国的逐步确立，统治者也逐渐认识到文治的重要性，采取了尊经崇儒、兴学立教、科贡并举的一些措施，刻书事业有了新的发展。元代中央官刻机关有兴文署、广成局、秘书监、太医院、太史院等，其中以兴文署最为著名。

兴文署，其最初执掌是在秘书监的统辖下专事雕印文书，设置时间不晚于至元十年（1273年），"本署元设官三员，令一员，丞二员，校理四员，楷书一员，掌纪一员……雕字匠花名计四十名，作头一名，匠三十九名；印匠十六名"①。三年后，兴文署并入翰林国史院。至元二十二年（1285年），翰林国史集贤院分立，单设集贤院，下辖国子监、国子学和兴文署。至元二十七年（1290年），"复立兴文署，掌经籍板及江南学田钱谷"②，职掌范围有所扩大，当年"召集良工刊刻诸经、子、史，以《通鉴》为起端"③。元代皇帝多次赐书臣民，大多是由兴文署刻印的，如至元二十三年（1286年）六月"诏以大司农司所定《农桑辑要》书颁诸路"④，二十八年（1291年）五月，中书右丞何荣祖"以公规、治民、御盗、理财等十事辑为一书，名曰《至元新格》，命刻板颁行，使百司遵守"⑤。其他的还有大德十一年（1307年）刊行的《大学衍义》《图像孝经》《列女传》；延祐五年（1318年）刊印的《栽桑图说》；天历二年（1329年）颁行的《农桑辑要》及《栽桑图说》；至正二十七年（1367年）刊布的《吴律令》等。兴文署刻书究竟有多少，具体数字已无法统计，但据《秘书监志》卷六载，世祖至元十四年（1277年）裱褙匠焦庆安曾作过一次统计："书籍文册六千七百六十二册。褙壳绫一万三千八百六十二尺一寸，每册黄绫二尺，计一万三千五百二十四尺；每册题头蓝绫半寸，计三百三十八尺一寸；纸札每册大小纸六张，计四万零五百七十二张；济源夹纸三张，计二万零二百八十六张；束鹿绵纸三张，计二万零二百八十六张。"这组统计数字以中央官刻为主，其中兴文署刻书是其主体，可见兴文署刻书之多。而且每册图书均用黄绫、蓝绫裱褙，装潢精美。

广成局属艺文监管辖，"掌传刻经籍及印造之事"⑥。艺文监主管编译工作，因此广成局所刻图书也主要是以翻译作品为主。据文献记载，至顺元年（1330年）广成局刻印过

① （元）王士点，商企翁：《元秘书监志》卷七。
② 《元史》卷十六《世祖本纪十三》。
③ （清）丁丙：《善本书室藏收志》卷七。
④ 《续资治通鉴》卷一八七。
⑤ 《续资治通鉴》卷一八七。
⑥ 《元史·百官四》。

《雅克特穆尔世家》①。太医院大德四年（1300年）刻有《圣济总录》，还刻印过《危氏世医得效方》《伤寒论》等。太史院掌管天文历法，下设印历局，专印历书。

2. 元代地方官刻

元代地方官刻主要以各路儒学为主。元朝地方政制，分行省、路、府、州、县。行省不设学校，路、府、州、县均有儒学。一般来说，路学规模较大，而府、州、县学规模有限，有力量刻书的，主要是路学。近代著名藏书家叶德辉在《书林清话》中罗列见于明、清两代著录的元代儒学刊本50种左右，绝大多数为路学刊本，个别为州学、府学刊本，亦有以路学为主，联合州学、县学共同刊刻的。从地区分布而言，刊行这50种左右书籍的儒学主要分布在长江以南，有浙西（嘉兴路学、杭州路学、平江路学、无锡州学）、浙东（绍兴路学、庆元路学、婺州路学）、江东（宁国路学、饶州路学、集庆路学）、江西（赣州路学、瑞州路学、信州路学、临江路学、龙兴路学、抚州路学）、福建（漳州路学、福州路学）等地区，位于江北的只有扬州路学和中兴路学。扬州路治即今江苏扬州，中兴路治即今湖北江陵，两地都邻近长江，亦是富庶之地。这50种左右书籍，从时间来区分，刊行于世祖到武宗时期的有10余种，刊行于仁宗至顺帝时期的有30余种，特别是顺帝朝，近20种。也就是说，元代地方儒学的书籍出版，就地区而言以江南路学为主，就时间而言以仁宗至顺帝朝为主。

元代地方儒学刻书以成宗大德年间九路刻十七史为代表。此事始于大德九年（1305年），江东建康道肃政廉访司组织下属九路联合刊印诸史。参与者有宁国路学、徽州路学、饶州路学、集庆路学、太平路学、池州路学、信州路学、广德路学和铅山州学，实为八路学和一州学。据现有文献考知，宁国路首刻《后汉书》，一个月后太平路刻《汉书》。在宁国、太平二路的带动下，信州路刻有《北史》、集庆路刻有《新唐书》、饶州路刻有《隋书》、池州路刻有《三国志》，行款均为半页10行。其他各路刻了何史，已无可考。但有的著作把瑞州路所刻《隋书》也算在九路十七史内，似有不妥。据《元史·地理志》考，瑞州于至元十四年（1277年）升为路，属江西湖东道肃政廉访司管辖，而大德九路诸史皆为江东建康道肃政廉访司组织刻印，瑞州路不在其辖内。且据傅增湘《藏园群书经眼录》，瑞州路儒学所刻《隋书》时间在文宗至顺三年（1332年），比大德九路本晚26年，行款为半页9行，显然不属大德九路本。

见于记载的其他元代地方官刻还有，浙江行省刻《宋史》《金史》《大学衍义》《大德重校圣济总录》《燕石集》《唐诗鼓吹》《农桑辑要》等；集庆路儒学刻《朱子读书法》《桧亭集》《救荒活命类要》《修辞鉴衡》《至正金陵新志》等；庆元路儒学刻《玉海》《周易郑康成注》等；无锡路儒学刻《白虎通》《风俗通义》等；平江路儒学刻《玉灵聚义》等；抚州路儒学刻《道园类稿》等，临江路儒学刻《春秋集传》等，太平路儒学刻

---

① 《续资治通鉴》卷二〇六。

《班马异同》等，福州路儒学刻《乐书》等；扬州路儒学刻《石田先生文集》等；嘉兴路儒学刻《大戴礼记注》《诗外传》等；绍兴路儒学刻《吴越春秋音注》等；江西行省刻《春秋纂例》《春秋辨疑》《春秋微旨》等。①

五、明代官刻

明代是我国雕版印刷史上的黄金时期，"官书之风至明极盛，内而南北两京，外而道学两署，无不盛行雕造"②。中央官刻机构有国子监、司礼监、钦天监、礼部、兵部、工部、都察院、太医院等，尤以国子监和司礼监刻书最多。地方官刻机构有藩府、布政使司、按察司、分巡道等。

1. 明代中央官刻

（1）国子监刻书

明朝定鼎以前，朱元璋就于至正二十五年（1365年）九月，将元集庆路儒学改为国子学。洪武十四年（1381年）正式在鸡鸣山南麓的古台城内建国子监，将集庆路儒学的书版也移交至此。明成祖朱棣夺取政权后，迁都北京，永乐元年（1403年）在北京又设立一个国子监。这样，明代出现了南北两监并立的局面。两监在为国家培养人才的同时，于刻书事业亦孜孜以求。

南京国子监起初很多宋元旧版。洪武元年（1368年）八月，大将军徐达入元都收图籍，将所藏宋元旧版尽入南监。八年（1375年）明太祖下令把江南各地的书版都集中到南京国子监。杭州西湖书院的宋元旧版和明代新刻的版片也都归了南监。这样，南监刻印图书以嘉靖为界，前期多用修补的宋元旧版刷印，后期新刻版的书籍才多了起来。

据《南雍志》所载，明代南京国子监十分重视旧版的修补工作，有案可查的就有七次之多：第一次是在洪武十五年（1382年）十一月，太祖命礼部修补国子监旧书版，谕曰："古先圣贤立言以教后世，所存者书而已……今国子监所藏旧书板多残缺，其令诸儒考补，命工部督匠修治之，庶有资于学者。"③ 第二次是在永乐二年（1404年）三月，成祖"命工部修补国子监经籍版"④。但前两次修补由于管理不善，收效甚微，甚至出现书版大量丢失的情况。第三次是正统六年（1441年）由国子祭酒陈敬宗建议，对《文献通考》的书版进行了修补。第四次是成化年间，御史董纶以赃犯赎金送充补之费，"《文献通考》补完者几二千页"⑤，成化十八年（1482年）还修补了《新唐书》。第五次是嘉靖年间，先后修补了《新唐书》《晋书》《宋书》《南史》《北史》《元史》《宋史》。第六次是万历

---

① 曹之：《中国古籍版本学》（第3版），武汉：武汉大学出版社，2015年，第250页。
② （清）袁栋：《书隐丛说》。
③ （明）黄佐：《南雍志·事纪一》。
④ 《南雍志·事纪二》。
⑤ 《南雍志·经籍考》。

年间。万历四年（1576 年）补刻《晋书》《唐书》《辽史》；六年（1578 年）补刻《宋史》；十年（1582 年）补刻《汉书》《后汉书》《晋书》；十六年（1588 年）补刻《金史》。第七次是天启二年（1622 年），在国子祭酒黄儒炳主持下，先后修补了《后汉书》《元史》《辽史》《金史》和《宋史》等。南监还对经书版片进行了修补。明初，南监所藏十三经注疏旧版都为宋元旧版，“至明正德后递有修补之页”，“其初本缺《仪礼》，以杨复《仪礼图》补之，亦宋元旧板。嘉靖五年，陈凤梧刻《仪礼注疏》于山东，以板宋监。”① 只是到了后来，由于年代久远和管理不善，《周礼》《礼记》和《孟子》三经版片近乎无存。因此修补版片是一项经常性的工作，随坏随补，从未间断。如《新唐书》有成化十八年、弘治三年、嘉靖八、九、十年补版，还有万历五年、十年、十六年、十七年、二十六年、三十七年、四十四年、四十五年补版等；《宋史》有万历六年、二十五年、二十八年所补版片；《元史》有万历二十六年、三十七年、三十九年、四十四年版片，还有天启三年、崇祯元年、二年、三年、七年、八年、十年、十一年所补的版片。以上所举仅仅是规模稍大的，其他零星的修补还不在其内。

南京国子监除修补宋元旧版外，还新刻了不少书。就史书而言，嘉靖以前只就十七史旧版（其中宋“眉山七史”七种，元集庆路儒学十种）做了些修补工作，之后才开始重新雕版刻印经史诸书。其大规模刻书分为两个时期：

第一期从嘉靖七年（1528 年）至十四年（1535 年）。据《续南雍志·经籍考》：“嘉靖时，监臣湛若水、江汝璧尝取二十一史，较其讹谬，疏请版刻，一时经史之学大明……嗣是九年，祭酒林文俊复较刻二十一史。十四年，祭酒费采清以监志所载及近年御制新刻诸书，一体颁赐，仍以修完二十一史分给六堂备诸生讲习，已复颁赐。”但又据《南雍志·经籍考》下篇《梓刻本末》：“于是张邦奇等奏称《史记》、前后《汉书》残缺模糊，原板脆薄，剜补随即脱落，莫若重刻。又于吴下购得《辽》《金》二史，亦行刊刻。”由是可知，二十一史实际上只重新刻印了《史记》《汉书》《后汉书》《辽史》和《金史》，其余他史都是略事修补。如《陈史》《新唐书》有嘉靖八年至十年的补版；《晋书》有嘉靖九年、十年及三十七年补版；《宋史》有嘉靖三十九年、四十年补版；《元史》有嘉靖九年至十年的补版等。参与校刻的官员有祭酒张邦奇、林文俊；司业江汝璧、张星等。

第二期从万历二年（1574 年）至二十四年（1596 年），新刻印了《史记》《三国志》《宋书》《南齐书》《梁书》《陈书》《魏书》《北齐书》《周书》《南史》《北史》《新五代史》共十二史，“其余随时补刻，迄启崇不替”②。参与校勘的官员有祭酒余有丁、高启愚、陆可教、冯梦祯、赵用贤、邓以广；司业周子仪、刘瑊、余梦麟、张一桂、季道统、刘应秋等。万历本与嘉靖本有明显区别：嘉靖本只载祭酒、司业之名，其他一概不书；而万历本则遍载寮属。

① （清）莫友芝撰，傅增湘订补：《藏园订补郘亭知见传本目录》，北京：中华书局，1993 年。

② 柳诒徵：《南监史谈》，《史学杂志》1930 年 2 卷 3 期。

南京国子监刻印图书并不只限于史书，内容十分广泛。笔者据明黄佐《南雍志》、明黄儒炳《续南雍志》、明周弘祖《古今书刻》、王重民《中国古籍善本书提要》、杜信孚《明代版刻综录》、顾廷龙《明代版本图录初编》及《钦定国子监志》卷五二附《明太学志载书籍板片名目》等文献资料不完全统计，南京国子监刻印制书 29 种，经书 107 种，史书 59 种，子书 41 种，诗文集 56 种，类书政书 5 种，韵书 13 种，各类杂书 133 种，总计 443 种。

北监相比南京国子监刻书规模要小得多，但若仅以自行雕镂的新版数量而言，北监却可与南监比美。这主要是因为南监以修补后的宋元旧版印书种类较多，而北监则大部分是以南监本为底本，重新镂板印刷而成的。北监两次大规模的刻书活动以十三经注疏和二十一史的刊刻最为著名。

北监从万历十四年（1586 年）至二十一年（1593 年），刻印了《十三经注疏》。据文献可征的有：万历十四年刻《周易正义》《周易兼义》《尔雅注疏》《论语注疏解经》；万历十五年（1587 年）刻《尚书注疏》《毛诗注疏》；万历十八年（1590 年）刻《孟子注疏解经》；万历二十一年（1593 年）刻《仪礼注疏》《周礼注疏》《春秋穀梁传注疏》等。北监本十三经注疏是以嘉靖间福建李元阳刻本为底本重刻的，而该本原出自南监十行本，故北、南监本十三经注疏是有渊源的。

北监从万历二十二年（1594 年）至三十四年（1606 年）刻印了二十一史。据文献记载已知的有：万历二十二至二十三年（1594—1595 年）刻《唐书》；二十四至二十五年（1596—1597 年）刻《魏书》《汉书》；二十四至二十七年（1596—1599 年）刻《宋书》；二十六年（1598 年）刻《史记》《隋书》；二十七年（1599 年）刻《宋史》；二十八年（1600 年）刻《五代史》《三国志》；三十一至三十三年（1603—1605 年）刻《周书》；三十三年（1605 年）刻《南齐书》《梁书》《陈书》；三十三至三十四年（1605—1606 年）刻《金史》；三十四年（1606 年）刻《辽史》。参与校刊的人员有刘应秋、李廷机、敖文祯、方从哲、萧云举、李腾芳、杨道宾、萧良有、黄汝良、叶向高、周如砥、沈榷等。北监二十一史刻版在明末崇祯六年（1633 年）还经过一次比较全面的修补，崇祯六年补刻本《史记》卷前《上进表》长达 11 页，表文首云："国子监祭酒吴士元等，钦奉圣旨据奏，书板修补已完，具见勤恪者，该衙门刷印装潢进览，谨奉表上。"①

北监刻书也并不仅限经史，子书、诗文集、医书、字帖等各类图书也有刊刻。笔者据前代目录及有关文献记载不完全统计，北监共刻书 176 种，规模已比南监小得多了。

（2）司礼监刻书

司礼监为明代内庭十二监之首，掌管宫内仪礼、刑名、内外章奏、书籍名画等，设"掌印太监一员，秉笔、随堂太监八员，或四五员……司礼监提督一员，秩在监官之上，于本衙门居住，职掌古今书籍、名画、册叶、手卷、笔砚墨、绫纱、绢布、纸札，各有库

---

① ［日］尾崎康：《以正史为中心的宋元版本研究》，北京：北京大学出版社，1993 年。

贮之，选监工之老成勤敏者掌其锁钥……又经厂掌司四员或六七员，在经厂居住，只管一应经书印板及印成书籍，佛道蕃藏皆佐理之"①。可见，其下设的经厂是专事刻书的机构。嘉靖十年（1531 年），经厂拥有笺纸匠 62 名、裱褙匠 293 名、折配匠 189 名、裁历匠 81 名、刷印匠 134 名、黑墨匠 77 名、笔匠 48 名、画匠 76 名、刊字匠 315 名，总计 1275 名②，规模相当可观。经厂究竟刻了多少书？据明人刘若愚《酌中志》统计有 161 种，版片 105833 面，另有佛、道、蕃经等；明人周弘祖《古今书刻》著录有 83 种。两者累加，去其重复，得 177 种。这两书著录的当然只是经厂本的一部分，其他图书还有待进一步查考。

经厂刻书在内容上有以下特点：一是诰、训、律、戒、鉴等方面的书多，如《御制大诰》《女训》《大明律》《历代臣鉴》《皇明祖训》等；二是经书多，如《周易大全》《书传大全》《诗传大全》《春秋大全》《礼记大全》《四书集注》等；三是史书多，特别是明史多，如《大明一统志》《大明会典》《大明官制》《洪武礼制》等；四是小学著作多，如《洪武正韵》《广韵》《玉篇》《古今便览》等。可见，经厂刻书有鲜明的政治目的，正如明武宗在《御制大明会典序》中说："特敕司礼监命工刻梓，俾内而诸司，外而群服，考古者有所依据，建事者有所师法。由是纲举目张，政成化洽，保斯世于无疆，岂曰小补之哉！"（见图 6-5）

图 6-5 明代经厂刻书图

经厂本在版式上，版框宽大，行格疏郎，字大如钱，看起来悦目醒神，且刻有句读。纸墨选用上品，雕印精良。但由于太监地位低微，学识有限，内容难免不够精审，读书人对此类刻本一向不是很重视。

————————————

① （明）刘若愚撰；吕毖辑：《明宫史》。
② 《明会典》卷一八九。

（3）礼部、兵部、工部刻书

礼部，六部之一，执掌全国礼仪、祭祀、科举、教育等事务。明代礼部刻书不少，如洪武二十四年（1391年）朱元璋命礼部刻《通鉴》《史记》《元史》等书，颁赐诸王；洪武二十七年（1394年）依蔡氏《书传》，"得者存之，失者正之。又集诸家之说足其未备。三吾等率诸儒上进，赐名《书传会选》，命礼部刊行天下"[1]；洪武二十八年（1395年）礼部刊行《皇明祖训》；永乐三年（1405年）刊行《五经四书大全》及《性理大全》；正统四年（1439年）刊行《宪纲》；成化二十三年（1487年）刊行《大学衍义补》；嘉靖四十年（1561年）重刊《卫生简易方》。礼部还刻过《大狩龙飞集》《大礼集议》《素问钞》《医方选要》等书。另外，礼部还专门负责刊刻每次科举的《登科录》与《会试录》，是研究明代科举史的宝贵资料。明兵部也刻印过一些军事书籍，如《大阅录》《九边图说》《九边图》及《武举录》等。工部也刻过一些御制书籍，如嘉靖十三年（1543年），汪鋐请命刊布世宗《御作诗》，诏工部刻梓。[2]

除了以上述中央官刻之外，还有其他一些中央机构刻印过一些专业书籍，如督察院，明代监察机构。据明《古今书刻》载，督察院刻书有33种之多，如《算法大全》《七政历》《千金宝要》《武经直解》《史记》《文选》《杜诗集注》《千家注苏诗》《盛世新声》《太平乐府》《玉音海篇》《三国演义》《水浒传》等，并有《督察院书目》问世。钦天监，掌察天文，定历数，占候、推步之事，刻过《天文刻》。又据朝鲜郑元容《文献撮录》卷一记载："皇明历式有二，曰王历，曰民历。每岁造大统历，先期二月初一进呈来岁历样，然后印造一十五本，送礼部颁于两京及布政司，照样刊印。"可见，明代钦天监主要负责印造每年奏准的《大统历日》样本，进呈礼部，所以只设印刷匠28名，裁历匠2名，裱褙匠1名。太医院，掌医疗之事，刻印过《铜人针灸图》《医林集要》和《大明律直引》（与法医有关）等医学专业书籍。

2. 明代地方官刻

（1）藩府刻书

明初，采取"皇子封亲王"之制，朱元璋把他的子孙们分封到全国各地为王。以后各代皇帝效法此制，陆续分封了一些藩王。明代藩王地位显赫，既能协助中央抵御外族侵略，又能监督地方官吏，是明代政治舞台上的一支重要力量。凭借雄厚的经济实力、丰富的藏书和人力资源，藩王多有喜好校书刻书者，当然其中也不乏附庸风雅进行攀比的，也有以此为韬晦之计的。但不管怎样，明代藩府刻书既多又好，被誉为明代官刻中的珍品。

明代藩府刻书数量众多，《古今书刻》载15府，刻书142种；《书林清话》载20府，

---

① （明）劳堪：《宪章类编》卷二十一。
② （明）徐学聚：《国朝典汇》卷二十。

刻书 56 种；《晁氏宝文堂书目》载 9 府，刻书 18 种；《万卷堂书目》载 19 府，刻书 40 种；《徐氏家藏书目》载南昌府，刻书 27 种；《千顷堂书目》载 31 府，刻书 244 种；《明代版刻综录》载 42 府，刻书 130 种。张秀民先生《中国印刷史》综合诸家书目，得到的数字是 43 府，刻书 359 种。当然这个数字是仅见著录的，不可能是明代藩府刻书的全部，以下仅举其要。

蜀藩刻书历史最长，自洪武迄万历，传本不绝。宁藩献王朱权，《明诗综》称其"博学好古，诸书无所不窥，凡群书有秘本，莫不刊布"。《四库全书总目》著录《宁藩书目》一卷称："初，宁献王朱权以永乐中改封南昌，日与文士往返，所纂辑及刊刻之书甚多……所载书凡一百二十七种，词曲院本，道家炼度斋醮诸仪俱附也。"所刻多修身养性的书籍，如《文谱》《诗谱》《神奇秘谱》《太和正音谱》《琴谱》等。衡府新乐王朱载玺，"索诸藩所纂述，得数十种，于嘉靖三十六年（1557 年）梓而行之"[1]，谓之《绮合绣扬集》。郑藩朱载堉，著《乐律全书》《嘉量算经》《图解周髀算经》《问答》等书，皆由其藩邸自刻。嘉靖以下，晋藩刻书最著名，所署有宝贤堂、志道堂、虚益堂、养德书院等，刻有《文选注》《唐文粹》《宋文鉴》《元文类》《初学记》诸书，就卷帙浩繁来讲，为诸藩之冠。其他还有秦藩刻《史记》、德藩刻《汉书》、赵藩刻《诗辑》、益藩刻《玉篇》、郑藩刻《乐律全书》、吉藩刻《先圣图》及《尚书》等。

明代藩府刻本用料讲究，版式美观，校勘精审，如嘉靖十三年（1534 年）秦藩刻《史记集解索隐正义》，以宋代建安黄善夫本为底本，与私人刻书家震泽王延喆所刻同出一源，镂刻极为精审，可视为藩府本中的代表作；嘉靖三十年（1551 年）徽藩刻《词林摘艳》，写体上版，书法流畅自然，为藩刻中之佳作；德藩最乐轩所刊《汉书》，为苏州良工所雕，所用纸墨多选上料，印刷装潢极为考究，大字宽体、蓝结包背装，近似内府本，是明刻之最精者。明藩刻本由于历时悠久，品类众多，质量颇高，在官刻书中占有重要地位，为后代藏书家所珍视。

（2）布政司刻书

明代各级地方机关几乎无不刻书，仅据周弘祖《古今书刻》著录及见闻所知，明代地方官刻在 2000 种以上，布政司刻书就是其中的代表。明代建国之初，仿元制设中书省及各地方行中书省，六部尚书出为参知政事参政。洪武九年（1376 年）始改浙江、江西、福建、北平、广西、四川、山东、广东、河南、湖广、山西诸行省为承宣布政使司，改参知政事为布政司，后又有所调整，增为十三布政使司。

据《古今书刻》著录，各地布政司刻书 215 种，其中浙江布政司刻书 8 种；江西布政司刻书 21 种；福建布政司刻书 18 种；湖广布政司刻书 7 种；河南布政司刻书 21 种；山东布政司刻书 20 种；山西布政司刻书 21 种；陕西布政司刻书 35 种；四川布政司刻书 13 种；广东布政司刻书 17 种；广西布政司刻书 2 种；云南布政司刻书 25 种；贵州布政司刻书 7

---

[1] 《明史·诸王传》。

种。这当然不是明代布政司刻书的全部。其他如嘉靖九年（1530 年）山东布政司刻印王祯《农书》36 卷，隆庆四年（1570 年）该司又刻印薛瑄《薛文清公要语内篇》30 卷、《外篇》1 卷；万历七年（1579 年）江西布政司刻印《山谷老人刀笔》20 卷；万历三十年（1602 年）陕西布政司刻印《秦汉图记》，都不见《古今书刻》著录，而这些刻本在国家图书馆都有收藏。

（3）按察司、分巡道刻书

按察司和分巡道都属于明代监察机构，也刻过不少书。国家图书馆现藏有嘉靖二十三年（1544 年）浙江按察司刊印的《大唐六典》及广西江兵巡道刻印的《校增救易方》。《古今书刻》著录明代各省按察司刻书 75 种，其中浙江按察司 6 种，江西按察司 16 种，福建按察司 10 种，湖广按察司 17 种，河南按察司刻书 3 种，山东按察司刻书 6 种，山西按察司 3 种，四川按察司 3 种，广东按察司 2 种，广西按察司 3 种，云南按察司 6 种。而实际刻书，恐怕远不止此数。

除了上述三类刻书外，明代各府州县还编刻了大量本地的方志，尤其是浙江、福建、江西各府刻书尤多，仅《古今书刻》就著录明代各府刻书 800 多种，足见明代刻书之盛。

六、清代官刻与太平天国刻书

清代雕版印刷延续了明代的辉煌，特别是在康雍乾三朝，政治、经济、文化高度发展，为刻书提供了良好的社会条件，清代官刻取得了一定成绩，成为中国古代官刻中不可忽视的组成部分。清代官刻机构主要有武英殿、国子监等，地方官刻机构主要有官书局、地方各级政府及学校等。

1. 清代中央官刻

（1）武英殿刻书

武英殿刻书始于康熙十九年（1680 年）。这一年清廷于内务府设立武英殿造办处，主要制作内廷所需文具、工艺品等，同时兼事刻书。康熙四十四年（1705 年），与刻书无关的作坊划归养心殿造办处管理，武英殿造办处始成为内府专门的刻书机构，后易名为"武英殿修书处"，下设监造处、校刊翰林处、档案房等。须说明的是，武英殿成立以前，顺治朝其实已经开始刻书了，由明经厂留用的工匠承办，刻印过汉文 16 种、满文 18 种书籍，其中资政劝善、道德伦理书籍占了大半，如《资政要览》《御注孝经》《内政辑要》《劝善要言》《御定内则衍义》等，其风格、版式与晚明经厂本大体相同，用纸多为开化榜纸或白棉纸，字大行宽，装潢考究。直至康熙初年，内府刻书仍承袭晚明风格。

康熙一朝，武英殿刻书进入发展期，共刊刻过 100 种左右的图书，少数民族文字图书 20 余部，其中珍本有康熙二十四年（1685 年）御选，徐乾学等奉敕编注，四十九年（1710 年）刊刻的《古文渊鉴》《御纂耕织图诗》《万寿盛典初集》《御制避暑山庄诗》

《钦定曲谱》《钦定词谱》等，都是当时套印本和插图版画的优秀代表。其他的还有《日讲易经解义》《日讲书经解义》《日讲四书解义》《御纂周易折中》《御纂性理解义》《御纂朱子全书》《圣祖仁皇帝御制文集》《幸鲁盛典》《亲征平定朔漠方略》《清凉山新志》《清文鉴》《孝经衍义》等。另须说明的是，通常所说的"殿版"书，并不一定都是在武英殿刻的，还有很多书稿交地方官绅捐资，由扬州诗局和苏州诗局刊刷，并准两淮盐政曹寅、李煦、宋荦等人督办。如康熙四十三年（1704年）宋荦、李煦校刻《圣祖御制文》初、二、三集；四十四年（1705年）曹寅校刻《御定全唐诗》《皇舆表》和《历代赋汇》；四十五年（1706年）徐倬刊《全唐诗录》；四十六年（1707年）高舆校刻《佩文斋咏物诗选》，陈邦彦校刻《历代题画诗类》和《历代诗余》，孙岳颁刊《佩文斋书画谱》，宋荦校刻《御批资治通鉴纲目》三编和《佩文斋广群芳谱》；四十八年（1709年）刻《大数表》《宋金元明四朝诗》；五十年（1711年）刻《佩文韵府》《全金诗增补中州集》；五十一年（1712年）王之枢校刻《历代纪事年表》等十余种，都是奉旨交苏、扬二诗局或臣工自行刊进的。

雍正七年（1729年），武英殿准予铸造"武英殿修书处图记"，标志着修书处从造办处完全独立出来，直属内务府，地位有了很大的提高。武英殿修书处利用大量档案文献，编刻了《上谕内阁》《朱批谕旨》《子史精华》，校刻了汉文《大藏经》，续修了《大清会典》等书，从此结束了由苏、扬二诗局奉旨刊印图书的历史。雍正帝在位不过13年，但据陶湘《故宫所藏殿板书目》估算，武英殿组织编刊的图书数量多达70余种，以御制文献居多，如《御定骈字类编》《圣谕广训》《上谕八旗》《庭训格言》《钦定训饬州县规条》等，另外还刊印了不少佛经及其他经史书籍。另值得一提的是，雍正朝武英殿还用铜活字摆印过《古今图书集成》64部。

乾隆一朝，是武英殿刻书的鼎盛期，据陶湘《故宫所藏殿板书目》统计，乾隆间武英殿刻书多达100余种。乾隆四年（1739年），汉文《大藏经》刊竣，同年开始校刊《十三经注疏》《二十一史》（后又校刻了《明史》和《旧唐书》，至乾隆四十九年《旧五代史》辑刊后，合为《二十四史》）和《八旗通志初集》，又陆续编刻《大清一统志》《御批历代通鉴辑览》《仿宋相台五经》《满汉文合璧五经四书》《大清会典》、四色套印本《御制唐宋诗醇》、五色套印本《劝善金科》，以及《通志》《通典》《文献通考》《续文献通考》等。乾隆三十八年（1773年），经过17年的努力，清代第一部《满文大藏经》刊刻完成，同年又从《永乐大典》中辑佚出来的300多种书中，择出罕见珍本138种，以木活字颁印流传，世称"武英殿聚珍版"。乾隆四十一年（1776年），把这套书颁发东南五省，并准许翻版通行，而浙、闽、赣、粤四省覆刊后为雕版，并非活字版。因此，四省所覆刻本为"外聚珍"，宫内原活字本为"内聚珍"。

嘉庆朝，武英殿刻有《钦定胜朝殉节诸臣录》《钦定兰州纪略》《高宗圣训》《全唐文》《钦定明鉴》等书。嘉庆以后，武英殿刻书日渐衰落，至光绪初年已经是徒有其名了。

（2）国子监刻书①

清国子监刻书主要由其下属典籍厅负责。《钦定国子监则例》卷二十二载："典籍厅额设汉典籍一员，职掌贮监书籍碑石版刻，凡匠役开晒拓印各事宜，皆由其董率。"典籍厅招募匠役4名，专门负责刷印装订书籍。顺治九年（1652年），上谕国子监云："所作文字，不许忘行刊刻，违者听提调官治罪。"② 可见在顺治朝，国子监就已经开始刻书了。目前可以考知的有：康熙五十二年（1713年），国子监刻印了韩愈撰、李光地辑的《韩子粹言》；雍正十一年（1733年），刻印了李光地所辑《朱子礼纂》；乾隆二年（1737年），国子监名臣杨名时请旨，据武英殿版重刻《御纂周易折中》版1021面、《御纂性理精义》版420面、《钦定春秋传说汇纂》版1906面、《钦定诗经传说汇纂》版1617面、《钦定书经传说汇纂》版1175面③。清国子监除了雕版印刷书籍外，还拓印了不少石刻文献，转发地方府州县官学，以广流布，如康熙五十一年（1712年），"上谕礼部训饬士子文，若令各府州县学官一体勒石，恐有不产石州县地方，或致借端扰派，俟国子监勒石后，以拓本汇颁各省，转发所属各学"④。另外，作为一种激励先进的手段，清国子监还择优选刻六堂肄业生的课卷，这在历朝国子监刻书中是不多见的。

但国子监更多的是辅助武英殿刻书。据康熙二十二年（1683年）国子祭酒王士祯《请修经史刻版疏》⑤，清国子监对明监遗留下来的旧版进行过修补，修补后的版片提供给武英殿，作为刻书的底本。国子监还为武英殿保存了大量新刻版片。"武英殿版片五十三种，寄本监存贮，立有印册备查。"⑥ 这五十三种书版包括《十三经注疏》《二十三史》《御纂文集》《三通》《八旗通志》《八旗通谱》等，版片计136914面。另外，国子监还为武英殿刻书提供誊抄缮写人员，据《钦定国子监则例》卷十一载："乾隆三年（1738年）奉上谕：武英殿写字需人，著在国子监肄业之正途贡生内看其年力精壮、字画端楷、情愿效力者，选取十人送武英殿，以备誊录缮写之用。"

2. 清代地方官刻⑦

官书局是清末地方官刻的主要代表。它产生于雕版印刷日趋没落，新的印刷技术日渐兴起之际，具有承前启后的作用。最早的官书局由曾国藩初创，据况周仪《蕙风丛书·蕙风簃二笔》："咸丰十一年（1861年），曾文正公克复安庆，部署粗定，命莫子偲大令采访遗书，商之九弟沉圃方伯刻《王船山遗书》。既复江宁，开书局于冶城山，延博雅之儒校

① 李明杰：《清代国子监刻书》，《江苏图书馆学报》2000年第5期。
② 《钦定国子监志》卷二。
③ 《钦定国子监志》卷五十二。
④ 《钦定国子监则例》卷三十二。
⑤ 《钦定国子监志》卷五十三。
⑥ 《钦定国子监志》卷三十三。
⑦ 张磊：《官书局刻书考略》，《图书馆》2001年第2期。

雠经史，政暇则肩舆经过，谈论移时而去，住南城者有南汇张文虎，海宁李善兰、唐仁寿，德清戴望，仪征刘寿、曾宝应、刘恭冕，此江南官书局之俶落也。"江南官书局是金陵官书局的前身，是各省官书局创建最早的一个。金陵官书局同治二年（1863 年）开业于安庆，同治三年（1864 年）迁至金陵。此后，江楚书局、淮南书局、江苏书局、浙江书局、思贤书局（湖南）、崇文书局（湖北）、江西书局、存古书局（四川）、皇华书局（山东）、山西书局、福建书局、云南书局、广雅书局（广州）、敷文书局（安徽）、直隶书局（河北）等，便相继成立。

官书局把重兴儒教作为刻书宗旨，故所刻图书大多是传统国学著作，尤以覆刻翻印清内府武英殿刻本为多，如江西书局和广雅书局翻刻《武英殿聚珍版丛书》，江南书局重刊殿本《仿宋相台五经附考证》，江苏书局翻刻殿本《辽金元三史语解》，江西书局重刊阮元《十三经注疏附校勘记》，广雅书局之前身粤东书局重刻《通志堂经解》，浙江书局、江西书局、崇文书局、江南书局相继重刻《御纂七经》等。各书局还汇编选辑了一批古籍，并作了相应的整理研究，如浙江书局汇刻《九通》《二十二子》，崇文书局辑刻《子书百家》，江苏书局辑刻《资治通鉴汇刻》，广雅书局辑刻《纪事本末汇刻》等。金陵、淮南、浙江、江苏、崇文五局还通力合作，据汲古阁本刻印了《二十四史》，并将版式行款统一。各书局还刻印了一些丛书，如思贤书局刻印了《湖南丛书》，云南书局刻印了《云南丛书》，湖北崇文书局所刻丛书达 33 种，广雅书局刻印《广雅丛书》收书 159 种，其中史书 97 种，几乎包括了唐、宋以来的所有史书，对研究历史很有参考价值。此外，各书局还刊印了一些当代人的学术著作，如金陵书局、浙江书局先后汇刻了陈宏谋的《五种遗规》，该书是中国教育史上的重要著作。山东书局刻孔广林《孔丛伯说经五稿》，崇文书局刻任大椿《小学钩沉》，江苏书局刻张履祥《重订杨园先生全集》。思贤书局选刻书籍更是偏重近人著作和乡贤先哲遗书，初有《王船山遗书》《曾国藩全集》，后有皮锡瑞《皮氏经学丛书》、王先谦的《汉书补注》《后汉书集解》，孙诒让的《周礼正义》《墨子闲诂》以及叶德辉的《观古堂所著书》等。

官书局刻书体现了清代学术重底本、精校勘的传统。如金陵书局所刻之书，大都以明末刻本中的精华，毛晋的汲古阁本作为底本，同时还拥有张文虎、戴望、刘毓崧、冯煦等名宿分任审阅、编校之役。广雅书局为张之洞所创设，并一度由张氏任主持，总校为南海廖泽群，以经学闻于时。又聘屠敬山、王仁俊、叶昌炽、缪荃孙等一批著名学者参与校勘。广雅书局刻书章制为："有提调，专司雕刻印刷诸事；有总校，提挈文字校勘事宜；其下设分校多人。每雕一书，卷末必署名某人初校、某人覆校、某人总校，以专其成。"浙江书局刻书选用底本都要经过一番研究，且有杭州著名藏书家丁丙、丁申兄弟的八千卷楼、善本书室提供方便，故慎选底本为各书局之最，如所刻《二十二子》，均以名家藏校本及明世德堂本为依据，是子书丛刻中最完善的本子。浙江书局校勘之精审，在各地官书局刻本中同样堪称第一。该局所聘谭献、黄以周、李慈铭、张大昌诸人，都是当时屈指可数的经史辞章名家。刻本皆另附校勘记、校勘札记，所刻《二十二子》《玉海》《九通》《武林掌故丛编》，错讹极少，超过殿本，影响后世颇深。学风世风所致，其他书局刻书亦大致如此。如淮南书局所刻《三国志》《毛诗注疏》，四川书局所刻《前四史》《章太炎丛书续编》，以及五局合刻的《二十四史》，都是局刻本中较好的版本。湖南思贤书局则先后由曹耀湘、艾作霖、王先谦、张祖同、叶德辉等著名学者担任主持和校勘，所刻书籍注重实用，校勘认真，字体雅致，甚为畅销，亦为后人称道。

清代官书局以南方居多，其中又以江浙为最。比较而言，文化较为发达的地区，刻书数量和质量较高，而山西、贵州等书局的刻本，数量和质量就相对要差一些。由于官书局的主持人及校勘者文化和学识水平的差异，故底本选用不一，校勘也有精粗之别。金陵书局、浙江书局、思贤书局出版各书，校勘精当，有的超过殿本；湖北崇文书局、江西书局则校勘不精，脱落错讹较多；山西书局所刻之书，在校勘、印刷、纸墨选用等方面都比较粗糙，版本质量不高。广雅书局比较重视校勘，但其所刊印的《武英殿聚珍版丛书》原本只有 138 种，其刻本却多出 10 种，就是因为没有慎选底本所致。

官书局创始于同治，兴盛于光绪，民国后才陆续停办。其藏书和版片后多数移交新成立的省图书馆收藏，成为各省图书馆的藏书基础。在晚清的半个多世纪中，广雅书局刻书数量为众书局之首，达 300 余种；崇文书局刻书 250 余种；江苏书局刻书 188 种；浙江书局"刊布经史子集百数十种"；思贤书局刻书 78 种。其他各书局刻书也在数十种之内。据《中国丛书综录》所著录的 41 个收藏单位统计，现存的局本丛书就有 40 余部。由于书局刻书数量多，所刻之书大都是经史子集，起到了整理、保存和传播古代文献的作用，满足了当时读书人的需要。

3. 太平天国刻书

论及清代刻书，不能不提及期间的太平天国刻书。太平天国运动是晚清中国爆发的一次规模空前的农民起义。从咸丰元年（1851 年）金田起事至同治三年（1864 年）天京陷落，在对清军事斗争的 14 年间，太平天国政权非常重视思想宣传和文化建设工作。在北征途中，太平天国一路招募了各种能工巧匠，其中就有许多刻印工匠。太平天国攻克扬州、苏州后，囊收了当地的刻印匠人，连同随军而来的广西、两湖、江西籍工匠，组成了一支规模庞大的印刷队伍。咸丰三年（1853 年）太平军攻下南京后，定都于此，改南京为天京。为适应思想宣传和文化建设的需要，天京政权成立了专门的出版机构。在复成仓大街设镌刻衙，也称镌刻馆；在文昌宫后檐设有刷书衙，也称刷书馆。镌刻馆主要刊刻诏旨、书籍、印玺等，后扩大为镌刻营。据清人张德坚《贼情汇纂》载，镌刻营自将军以下正副各官、典官、属官计有 1715 人，伍卒计 12500 人，合计官兵 14215 人。太平天国后期，镌刻营机构更为庞大，官职也相应增多，长官由原来的"典镌刻"升为"总典镌刻"。太平天国利用天京当地雄厚的经济、技术实力，大量刊刻印刷书籍，以致"汗牛充栋，人人习见"①。

太平天国究竟刻了多少书？目前学界说法不一。有人说刻了 1100 多种，也有人说刻了 340 多种。太平天国运动失败后，由于清政府对太平天国所刻图书极力查禁和销毁，流传下来的实物廖寥可数，因此很难对其刻书的总数作出精确统计。所幸有些图书流落到海外，在英、法、德、荷等国的博物馆、图书馆里有所收藏。1949 年前后，在苏南常熟地区也发现了一批太平天国刻书。借助这些留存下来的文献，我们大致可以考察当年太平天国刻书的概貌。

第一，太平天国所刻图书有相当一部分是该农民政权自行编撰的，也有部分是改编的。如典章制度方面的书籍，有《太平礼制》《太平官制》《钦定士阶条例》《太平军目》《太平条规》《钦定制度则例集编》《天朝田亩制度》等；思想宣传类的书籍，有《天条书》《太平救世歌（诰）》《天理要论》《天情道理书》等；其他还有一些论文结集，如《建天京于金陵论》《贬妖穴为罪隶论》等；有文告汇编《太平诏书》《天命诏旨书》等；有历书《颁行历书》等。除了太平天国自己组织力量编撰的书籍以外，还有一部分书籍是就前人的书加以增删改编而成，如将基督教的《新旧约全书》删改编印成《旧遗诏圣书》和《新遗诏圣书》；将中国古代兵书《武经》（《孙子》《吴子》《司马法》三书合集）加以删改刻印，改称《武略书》。

第二，对于传统的《四书》《五经》，太平天国起初把它们当作"妖书"严加禁止，并谕令科举考试不得再用孔教经书，而代之以《旧遗诏圣书》和《新遗诏圣书》。后来随着政治形势的发展，为了稳定社会巩固政权，太平天国改变了对《四书》《五经》的认识，并假托天父降旨说："孔孟之书不必废，其中有合于天情道理亦多，既蒙真圣主御笔钦定，皆属开卷有益者。"② 于是便将《四书》《五经》删改刊印，准许人们阅读。这些删改过的《四书》《五经》，被定名为《御笔改正四书五经》。关于此书，当时曾在天京的汪士铎所作的《乙丙日记》和英人所办的《北华捷报》社评都曾做过论述。

第三，太平天国刻印了一大批经天王洪秀全批准颁行的"诏书"。所谓的"诏书"，据太平天国自己解释，意指"真书""训世之书""化民之书""发号施令"之书、宣布"天王之化"之书。从 1851 至 1861 年，太平天国所刻图书的绝大多数首页或末页都附有"旨准颁行诏书总目"，其下罗列历年已出版的书籍目录，各书按其地位和重要性依次排列，末尾有"旨准颁行共有××部"字样。如庚申十年（1860 年）出版的《王长、次兄亲目亲耳共证福音书》所附的"旨准颁行诏书总目"，就列出了 29 部已出版的"诏书"书目。这 29 部颁行诏书，除了《钦定制度则例集编》尚未发现原书外，其余 28 部原书均已发现，有的还发现多种版本，现分别收藏于英国、法国、德国、荷兰、美国以及我国的

① （清）张德坚：《贼情汇纂》，见《中国近代史资料丛刊·太平天国》（第 3 册），上海：上海人民出版社，1957 年，第 252 页。

② （清）汪士铎：《乙丙日记》卷二，《北华捷报》（*North China Herald*）174 号。

一些图书馆、博物馆中。

在罗尔纲先生的主持下，南京太平天国历史博物馆经多方努力，将上述已发现的太平天国"诏书"收录于《太平天国印书》中，于1961年影印出版（后又于1979年出版排印本）。《太平天国印书》收录了上述28部诏书中的26部，分别是：《天父上帝言题皇诏》《天父下凡诏书》（二部）、《天命诏旨书》《旧遗诏圣书》《天条书》《太平诏书》《太平礼制》《太平军目》《太平条规》《颁行诏书》《颁行历书》《三字经》《幼学诗》《太平救世诰》（早期刻本称《太平救世歌》）、《建天京于金陵论》《贬妖穴为罪隶论》《诏书盖玺颁行论》《天朝田亩制度》《天理要论》《天情道理书》《御制千字诏》《行军总要》《天父诗》《醒世文》《王长、次兄亲目亲耳共证福音书》。另有两部是《新遗诏圣书》和《武略书》，因当时收藏于英国伦敦不列颠博物院东方部，国内尚不得见，因而未予收录。后来这两部书的缩微胶卷由英国传入国内，由王庆成先生等编入《影印太平天国文献十二种》之中。

当然，太平天国的刻书并不限于上述诏书。《太平天国印书》除影印了26部诏书外，还影印了10部未见于"旨准颁行诏书总目"的太平天国刻书：《太平天日》《钦定士阶条例》《钦定敬避字样》（后附《天朝钦定文确》《太平天国联句》《天朝点将录》）、《幼主诏书》《资政新篇》（后附《兵要四则》）、《钦定英杰归真》《诛妖檄文》《钦定军次实录》《天父天兄天王太平天国己未九年会试题》《开朝精忠军师干王洪宝制》等。这样，《太平天国印书》共收录影印了36部太平天国刻书，但由于其中《太平礼制》有辛开（亥）元年的初编本和戊午八年的续编本2种版本；《颁行历书》有癸好（丑）三年、甲寅四年、戊午八年和辛酉十一年的4种版本，另外《天条书》和《太平诏书》还各有重刻本1种，因此《太平天国印书》实际上收录了36部42种太平天国刻书①。

1984年，王庆成先生于英国图书馆发现了《天父圣旨》和《天兄圣旨》两部太平天国刻书，并由辽宁人民出版社于1986年以《天父天兄圣旨》为书名排印出版。2004年10月，中华书局又影印出版了由王庆成等人收集和编定的《影印太平天国文献十二种》，共收录了如下12种太平天国文献：《天父圣旨》《天兄圣旨》《天父诗》《天父下凡诏书》（第二部）、《建天京于金陵论》《贬妖穴为罪隶论》《新遗诏圣书》《武略书》《天王"御照"、诏旨等文书》《军中档册》《干王洪仁玕亲笔文书》《幼天王洪天贵福亲书述》。其中《天父圣旨》和《天兄圣旨》已收录于前述《天父天兄圣旨》一书；《天父诗》《天父下凡诏书》（第二部）、《建天京于金陵论》《贬妖穴为罪隶论》等4种图书虽已收入《太平天国印书》，但是抄录本，而本书所影印的是原刻本；《新遗诏圣书》和《武略书》两书则是《太平天国印书》未来得及收录的原刻本；其余的《天王"御照"、诏旨等文书》《军中档册》《干王洪仁玕亲笔文书》《幼天王洪天贵福亲书述》等4种文献则是太平天国档案文书的汇编，不是当时的刻书。这样，目前发现的并在国内可以看到原刻本或影印本

---

① 丁鼎：《天京刻书述略》，《江苏大学学报》（社会科学版）2005年第6期。

的太平天国刻书共计有 40 部。

另外，据罗尔纲先生《太平天国史料考释集》和张秀民、王会庵二先生《太平天国资料目录》等考证，太平天国刻印的书籍，不见于"旨准颁行诏书总目"，今天也仍未发现，而从有关记载可以考出书名和内容的计有如下一些：《天命真圣主诏书》《天道诏书》《待百姓条例》《太平官制》《天朝诏命》《律文六十二条》《太平军书》《太平军制》《大小兵法》《水旱战法》《行军号令书》《练兵要览》《忠王会议辑略》《真圣主御笔改正四书五经》《字义》《诗韵》《钦命记题记》《三国史》《义诏诰》，等等。其中《忠王会议辑略》记载了太平天国壬戌十二年（1862 年）夏忠王李秀成在苏州主持召开的两次军事战略会议的情况，卷端有忠王亲撰序文。惜此书已失传。此外，太平天国还刻印过一部《诏书》。不过这部《诏书》并不是天朝发布的诏书总集，而是太平天国的革命史。它前半部分出自冯云山之手，后半部分出自史官曾钊扬、何震川之手，记事自道光二十八年（1848年）始，止于太平天国癸好（丑）三年（1853 年）天京陷落，叙述了太平天国从酝酿、鼓吹、起义、立国到定都阶段的历史。

综上所述，已经发现的和可以考知书名的太平天国刻书共计有 60 余部。当然，太平天国曾经刊印的书籍远不止此数，肯定还有一些至今不为人知，而将来也许会被发现的；也肯定会有一些我们迄今还不知道，而将来也可能永远湮没无闻的。

图 6-6　天平天国刻本《太平礼制》

从现已发现的文献来看，太平天国刻书在内容、用语、避讳、版式、装订、字体、纸张等方面有以下特点：第一，内容多诏书、典制类图书、军事类图书、历书和诗文集。这对于一个依靠农民起义新建立起来的政权来讲，是很正常的。第二，文中用语多用白话。辛酉十一年（1861 年）洪仁玕等奉天王洪秀全之命发布公告说："嗣后本章禀奏及文移书启，总须切实明透，使人一目了然，才合天情，才符真道，切不可仍蹈积习，从事虚浮，有负本军师等谆谆谕戒之至意焉。"① 这反映了太平天国的革新思想。第三，行文有严格的敬书和避讳规范，代用字较多。太平天国刻书凡遇 "天父" "天兄" "天王" 等字样，一般要另起抬头，以示尊崇。太平天国专门颁布了《钦定敬避字样》一书，具体规定了一些应避讳的字和一些代用的字。如以 "添" 代 "夫"、以 "花" 代 "华"、以 "鉴" 代 "镜"、以 "郭" 或 "国" 代 "國"、以 "菁" 代 "清"、以 "绣" 代 "秀" 等。在采用干支纪年时，将 "丑" "卯" "亥" 三字分别改为 "好" "荣" "开"，如 "辛亥" 改为 "辛开"、"癸丑" 改为 "癸好"、"乙卯" 改为 "乙荣"。第四，使用了几种简单的标点符号。如 "·" 表示句中停顿，"。" 用在句末，"＿" 用于人名右侧，"＝" 用于地名、国名、朝代名右侧。第五，封面设计大体相同，多为红色或黄色，间有草绿色，封面中间是大字书名，两边是二龙戏珠装饰图案，下边是波涛图案，上边用小字题 "太平天国⑥☞☞年新刻" 字样（见图 6-6）。但也有四周作简单回文图案的，栏上横书刊行年月。第六，字体多采用横细竖重的匠体字。第七，多用毛边纸，"其装订或黄纸，或红纸、白纸、绿纸，宛如地摊所卖何文秀荷包式样"②，书籍装订多为线装或黄丝线装。第八，太平天国刻书一律不著刻工、印工和装订工姓名，有异于古代的刻书传统。

第四节　历代寺观刻书

坊刻、家刻和官刻是我国古代刻书的三大主要系统，但并非我国古代刻书的全部。除此之外，还有两类特殊的刻书系统，其刻书性质通常介于官刻与家刻之间，这就是寺观（即寺院和道观）刻书和书院刻书。

借助官方的有力推动，佛教文化在我国历史上产生了深远的影响，佛教经典的出版在我国古代出版史上写下了浓重的一笔。从宋刻《开宝藏》至清末活字排印《频伽藏》，千余年间，释家大藏平均 30 年左右就要开雕一次。这其中有相当一部分，是由官方出资（官刻）或信徒集资（家刻）刻印的。道教是我国的本土宗教，其影响不在佛教之下。但道藏的刻印不如佛经兴盛，其中原因比较复杂，有官方抑扬的原因，也有道教自身理论不系统，并且不断朝着浅俗方向演进的原因。道藏中著名的有宋代的万寿道藏之刻，金代的玄都宝藏之刻和明代的正统道藏之刻。

一、唐、五代寺观刻书

唐代雕版印刷术发明之初，最早应用于历书和佛经的刻印。在已发现的唐代印刷品中，佛经占有很大的比重。唐刻佛经既有一般佛教信徒的家刻本，也有寺院刻本。早在写

---

① （清）洪仁玕：《戒浮文巧言谕》，见扬州师范学院编：《洪仁玕选集》，北京：中华书局，1978年。

② （清）张汝南：《金陵省难纪略·洪贼改字删书》，见《中国近代史资料丛刊·太平天国》第 4 册，上海：上海人民出版社，1957 年，第 717 页。

本盛行时期，唐玄宗就曾颁布《禁坊市铸佛写经诏》："如闻坊巷之内，开铺写经，公然铸佛，口食酒肉，手漫膻腥，尊敬之道既亏，慢狎之心斯起……自今已后，禁坊市不得辄更铸佛写经为业。"① 可见，当局认为书坊写经以牟利为目的，是对佛的不敬，因而被禁止。人们购买佛经，是由官方指定的寺院传写的。雕版印刷广泛应用之后，这些代办佛经出版的寺院当也继续刻印了佛经。道教书籍最早见于版印的当属《刘宏传》。据唐范摅《云溪友议》卷下载："纥干尚书泉苦求龙虎之舟十五余稔。及镇江右，乃大延方术之士，乃作《刘宏传》，雕印数千本，以寄中朝及四海精心烧炼之者。"这应属家刻性质。

五代时期雕印佛经最著名的当属吴越国王钱俶刻印《宝箧印经》《宝箧印陀罗尼经咒》《应现观音像》（84000余卷）等，所刻经卷供奉在湖州天宁寺、杭州西关雷峰塔等多个地方。这次大规模的刻印佛经当是由官方出资，寺院参与其中的。五代后晋天福五年（940年），道士张荐明刻印《道德经》，据《旧五代史·晋书·高祖本纪》载："癸亥，道士崇真大师张荐明赐号通玄先生。是时，帝好《道德经》，尝召荐明讲说其义，帝悦，故有是命。寻令荐明以《道》《德》二经雕上印板。"这也是官方与道教人士合作出版的。前蜀任知玄还自出俸钱，刻印了《道德经广圣义》，5年内雕版460余片，藏在龙兴观。这是家刻和道观合作刻书的。

二、宋代寺观刻书

宋时寺庙遍布全国，成为刊印佛教经图的重要力量，而且呈现出制度化、规模化的趋势。不少寺院专门成立印经机构，主持佛典印施。据《宋会要·鸿胪寺条》载，北宋中期之后，儒、道皆不遗余力攻击佛教，至熙宁四年（1071年），遂废印经院，但全部经版，皆交由显圣院经管。这从另一个角度讲，也可以看作是朝廷对寺院刻书的一大支持。或者说寺院实际上取代了政府，担当起印制佛教经图的责任。

宋代最著名的佛经刻印当属大藏经的五次雕造：第一次是开宝四年（971年），宋太祖命张从信等人前往益州（今成都）监造大藏经板，至太平兴国八年（983年）刻成。版片运至汴梁太平兴国寺印经院，用硬黄纸刷印，卷轴装，世称《开宝藏》（见图6-7），又称《蜀本大藏经》；第二次刊造大藏经是在元丰三年（1080年），由僧人冲真、普明等发起，始刻于福州东禅寺，至政和二年（1112年）完成。该藏经折装，因刻经目的是"为今上皇帝祝延圣寿"，世称《万寿大藏》，也称《崇宁藏》；第三次是政和二年（1112年）由蔡俊臣、陈清以及僧人本明、宗鉴等发起，始刻于福州开元寺，至乾道八年（1172年）刻成。该藏用经折装，因题记中有"毗卢大藏"四字，故世称《毗卢藏》；第四次是绍兴二年（1132年）由湖州归安县松亭乡思溪王永从捐资，于园觉禅院开雕，竣日不详。该藏为经折装，世称《思溪藏》；第五次是绍定四年（1231年）由法忠禅师等发起，雕于平江府碛砂延圣院，至元代至治二年（1322年）才告功成。该藏经折装，世称《碛砂藏》。

---

① 《全唐文》卷二十六《禁坊市铸佛写经诏》。

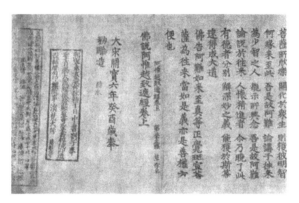

图 6-7　宋刻《开宝藏》

　　寺院以刊印佛教经图为功德，两宋时藉版刻发达之利，印施更多。据《秘殿珠林·续编》载，宋淳化中，西湖显庆寺僧省常，邀集名公巨卿结净行社，自刺指血滴于墨中，印《华严经净行品》千册施于大众；龙兴寺僧智海，广化四众，印刻《大华严经》千部等。类似事例，不胜枚举。宋时福州寺院刻经，堪称全国之最。据存世遗物及史料记载，福州开元寺、东禅寺等觉禅院、南禅寺、鼓山白云峰涌泉寺等，都大量刊印过佛教经图，不仅有一经之刊刻，亦有数经之丛刻。其他如四川成都，福建麻沙，浙江湖州、绍兴、嘉兴、径山，以及汴梁等处的寺庵，亦大量刊行佛典。据《径山志》卷十一载："周祗字子介，吴江人，捐资置下院，太平寺刻藏田四十二亩。"从其捐助的规模，可窥见其刻书规模之一斑。至于个人出资施刊一经或数经，更是司空见惯的事。这反映出民间出于信仰的需要，对佛教经图需求的殷切及所需数量之大。僧侣和信徒施刻经图，意在广结善缘，与坊肆之刻冀在取利不同，故多遴选良工，精雕细琢，纸墨等物料，亦不惜工本，因而质量上乘。

　　宋代道藏刊印最著名的当属《万寿道藏》。政和间，徽宗诏令全国访求道教仙籍，由道士元妙宗、王道坚等校勘后，送福州闽县万寿观雕版，刻完后把版片送至京师。主持这次刻经的人是福州知州黄裳。由于该藏刻于万寿宫，故名《万寿道藏》。该藏共 540 函、5481 卷。

三、辽、西夏、金代寺观刻书

　　佛教在辽国具有很高的政治地位。建国伊始，辽国就制定了"学唐比宋"的方针。圣宗、兴宗、道宗时，更是不遗余力地学习汉文化，不仅重视儒学，亦重视佛教。兴宗时，身为僧人而拜三公、三师兼政事令者达 20 余人，以至贵戚多有舍男女为僧尼者。在宋朝的影响下，辽国也刻印过一部大藏经，因辽国为契丹人耶律阿保机所建，故名《契丹藏》，又称《辽藏》。1974 年在山西应县木塔内发现的辽代印刷品中就有《辽藏》12 卷。据题记可知，《辽藏》刻于圣宗至道宗时期，刻经地点为燕台圣寿寺（今北京圣寿寺），书手有智云等，雕版者有穆咸宁、赵守俊、李存让、樊遵等，主持者有沙门可元、觉苑等。辽国其他寺院刻书者，根据现存佛经刊署题记还有弘法寺、弘业寺、大昊天寺、大悯忠寺等。如应县木塔中发现有燕台大悯忠寺（今北京法源寺）雕印的《新雕诸杂赞》《玉泉寺菩萨戒坛所牒》《菩萨戒坛所牒》及所附牒封等；弘法寺刻印过《释摩诃衍论通赞疏》和《释摩诃衍论通赞疏科》等；大昊天寺刻印过《佛说八经师》等。

西夏也是一个崇尚佛教的政权，在其建国前后，就曾多次向北宋请购佛经并组织译场进行翻译。西夏寺院刻经，主要有两种情况：一种是为皇室重大法事活动刻印佛经，另一种是寺院为弘扬佛法刻印佛经。帝后们为某种目的所作法事活动，不仅要延请高僧烧施结坛，诵读经文，还要散施佛经、法物。这些佛经的刻印往往是由与皇室有密切关系的寺院来承接的，如惠宗时期的大延寺、仁宗时的大度民寺和温家寺、襄宗时的普化寺及贺兰山佛祖院等，都执行过刻经任务。乾祐二十年（1189 年）罗太后"谨施"的《金刚般若波罗密多经》，就是由"温家寺印经院"雕造的。在这些刻经中，有的有皇帝刻经的愿文，多有"命工镂板""仍敕有司印造斯经"字样，所以这种寺院刻经本质上仍属官刻。① 寺院为弘扬佛法所刻佛经，通常由信徒或僧众募集资金，由寺院承印。如大延寿寺演妙大德沙门守琼，在惠宗大安十年（1084 年）印施的《大方广佛华严经》，由尚座袁宗鉴等 17人在乾祐十五年（1184 年）八月"重开板印施"的《佛说金轮佛顶大威德炽盛光佛如来陀罗尼经》等，都是由高僧主持印施的，虽没有寺院印刻的题款，但也应是寺院所印。与辽刻印《契丹藏》一样，西夏也刻印了汉文《西夏藏》。它是由西夏贺兰山佛祖院刻印的。贺兰山佛祖院是西夏都城西北贺兰山某处的一座规模很大的寺院，是西夏汉文佛经的刻印中心。

金代最著名的佛经刻印当属《金藏》的雕造。金皇统九年（1149 年），相传有一女子，名崔法珍，断臂苦行以募刻大藏经，历时 24 年，至大定十三年（1173 年）竣事。该经藏由解州天宁寺开雕，施主多为平民。因该经原藏山西赵城镇东南四十里广胜寺，故又名《赵城广胜寺藏》。金代除雕印佛经外，对道教典籍的刊印也很积极。如谭处端的《水云集》，在百年之内竟刊版 4 次，足见其流布之广。至于道藏的刻印，更是雄视百代。金世宗大定四年（1164 年），诏以汴梁《万寿道藏》版片交给中都十方大天长观，出内府公帑巨万加以修葺。由于该观所藏旧版尚不完备，故于大定二十八年（1188 年），诏令以南京（汴京）道藏经版调赴天长观。章宗明昌元年（1190 年），由提点孙明道主持，据以补刻，两年竣事。除修复《万寿道藏》残卷外，还新刻若干卷，两相累积，计 6455 卷，名之《大金玄都宝藏》。另据《鹿邑县志》记载，大定二十四年（1184 年），田子虚、韩元英等在亳县创建太清殿时，也备"转轮大藏，仍印经以实之"②。

---

① 李致忠：《古代版印通论》，北京：紫禁城出版社，2000 年，第 160 页。
② 《光绪鹿邑县志》卷十下。

四、元代寺观刻书

元代寺院募缘刻藏的风气极浓，据史可考者有五次：第一次为《普宁藏》的刊刻。至元六年（1269 年），由僧人道安、如一等发起于杭州路余杭大普宁寺，到至元二十二年（1285 年）完成，刻经 6010 卷，经折装，因藏于普宁寺，世称《普宁藏》。第二次为《西夏大藏经》的刊刻。为迎合西夏人的信仰，大德间元成宗命杭州路大万寿寺雕造河西字（西夏文）大藏，散布于宁夏、永昌等路寺院。该藏于大德六年（1302 年）竣工，刻经 3620 卷。第三次为至大、延祐间武昌经藏的刊印。元程钜夫《雪楼集·大慈化禅寺大藏经碑》云："（大藏经）为书繁多，世鲜能备，亦莫能以是施。仪天兴圣慈仁昭懿寿元皇太后命刻大藏经板于武昌。既成，辇至京师，印本流传天下，名山巨刹则赐之。"第四次为建阳经藏的刊刻。延祐二年（1315 年），由福建行省长官亦黑迷夫赞助，始刻于建阳，后因故中辍，仅刻成《般若》《宝积》《华严》《涅槃》四部。第五次为大都经藏的刊刻。顺帝后至元二年（1336 年），太皇太后卜答失里发愿施印大藏经，由负责太后事务的徽政院总其事，在大都（北京）刊行。另外，元代还续刻了南宋时平江府碛砂延圣院开雕的《碛砂藏》；大德十年（1306 年）福州开元庄严禅寺主持沙门募缘补刻了《毗卢藏》；武宗至大间（1308—1311 年），还曾开雕西藏喇嘛乔依奥爱尔同蒙古、维吾尔及汉人学者共同翻译的蒙古大藏。除了经藏的刊印外，还有单本佛经的刊刻，如大德二年（1298 年）成都觉昭寺刊刻《圜悟禅师语录》；后至元六年（1340 年）中兴路资福寺雕印无闻和尚《金刚波罗蜜经注释》等。

元道藏则以《玄都宝藏》的刊印声名最著。宋德方，字广道，莱州人，曾师丘处机，于蒙古太宗九年（1237 年）倡刻道藏，设总局于平阳玄都观，并设分局 27 处，由其弟子秦志安总领其事，招募雕印工人 500 余人。宋德方亲自参与校勘之役，日课校雠，三洞四辅 18000 余种著作多出其手，至乃马真后称制三年（1244 年）竣事。该道藏计 7800 余卷，因版片最初存放于玄都观，世称《玄都宝藏》。

五、明代寺观刻书

明代佛经刻印不让宋元，大规模地刻经也有五次：第一次是洪武五年（1372 年）明太祖诏江南名僧校刻经藏于蒋山（属南京），至洪武三十一年（1398 年）竣事。该经用经折装，6330 卷，版存金陵天禧寺，这就是有名的《洪武南藏》。惜此藏刊成不久，经板即被焚毁，故世间传本极少。所幸 1934 年在四川崇庆县上古寺发现此藏，现存于成都市图书馆。第二次是永乐八年（1410 年）明成祖倡刻，至英宗正统五年（1440 年）刻成 6361 卷，万历间又续刻 410 卷。该藏亦用经折装，因刻于北京，故名《北藏》。第三次为永乐十年（1412 年）至永乐十五年（1417 年），刻经于金陵大报恩寺，此藏是《洪武南藏》的翻刻，但内容略有变动，世称《永乐南藏》。第四次亦是永乐间，由僧人道开倡刻经藏于杭州昭庆寺，并撰《募刻大藏文》，倡议改梵夹装为方册。但据中国佛教图书文物馆收藏的残卷来看，仍是经折装。该藏因刻于杭州，故名《武林藏》。第五次为万历十七年（1589 年）由僧人紫柏、憨山等发起，始刻于山西五台山妙德庵，四年后迁至杭州径山寂照庵和兴圣万寿寺续刻。万历三十一年（1603 年），主持人紫柏入狱而死，憨山亦流放儋耳（今属海南），由陆光祖、冯梦祯等人赞助，在嘉兴、金坛、吴江等地按原版式分别雕刻。但由于组织不力，进展缓慢。后贵州赤水名僧继庆毛遂自荐担负刻经重任，在著名刻书家毛晋等人的支持下，直到清康熙十六年（1677 年）才得以竣工，前后历时 89 年。该藏是我国古代唯一的方册装（即线装）藏经，全藏 6956 卷，因该藏版片大部分刻于径山，世称《径山藏》，又因嘉兴楞严寺为该藏的组织联络地，又称《嘉兴藏》。

明永乐四年（1406 年），成祖敕令龙虎山第 43 代天师张宇初，谓"前者命尔编修道教书，可早完进来，通类刊版"①，并诏南昌府玉虚观道士涂省躬等任辑校之役。四年后，张天师仙逝，诏令第 44 代天师张宇清嗣领其事。事未果，永乐帝又驾崩。宣宗宣德二年（1427 年）张宇清又卒，只好搁置此事。直到英宗上台后，诏通妙真人邵以正总其事，道士喻道纯、汤希文等重加订正，增所未备，于正统九年（1444 年）开始雕版，至正统十年（1445 年）刻成，计 5305 卷，世称《正统道藏》。神宗万历三十五年（1607 年）又敕第 50 代天师张国祥续梓道藏 32 函，因续刊于万历间，故名《万历续道藏》。

六、清代寺观刻书

清代汉文佛藏的雕版刊印只有雍正朝一次，因是雍正皇帝敕雕，且每函经卷第一册卷首均镌有御制蟠龙碑形牌记，故称《龙藏》，也叫《清藏》。雍正十一年（1733 年），由雍正皇帝倡刻，设藏经馆于北京东安门外贤良寺，由和硕庄亲王允禄、和硕和亲王弘昼及贤良寺住持超圣等主持，下设校阅官、监督、监造等大小官员 133 人，至乾隆三年（1738 年）竣工，雕成经版 79036 块，计 724 函、7240 卷。《清藏》每半页 5 行、行 17 字，字大如钱，行格疏朗，楮墨精良，仅经板及刻工钱就用银 8 万两。乾隆四年（1739 年）出清政府出资，刷印了 100 部，颁赐全国各大寺院入藏；乾隆二十七年（1762 年）又奉旨用公帑补印了 3 部；同治十年（1871 年），奉旨为四川泸州合江县法王寺刷印了 1 部；1933 年民国政府林森等人在南京中山陵筹建藏经楼，安奉历朝大藏，1936 年启印 1 部；此后，全国南北名山大刹的善会闻风而起，又陆续请印了 22 部。这样，从乾隆四年（1739 年）至民国二十五年（1936 年），一共刷印了 127 部。1982 年，经版庋置明代古刹智化寺。经清点，现存版片 74792 块，经、律、论部分基本完好，杂藏部分有一些缺损。另宣统元年（1909 年），上海频伽精舍用活字排印了一部大藏经，凡 404 函、8416 卷，半页 20 行、行 45 字，线装。因是频伽精舍排印，世称《频伽藏》。

有清一代还刊刻过藏、蒙、满文大藏经。康熙二十二年（1683 年），康熙皇帝借"祝

---

① 《皇明恩命世录》卷三。

颂两宫之景福，延万姓之鸿庥"的名义，以"番藏旧文，爰加镌刻"①。这次校刻前后历时十余年，刻成《甘珠尔》；雍正二年（1724年）又续刻了《丹珠尔》；乾隆二年（1737年）又予以增补。经祖孙三代之力，才完成了藏文全藏经版的雕印工程，此为北京版的藏文大藏经。此外，在拉萨察木多、甘肃临洮东南卓尼寺、四川甘孜德格印经院也刻有藏文大藏经，其中以德格印经院较为著名。该印经院于雍正七年（1729年）由42世德格土司却吉·登巴泽仁首创，存刻版217500块，《甘珠尔》与《丹珠尔》俱全。康熙二十八年（1689年），康熙与哲布尊丹巴呼图克会盟于多伦诺尔（今内蒙古自治区多伦县）。盟毕，哲布尊丹巴呼图克奉呈蒙文《甘珠经》1部，康熙令武英殿重新加以刊雕，故称《殿版蒙文大藏》。乾隆间曾下令译刻满文大藏，经章嘉等人的精心筹备，于乾隆三十八年（1773年）正式开始译刻，至乾隆五十五年（1790年）满文大藏译刻竣事。该藏凡108函，仿梵夹装，朱印。因刷印不多，传世稀少。

清代道藏的编刻主要在明代道藏的基础上进行，如康熙间彭定求从明《正统道藏》中选出200余种，编为《道藏辑要》；清嘉庆间，蒋元庭编《道藏辑要目录》，收录道书279种，光绪三十二年（1906年）成都二仙庵据以翻刻，又增入清代晚出的道书数种，此书版片现存成都青羊宫。

第五节　历代书院刻书

书院是我国古代介于私学与官学之间的一种特殊的教学组织形式。它最初产生于民间，唐中叶得到官方认可，经唐玄宗一代君臣"广学开书院"式的倡导，日渐盛行。书院也从最初私人读书、治学、藏修之所，发展为聚徒教授、开引士民的教学机构。书院与书的血缘关系，使得修书、刻书成为书院一种与生俱来的功能。自唐代丽正、集贤书院"掌刊辑古今之经籍"肇始，历经宋、元、明、清凡千余年的发展，书院刻书与其藏书一样，铸就了自己的辉煌。"书院本"以其精校、精工、易行"三善"成为中国古代出版史上的一大亮点。

一、宋代书院刻书

唐至五代时期，随着雕版印刷术的发明和初步应用，书院可能已经开始刻书。但因文献无征，不敢断言。书院大规模刻书自宋朝始。北宋初年，兵戈未休，各级官学尚无暇多顾，民间书院发展一度突飞猛进。但随着政治逐渐的稳定及重文政策的确立，官学如雨后春笋般地兴办起来，刚刚兴起的书院又一度受到抑制。而至南宋，书院制度得到极大发展。据白新良先生统计，两宋书院共有515所，其中北宋73所，南宋书院442所②，著名

---

① 张秀民：《中国印刷史》，杭州：浙江古籍出版社，2006年，第494页。

② 邓洪波：《中国书院史》，上海：东方出版中心，2004年，第62页。

的白鹿洞书院、岳麓书院、应天书院和嵩阳书院，号称宋代"四大书院"。

宋代书院刻书很多，可考的有白鹭洲书院嘉定十七年（1224 年）刻《汉书集注》，有"甲申岁刊于白鹭洲书院"牌记。该书院嘉定间还刻有《后汉书注》《后汉书补志》等；丽泽书院绍定三年（1230 年）重刻司马光《切韵指掌图》、无年号刻吕祖谦《新唐书略》；象山书院绍定四年（1231 年）刻袁燮《絜斋家塾书钞》；泳泽书院淳祐六年（1246 年）刻大字本朱子《四书集注》；龙溪书院淳祐八年（1248 年）刻陈淳《北溪集》；紫阳书院淳祐十二年（1252 年）刻《周易集义》《周易要义》；竹溪书院宝祐五年（1257 年）刻方岳《秋崖先生小稿》；环溪书院景定五年（1264 年）刻《仁斋直指方论》《小儿方论》《伤寒类书活人总括》《医学真经》；建安书院咸淳元年（1265 年）刻《晦庵先生朱文公文集》《续集》及《别集》；无年号刻《周易玩辞》；梅隐书院嘉定间刻蔡沈《书集传》，内有"梅隐书院鼎新锈梓"牌记；龙山书院刻《纂图互注春秋经传集解》，序后有"龙山书院图书之宝"牌记。石鼓书院刻《石鼓论语问答》；鄂州鹄山书院刻《资治通鉴》，书中有"鄂州孟太师府三安抚位梓于鹄山书院"牌记。

以上所举，仅是宋代书院刻书的一小部分，更多的已经湮没于历史长河中了。但从中我们仍可窥见宋代书院刻书的概貌：从时代分布来看，宋代书院刻书以南宋书院为主体；从地域分布来看，宋代书院刻书还不是十分广泛，主要集中在江西、福建、浙江、湖南、四川等地；从刻书内容来看，经史子集均有涉及，尤以经史、医书和诗文集为最常见。

二、元代书院刻书

元代书院继承了宋代书院刻书的传统，并得到了长足的发展，呈现出一片繁荣景象。据白新良先生统计，元代新建书院 282 所，修复前代书院 124 所，总数为 406 所①，大多都参与刻书，其中最著名者当属西湖书院、东山书院、园沙书院和梅溪书院。

西湖书院坐落在杭州西子湖畔，至元二十八年（1291 年）在南宋国子监旧址上正式建立。建院之初，它的目的就很明确，除了祭祀、教学之外，还要"收拾宋学旧籍"，"书院有义田，岁入其租，以供二丁祭享及书刻之用"②。西湖书院首先做的就是重修南宋国子监所存的书版。据陈袤《西湖书院重整书目》③，从至治三年（1323 年）到泰定元年（1324 年）共整理出经史子集 123 种图书的版片。又据陈基《夷白斋稿·西湖书院书目序》，重刻经史子集版片 7893 块，计 3436352 字；缮补各书损毁版片 1671 块，计 211162 字；用粟 1300 余石；用木 930 株；用书手刊工 92 人。参与校勘的人员有余姚州判官宇文桂、西湖书院山长沈裕、广德路学马正盛、兰亭书院山长凌云翰、布衣张庸、斋长宋良及陈景贤等。西湖书院还受江浙行省委派，于至正间新刻了元苏天爵编《国朝文类》，于泰

---

① 田建平：《元代出版史》，石家庄：河北人民出版社，2003 年，第 39 页。
② （元）陈基：《夷白斋稿》卷二十一。
③ （元）陈袤：《西湖书院重整书目记》，《中国书院史资料》，杭州：浙江教育出版社，1998 年，第 450 页。

定四年（1327年）刻印了马端临的《文献通考》（见图6-8）。至正二十三年（1363年），又刻《范文正公事略》和《金陀粹编》。其中《文献通考》刻印俱佳，堪称元刻中的精品。东山书院刻书也较多，有《增补六臣注文选》《梦溪笔谈》《申鉴》《说苑》《尹子文》《文选补遗》《牧莱脞语》《叶先生诗话》《迂褚燕说》《唐史厄言》《韵史》等。圆沙书院刻有《周易传义附录》《朱子易图说》《广韵》《大广益会玉篇》《新笺决科古今源流至论》《记纂渊海》《皇鉴笺要》《黄履翁别集》和《山堂考索》等。梅溪书院刻有《校正千金翼方》《类编标注文公先生经济文衡》《书集传纂疏》《韵府群玉》《皇元风雅》《资治通鉴纲目集览》等。

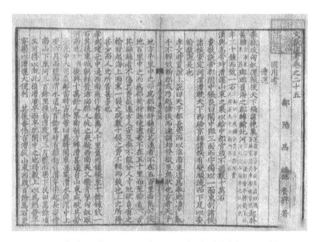

图6-8 元泰定四年（1327年）西湖书院刻本《文献通考》

其他可考的元代书院刻书有，兴贤书院刻《溥南遗老集》；武溪书院重刻《新编古今事文类聚》；广信书院刻《稼轩长短句》；宗文书院刻《经史证类大观本草》《本草衍义》《五代史记》《艺文类聚》《太平惠民和剂局方》；龟山书院刻《道命录》；建安书院刻《蜀汉本末》；屏山书院刻《止斋先生文集》《方是闲居土小稿》；豫章书院刻《豫章罗先生文集》；南山书院刻《广韵》；临汝书院刻《通典》；茶陵桂山书院刻《孔丛子》；梅隐书院刻《明本排字九经直音》《魁本大字详音句读周易》《魁本大字详音句读毛诗》《魁本排字通并礼部韵注》《魁本足注释疑韵宝》等；雪窗书院刻《尔雅注疏》；苍岩书院刻《标题句解孔子家语》《记纂渊海》；圭山书院刻《黄氏补注杜诗》；凤林书院刻《元草堂诗余》；中溪书院刻《周易本义附录集注》；阳平书院刻《声律发蒙》；古迁书院刻《考古图》；鳌溪书院刻《鳌溪群书选》；鳌峰书院刻《勿轩易学启蒙图传通义》；椿庄书院刻《新编纂图增类群书类要事林广记》；紫阳书院重补刊宋刻《周易集义》《周易要义》；杜洲书院刻《袁氏蒙斋孝经》《耕织图》；明道书院刻《释音》；安正书院刻《象山先生文集》；泳泽书院刻《论语集解》；九峰书院刻《中州集》；连鳌书院刻《群书钩玄》；崇川书院刻《春秋诸传会通》；鄞江书院刻《增广事联诗学大成》；颖昌书院刻《大学》《中庸》《论语》《孟子》；象山书院、蓝山书院、道一书院、广信书院与信州路儒学、上饶县学、玉山县学等合刻《北史》；初庵书院、长芗书院、忠定书院、锦江书院与瑞州路儒学、饶州路儒学合刻《隋书》。

值得注意的是，元代有名为书院刻书而实则私刻者，如方回虚谷书院大德三年（1299年）刻《筠溪牧潜集》；茶陵东山陈仁子古迂书院大德三年刻《增补文选六臣注》，大德九年（1305年）刻《梦溪笔谈》，无年号刻《文选补遗》；詹氏建阳书院大德间刻《古今源流至论》；潘屏山圭山书院至正八年（1348年）刻《集千家注分类杜工部集》；平江路天心桥南刘氏梅溪书院无年号刻《郑所南先生文集》《清隽集》《百二十图诗》《锦残余笑》；郑玉师山书院无年号刻《春秋经传阙疑》等，"此皆私宅坊估之堂名牌记而托于书院之名，以元时讲学之风大昌，各路各学官私书院林立，故习俗移人，争相模仿"①。这也说明元代书院刻书声名之高。

元代刻书有以下特点：第一，参与刻书的书院和刻书的数量众多，这是前宋后明两代都无法比拟的，而且刻了不少像《北史》《隋史》《记纂渊海》《国朝文类》《文献通考》《通典》这样部帙浩繁的正史、类书、政书。第二，元代书院刻书以浙江杭州为中心，分布地区十分广泛，江西、福建、湖南、四川、湖北、山西、陕西、安徽等地均有书院刻书。第三，刻书形式灵活多样。元代书院刻书有承办各级官方委托出版的，如西湖书院刻《国朝文类》和马端临《文献通考》；有应私宅书坊之约，为其编撰，交付私坊刻印但挂书院之名的，如师山书院刻《春秋经传阙疑》；也有书院联合各路儒学、县学合作出版的，如《北史》《隋史》的刊刻。当然，书院刻书更多的是因讲学之需，或为学术所系，自写自编自刻的。

元代书院刻书之所以能取得如此大的成就，主要原因有四：第一，书院拥有大量藏书，包括皇帝御赐、乡贤捐赠、书院自购及自刻的，这其中不乏善本，可为刻书提供较好的底本和校勘依据。第二，书院拥有大量学田，有较充裕的经费来源。政府所拨"经费"，大多以田产应充；私人筹措经费，亦多用田产替代。第三，山长（小称洞主、洞正或堂长）学术水准较高，精于校勘。书院山长通常都由有真才实学的人担任，他们在讲学之余，对于著书和刻书极为热心，校勘也极精审。第四，众多的书院生徒，为书院刻书提供了广阔的销售市场，甚至一些私宅和坊刻也愿借书院之名，与之合作刻书。

三、明代书院刻书

明代初期，以官学结合科举制度来推行朱程理学，使得具有民办性质的书院大受冷落，书院的发展沉寂了近百年。但随着官学制度的败坏，科举考试中腐败现象不断滋生蔓延，一批有见地的士大夫纷纷兴复和创建书院。嘉靖年间，经王守仁、湛若水等一代学术大师的提倡，书院又迅速发展起来，甚至大大超过了前代。据统计，明代有书院1962所，

---

① 《书林清话》卷四。

其中 1707 所是历朝官绅新创建的，255 所是兴复重建的。① 明代书院承元代刻书之余绪，刻书地域已从传统的长江流域、珠江流域扩展到黄河流域，刻书较多的有江苏、江西、福建、安徽、山西、广东、湖南、浙江诸省。而就其刻书内容而言，主要以集部和子部书为主。兹举如下。

江苏：常熟东湖书院正德五年（1510 年）用活字排印《古文会编》，嘉靖十六年（1537 年）又排印《续古文会编》；无锡崇正书院嘉靖十一年（1532 年）刻《事类赋》，无年号刻《洞麓堂集》；维扬书院嘉靖四十二年（1563 年）刻《四书初问》；无锡太华书院嘉靖二十七年（1548 年）刻《韦刺史诗集》；无锡洞阳书院嘉靖三十八年（1559 年）刻《唐王右丞诗集注》；江苏敬业书院万历三十二年（1604 年）刻《战国人才言行录》；虎丘礼宗书院崇祯七年（1634 年）刻《古今类书纂要增删》；江苏邗江书院万历间刻《大明律》；扬州正谊书院弘治间刻《铁崖先生文集》；无锡东林书院刻《龟山杨文靖公集》；江宁尊经书院，藏有《国学经济》《二十一史》书板，到清代才毁于战火。

江西：庐山白鹿洞书院，弘治十四年（1501 年）代江西提学副使邵宝刻《易经》《诗经》《书经》《礼经》四书，书板分别为 59、53、68、297 片②，正德十年（1515 年）代提学佥事田汝籽刻《史记集解》，嘉靖九年（1530 年）代知府王榛刻《礼教仪节》等书；永丰云丘书院刻《双江聂先生文集》；忠礼书院刻《桂洲先生奏议》。

福建：梅溪书院洪武二十一年（1388 年）刻《资治通鉴纲目集览》；建阳书院成化间代福建巡抚张瑄刻元陈友仁《周礼集说》《复古编》；九峰书院嘉靖十五年（1536 年）刻《中州集》《中州乐府》；鳌峰书院刻《侯鲭录》；云庄书院刻《事文类聚》；同文书院刻《佩兰文集》。

安徽：婺源紫阳书院成化三年（1467 年）刻《瀛奎律髓》，嘉靖十年（1531 年）又刻《大复集》；宁国凤山书院嘉靖间刻《四礼纂要》；籍山书院万历十九年（1591 年）据元大德间宗文书院初刊版重刊《经史证类大全本草》；新安柳塘书院万历末年刻《新刻翰评选注释程策会要》；东山书院刻《文选补遗》。

山西：山西河东书院嘉靖四年（1525 年）刻《司马文正公集略》；山西解梁书院刻《二程子抄释》；山西河津正学书院隆庆六年（1572 年）刻《阳明先生文粹》，万历十六年（1588 年）刻《皇明文清公薛先生行实录》；临汾松风书院崇祯十四年（1641 年）刻《四则书》。

广东：广州崇正书院嘉靖十五年（1536 年）刻《四书集注》，十六年（1537 年）刻《汉书注》《后汉书注》《志注补》，十八年（1539 年）刻唐杜佑《通典》；顺德国士书院万历四十年（1612 年）刻《古论玄著》；云谷书院刻《双江聂先生文集》。

湖南：蓝山书院洪武中刻明蓝仁撰《蓝山集》；岳麓书院成化间刻《紫阳遗迹》、正

---

① 邓洪波：《中国书院史》，上海：东方出版中心，2004 年，第 261 页。
② （明）郑廷鹄：《白鹿洞志·镂版》。

德间刻《岳麓书院图志》、万历间刻《岳麓志》、崇祯间刻《岳麓书院志》；文靖书院刻《伊川击壤集》；濂溪书院刻《周元公集》。

浙江：瀛山书院万历四十一年（1613年）刻《金栗斋先生文集》；杭州崇文书院刻《金先生讲学记录》；东阳崇正书院嘉靖二十六年（1547年）刻《名家表选》。

其他诸省市可考的还有，北京汪谅金台书院正德十四年（1519年）刻《集千家注杜工部诗》；河南开封大梁书院嘉靖元年（1522年）刻《于肃愍公集》，河南义阳书院嘉靖十年（1531年）刻《何氏集》；山东龙山书院嘉靖间刻《戴兵部奏疏》，永明书院刻《孔子家语》和《标题句解孔子家语》；陕西西安正学书院嘉靖五年（1526年）刻吴韦昭注《国语》《国语补音》；上海云间俨山书院嘉靖二十三年（1544年）刻《古今说海》；湖北汉东书院嘉靖三十七年（1558年）刻《诸儒讲义》，龙川书院刻《龙川先生文集》；河北上谷书院万历间刻《史记选》；四川广安甘棠书院刻《石谷达意稿》等。

除官民合办的书院刻书外，明代藩府兴办的书院也加入了刻书的行列。据文献记载和传世图书统计，至少有8家藩府书院刻过书：楚藩正心书院正德五年（1510年）刻《新序》；晋藩养德书院嘉靖四年（1525年）刻《文选》，五年（1526年）刻《宋文鉴》，八年（1529年）刻《唐文粹》，还刻有《元文类》等；楚藩崇本书院嘉靖十九年（1540年）刻《东莱先生古文关键》；沈藩勉学书院嘉靖二十四年（1545年）刻《雅音会编》，四十年（1561年）刻《焦氏易林》，万历九年（1581年）刻《甫东山人稿》，崇祯元年（1628年）刻《沈国勉学书院集》，实为沈藩几代藩王的合集；蜀藩西清书院嘉靖四十二年（1563年）刻《金丹大成集》；鲁藩承训书院嘉靖四十四年（1565年）刻《抱朴子》，隆庆年间又刻《海岳灵秀集》；徽藩崇古书院嘉靖年间刻《锦秀万花谷》，又刻有《新编养生大要》；吉藩崇德书院万历六年（1578年）刻《二十家子书》。从以上所举可以看出，藩府书院刻书，主要以文集和子书为主，反映出藩府主人迫于政治压力而移情纯文学和神仙梦幻的内心世界。

四、清代书院刻书①

清代是书院刻书的鼎盛时期，也是整个书院刻书史的终结期。据统计，清代全国共有书院4365所，其中3757所是历朝官绅士民新创建的，608所是兴复重建的②。清代书院刻书受新旧交替的时代影响，呈现出不同以往的特色。通观有清一代书院刻书历史，大体可以分为以下三个阶段：

第一，康雍以前总结理学阶段。康熙四十七年（1708年），理学大师张伯行任福建巡抚，创建鳌峰书院于福州，颜其堂曰正谊，集诸生讲学其中，又搜访先儒遗著，分立德、立功、立言、气节、名儒粹语、名儒文集六部，精心校刊，得书55种，因号《正谊堂全

---

① 参考陈谷嘉、邓洪波：《中国书院制度研究》，杭州：浙江教育出版社，1997年。
② 邓洪波：《中国书院史》，上海：东方出版中心，2004年，第405页。

书》。同治五年（1866年），左宗棠从太平天国手中夺得福州，首访该书，惜只得书44种，因设正谊堂书局，重加厘定增补，得书68种，凡525卷。不仅宋儒理学著作大备，清代理学家陆世仪、陆陇其、李光地及张伯行等人的著作也多收入其中，这就使得《正谊堂全书》成为名副其实的宋明理学文库，可以视为清代理学的一个总结。

第二，乾嘉以后总结汉学阶段。清代汉学家不仅以书院为大本营开展学术研究，培养学术传人，还在书院刊印自己的汉学著作。如皖派大师卢文弨，乾隆间主讲江宁钟山、常州龙城、江阴暨阳等书院前后数十年。在钟山书院时，刊有其校勘之作或著作，如《声音发源图解》《续汉书律历志补注》《逸周书》《群书拾补》《西京杂记》《钟山札记》等，在龙城书院则刻有《龙城札记》。卢氏弟子李兆洛亦在暨阳书院刻有《说文述谊》《地理韵编》《天球铭》等。嘉庆以降，书院刻书的规模日渐扩大，多有数百卷之大部头著作面世。如开封大梁书院道光二十五年（1845年）至二十九年（1849年）刻钱仪吉辑《经苑》，收书25种；广州学海堂道光六年（1826年）至九年（1829年）刻阮元辑《皇清经解》，收书183种，书版109架，藏于堂中文澜阁，允许师生及书坊借版刷印；江阴南菁书院光绪十一年（1885年）至十四年（1888年）刻王先谦辑《皇清经解续编》，收书209种，光绪十四年又刻王先谦，缪荃孙辑《南菁书院丛书》，收书41种；广州菊坡精舍同治十二年（1873年）刻钟谦钧《古经解汇函》，收书23种，还翻刻纳兰性德辑《通志堂经解》，收书146种；陕西三原宏道书院于道光二十到二十六年（1840—1846年）刊印李锡龄辑《惜阴轩丛书》，收书40种。广雅书院与广雅书局光绪间刻书178种，民国后徐绍棨清理版本，择其一律者155种，汇为《广雅丛书》，其中属于史部者编为《史学丛书》，收书93种。以上所举，只是这个阶段所刻诸多书籍中有代表性的丛书。这些丛书已自成经史系列，尤以集成汉魏乃至清代千余年之经学著作而著称，表明书院已自觉承担起总结国家学术的使命。

第三，同治以降传播西学新知阶段。同治以后，西学东渐；光绪年间，新学大兴。这一时期大部头著作难以反映快速多变的社会情势，于是课艺、文集、学报等就以刊印周期短、信息量大、传播快等优点而成为书院首选的出版物。江阴南菁书院在中日甲午海战后，一反多出考据典籍的旧规，刊出了《论日本变法》《西国听讼用律师论》《东三省疆界变迁考》《沿海形势今昔异同论》等紧扣时代脉搏的课卷。一些新创建的学院更是借这类出版物来宣示自己的主张。创办于同治末年的上海格致书院，以传播西学新知为己任，光绪间出版《格致汇编》以介绍西方科学知识、科技工艺的所谓格致之学为主，还将86人的优秀课卷汇刻成《格致书院课艺》，内容以西学新知为主，具有鲜明的时代特色。创办于光绪二十三年（1897年）的长沙校经书院出版了《湘学报》，所登文章皆院中师生所作，主要介绍西方政治、经济、文化、自然科学知识，以及推动维新变法方面的文章。从书院课艺到书院学报的发展轨迹，我们可以看到今日学术机构出版学报的源头。

清代书院刻书的特点，除上述总结性的丛书较多外，在内容上还有以下几大特色：

第一，出版了大量的书院文献，包括书院志、学规、讲义、藏书目录等。这表明清代书院刻书非常重视对自身发展历史的总结，重视为书院的教学、研究及管理服务。据陈谷嘉、邓洪波《中国书院制度研究》辑录，这类文献共有194。其中湖南35种，如《岳麓书院同窗年谱》《岳麓书院山长传》《濂溪书院惠政录》《鳌山书院志》等；江西32种，如《朱子白鹿洞讲学录》《白鹭洲书院志》《豫章书院四书讲习录》《鹅湖书院志》等；浙江16种，如《稽山会约》《姚江书院志略》《五峰书院志》等；福建16种，如《重修南溪书院志》《鳌峰讲义》《贵山书院学规》等；河南15种，如《嵩阳书院志》《南阳书院学规》《大梁书院崇祀考》等；安徽14种，如《水西答问》《毓文书院志》《桐乡书院志》等；广东13种，如《连山书院志》《广雅书院藏书目录》等；江苏12种，如《东林书院志》《钟山书院志》《宝晋书院志》等；湖北8种，如《汉口紫阳书院志略》《麻城书院学宫田亩汇册》等；四川5种，如《锦江书院学约》《尊经书院讲义》等；陕西4种，如《潼川书院志》《陕甘味经书院藏书目录》等；云南4种，如《彩云书院条规》等；河北3种，如《莲池书院肄业日记》等；上海2种，如《上海格致书院藏书楼书目》等；海南2种，如《琼台书院志》等；贵州2种，如《三书院条规》等；辽宁1种，《萃升书院藏书目录》；山东1种，《士乡书院志》；院址不详的9种。

第二，出版了不少书院师生的课艺著作。课艺内容有准备科举考试的制义、试帖，有考证经史的文章，有研究理学的心得，也有对新学的介绍和评价，以及经世致用的策论。出版课艺的目的，是为了宣示自己的学术主张，展示自己的研究成就。《中国书院制度研究》辑得此类课艺文献53种。其中江苏11种，如《惜阴书院西斋课艺》《南菁文集》《龙城书院课艺》等；湖南11种，如《岳麓书院课艺》《城南书院课艺》《沅水校经堂课集》等；广东6种，如《端溪书院贴经小课集》《菊坡精舍集》等；云南4种，如《五华课艺初编》《凤梧课艺全集》等；上海3种，如《求志书院课艺》等；浙江3种，如《紫阳书院文集》等；河北3种，如《宛南书院课读经义策论》等；四川3种，如《治经书院课艺》等；江西2种，如《经训书院自课文》等；陕西2种，如《关中书院课艺》等；福建1种，《正谊书院课艺》；安徽1种，《培原书院会艺》；湖北1种，《经心书院集》；贵州1种，《松山课士录》；海南1种，《琼台课艺》。

第三，出版了不少各具特色的方志及地方诗文集。清代书院出版的方志见于记载或有实物可考者至少有25种：道光十二年（1832年）刻《博白县志》，版存环玉书院；玉屏书院道光十九年（1839年）刻《厦门志》；广阳书院道光二十七年（1847年）刻《广顺州志》；道光间刊《云南通志》，版存五华书院；仰山书院（在今台湾地区宜兰县）咸丰二年（1852年）刻《噶玛兰厅志》；正谊书院同治七年（1868年）刻《福建通志》；仁山白鹭书院同治十三年（1874年）刻《闽游纪略》；崇正书院光绪元年（1875年）校刻《宁远县志》；光绪元年（1875年）刻《重修吴桥县志》，版存澜阳书院；四川尊经书院光绪二年（1876年）重刊《蜀典》；光绪十一年（1885年）刊《沾益州志》，版存龙华书院；光绪十五年（1889年）刻《恭城县志》，版存凤岩书院；光绪十九年（1893年）刻《扶沟县志》，版存大程书院；光绪十九年（1893年）编《重修卢氏县志》，版存莘原书院；光绪二十二年（1896年）刻《滦州志》，版存海阳书院；尊道书院光绪间刻《乐亭县志》；冯翊书院光绪间刻《大荔县续志》；光绪间刊《腾越厅志》，版存来凤书院；楔湖书院光绪间刻《黎里续志》；无锡二泉书院光绪间刻《惠山记》；广雅书院光绪间刻《吉林外记》和《黑龙江外记》；《电白县志》版存莲峰书院；广东图志学海堂刊印《文昌县志》，版存蔚文书院。清代书院出版的具有地方特色的诗文集有：龙江书院康熙间刻《魏贞庵遗书》；庐峰书院雍正十一年（1733年）刻《蔡氏九儒书》；嵩山书院乾隆间刻《镜烟堂十种》；昆明五华书院嘉庆间刻《滇明诗略》《滇国朝诗略》《续刻滇南诗略》《滇南文略》《滇诗嗣音集》等；兰州兰山书院道光元年（1821年）刻《二西堂丛书》；正义书院道光十六年（1836年）刻《容城三贤文集》；陕西西河书院道光间刻《西河古文录》；梅华书院道光间刻《二洪遗稿》；广州学海堂道光间刻《国朝岭南文钞》《南海百咏》《南海百咏续编》；山西晋阳书院刻《国初山右四家文钞》等。

清代后期，作为国家出版机构的武英殿、国子监等日渐衰落，不能胜任其职。地方官书局逐渐兴起，并起而代之，而官书局刻书多借助书院的图书资源、学术力量、校勘人才等诸多优势。书院与官书局的结合，在全国或某一个较大区域内形成了颇具影响力的专门书局、刊书处等机构。如浙江书局创办时，即规定以省城杭州紫阳书院、崇文书院院长兼书局总办主持其事，总校、分校之职也聘请院中师生担任，其办公之所亦设在紫阳书院中。四川成都书局创办时，由总督丁宝桢聘省城尊经书院山长王闿运兼掌，而后来尊经书院、存古书院附设的刊书局取代了成都书局，成为四川省最有影响的出版机构。陕甘味经书院刊书处，也是以院长总其事，以监院为局董事，司掌财用出入及一切刊刷之事，以肄业生任校雠。在这种趋势下，全国出现了一些有名的书院书局，如福州正谊书局、广州文澜阁启秀山房、广雅书局、菊坡精舍刊书局、桂林桂垣书局、泾阳味经书院刊书处、成都尊经书局、江阴南菁书院书局等，出版的图书成千上万，远远超过唐宋元明历代书院刻书的总和，承担起了地方文化传播的重任。

第七章　图书流通与政府管理

第一节　图书市场的发展与繁荣

一、五代两宋图书市场

1. 五代图书市场

唐末至五代初，图书市场仍主要以坊间抄写和刻印图书为主。徐夤曾著《斩蛇赋》《人生几何赋》，其《自咏十韵》云："拙赋偏闻镌印卖，恶诗亲见画图呈。"① 这说明当时的书坊不必征得作者同意，可任意将诗赋文章雕印出卖。五代中期以后，图书市场发生了很大变化，官刻和私刻开始进入图书市场。五代官刻主要是国子监刻书。据《金台纪闻》称："后唐明宗长兴三年（932年），令国子监校定九经，雕印卖之，其议出于冯道。"可见五代监本并不只限于国子监生内部使用的，而是公开出售。又据《册府元龟》记载："樊伦为国子司业。太祖广顺末，尚书左丞田敏判国子监，献印板《九经》，书流行而儒官素多是非。伦掇拾舛误，讼于执政，又言敏擅用卖书钱千万，请下吏讯诘。枢密使王峻以素闻敏大儒，左右之，密询其事，构致无状。然于其书至今是非未休。"② 樊伦告田敏挪用国子监"卖书钱千万"，虽后因证据不足，构致无状，但也说明监本的发行收入是很可观的。

五代监本由于校刻精审，印卖天下，在民间流传很广。据宋无名氏《爱日斋丛钞》称："《通鉴》云：唐明宗之世，宰相冯道、李愚请令判国子监田敏校定《九经》，刻板印卖，朝廷从之。后周广顺三年（953年）六月丁巳，板成，献之。由是虽乱世，《九经》传布甚广。"入宋以后，五代监本还有传本存世，如宋人王明清《挥麈录》载："明清家有鹗书《五经》印本存焉，后题长兴二年也。"宋人洪迈《容斋随笔·周蜀九经》也载："予家有旧监本，其末云：大周广顺三年（953年）五月雕造《九经》书毕，前乡贡三礼郭书。列宰相李谷、范质、判监田敏等衔于后。《经典释文》末云显德六年己未三月，太庙室长朱延熙书。"

---

① 《全唐诗》卷七一一。
② 转引自王国维：《五代两宋监本考》。

家刻虽说不以营利为目的，但并不是说就不公开售卖。为收回刻书成本，家刻有时也对外销售，故和坊刻的区分并不十分严格。后蜀宰相毋昭裔自费刻印《九经》《初学记》《文选》《白氏六帖》等书，也是出售的，但销路似不十分通畅，成为蚀本生意，后蜀的官员们还嘲笑他做了件傻事情。

2. 两宋图书市场

依五代旧例，两宋国子监所刻图书，也是对外公开出售的。《宋史·职官志五》载："淳化五年（994年），判国子监李至言：国子监旧有印书钱物所，名为近俗，乞改为国子监书库官。始置书库监官，以京朝官充。掌印经史群书，以备朝廷宣索赐予之用，及出鬻而收其直以上于官。"可见，国子监设有印书钱物所，专管印书钱物；国子监所刻图书除满足教学需要外，还用于朝廷赏赐群臣和邻邦使者，余下的向社会公开发售，所得收入上缴主管部门。

国子监刻书经费很大一部分来自图书发行的收入，而两宋国子监图书发行大致有以下三种模式：

第一，国子监自刻自卖。国子监所刻图书，私人可直接购买，也可纳纸墨钱自印。清叶德辉《书林清话·卷四》称："宋时国子监板，例许士人纳纸墨钱自印。凡官刻书，亦有定价出售。"也有地方官学用公款购买的，如李心传《建炎以来朝野杂记》甲集卷四载："先是，王瞻叔为学官，尝请摹印诸经义疏及《经典释文》，许郡县以赡学或系省钱各市一本，置之于学。"

第二，发监本到各州郡学，由其代售。南宋绍兴间重刊北宋监本医书就是采取这种方式。据《书林清话·卷三》称："宋时官刻有国子监本，历朝刻经、史、子部见于诸家书目者，不可悉举，而医书尤其所重……今传者有《脉经》一书，见《阮外集》，绍兴年间重刊，仍发各州郡学售卖。"为使监本广泛流传，国子监将监本书价定得较低。真宗天禧元年（1017年），"上封者言：'国子监所售书，其直尤轻，望念增定。'帝曰：'此固非为利，正欲文籍流布耳。'不许。"[1] 元祐初监本曾加价出售，为此陈师道提出"计工纸之费以为价"[2]，哲宗很快采纳了陈师道的建议，采取了降低书价的措施。

第三，国子监下各州郡刻版，由地方政府公开发行。两宋国子监很多是将书编校好之后，下各州郡刻版。据王国维《五代两宋监本考》，北宋监本《周礼疏》《礼记疏》《春秋谷梁传疏》《孝经正义》《论语正义》《尔雅疏》《书义》《新经诗义》《前七史》《资治通鉴》等都是下杭州镂板的。南宋监本更是分散在全国各地雕版，如绍兴二年（1132年）两浙东路提举茶盐司公使库下绍兴府余姚县刻监版；绍兴十五年（1145年）下临安府雕造十二经义疏；绍兴中下两淮江东转运司刻《史记》《汉书》《后汉书》等。这些监本的

---

① （清）毕沅：《续资治通鉴》卷三十三。
② （宋）陈师道：《后山集·论国子卖书状》。

发行自然也由各地方政府完成，与前者相比有较大的自主权。

宋代其他官刻机构也都经营图书。如太医局印行的医书，一般先送诸王辅臣一部，然后公开售卖；司天监编撰的历书，由印历所统一雕版印卖，民间不得私印；鸿胪寺印经院雕印的佛经，由各大寺院自备"纸墨费"来开封刷印。地方官刻也刻书出售，如苏州府太守王琪家藏《杜工部集》，发现坊间奇缺此书，便动用公款刻印了一万部，"每部为直千钱，士人争买之，富室或买十余部，既偿省库，羡余以给公厨。"① 值得一提的是，北宋时杭州有个叫"市易务"的图书印卖机构，实际上是官办的出版发行机构，刻售了很多图书。市易务是王安石推行变法的产物，主要起打破富商在商业领域的垄断和平抑物价的作用。这个机构看准经营图书有利可图，凭借自己的雄厚资本，经营图书的印卖，获利颇丰。如元祐四年（1089 年）八月，杭州知州苏轼奏曰："市易所原造书板用钱一千九百五十一贯四百六十文，自今日以前，所收净利外，只是实破官本六十一贯五百一十二文。"② 用六十一贯的官方资本造出价值一千九百多贯的书板，说明其利润非常高。

两宋时期是我国民营书业蓬勃兴起的时期，已出现店铺贸易、集市贸易和流动贸易三种售书形式。北宋的都城汴梁（今开封市）是全国的政治、经济、文化中心，也是图书市场中心。汴梁的书坊多在相国寺东门大街，此外在朱雀门外和州桥之西也有不少书籍铺。相国寺濒临汴河，"寺东门大街皆是幞头、腰带、书籍"③。穆修，字伯长，郓州人，性刚介，据宋人朱弁《曲洧旧闻》称其"在本朝初好学古文者。始得韩、柳文集善本，大喜……欲二家文集行于世，乃自镂版，鬻于相国寺。性忧直，不容物。有士人来还价不相当，辄语之曰：但读得成句，便以一部相赠。"相国寺不仅有刻本出售，还可以买到古写本。宋张邦基《墨庄漫录》说："其后，在相国寺中庭买得古叶子书。"（见图 7-1）五代时期的旧书更是散见于书市，如吴处厚"一日阅相国寺书肆，得冯瀛王（即冯道）诗一帙而归"④。相国寺前门是市内一个重要码头，寺内场地宽阔，中庭两庑可容万人，每逢庙会热闹非凡。《东京梦华录》卷三对相国寺庙会各类商品作了介绍，其中提到"殿后资圣门前，皆书籍、坑好、图画及诸路罢任官员土物、香药之类"。这表明资圣门前是以集市贸易为主的图书文化市场。除固定的售书点，宋代还有不少流动的书商。据宋左圭辑《百川学海》载："近世印书盛行，而鬻书者往往皆躬自负担。"流动书商见多识广，在访书求逸方面往往有独到的作用。据《宋人轶事汇编》载："杨大年因奏对，偶及《比红儿诗》，大年不能对，甚以为恨。访《比红儿诗》，终不可得。忽一日鬻书者，有小编，视之乃《比红儿诗》也。自此，士大夫始传之。"⑤

南宋的首都临安也是图书市场中心之一。临安的书坊多设在繁华的街区，据文献可考

---

① （明）陈继儒：《太平清话》。

② （宋）苏轼：《苏文忠公集·乞赐州学书板状》。

③ （宋）孟元老：《东京梦华录》卷三。

④ （宋）吴处厚：《青箱杂记》卷二。

⑤ 丁传靖辑：《宋人轶事汇编》，北京：中华书局，1981 年，第 252 页。

图 7-1　北宋汴京的书坊（张择端《清明上河图》局部）

的有 20 余家。城内安顺桥、中瓦子一带，书坊较多。贾官人经书铺、张官人诸史子文籍铺、赵宅书籍铺、荣六郎书籍铺等，都集中在这个街区。荣六郎书籍铺是从开封南迁而来的，在这家书铺印行的《抱朴子内篇》中有这样一段文字："旧东京大相国寺东荣六郎家，见居临安府中瓦南街东，开印经史书籍铺。今将京师旧本《抱朴子内篇》校正刊行，的无一字差讹，请四方收书好事君子，幸赐藻鉴。绍兴壬申六月旦日。"① 这实际上是一则介绍书铺历史的广告。临安御河上有座棚桥，这一带街道皆以棚为名，如南棚、中棚、北棚等，前文所述的陈起书籍铺就坐落在棚北大街睦亲坊。陈起印卖的书籍远近闻名，有"书棚本"之称。

　　南宋时期建阳麻沙、崇化两地的书坊也非常有名，有"图书之府"之美誉。朱熹在《建阳县学藏书记》中说："建阳板本书籍，上自六经，下及训传，行四方者无远不至。"麻沙本行销天下，除了得天独厚的地理环境外，还与它的营销策略有关。建安书坊突破了仅为士大夫服务的狭小圈子，针对市民阶层的需要率先出版了《武王伐纣》《乐毅伐齐》《大宋宣和遗事》等平话小说，以及尺牍、通书、酬世大全之类的居家图书，赢得了市场。再者，建本定价低廉。建安书坊刻印图书可就地取材，刻版工匠多来自当地农家，加上水陆交通便利，因而出版成本较低。建本的价格相对其他地区要低许多，具有很强的市场竞争力。

　　宋代的书业竞争已趋激烈，如蜀与福建多以柔木刻书，就是为了追求图书的刻售速

① 郑士德：《中国图书发行史》，北京：高等教育出版社，2000 年，第 218 页。

度，加快资金的周转。书商还很注重刻书策略，如嘉祐、治平间，有的书坊发现监本字大难售，巾箱本又字小不便，便刻了一种字体适中的"中书五经"版本，结果销路大畅。为了在竞争中获胜，宋代书籍广告大为增多。唐代印本一般只在书上刻印卖者姓氏、店铺名和地址，至宋代则还刻有介绍书籍内容和质量的广告词，后人称这种形式为"牌记"。如宋刻《挥麈录》目录后有牌记云："此书浙间所刊止前四卷，学士大夫恨不得见全书。今得王知府真本，全帙四录，条章无遗，诚冠世之异书也。敬三复校正锓木，以衍其传，览者幸鉴。龙山堂谨咨。"除牌记外，书商还在书名上作文章，加上很多冠词或修饰语，如《朱文公订正门人蔡九峰书集传》《监本纂图重言重意互注点校毛诗》《附释文互注礼部韵略》《新定三礼图集注》等，或标榜校者之权威，或突显底本之精善，或宣扬内容之完备，或炫耀形式之新颖，都是为了吸引读者，拓宽市场。相国寺的书商甚至想出用赌博游戏来促销图书。买者下注，掷骰子胜者可任选与注资等值的图书，吸引了不少顾客。

宋代还出现了较为成熟的书商行业组织——团行。在开封、临安、建宁等书业发达城市都建立了书业团行。凡从事图书刊刻、贩卖的坊肆经营者，多被纳入书商行业组织。行业的首领称行头或行老，多由有名望的书坊大户担当。书行的主要任务是维护行业利益，防止不正当竞争，共同占有图书市场。同时还要替官府向本行的行户收取捐税，摊派各种劳役。北宋全盛时期的开封约有160多个商行，有6400多商户①，这些商户都被纳入行业组织——团行之中，而书业团行是其中之一。南宋时期，包括书行在内的各种行业组织仍然存在。

二、辽、金、元图书市场

1. 辽代图书市场

辽、金与两宋出于政治、军事斗争的考虑，对图书流通管制比较严格。辽朝出于保密的需要，禁止本国书籍流入宋朝，但却千方百计购求北宋刊行的各种图书，以了解北宋政治、军事、经济、文化各方面的信息。苏辙出使辽国时，发现北宋刊行的各类书籍在燕京书肆中都有售卖，其兄苏轼的诗文集尤受欢迎。苏辙回国后向哲宗汇报说："本朝民间开板印行文字，臣等窃料北界无所不有。臣等初至燕京，副留守邢希古相接送，令引接殿侍元辛传语臣辙云：'令兄内翰《眉山集》已到此多时，内翰何不印行文集，亦使流传至此？……访闻此等文字贩入虏中，其利十倍。"② 在十倍利润的诱惑下，辽国的书坊很注意购求北宋著名诗人的诗文翻刻成集。但由于辽朝对于本国书籍严禁携带出境，人为地缩小了自身的图书市场，故图书流通范围非常有限，印数又少，导致传世的辽刻本非常稀少。在山西应县木塔内发现的辽代刻本《蒙求》，是唐代李翰编辑的儿童读本，四字一句，

① 郑士德：《中国图书发行史》，北京：高等教育出版社，2000年，第215页。
② （宋）苏辙：《栾城集》卷四十二《北使还论北边事札子五道》

225

对偶押韵，朗朗上口，自唐问世以来流传甚广。此本《蒙求》是目前仅见的辽代坊刻本。

2. 金代图书市场

金天会八年（1130 年），金太宗在平水成立经籍所，专管图书的雕印售卖。这是金国最早建立的官办书业管理机构。贞元元年（1153 年），金迁都燕京，改称中都（今北京），并在中都立太学，隶国子监。为供应学生教材所需，国子监利用从北宋开封掠夺来的书版，印卖了不少经、史类书籍。在民间，金代的中都和平水书业比较发达，图书交易活跃。中都图书市场上比较热销的是科举考试参考用书。如张天锡《草书韵会》销路颇畅，这主要是因为，金朝规定此类韵书可以带入考场。一些名人诗文集的销路也很好，如元好问的《中州集》以及南宋洪皓使金所著诗文，坊间"争钞诵求锓梓"。再就是一些日常生活用书，如看风水、占卜、合婚、丧葬等内容的图书，在中都图书市场上都是长销书。平阳图书市场除了传统的经史类图书外，还有很多平话小说、戏剧唱本、年画及通俗实用的医术、类书。平阳的书坊把民间文艺创作编印成书，远销各地，对后代说唱文学和戏剧的发展产生了深远影响。

3. 元代图书市场

元代中央官刻书的发行机构主要有平阳经籍所、兴文署、艺文监、太史院等。元灭金的第二年（1236 年），在耶律楚材的主持下，立经籍所于平阳，掌雕版印卖书籍。该所是否接管了金于 1130 年设立的经籍所，已无从查考。至元十四年（1277 年），平阳经籍所迁至京师，改名宏文院，失去了原有的职能。兴文署雕版印卖经史类书籍外，还特别重视农业类书籍的推广。艺文监发行的主要是将汉文经典翻译成蒙文的书籍。而销量很大的历书统一由太史院印卖。太史院印制的历书分为三类：一是《大历》，每本售价银钞一两；二是《小历》，每本售价银钞一钱；三是《回回历》，每本售价银钞一两。银钞一两，相当于元代 5 斤米的售价。据天历元年（1328 年）统计，全年销售历日"总三百一十二万三千一百八十五本，计中统钞四万五千九百八十锭三十二两五钱"[1]。这笔财政收入相当于同年江南三省（江浙、江西、湖广）夏季粮税钞数的 1/3，为湖广省夏季粮税钞数的 2.37 倍。[2] 地方官刻的发行机构主要有地方政府及各路儒学、书院等。

另外值得注意的是，凡由朝廷兴文署、艺文监等刊行的书籍，各级教育行政机关也兼有发行的职能。在各中书行省治所的州，设儒学提举司，兼管书籍的发送或重新雕印转发。各路设经历一员，各府设提控司一员，各州置吏目一至二员，各县置典吏二员。这些机构和人员除管理文书、档案外，还兼管图书的收发。中央及行省下发的图书由他们转发。需要翻刻增加印数的书，由各级教育行政机构的兼管人员筹措银两，招募刻工，组织

---

① 《元史·食货志二·额外课条》。
② 郑士德：《中国图书发行史》，北京：高等教育出版社，2000 年，第 284 页。

刊行。从这一点来说，元朝官刻本的发行要胜过唐宋时期。

元代图书市场上最热销的还是教学和科举用书。元代著名的启蒙读物除了《三字经》《百家姓》《千字文》之外，又增加了《童蒙须知》。此书由朱熹撰著，南宋后期开始流行。到了元代，成为富庶人家必备的儿童读本。元代的科举考试分乡试、会试和御试三个级别。考试题目重经义而轻诗赋，而经义常在"四书"中出题，以朱熹的《四书集注》为标准答案，故《大学》《论语》《孟子》《中庸》及朱熹的《四书集注》是学生的必读教材，在图书市场上经久不衰。

元代文化娱乐类图书也比较热销，表现为杂剧刊本和讲史话本深受图书市场的青睐。元杂剧的作者多为怀才不遇的落魄文人，时称才人。他们谋生无着，以创作唱词、话本、杂剧为生。他们的作品一边供专业艺人演出，同时也刊刻成集在市场上出售。才人还有自己的组织——书会，当时在元大都就有玉京和元贞两个大的书会组织。书会是元杂剧的创作中心，剧本编成后一般要加以刊印，或在书市上销售，或在艺人演出的现场向观众兜售。因此，元大都的书会实际也是一个印卖杂剧的组织。讲史话本是说唱艺人用通俗的口语讲述历史故事的一种艺术形式，将其讲本加以整理润色，也可刊刻成书。此类话本定价较低，深受市民阶层的欢迎，销量很大。

元代书业广告出现了新的形式。有的书商深谙经营之道，懂得要出好书，必须要先抓住好的作者。在这种情况下，元代出现了征稿广告。元建本《元诗》（后至元二年（1336年）孙存吾编，虞集校选）内有一则广告："本堂今求名公诗篇，随得即刊，难以人品齿爵为序。四方吟坛多友，幸勿责其错综之编。倘有佳章，毋惜附示，庶无沧海遗珠之叹云。李氏建委书堂谨咨。"张秀民在《中国印刷史》"元代"部分引述了这段文字后说："这类建本征稿广告是空前的，明代书坊有所仿效。"

三、明清图书市场

1. 明代图书市场

和前代一样，明代各级官刻机构除了刻书外也都兼售图书，刻书卖书互为一体。如国子监所刻图书，除了少数供朝廷颁赐之外，大部分对外出售。洪武年间颁发《制诰》，规定每家必备一部，是由司礼监经厂负责刊印，发往全国各地的。明代书肆遍布全国各地，图书市场发生了新的变化，即刻书地与聚书地开始分离。胡应麟说："今海内，凡聚书之地有四，燕市（北京）也、金陵（南京）也，阊阖（苏州）也、临安（杭州）也。"又说："凡刻书之地有三，吴也、越也、闽也。"① 可见，明代图书出版和发行已有了市场分工。

明代图书市场主要有三种交易形式：

---

① 《少室山房笔丛·经籍会通四》。

第一，店铺贸易。这是城镇图书交易的普遍形式。北京是明代政治、文化中心，城内商业繁荣，店铺林立，书籍铺主要分布在正阳门、大明门一带。明万历年间《皇都积胜图》描绘了大明门一带街市店铺的景状，其中就有买卖书籍、字画的铺子。南京作为陪都，店铺贸易也很发达。据张秀民先生的考证，南京设铺售书的书坊有93家。

第二，集市贸易。这是城镇图书交易的一种重要形式。胡应麟《少室山房笔丛·经籍会通四》描述了当时北京的图书集市贸易的盛况："每会试举子，则书肆列于场前，每花朝后三日，则移于灯市，每朔望并下瀚五日，则徙于城隍庙中，灯市极东，城隍庙极西，皆日中贸易所也。灯市岁三日，城隍庙月三日，至期百货萃焉，书其一也。"其中城隍庙集市最为著名，以每月初一、十五、二十五日开市，开市日期，列肆三里之长，当时买卖的物品，"凡古今图书、商周彝器、秦汉匜镜、唐宋书画，无不应有尽有"①。杭州的书市主要有省试书市、花朝节书市、岳庙书市等。杭州作为省会城市，每三年在贡院举行一次省试，这个时候，杭州的书商在贡院前临时搭棚售书，形成热闹非凡的省市书市。南方风俗每年二月十五日为百花的生日，称为花朝节，在杭州的天竺有庙会，持续三五日，期间百货云集，这也是书商列肆售书的好机会。三月下旬，西湖风光绮丽，游人如织，书商们则于岳庙前摆起长长的书摊，形成岳庙书市。昭庆寺是杭州的著名寺院，香火很盛，每逢这个时节，和尚们也利用这个机会销售佛家典籍。故胡应麟说："梵书多鬻于昭庆寺，书贾皆僧也。"②

第三，流动贸易。这是异地图书交易的主要形式。书商或肩挑手扛，穿梭于城乡，沿途叫卖，从事零售；或驾车驶船，跋山涉水，长途贩运，从事批发。据清人王应奎《柳南随笔》卷一记载，明代有一书商周子肇，"以鬻书为业，而喜交士大夫，又时时载书出游，足迹几半天下。"建宁府自南宋以来一直是全国出版中心之一，建本不胫而走，行销天下，主要是由全国各地书商贩运而致。崇祯间，汲古阁驰名海内，许多书商不远万里来到常熟贩运图书，"江干车马，时时不绝，而应接宾客，如恐不及，汲古阁主人为最。"③

明代图书市场竞争十分激烈。书商为了扩大销量，都很重视广告宣传。如嘉靖十三年（1534年）吴郡袁褧嘉趣堂翻刻宋本《六家文选》后附牌记云："此集精加校正，绝无舛误，见在广都县北门裴堂印卖。"不仅说明校对精细，而且指明刻书铺所在地。又如，弘治十一年（1498年）北京岳家书坊刊印《全像参增奇妙注释西厢记》牌记云："本坊谨依经书重写绘图，参订编次大字本，唱与图合，使寓于客邸、行于舟中、闲游坐客，得此一览始终，歌唱了然，爽人心意。"广告文字简洁，用语讲究。嘉靖元年（1522年）汪谅刻印《文选注》，后附汪氏书铺刊行书目广告，也是为了招揽顾客。明代书坊间的竞争有时达到白热化程度，致翻刻成风。如万历二十年（1592年）安徽程大位编印《算法统宗》

① （明）刘侗：《帝京景物略》卷二。
② 《少室山房笔丛·经籍会通四》。
③ （清）陶湘：《明毛氏汲古阁刻书目录·汲古阁主人小传》。

一书，因刻印精良和实用，受到人们的欢迎，"一时纸价腾贵，坊间市利，竞相翻刻"①。

明代加强了图书市场的管理。建阳书坊为明代最大图书批发中心，图书出版量非常大，一些书商受利益驱使，偷工减料，粗制滥造，导致出版质量下降。为此，明政府多次派巡按御史对建阳书坊业进行整顿。嘉靖五年（1526年）世宗根据杨瑞等人的建议，批准在建阳设立管理地方书坊的机构，派"翰林春坊官一员，监校麻沙书板，寻命侍读汪佃领其事"②，春坊官属詹事府，掌太子上奏请、下启笺及讲读之事，正五品，表明了明代对图书市场管理的重视。福建主管全省刑法的提刑按察司也参与了对建阳书坊业的管理，制定了三条具体规定：（1）颁发一批官刻五经、四书的标准本。命建阳知县"拘各刻书匠户到官，每给一部，严督务要照式翻刊，县仍选委师生对同，方许刷卖。"（2）明文规定，书坊刊行的书籍，"书尾就刻匠户姓名查考，再不许故违官制，另自改刊。如有违谬，拿问重罪，追版划毁，决不轻贷。"（3）"仍取匠户不致违谬结状同依准缴来"③，命各书坊都要书面写出遵规守制的刻书保证书，具结画押后上交官府，作为检查刻书质量的留底凭证。以上规定，可以说是我国历史上最早的地方性出版管理法规。

2. 清代图书市场

清代官刻以武英殿刻书为主。殿本除供宫内陈设、皇室贵族阅读和赏赐之用外，也公开发行。殿本的发行颇具特色，有颁发、征订、寄销三种形式。④

第一，颁发。图书颁发由礼部负责，颁发的对象主要是各省布政使司。每种书一般发给一两部，也有多至百部的。各省布政使司收到样书后，如需广为传播的，则组织翻刻流布，或招募书坊刊印售卖。如康熙十五年（1676年）谕令礼部："将《古文渊鉴》《资治通鉴》等书颁发各省，凡坊间书贾有愿意刊刻售卖者，听其自便。"（《大清会典事例》）康熙间陆续颁发的图书还有《朱子全书》《周易折中》《孝经衍义》《性理精义》《律历渊源》以及《诗》《书》《春秋》等一大批书，都依式刊版通行。乾隆朝向各省颁发过《康熙字典》《大清会典》《御制律历渊源》及诸经书等，各省翻刻和发行费用，一般都摊入成本，如有亏空，经奏准可在上年度节余公项银下拨补。乾隆四十一年（1776年）向东南五省颁发木活字本《武英殿聚珍版丛书》，由五省雕版翻刻。"敕所在镂勒通行，用广流布。一承录命开雕者，江南凡三十九种，江西凡五十四种，福建凡一百二十三种，浙江凡三十九种。卷帙多寡不一，以福建最富，以浙江为最精。"⑤ 嘉庆以后，国库日益空虚，颁发图书由最初的免费转为收款制。嘉庆五年（1800年），清廷向各省颁发《吏部则例》60部，各省应交书价银三百零八两八分。奉天、山西等十五省如数交清，福建只交了30

① （明）范时春：《算法纂要·跋》。
② （清）施鸿保：《闽杂记》。
③ 《书林清话》卷七。
④ 郑士德：《中国图书发行史》，北京：高等教育出版社，2000年，第416~419页。
⑤ （清）丁申：《武林藏书录》卷上。

部书款，山东则分文未交。武英殿修书处多次发文给山东、福建两省，催缴书款。

第二，预订。武英殿向中央六部、监、院及各地方政府官员发行图书，采取预订的方法。乾隆三年（1738年），礼部奉旨会同修书处将武英殿、翰林院、国子监、礼部等处的书板及藏书进行了清点，共存书76种。乾隆准奏"凡满、汉官员愿意指俸若干刷印者，由其所在旗、县衙门查明，咨送武英殿照数刷给，并行文户部，扣俸还项"①。这种发行办法，与现代书业的图书预订大体类似。四年之后，征订对象有所扩大，征订办法也有所改进。"武英殿所贮书籍，凡各衙门官员欲买者，由本衙门给咨齐银，到日即行给发；非现任人员及军民等人欲办者，也准予给发，由翰林院给咨齐银办理。武英殿所贮书板，亦听官员人等刷印。以后每刻得新书，于呈祥之日，即将应否听其刷印请旨，永著为例。"②由此可见，各衙门和翰林院都奉旨承担了殿本的代订代发的任务。

第三，寄销。武英殿修书处位于紫禁城内，一般士子难以入内购书。为了扩大殿本的发行范围，乾隆三年（1738年）起，"将武英殿各书交与崇文门监督，存贮书局，准予士子购觅。"③崇文门监督掌征纳出入京师商货之税，兼充内务府买办及抄没物资之发卖。武英殿修书处可以通过这个与商家接触频繁的机构，物色可靠的书局寄销殿本书。修书处在设立"通行书籍售卖处"之后，逐步与京城的各大书局、书铺建立寄销关系，直接"发交五城书铺，售卖流通"。具体操作办法在道光九年（1829年）修书处的奏折中有所反映："本处向例，遇有聚珍摆印各书，及刷印通行各种书籍，俱交五城领卖。令其按四季投缴价银，行文都察院照例饬交五城司坊，派令殷实铺户，每五家连名互保出俱，平价流通。"④武英殿修书处通过从上到下的稽查系统，物色资金充裕、诚信可靠的若干书铺销售殿本书籍，属于寄销性质。外省的书坊，可以代售本省布政司翻刻的殿本书，也可以"赴司呈请刷印售卖"。乾隆间礼部和修书处奏报说，殿本书"各省皆有翻刻书板，可转饬各省查明修补，听坊贾等人广为刷印，或翻刻通行"⑤。

清廷通过上述措施，组成了殿本书在京师和全国各省的发行网络。直至光绪二十年（1894年）仍谕令修书处等衙门"查补原刻书板，重印发卖"⑥。可见，这套发行网络维持运行了200年之久。

清代图书市场自康、乾以后步入繁荣期，北京、南京、苏州、扬州等地是当时的书业中心。和前代一样，清代民营书业的发行方式也不外乎店铺、集市和流动贸易三种形式。

北京是清代的政治、文化中心，书肆店铺主要集中在琉璃厂和隆福寺一带（参见前文"清代坊刻"）。清代琉璃厂可考书肆有120余家，多由外地人经营，乾嘉以来江西人居

① 《大清会典事例》。
② 《大清会典事例》。
③ 《大清会典事例》。
④ 《武英殿修书处档》。
⑤ 《大清会典事例》。
⑥ 《军机处录副奏折档》。

多，继之而起的是河北南宫、冀县一带的人，江浙一带的书商也不少。琉璃厂书肆主要从事书业贸易，著名者如五柳居、文粹堂、聚瀛堂、鉴古堂等。南京的状元镜书肆街也很有名，比屋而居的书铺有 20 余家，著名的李光明庄就在三山街大功坊秦状元巷中。与之齐名的还有夫子庙书肆区，位于秦淮河畔的贡院附近，有富氏春堂、文林山房、天禄阁、鸿雪山房等 30 余家书肆，经营着诸子百家、四书五经、方志史乘、诗赋词集、史籍时艺等各类图书。苏州书肆之盛堪比京师，有清一代可考的苏州书坊和家刻单位（二者有时难以区分），约有 107 家，著名者有扫叶山房、书业堂、士礼居等。

清代著名的图书集市有北京慈仁寺书市、隆福寺书市、厂甸灯市等。慈仁寺建成于明成化间，位于广安门内大街路北。清初，每月朔、望及二十五日为庙会，百货杂陈，书摊罗列，成为清初京城的图书聚散地。王士祯、朱彝尊、宋荦、丁耀亢等学者常来这里买书。王士祯在《居易录》中多次提到去慈仁寺书市购书的情况："庚午，于慈仁寺市，得如皋孙应鳌《淮海易谈》四卷"，"二十五日，朝审毕，过慈仁寺，阅故书摊，买得《陶隐居集》三卷"，"壬申六月，偶过慈仁寺，得琅琊《王若之集》"等。隆福寺在北京东城东四牌楼，每月逢九、十开张，贸易兴隆，是当时四大庙市之一。隆福寺书摊众多，书贾聚族而居。后在庙市基础上形成了书店街，最盛时全街书店多达四五十家，一度与琉璃厂东西对峙。厂甸即琉璃厂，位于正阳门外西二里，潘荣陛《帝京岁时纪胜》载："自国初罢灯市，而岁朝之游改集于厂甸。其地在琉璃厂之中，窑厂大门外，百货竞陈，香车栉比。自初二日至十六日，凡半月。"乾嘉两朝厂甸书市达至极盛，王玮庆《藕塘诗集》有诗云："入门满地尽摊书，郑笺颜注镂新板。几回翻阅穷搜罗，文字结缘蠹鱼多。洛阳纸贵何暇计，归时还仗青骢驮。"这从侧面反映了厂甸书市的贸易规模。

江南一带，杭州、湖州、苏州、无锡之间水路相通，交通便利，以船舶贩运为主的书业贸易很是发达。杭、湖、苏、锡之间的书船亦称书舫，书商将船装满新刻书籍，穿梭于运河、苕溪、太湖之间，对活跃图书贸易发挥了不小的作用。俞樾为丁申《武林藏书录》（杭州旧称武林）题诗云："山堂书贾推金氏，古籍源流能缕指。吾湖书客各乘舟，一棹烟波贩图史。不知何路达宸聪，都在朝廷清问中。星火为书下疆吏，江湖物色到书佣。"所谓"星火为书下疆吏"，指的是乾隆间为修《四库全书》征求遗书所下的谕旨："湖州向多贾客书船，平时在各处州县兑买书籍，与藏书家最熟，其于某处旧有某书，曾购某本，无不深知。"[①] 学者张鉴也说，杭州附近的"织里一乡，居者皆以佣书为业。出则偏舟孤棹，举凡平江远近数百里之间，简籍不胫而走。"[②] 织里全乡都以佣书（此指售书）为业，反映了书船生意的繁荣。

清代书坊的图书经营策略更趋多样化。如北京五柳居主人陶正祥看重的是薄利多销。他每年用船从苏州老家贩运书籍来京售卖，不牟厚利，但求多销。孙星衍《陶正祥墓志

---

① （清）丁申：《武林藏书录》。
② 郑士德：《中国图书发行史》，北京：高等教育出版社，2000 年，第 437 页。

铭》称:"(陶正祥)与人贸易书,不沾沾计利之所得。书若值百金者,自以十金得之,止售十余金。自得之若十金者,售亦取余。其存之久者,则多取余。曰:吾求赢余以糊口耳。己好利,亦使购书者获其利。人之欲利,谁不如我?我专利而物滞不行,犹失利也。"薄利多销的经营策略使得五柳居声名远播。鉴古堂主人韦氏的经营策略则正好相反,走的是"高端"路线,专为朝绅和学者服务。据李文藻《琉璃厂书肆记》称:"韦年七十余矣,面瘦如柴,竟日奔走朝绅之门。朝绅好书者,韦一见,念其好何等书,或经济,或辞章,或掌故,能各投所好,得重值,而少减辄不肯售。"由于他精通版本,特别善于凭借自己的经验为专家学者推荐图书。藏书家周书昌在鉴古堂发现吴氏《韵补》,翌日索购,"为他人买去,怏怏不快。老韦云:'邵子湘《韵略》已尽采之。'书昌取视之,果然。老韦又尝劝书昌读魏鹤山《古今考》,以为宋人深于经学,无过鹤山,惜其罕行于世,世多不知所采。书昌亦心折其言"[1]。韦氏这种"持高价,投所好,得重值"的经营策略,是要有渊博的专业知识为基础的。聚瀛堂的主人崔琪,则很重视店堂的布置和读者服务。乾隆五十五年(1790年),朝鲜使臣柳得恭在《燕台再游录》中说:"聚瀛堂特潇洒,书籍又富,广廷起箪棚,随景开阔,置椅三四张,床桌笔砚,楚楚略备,月季花数盆烂开。初夏天气甚热,余日雇车至聚瀛堂散闷。卸笠据椅而坐,随意抽书看之,甚乐也。"聚瀛堂的店堂布置具有浓郁的文化气息,是读书人的理想去处。也有的书坊很注重品牌策略,如苏州的扫叶山房,是一家经营了300余年的老字号,曾购得毛晋汲古阁大量书板,用扫叶山房的牌记印行,还在上海、汉口等地设立分号。有人觊觎扫叶山房的品牌,在其隔壁创办"扫松山房",并故意把"松"字写成古体,以和"叶"字混淆,企图借助名牌效应来发展自己,结果却适得其反,受到读者的冷落。这也反映了当时书业竞争之激烈。

清代图书行业协会又有了新的发展,出现了行业自律公约。康熙十年(1671年),苏州书坊界集资建立了行业公会的议事场所崇德书院,后改名崇德公所,其宗旨是协调同业之间的关系,摆脱官府约束,保护正当竞争,促进行业互助。书商经常在崇德公所聚会,讨论全行业共同关心的问题,联络感情。各书坊刊行的书籍,除了自行销售外,也可求助全行业代为销售。道光十七年(1837年)十月,65家书坊共同订立了《各书坊公禁淫书议单条约》,规定:"议得凡有应禁淫书板本,各坊自行检出赴局呈缴,照议领价,如有藏匿不缴者,察出议罚,任局吊销;议得外省书友来苏兑换者,先将捆单交崇德书院司月查明,如有应禁书籍,即行交局销毁,只付纸价,倘匿不呈缴者,及各坊私相授受者,俱照原价一罚十,半归崇德书院充公,一半缴局充公,仍将原书缴局销毁,或外省书友不遵局议,请局发封,任凭局办。"[2] 为了联手抵制淫书、禁书,苏州书业界订立的这个同业公约,是我国文献记载中最早的书业行规行约,对促进行业自律起到了很好的作用。这标志着清代图书市场已相当成熟。

---

① (清)李文藻:《琉璃厂书肆记》。
② 王利器辑录:《元明清三代禁毁小说戏曲史料》,上海:上海古籍出版社,1981年,第190页。

第二节　中外图书交流

一、宋元时期中外图书交流

随着雕版印刷的日臻完善，图书出版事业有了质的飞跃，中外图书交流也随之更加兴盛。宋元时期中外图书交流表现出三个特点：一是佛典《大藏经》的刻印与传播；二是域外汉籍的回传；三是出现了汉籍东传的第二个高潮。

隋唐时期，汉译佛经多为教徒传抄摹写的手写本。至宋代后，始有刻本《大藏经》问世。北宋《开宝藏》刻成之后，经常用以赏赐周边国家。如太平兴国八年（983年），日本名僧奝然入宋，谒见宋太宗，"又求印本《大藏经》，诏亦给之"①，同时还求得286卷新译佛经归国，藏于日本京都法成寺；端拱二年（989年），高丽遣僧如可赴宋请《大藏经》，太宗"至是赐之"②；淳化二年（991年），高丽复遣使请《宋藏》，宋又赠送1部；越南也屡次遣使请赐《大藏经》。景德四年（1007年），前黎朝遣"明昶及掌书记黄成雅至宋，献白犀，乞《大藏》经文"③及《九经》；天禧二年（1018年）六月，又遣使阮道清、范鹤向宋真宗求《大藏经》及《道藏经》。又据《佛祖统记》载："宋真宗天禧三年（1019年），东女真国入贡，乞请《大藏经》，诏给与之。"仅十余年后，辽国即重刻了这部《大藏经》，是为《契丹藏》。乾兴元年（1022年），高丽遣特使请购佛经，真宗又免费赠送《大藏经》一部。南宋时期，大批日本僧侣来华，归国时带回福州版、恩溪版、碛砂版《大藏经》。据日本学者木宫泰彦的统计，至今尚存于日本京都、奈良等地大寺院的宋版《大藏经》，至少有十藏以上。④入元以后，中国继续输出《大藏经》。如至元二十五年（1288年），越南陈圣宗派使臣陈克用求去《大藏经》一部；泰定三年（1326年），日本镰仓净妙寺太平妙准的弟子安禅人携带黄金百镒入元，搜求福州版《大藏经》。《大通禅师语录年谱》记载："遣商船求藏经于元国。"日本东福寺的刚中玄柔曾派十禅客来中国求《大藏经》，历三年得两部，一部藏在日向诸县郡志布志的大慈悲寺，一部藏在东福寺。日本最流行的元版《大藏经》当属杭州路余杭县大普宁寺版。

中国典籍先经秦始皇焚书坑儒，后历唐末五代兵火灾厄，大陆本土图书散佚严重。而一些在中国绝迹的文献，却在东邻保存完好。北宋诗人杨亿，长期供职史馆，以博学著称，却把中国典籍《文馆词林》《坤元录》误作倭国之书。可见北宋时这些书籍在中国内地已经绝迹，而在日本却有留存。我国早在五代吴越国时期，就开始向海外搜寻佚书，如吴越王钱俶曾遣使赴日本，搜求天台宗论疏。入宋之后，由于高丽皇室和民间藏书丰富，

① 《宋史·日本传》。
② 《宋史·高丽传》。
③ 许云樵译：《安南通史》，新加坡星洲世界书局有限公司，1957年，第42页。
④ 彭斐章主编：《中外图书交流史》，长沙：湖南教育出版社，1998年，第61页。

因而宋朝曾向高丽请求佚书。哲宗元祐六年（1091 年），宋朝开列了 120 余种、4980 余卷的书目给高丽宣宗，要求补足缺卷，"虽有卷第不足者，亦须传写，附来百篇"①。宋神宗时，医官马世良自高丽返国时，还带回《东观汉记》等书。高丽还向宋朝赠送失传的《黄帝针经》《京氏周易》以及足本《说苑》等。公元 983 年，日本僧人奝然率徒众五六人，浮海入宋。翌年向宋太宗进献"《孝经》一卷，越王《孝经新义》第十五一卷"②，这两卷《孝经》均为中国本土佚失的汉籍。咸平六年（1003 年），日僧寂照携典籍入宋，其中有宋朝佚书南岳禅师的《大乘止观》。天竺寺慈云大师遵式请寂照付梓刊行，并记其原委。从以上所举来看，域外汉籍回传中国大致有三种形式：一是为示友好，由外国高僧赠送；二是中国政府遣使向高丽、日本索求佚书；三是民间僧侣互赠书籍，并刊布流传。特别是赠送或索求佚书之事，五代宋朝以后屡见史载。这些佚书的回归，堪称中外图书交流史上的佳话。

宋元时期除了域外汉籍回传中国之外，阿拉伯图书也随着元朝金戈铁马驰骋欧亚大陆而传入中国。元代传入的阿拉伯图书种类繁多，内容丰富，涉及历史、文化、科学技术各个领域，其中以天文历法和医学方面的书籍为主，如现存明代刻本《回回药方》，就是元代翻译的阿拉伯医药书。

宋元时期是继隋唐之后的我国文化典籍东传的第二个高潮。高丽自公元 958 年实行科举制度以来，儒学始兴，儒家经典的"三礼"和"三传"在高丽非常盛行。因高丽是辽、金的属国，与宋朝的交往虽有阻隔，但两国仍有使者往来。高丽经常遣使赴宋请书，宋朝皇帝亦是频频诏赐。淳化四年（993 年），高丽求板本九经，以敦儒教，诏赐之；大中祥符九年（1016 年），赐高丽诏书七函及经史、历日、《惠圣方》；天禧五年（1021 年），高丽遣使请阴阳地理诸书。翌年，宋使臣携去阴阳二宅书；哲宗时，高丽又遣使金上琦请购刑法诸书及《太平御览》《开宝通礼》《文苑英华》，诏赐《文苑英华》。尽管宋朝禁止民间与高丽的书籍贸易，但仍有高丽使臣或宋朝书商将汉籍运往高丽，特别是唐宋以来著名文人的诗文集，如李白、杜甫、白居易、苏东坡、柳宗元等人的文集大量流入高丽。宋仁宗天圣五年（1027 年），宋朝书商李文通一次运至高丽的书籍就有 597 卷；元祐二年（1087 年），高丽政府以高价委托宋朝书商徐戬在杭州雕造《夹注华严经》2900 余板；南宋绍熙三年（1192 年），书商将朝廷严禁出口的《太平御览》1000 卷献给高丽政府。高丽政府大喜过望，赐白银 60 斤，以资表彰。入元以后，元朝与高丽的文化交流更加密切。延祐元年（1314 年），元仁宗一次就赠给高丽书籍 4371 册，共计 17000 余卷，且都是原宋朝秘阁之书，尤为珍贵。高丽忠宣王王璋是元世祖忽必烈的外孙，为世子时曾长期定居大都，筑万卷堂，招致元大儒阎复、姚燧、赵孟頫、虞集等，与之从游，以考究自娱。其从臣李齐贤、白颐正等也留在元朝与元大儒一起研究学问，颇有文名。南宋的朱程理学也在

---

① 彭斐章主编：《中外图书交流史》，长沙：湖南教育出版社，1998 年，第 65 页。
② 《宋史·日本传》。

元代传入高丽。至元二十六年（1289 年），高丽儒学提举安珦随忠烈王入元，第一次见到《朱子全书》，以为"孔门正脉"，欣喜异常，乃全部抄录，又摹写孔子、朱熹等画像，携新刊《四书集注》回国，并在太学讲授朱子学。他还派博士金文鼎等赴元"画先圣及七十子像，并求祭器、乐器、六经、诸子史"①。

在汉籍东传日本的过程中，来华僧侣和商人的贡献最大。尽管宋代边疆多事，但与日本长期相安无事，特别是南宋以后，中日商贸活动极为频繁，大量来华僧侣游历学禅，汉籍也随之被携入日本。宋亡元兴之后，中日关系虽中断十几年，但元朝中期之后，双方关系复苏，来华的僧侣商人又逐渐增多，带回大量汉籍。1168 年，日本著名僧人明庵荣西首次来华，带回天台宗新章疏 30 余部、60 卷；1199 年，日本京都泉涌寺僧不可弃法师俊芿入宋学习律宗，于 1211 年回国，带回律宗大小部文 327 卷，天台教观文字 716 卷，华严章疏 175 卷，儒书 256 卷，杂书 463 卷，法帖、御笔、堂帖等碑文 76 卷，总计 2013 卷；俊芿的弟子闻阳湛海首次来宋，也带回数千卷经论；1241 年，日本名僧圆尔辩圆入宋学禅，归国时带回内外典籍数千卷，藏在东都东福寺的普门院书库内，并亲自著《三教典籍目录》。② 除三教典籍外，圆尔辩圆还向南宋政府请求，特许将禁书《太平御览》103 册携回日本。宋元时期汉籍的大量东传，不仅对日本五山文化影响甚巨，且为日本室町、江户时代儒学（宋学）和汉文学的兴盛打下了良好的基础。

二、明代中外图书交流

明代是中外图书交流进入双向交流的新时期，中外图书交流有了进一步的发展。这表现在两个方面：一是与朝鲜李朝、日本和安南等国的图书交流的范围和数量，都超越了前代；二是在西方传教士的带动下，开始引进和翻译西方图书。

明代与朝鲜李朝图书交流的方式主要有三种：一是明廷主动赐书给朝鲜李朝。明太祖朱元璋曾遣使至朝鲜，颁布科举程序，诏曰："高丽、安南、占城等国如有经明行修之士，各就本国乡试，贡赴京师公试，不拘额数选取。"③ 并赐给李朝国王"六经、四书、通鉴、汉书"等。明成祖以后历代皇帝都十分重视与朝鲜保持友好关系，赐书更加频繁。据吴晗辑《朝鲜李朝实录中的中国史料》，明成祖永乐六年（1408 年）赐李朝《仁孝皇后劝善书》50 本、《孝慈皇后传》50 本、《通鉴纲目》1 部、《大学衍义》1 部；永乐八年（1410年）赐五经、四书、《性理大全》《通鉴纲目》等；永乐十七年（1419 年）赐《为善阴隲》600 本；明宣宗宣德元年（1426 年）又赐五经、四书、《性理大全》1 部共 120 册及《通鉴纲目》14 册；宣德八年（1433 年）再赐五经、四书、《性理大全》1 部及《通鉴纲目》2 部等；明代宗景泰五年（1454 年）赐《宋史》等。二是李朝遣使臣来中国请求赐

① 《高丽史》卷一〇五。转引自杨昭全著《中朝关系史论文集》，北京：世界知识出版社，1988 年，第 88 页。

② 彭斐章主编：《中外图书交流史》，长沙：湖南教育出版社，1998 年，第 77 页。

③ 《明太祖实录》卷一。

书。他们往往预先开列书单，请求明廷赐书。如明宣德十年（1435 年）李朝世宗遣使臣南智到北京贺圣节，请求赐书，开列书目中有胡三省《音注资治通鉴》、赵完璧《源委》、金履祥《通鉴前编》、脱脱《宋史》等书。因书板有缺损，先赐《资治通鉴》1 部，其余待刊补完备后颁赐。三是通过民间渠道搜求购买图书。朝鲜李朝使臣入明，往往带有学术交流和购买书籍的任务。只要李朝所无、有益学者，即可采买，且多有复本。明人姜绍书说："朝鲜国人最好书。凡使臣入贡，限五六十人，或旧典，或新书，或稗官小说，在彼缺者，日出市中，各写书目，逢人遍问，不惜重值购回。故彼国反有异书藏本也。"① 李朝采书范围极广，除经史子集外，还大量采进明代当时流行的稗官小说。1592 年前后，《三国演义》《梦游录》等先后传入朝鲜。

此外，李朝还利用从中国传入的印刷术，自行刊印了汉籍，如四书五经、《性理大全》《楚辞》《孝经》《朱文公集》《韩柳文注释》等。明代使臣到朝鲜李朝时，也与李朝文人交流，搜集朝鲜图书带回中国。如明人吴明济赴李朝期间，刻意搜求自新罗至朝鲜诗人文集百余家，编成《朝鲜诗选》。朝鲜文人用汉文撰写的文学作品，也传入中国，如《东文选》等。《东文选》是李朝成宗、中宗两朝编纂的朝鲜诗文集。此书有汉文版，几百年来流传于中国，不少藏书机构均有收藏。

明代与日本的图书交流方式和朝鲜李朝相比，有以下特色：

第一，图书交流数量更多，范围更广。日本遣明使僧究竟带回多少汉文书籍，从文献记载来看，其数量是相当可观的。景泰四年（1453 年）以天龙寺僧东洋允澎为正使，以船 9 艘、人员 1200 人的庞大队伍入明朝贡，曾带回《劝忍百箴孝经》2 册，《清江贝先生文集》3 册，《元史》40 册，及《诸史会要》《翰墨全书》等书。天顺八年（1464 年），日本建仁寺住持天与清启受室町幕府第 8 代将军足利义政的委派访华，在临行前请各寺僧人录列未曾东传而希冀获得的中国图书目录，其文曰："书籍铜钱，仰之上国，其来久矣。今求二物，伏希上达，以满所欲。书目见于左方：《教乘法数》全部，《三宝感应录》全部，《宾退录》全部，《北堂书钞》全部，《兔园策》全部，《史韵》全部，《歌诗押韵》全部，《退斋集》全部，《张圩休画墁集》全部，《遁斋闲览》全部，《石湖集》全部，《挥麈录》全部附《后录》十一卷并三卷并《余录》一卷，《百川学海》全部，《老学庵笔记》全部。"明帝许之。日僧策彦周良在其日记《初渡集》《再渡集》中记载了他在中国搜集典籍的情况，仅嘉靖十八年（1539 年）闰七月，就购得《鹤林玉露》1 部 4 册，花银 2 两；以刀扇换得《读杜愚得》1 部 8 册；接受友人馈赠的书籍更多，有《听雨纪谈》1 册、《白沙先生诗序》3 册、《李白集》4 册、《文锦》2 册、《古文大全》2 册、《九华山志》2 册，还有《医林集》10 册。日本遣明使搜集的典籍，内容大致分为以下几类：一是经论章疏、僧传佛史，如《法苑珠林》《佛祖统记》《神僧传》等；二是诗文集；三是《北堂书钞》《文献通考》《百川学海》等类书政书；四是儒家经典；五是医学书籍，

---

① （明）姜绍书：《韵石斋笔谈》卷上。

日本自古重医，遇古医书必买，如策彦周良买《奇效良方》1部花银7两。

第二，翻刻了大量汉籍。如五山禅院招雇福建刻工俞良甫、陈孟荣等人传授雕版印刷技术，刻印汉文书籍，世称"五山版"。除出版佛经外，还刊印中国文史书籍，先后刻有《月江和尚语录》《宗镜录》《文选》《碧山堂集》《白云诗集》《北磵诗文集》《集千家注分类杜工部诗》《佛海禅师语录》《传法正宗记》《冥枢会要》《新刊五百家注音辨唐柳先生文集》《五百家注音辨昌黎先生文集》《般若心经疏》《妙法莲华经》等，促进了汉籍在日本的流传。

第三，建立收藏汉籍的机构。经唐、宋、元、明四朝汉籍东传之后，在室町时代日本形成了足利学校与金泽文库两大著名藏书机构，汉籍是它们藏书的重要部分。足利学校以教授儒家汉学为宗旨，所藏图书儒家经典以外的书籍很少。据不完全统计，仅从1439年至1615年间，从明朝东传日本后入藏足利学校的汉籍就有《周易本义》《周易传义附录》《六臣注文选》《尚书正义》等宋元明刊本43种。此外还有抄本60部，五山刊本10部，朝鲜刊本13部。其中有的抄本出自日本人之手，有的则很难分辨是中国传入还是日本本地的了。金泽文库始建于日本建始元年（1275年），以收藏儒家典籍与佛教书籍为主，皆贴"金泽文库"印记。

第四，日本华人居住区对汉籍的特殊需求。明末清初，不少文人不愿臣服于清统治，纷纷流亡日本，随身带去许多书籍，到日本后积极宣扬汉文化。华人聚居之地多用华语，看汉文书籍，需要大量的汉籍，故中国商人通过商船往来把汉文书籍运往日本出售。自日本庆长年间（1596—1614年）明朝商人开始到长崎通商以后，中国商船往来长崎频繁，汉籍东传的数量也日益增多。朱舜水（1600—1682年），浙江余姚人，1659年留居日本，在水户藩宣讲儒家学说，声名远播，日本人尊称他为"朱夫子"或"舜水先生"。他对《大日本史》的编撰和水户学派的影响极为深远。《大日本史》第一位修史总裁安积觉便是朱舜水的弟子。《大日本史》的编撰完全模仿中国的正史体例，本纪、列传、表、志应有尽有。水户学派以"尊土贱霸，大义名分"为宗旨，对日本维新志士尊王倒幕有很大影响。

第五，日本汉籍的回流。有些古籍在中国已散佚，而日本却有保留，通过中国商船的来往，中国学者到日本买回或翻抄带回。如唐代魏徵编《群书治要》50卷在中国已佚，而金泽文库藏有镰仓僧人的手抄本全帙。1616年德川家康命令排印刊行，此书后传回中国，对清代典籍的校勘帮助很大。明刻本《盘珠算法》和《数学通轨》是我国也是世界上最早的珠算著作。这两种书在国内已佚，而原刻本分藏在日本内阁文库和尊经阁文库。

有明一代，与安南陈朝、后黎朝使节往来不断。据统计，整个明代，明朝派使者至安南30多次，而安南派使节到明朝100多次。在频繁的使节往来中，汉籍进一步在安南广泛传播。特别是后黎朝建国以后，儒学复兴，儒家经典备受推崇，明朝政府不断赐书给安南。1419年，"明遣监生唐义，颁赐五经四书、《性理大全》《为善阴骘》《孝顺事实》等书于府州县儒学"①。黎仁宗时，曾派使臣入贡，要求用土产香料交换药材和书籍。明也遣使取安南"古今事迹志书"，可知两国使臣在图书交流史上占有重要地位。

值得一提的是，明代与西方的图书交流有了很大发展。在中国，西文图书的传入与翻译是随着基督教的三次东进而逐步开始的。明万历年间，欧洲天主教耶稣会传教士来华，至清雍正年间禁断天主教，虽然只有 200 年左右的时间，但传教士在传播西方科技文化知识，沟通中西文化交流方面起过极为重要的作用。利玛窦、金尼阁就是其中的杰出代表。

利玛窦（1552—1610 年），原名 Matthoaus Ricci，意大利传教士，不仅携来《天主经》《万国图志》等西方图书，还与中国学者徐光启合作翻译了《几何原本》《测量法义》，与李之藻合作翻译了《圜容较义》《同文算术》等西方科技类图书。利玛窦汉文译著共有 19 种，其中编入《明史·艺文志》的有 6 种，被《四库全书》收录或存目的有 13 种。这些译著对中西文化交流产生了很重要的影响（见图 7-2）。

图 7-2 利马窦画像

金尼阁（1577—1628 年），原名 Nicolas Trigault，字四表，比利时传教士，知识渊博，精通数国语言。他与欧洲著名科学家兼传教士邓玉函一起，先后到以出版业著称的里昂、慕尼黑、法兰克福、科隆等城市募集图书，募集到大量宗教、哲学、文学、法学、数学、医学、天文学、物理学、机械制造以及音乐、艺术等方面的书籍，然后从中精选了 7000 部，重新装订成册，左右角盖上教皇保罗五世的玺章和耶稣会的徽章。1619 年 7 月，金尼阁与邓玉函携带这批书籍随汤若望等人抵达澳门。金尼阁携 7000 部欧洲图书来到中国，其目的有二：一是建立图书馆；二是将之翻译成中文，传播天主教。可遗憾的是，因南京

① 《大越史记全书·本纪实录卷一》，转引自中国社会科学院历史研究所《古代中越关系史资料选编》，北京：中国社会科学出版社，1982 年，第 453 页。

教案及明末战乱纷起，这批图书没能最后抵达北京，尽悉翻译。清军入京后，汤若望于1644 年 6 月 15 日给清廷的报告中提及教堂内约有近 3000 卷欧洲书籍，当中就有很多是金尼阁携来的。1938 年，北平天主教堂整理藏书楼时发现了 7000 部西书中的数百册，内容包括神学、哲学、数学、天文学、物理学、法学等，其中有哥白尼的《天体运行论》和开普勒的《哥白尼天文学概要》。

在西文图书翻译活动中，明末崇祯间成立的历局发挥了重要作用，其译书内容主要集中在宗教哲学、数学、天文学、矿冶学等方面，数量庞大，卷帙繁多，并且多以丛书形式搜集刊行，如《崇祯历书》、艾儒略的《西方答问》、汤若望的《坤舆格致》《火攻挈要》等。明末西学的传入，造就了一批翻译介绍西文图书的大家，如徐光启、李之藻等，他们是我国早期近代科学的启蒙者，在引进、宣传、应用西方科学知识方面，实开风气之先。

三、清代中外图书交流

清代汉籍的东传仍以亚洲国家为主，包括朝鲜、日本、越南、缅甸、泰国等。清代汉籍输入日本主要是通过商业贸易的途径。特别是在江户时代，汉籍源源不断地流入日本。当时输入日本的汉籍，由中国商船载至长崎港后，须呈缴图书目录，让长崎地方政府的"书物改役"（即图书检查官）对图书内容进行审查，一旦有违禁书籍，船员即被问罪受罚。据长崎第五代图书检查官向井富编纂的《商舶载来书目》记载，自公元 1693 至 1803 的 111 年间，共有 43 艘中国商船在长崎靠岸进行图书贸易，共运进汉籍 4781 种，其品种和数量远远超过日本平安时代和五山时代汉籍的进口量，而这只是一个港口的情况。江户时代究竟传入日本多少汉籍？据日本大庭脩先生的研究，1714—1855 年，中国入港船只共载书籍 6630 种，56844 部。[①] 而这只是江户时代中期至末期的入港统计数字，若加上遗漏及通过走私等途径流入日本的汉籍，数量当在万种以上。在运往日本的汉籍中，不仅有新出的明清刻本，也有我国藏书家收藏的古本秘籍，而且数量庞大，内容丰富。因此日本公私藏书非常发达，形成了日本汉籍藏书系统和汉籍书目体系。

汉籍东传朝鲜主要是通过出使清朝的文人学者携带或采购的方式。朝鲜李朝设有出使清朝的检书官，主要负责协助阁臣保管历代皇室诗文书画，编纂、校订、刊印图书等。公元 1766 年，检书官李德懋随使节出访北京；1778 年和 1790 年，检书官朴齐家先后两次出使清朝；1790 年和 1801 年，检书官柳得恭也先后两次来中国。他们一方面广交中国文人学士，另一方面大举采购图书，北京琉璃厂成为他们经常光顾的场所。清代汉籍东传朝鲜的情况，我们可以从成书于 19 世纪初的朝鲜古典名著《春香传》中窥见一斑。该书大量引用中国古籍、典故和诗文。引用的书籍有《中庸》《大学》《论语》《孟子》《诗经》《尚书》《周易》《古文观止》《资治通鉴》《千字文》等，引用诗文别集多达 28 次。

---

① 王宝平：《江户时代流传日本的汉籍书目》，转引自王勇、王宝平主编：《日本文化的历史踪迹》，杭州：杭州大学出版社，1991 年。

入清以后，汉籍在中南半岛的传播远不如明代，这主要是因为 1734 年越南政府曾下令禁止中国书籍传入。但当时还是有少量图书传入越南，据 1809 年越南大臣阮文臣在敬呈给皇帝的《大学衍义》书表中说："第其为书，卷帙繁多，清商带来这少，从来学者罕见。"① 除了通过清商渠道外，汉籍还通过使臣来往传播到越南。如雍正间曾赐越南使者书籍、缎巾、宝玉器皿等。来朝使者也将从中国收集的图书带回越南国内。如 1795 年，缅甸使者孟干，把《康熙字典》《渊鉴类函》《朱子全书》《本草纲目》等大批古籍携回缅甸，促进了中缅文化交流。

与西方的图书交流是这一时期中外图书交流的最大特色。清初虽然西学仍在翻译、传播，但与明代相比又稍有区别，西学传播主要局限于宫廷，所译图书内容多出于皇帝自己的学科兴趣，就译书范围的广泛全面而言，无法与明末相比。另外，清初译书人员以西方传教士为主，缺乏像明末徐光启、李之藻这样杰出的中国学者。例如，康熙帝发奋学习西洋科学，比利时传教士南怀仁（Ferdinand Verbiest，1623—1688 年）用满文为他编译了《几何原本》；康熙要了解西洋风土人情，南怀仁将艾儒略的《西方答问》节录成《御览西方要纪》进呈康熙。1688 年 2 月，第一批法国耶稣会传教士携带各种天文、数学仪器和书籍到达北京，开始进入皇宫，法国传教士逐渐成为中西文化交流中的新主角，如白晋（Joachin Bouvet，1635—1730 年）和张诚（Joen-Francois Gerbillon，1654—1708 年）为康熙讲授法国数学家帕尔迪的《实用及理论几何学》，并在两名内廷官员的协助下，将书译成了满文和汉文；巴多明（Dominicus Barrenin，1665—1741 年）用 5 年时间将法国人皮理的《人体解剖学》译成满文，由康熙定名为《钦定各体全录》。明末清初的西方科学知识的传播和中西图书的交流互译，盛极一时。但由于罗马教廷和中国朝廷的所谓礼仪之争，雍正登基之后开始了长达百年的禁教政策，中西图书交流深受影响，西学式微，传教士著译活动极少，只是在谕旨下修改增订了一些前朝的天文历法著作。

清朝前期，西方图书随传教士不断传入中国，而中国图书也不断西进。1639 年，康熙皇帝任命白晋为钦差赴欧洲招募传教士时，随身带去康熙赠给法国国王路易十四的一批珍贵礼物，另有 49 册 300 余卷装潢精致的书籍，其中包括《广舆记》《资治通鉴纲目》《书经》《春秋》《大清律》《礼记》《性理大全》《易经》《本草纲目》《算法统宗》《武经七书》《许氏说文》《诗经》等。1700 年康熙派洪若翰返回欧洲时，又向路易十四赠送了《资治通鉴纲目》《御选古文渊鉴》等书。法国传教士傅圣泽（Joannes-F. Foucquet，1665—1741年）在 1720 年回国时，将 20 年来在华购得的 77 箱近 4000 册中文书籍，用 16 头毛驴驮运到广州。在等待法国船只的一年里，他又应广州法国印度公司负责人的请求，帮助法国王家图书馆（即巴黎国家图书馆）按单采购了一批书籍，因资金不足，未能购齐，计有 85 种 1764 册。1722 年傅圣泽到达巴黎，将在中国搜集的 3980 种汉籍全部捐赠给了法国王家图书馆，为法国的汉学研究奠定了坚实的基础。

---

①　《越史通鉴纲目》卷三十八。

这一时期，欧洲也翻译出版了不少中国书籍。如 1687 年柏应理在巴黎刊印《中国贤哲孔子》（中文标题为《西文四书直解》），书中包括殷铎泽、郭纳爵的译本及孔子传。马若瑟所译元曲《赵氏孤儿》驰名欧洲，伏尔泰据此译本写成《中国孤儿》剧本，影响很大。冯秉正根据朱熹《资治通鉴纲目》摘译成《中国通史》13 卷，先后于 1777—1785 年在巴黎出版。法国著名耶稣会士宋君荣（Antonius Goubil，1689—1759 年）先后编译了《成吉思汗及其继承者元朝诸帝史》《大唐史》《中国编年史》。1739 年他还翻译了《书经》，1770 年法译本出版，赢得了汉学家的高度评价。波兰传教士、医生卜弥格（P. Michael Boym，1612—1738 年）将晋代名医王叔和的《脉经》译为《中国医法大全》，于 1682 年在欧洲出版。杜赫德的《中华帝国志》第 3 卷专门刊载了《脉经》《脉诀》《本草纲目》《神农本草经》《名医必录》《医药汇录》等古典中医学著作的部分内容。而由法国传教士汇编出版的 3 部丛书在欧洲，特别是法国反响尤其强烈，成为欧洲汉学研究的里程碑。这 3 部丛书是：《海外传教士书简集》，1702—1776 年陆续出版，共 34 卷，其中第 16—26 卷是关于中国的内容；《中华帝国志》，杜赫德主编，1735 年出版，共 4 卷；《北京传教士关于中国人的历史、学术、艺术、风俗习惯等论丛》，1776—1814 年陆续出版，共 16 卷。汉籍的西传，对欧洲的社会变革及艺术风格的发展都产生了一定影响，所以法国学者米歇尔·德卫兹说："在 1800 年以前，中国给予欧洲的比她从欧洲所获得的要多得多。"①

19 世纪后，中国与西方的图书交流更为广泛。马礼逊（Robert Morrison，1782—1834 年），英国人，基督教新教第一个到中国的传教士。他于 1807 年 9 月 8 日抵达广州，因当时在中国传教尚属非法活动，便以商人身份作掩护，在另一来华传教士米怜（William Milne，1785—1822 年）的协助下翻译了《旧约全书》。1814 年，在嘉庆皇帝严禁西人传教的命令下，马礼逊接受米怜的建议，决定在南洋华人聚居地马六甲、爪哇等地建立传教基地，并在马六甲创办印刷所，于 1815 年 8 月 5 日用西法浇铸铅字印刷《察世俗每月统计传》，然后偷运至广州、澳门等地散发，开始了用铅活字出版中文报刊的历史。同年，还出版了他费时 7 年编成的《字典》。此后英、法、美等国传教士有多人多次浇铸铅活字，用以广印书籍。据熊月之参照伟烈亚力（AlexanderWylie，1815—1887 年）的《基督教在华传教士回忆录》所做的统计，在 1811—1842 年，传教士们共出版中文书刊 138 种。1834 年以前出版地以马六甲与巴达维亚（今雅加达）为主，1834 年以后出版中心移向新加坡。

晚清西书大量传入中国与马礼逊学堂的成立也有极大关系。1834 年马礼逊去世后，澳门传教士捐资成立马礼逊教育协会，并通过了协会章程，规定"凡属教育协会之书籍，乃

---

① ［法］米歇尔·德卫兹著；达观译：《十八世纪中国文明对法国、英国和俄国的影响》，《法国研究》1985 年第 2 期。

为建立一公共图书馆，其名称为'马礼逊教育协会图书馆'"①。该协会的宗旨是"以学校或其他方法促进或改善在中国之教育为目的"，为此，就学者必须学会中英文读写，并向英、美发出呼吁，要求派遣教师前来中国开办学校，经费由该会负责。同时继续募捐和征集图书。几经努力，1839 年 11 月，马礼逊学堂正式开学。至 1843 年，学堂藏书已达 4142 册。

鸦片战争前后，林则徐、徐继畬、魏源等一批中国有识之士为了解西方，开始搜集和编译西方国家的图书资料。林则徐曾组织袁德辉、梁进德等人将《澳门新闻纸》编译成《澳门月报》，分论中国、论茶叶、论禁烟、论用兵、论各国夷情 5 辑，进呈道光帝御览。他还通过传教士伯驾（Peter Parker，1804—1888 年）、裨治文（Elijah Coleman Bridgman，1801—1861 年）收集西方地图册、地理书，组织编译了《华时夷言》《对华鸦片贸易罪过论》《四洲志》以及关于重炮操作等资料。梁廷枏于 1844 年至 1845 年连续出版了 5 部关于英美等西方国家的著作：《耶稣教难入中国说》《合省国说》《兰仑偶说》《粤道贡国说》及《英吉利国记》，前 4 部合称《海国四说》，内容多参考已译西书及外国传教士的中文著作，如《合省国说》着重参考了裨治文的《美理哥合省国志略》。徐继畬于 1848 年出版了他编著的《瀛寰志略》，他在该书序中称："荟萃采择，得片纸亦存录勿弃。每晤泰西人，辄批册子考证之，于域外诸国地形时势，稍稍得其崖略。"在当时编译的诸书中，最有影响力的当属魏源的《海国图志》。该书征引西人著述达 18 种，如艾儒略《职方外纪》、南怀仁《坤舆图说》、毕方济《灵言蠡勺》、高一志《空际格致》、傅泛际《寰有诠》、蒋友仁《地球全图》等。

19 世纪 60 年代初，西方图书传播演变出一新局面，即清政府开始关注西方图书的翻译。1862 年，总理衙门奏请创设京师同文馆，同治帝依议钦准；1863 年，上海广方言馆依时任江苏巡抚李鸿章之奏请而成立；1864 年，广州同文馆开馆。这些官方教育机构的设立，主要以教习西方语言文字（包括英、法、德、俄等多种语言）为目的，培养了大量翻译人才。各馆开设一国语言文字，即选购该国书籍。因此，至 19 世纪 70 年代，西方各主要语言文字的图书基本传入我国。洋务运动兴起之际，江南制造局、金陵机器局、福州船政局、天津机器局等相继成立。这些机构除了仿造外洋枪械，还翻译了不少外国科技类图书。如江南制造局翻译馆在英国传教士傅兰雅（John Fryer，1839—1928 年）的主持下，曾多次向英国订购图书，其中 1868 年 3 月订 52 种，7 月又订 98 种，次年 1 月再订 40 种。傅兰雅比较系统地翻译了西方科学著作，如数学类有《代数术》《微积溯源》《算式集要》《三角数理》《数学理》等；物理类有《声学》《电学》等；化学类有《化学鉴原》《化学考质》《化学求数》等；军工类有《水师操练》《防海新论》《轮船布阵》等；矿物类有《矿石图书》《矿学须知》等；冶金类有《宝藏兴焉》等；医学类有《西药大成》《法律医学》等。据徐惟则《东西学书录》统计，至 1899 年，江南制造局翻译馆共译出西书

① 李志刚：《基督教早期在华传教史》，台北：台湾商务印书馆，1985 年，第 218 页。

126 种。傅兰雅 1896 年离馆时，他与有关人士合译的图书已达 77 种之多。

甲午海战后，清末著名翻译家有严复、林纾等。严复自 1895 年起，先后译成《天演论》《原富》《群学肆言》《群己权界论》《穆勒名学》《社会通诠》《法意》等书，涉及西方哲学、政法、经济诸领域，用意深远。他在译书过程中总结出"信、达、雅"三条标准，成为后世译书之圭臬。与严复不同，林纾所译多为西方小说故事。由于他本人并不懂外文，故译书方法与早期传教士译书类似，通过合作者口译，由他笔录成文。据张俊才《林纾翻译目录》统计，林纾翻译作品总计 246 种，其中已出版的 222 种，未刊者 24 种。林纾所译，最著名者当属《黑奴吁天录》（现译为《汤姆叔叔的小屋》），体现了译者以小说救世的思想。

从以上所举来看，古代中外图书交流有以下几个特点：第一，从交流渠道来看，主要是通过使者、教徒和商人这三类人群来完成的。第二，从汉籍向域外传播方向来看，带有明显的周邻性特征。即首先传播到周边地区和近邻国家，然后再由周边和近邻国家向外传播。域外图书在中国的传播也呈现出由近及远的特点。第三，从中外图书交流的主要路径看，基本表现由陆路向海路的变化。唐前期以西北地区的陆路为主，而自唐后期以后则以海路为主。这是由于汉唐时期的中外文化交往，在相当程度上是与北方地区的边防问题密切相关的。而随着唐代后期中国的经济重心从黄河流域向长江流域的转移，东南沿海地区的商业发展也突飞猛进，从而刺激了海外交通的发展。第四，从中外图书交流传播的形式看，明代之前主要是单向性辐射传播，表现为中国文化对于东亚邻国的传播和影响。明末之后，中外图书的互传和文化的互相影响更趋明显。第五，从域外图书在中国传播的内容看，外来宗教经典的传播是个突出的现象。

第三节　著作权保护的历史演进

著作权的核心是精神权利和经济权利，其产生的前提是知识私有观念的兴起和早期著作权关系的形成。历史地看，中国古代著作权保护经历了一个由意识到行为再到法制、由约定俗成的一般社会规范到强制性法律规范的过程。[1]

一、知识私有观念的兴起

早在西周以前，包括著述在内的一切文化活动都由王官垄断，连私人性质的著述活动都不存在，当然就不可能存在知识私有观念。但春秋以后这种情况发生了变化，周平王东迁洛邑后，王室式微，史官大量流向诸侯国。《左传·昭公十五年》："及辛有之二子董之

---

① 李明杰：《意识、行为及法制：中国古代著作权保护的历史逻辑》，《中国出版史研究》2018 年第 3 期。

晋，于是乎有董史。"① 辛有是周平王时的大史，他的子孙就有一支流散到晋国作了史官。春秋中晚期后，随着诸侯国政权重心的下移，诸侯的史官又开始流入卿大夫家，如《国语·晋语九》："赵简子田于蝼，史黯闻之，以犬待于门。"韦昭注云："史黯，晋大夫史墨，时为简子史。"②《仪礼》记载诸侯国卿大夫家，多有史官行祭祀、卜筮、文书、典礼等职事，应是春秋中晚期卿大夫家史官兴起的如实反映。史官流入卿大夫家，私人著述与藏书开始出现，形成了"天子失官，学在四夷"的局面，这为知识私有观念的萌发创造了条件。

著作权作为一种私权，其产生前提是知识私有观念的兴起，而以图书为主要载体的知识的私有化标志就是作者署名。但先秦图书不署名的风气一直延续到汉代。司马相如作《子虚赋》，与他同时代的汉武帝发出"恨不得与此人同时"的感慨，就是因为作品不署名的缘故。考古发现的战国和秦汉时期的各类写本，"不仅从未发现题写撰人，而且像《孙子兵法》和《孙膑兵法》，简文中只出现'孙子曰'，从未见到'孙武''孙膑'之名"③。不过，先秦子书为表明学派身份和立场，常以学派领袖"某子"为书名，如《老子》《管子》《墨子》《韩非子》等，在一定程度上可看作是知识权属的申明。

入汉以后，书名与作者署名逐渐剥离，且有了著述方式的区分。晋代出现了卷端署名。唐宋时期随着雕版印刷术的发明和普及，作者署名形式及著述方式的分化变得更为复杂，卷端署名发展出单独题署、分列题署和组合题署等多种形式。④ 古代图书从最初的不署名，到书名兼署作者信息，再到后来的多种卷端署名形式并存，这个从无到有、从简略到详细、从粗疏到规范的过程，标志着作者姓名标记权利意识的觉醒，预示着知识私有观念的逐步形成。

二、早期著作权关系的产生

所谓著作权关系，是指在图书创作、传播和利用环节中，因涉及对原著内容的改编、沿袭或以获利为目的的复制传播行为，而在原著与改编（或抄袭）作品、原作者与现作者（或图书复制者、传播者）之间形成的一种精神或财产关系。它是著作权保护意识、行为和制度产生的必要社会条件。

1. 图书创作环节：代笔和作伪

正常的图书著述，是作者经由本人的创造性思维劳动，将其对于社会或自然的感性经验上升到理性知识的过程。但在复杂的社会环境里，人与人之间因为社会地位、经济条件、知识水平的巨大差异，也可能出现非常态的图书创作形式，比如代笔、作伪等。

---

① （清）洪亮吉：《春秋左传诂》，北京：中华书局，1987 年，第 721 页。
② （春秋）左丘明：《国语》，济南：齐鲁书社，2005 年，第 243 页。
③ 李零：《出土发现与古书年代的再认识》，《九州学刊》1988 年第 1 期。
④ 李明杰、周亚：《中国古代图书作者署名形式考略》，《大学图书馆学报》2012 年第 1 期。

所谓代笔，是指作者自愿以他人名义进行图书创作活动。这是一种自愿放弃署名权的行为，但这种"自愿"通常是有条件的，即包含有利益交换成分，或由署名者供给著书者衣食钱物，或由署名者确保著书者拥有一定的社会地位。署名者取名，著书者获利，名与利的交换，实际上是一种著作权的转让关系。

先秦两汉时期就有代笔现象，早期表现为集体作品单署个人姓名，如战国时期的《吕氏春秋》，只署丞相吕不韦一人之名，实际是由吕氏门客集体编撰而成。西汉淮南王刘安也曾招致宾客方术之士数千人，其中就有人专门替他著书。民间也有请人代笔的，如东汉时的葛龚，字元甫，梁国宁陵（今商丘市宁陵县）人，以擅长写奏文而闻名，据《笑林》载："桓帝时，有人辟公府掾者，倩人作奏记文。人不能为作，因语曰：'梁国葛龚先善为记文，自可写用，不烦更作。'遂从人言写记文，不去葛龚名姓。府君大惊，不答而罢。故时人语曰：'作奏虽工，宜去葛龚。'"《后汉书·葛龚传》章怀太子注曰："龚为作之，其人写之，忘自载其名。"葛龚写完这篇奏文之后，是署了自己名字的，只是这个人过于粗心，誊抄时忘记把葛龚的名字换成自己的，这才闹出了笑话。

古人代笔现象十分普遍，所撰体裁如碑记、墓志、奏疏、公牍、序跋、诗文、书画、汇编、专著等，应有尽有，尤以各种应用文体为多。就署名者与作者之间的社会关系来看，早期以君臣、父子、师生关系最为常见，唐宋以后出现了以游幕为生的职业代笔者，固化了这种著作权转让关系。明清以后，代笔的学术类作品明显增加，如清末缪荃孙代张之洞撰《书目答问》、代张钧衡撰《适园藏书志》、代盛宣怀编《愚斋图书馆藏书目录》等。清代的代笔亦有"让善"一说，也就是以己之撰述成就他人之声名，清人刘声木在《苌楚斋随笔》中列举了很多所谓"让善"的例子。

作伪涉及作品内容、年代、作者三个方面。内容作伪是对原作内容进行篡改、抽换，破坏了原作的完整性和真实性，涉及著作权关系。年代作伪包括出版年代和创作年代两方面，前者属版本作伪，后者一般都与作者作伪有关。作者作伪可分三种情况：一是将自己的作品伪署他人名字，这在一定程度上侵犯了他人的精神权利。早期的作者多主动放弃自己的署名权，而伪托往圣或时贤之名，以广其传，如三国建安诗人曹植在世时即享盛名，死后其族弟曹冏就曾借其名伪作《六代论》；二是将自己作品伪署子虚乌有的人物名字，一般不涉及著作权关系；三是将他人作品伪署自己的名字，属典型的剽窃行为，严重侵犯了原作者的著作权。

2. 图书传播环节：剽窃和盗版

古代图书作品在完成创作之后，一般都要进入社会流通领域。这个环节也最容易出现侵犯作者或出版者权益的情况，比如常见的剽窃、盗版现象。

正常情况下，人们读书是为了从中汲取有益的经验和知识，但也有人为名利所惑，动起了歪心思，在未经作者同意或在作者不知情的情况下，剽窃了原作的内容。剽窃现象自古有之，如《礼记·曲礼上》载："毋剿说，毋雷同。"其注曰："剿，犹擥也。取人之说为己说。"① "剿说"等同于今天的抄袭。我国历史上有很多剽窃的丑闻，如郭象剽窃向秀《庄子注》、虞预剽窃王隐《晋书》、何法胜剽窃郗绍《晋中兴书》等。唐代甚至有因剽窃闹到对簿公堂的案例，据张鷟《朝野佥载》载："国子进士辛弘智诗云：'君为河边草，逢春心剩生。妾如堂上镜，得照始分明。'同房学士常定宗为改'始'字为'转'字，遂争此诗，皆云我作。乃下牒见博士，罗为宗判云：'昔五字定表，以理切称奇；今一言竞诗，取词多为主。诗归弘智，'转'还定宗。以状牒知，任为公验。'"② 这是我国有文字记载以来的第一起著作权判例。

有的图书出版未经作者或原出版者许可，侵犯了作者和原出版者的正当权益，这就是盗版。盗版在写本和印本时期分别有佣书和盗印两种形式。佣书，顾名思义就是受人雇佣代人抄书，最早见于战国时期。魏晋南北朝以后，由于便于书写的纸张大规模普及，佣书业获得了很大发展，在社会上形成了一个职业佣书阶层。即便是在雕版印刷术普及之后，佣书业在官方和民间仍有存在空间（参见第一编第一章第四节"图书的抄写"）。盗印是通过雕版印刷复制和传播他人作品以牟利，这种行为不仅侵犯了作者的精神权利，还侵犯了原出版者的经济权利。

古人盗印的方法很多：第一，不经作者同意，直接将其原稿付梓。北宋前期思想家李觏的作品就这样被人盗印过。他在《皇祐续稿序》中说："觏庆历癸未秋，录所著文曰《退居类稿》十二卷。后三年，复出百余首，不知阿谁盗去。刻印既甚差谬，且题外集尤不逮，心常恶之而未能正，于今又六年所得复百余首，暇日取之合二百三十八首，以续所谓《类稿》者。"③ 第二，取已有刻本，翻刻其内容。这类盗印多以畅销书为对象，且常在翻刻过程中随意增删或篡改内容。苏轼的诗文集就经常被书坊翻刻，市面上一度多达20余种集子。傅增湘《元建安熊氏本百家注苏诗跋》指出，宋时闽中刊本苏集"版式行格皆同，盖人士喜诵苏诗，风行一时，流播四出，闽中坊肆遂争先镌刻，或就原版以摹刻，或改标名以动听，期于广销射利，故同时同地有五六刻之多，而于文字初无所更订也。"④ 第三，将已有之书，改易名目，刻作新书以射利，兼具作伪性质。如北宋庆历间杭州府上书言："知仁和县、太子中舍翟昭应将《刑统律疏》正本改为《金科正义》，镂板印卖。"这位知县身为政府官员竟然盗印国家法律以卖钱，可见当时盗版行为之猖獗，最后落得"诏转运司鞫罪，毁其板"⑤ 的结果。第四，将一般图书改署名人姓名，或在名人名作中掺入伪作，以牟取更多经济利益。这类盗版也兼具作伪性质。南宋初年范浚，字茂名，浙江兰溪人，于理学有精深造诣，为朱熹所仰慕。正是由于他声名在外，福建建阳书坊曾冒充其名氏，雕印了一部《和元祐赋》。该书流传后，幸亏被范浚发现，他在《答姚令声

① （清）孙希旦：《礼记集解》，北京：中华书局，1989年，第38页。

② （唐）张鷟：《朝野佥载》卷二。

③ （宋）李觏：《直讲李先生文集》卷二十五《皇祐续稿序》。

④ 傅增湘：《藏园群书题记》，上海：上海古籍出版社，1989年，第686页。

⑤ 《宋会要辑稿·刑法二之二六》。

书》中说"妄人假仆姓名《和元祐赋》，锓板散鬻"，于是"白官司，移文建阳，破板矣。"① 可见范浚很珍爱自己的名誉，对借自己的名字出盗版书的行为是非常憎恨的。

3. 图书利用环节：编述和抄纂

图书在出版后肯定要被人利用，这样才能发挥它的社会价值。而人们利用图书主要有两种方式：一是通过阅读直接将其内容转化为个人的经验或知识，用以指导社会实践，一般不涉及读者与原作之间的著作权关系；二是对原书内容进行组织加工，使之应用于图书的再创作、再生产，如对原书内容的编述与抄纂。由于它在组织加工过程中割裂和破坏了原书的结构，混淆了原书部分内容的归属关系，因而通常会涉及著作权问题。

编述是将已有的文献内容重新加以组织和提炼，用编者自己的语言复述原文意旨，其特点是将原文融合到新著之中，内容文字不会原样出现在新作之中，包括采摭和引用、改编和删裁、注释和翻译等。以采摭和引用为例，前者是抄录和编排他书资料，后者是在著述中摘引前人成文，但如果不严格注明出处、不严格尊重原文，甚至篡改引文，按照现在的标准来看可能涉嫌侵犯了著作权。例如，对于《汉书》是否抄袭了《史记》，学界有不同看法。葛剑雄在接受《重庆晨报》记者采访时就说："袁枢的《通鉴纪事本末》从书名上就声明了是对《资治通鉴》的重新编排，怎么能说是抄呢？班固同样没有抄司马迁。说《汉书》抄了《史记》，只能表明对历史学的无知。"② 但韩国外国语大学朴宰雨教授在《〈史记〉〈汉书〉比较研究》一书中，以翔实的事实说明《汉书》100篇中袭用《史记》者（实包含采取一些资料者）共有61篇，并详述了袭用的各种情形。引文标注出处早在先秦就有先例，《论语》《左传》等在引用《诗经》时，多标注其名，如《论语·学而》："子贡曰：《诗》云：'如切如磋，如琢如磨'，其斯之谓与？"《左传·隐公元年》云："《诗》曰：'孝子不匮，永锡尔类。'其是之谓乎。"但古代引文很不严谨，除了不注明出处外，还表现在不严格遵照原文，甚至篡改原文。清代学者认识到了古代引文"略其文而用其意"的特点，如顾炎武说："《书·泰誓》：'受有亿兆夷人，离心离德；予有乱臣十人，同心同德。'《左传》引之，则曰：'《太誓》所谓商兆民离，周十人同者，众也。'《淮南子》："舜钓于河滨，期年而渔者争处湍濑，以曲隈深潭相予。'《尔雅注》引之，则曰：'渔者不争隈。'此皆略其文而用其意也。"③ 继而提出了"凡引前人之言必用原文"④的观点。陈澧在《引书法示端溪书院诸生》中还提出了一套比较系统的引文方法。

抄纂是抄录已有文献的原文，并按新的体例加以重新组织和编排，其特点是原封不动地辑录原文。古代的类书、杂钞、总集、别集、丛书的编纂，都是抄纂而成。以杂钞为例，《隋书·经籍志》《旧唐书·经籍志》《新唐书·艺文志》三家史志目录共著录经部杂

① （宋）范浚：《香溪集》卷十八《答姚令声书》。
② 屈弓：《两场官司引出学术爆料》，《重庆晨报》2002年2月3日A11版。
③ （清）顾炎武：《日知录》卷二十《引书用意》。
④ （清）顾炎武：《日知录》卷二十《引古必用原文》。

钞 19 种、史部杂钞 28 种、子部杂钞 38 种、集部杂钞 13 种。从来源来看，既有将从多部书中摘抄的内容编为一书的，如张温《三史略》29 卷，分别抄自司马迁的《史记》、班固的《汉书》、谢承的《后汉书》；也有从一部卷数较多的书中摘抄若干内容，编为若干部卷数较小的书的，如司马迁《史记》130 卷，分别有袁峻《史记钞》20 卷、葛洪《史记钞》14 卷、张莹《史记正传》9 卷。所做工作都是删繁就简，择其精要。从其署名来看，抄写者多署己名，俨然以新书作者自居，故又有"抄撰"一说，寓意"抄中有撰"。但实际所做的工作只是一般节录或改编而已，并非全新的撰著。用我们今天的眼光来看，显然已涉嫌侵犯了原作的著作权。

综上所述，古代图书的创作、传播、利用各环节涉及著作权关系的因素非常复杂，有的侵犯了作者或第三方的精神权利，如代笔、剽窃、伪署他人姓名等；有的破坏了作品的完整性，如改编删裁、采摭引用、抄纂补缀等；有的侵犯了作者或原出版者的经济权利，如佣书、盗印等。而且，以上现象非常普遍。这就必然在原作与新作，原作者与改编者、抄袭者之间，原版者与盗版者之间，引起广泛而持久的利益冲突。不同的主体有不同的权利诉求，这就必然要求社会规范作出相应的调整。

二、著述观念的发展与早期著作权意识的形成

所谓著述观念，是指作者对著述活动本身所持的立场、态度和价值观，如著述的原创意识、精品意识、传世意识，以及通过著述获得社会声誉（名）与物质报酬（利）的动机、愿望等。古代文人的著述观念是伴随私家著述的出现而产生的，经历了从君王政治的附庸到相对独立的文化意识的过程。历史地看，学术风气、主流价值观念及书籍媒介传播方式对于推动文人著述观念的发展变化和著作权意识的形成具有决定性的影响。

首先，孔子"述而不作"的学术理念造就了两汉以注释文献为标志的朴学的繁荣，但也在一定程度上扼杀了文人的创新性；玄学熏染下的魏晋知识分子大胆追求个性自由，创作热情和想象力得到激发和释放，对原创性大为提倡；宋代理学的发达，使得宋人著述观念表现出积极主动的创新意识、精品意识和名誉意识；但到了明代，阳明之学盛行，空谈心性，不重实学，再加上商品经济的发展和商业意识的影响，表现在著述观念上，便是对"义"的轻视丧乱与对"利"的畸形追逐；入清以后，顾炎武、黄宗羲等大儒提倡学以经世致用，加上他们在学界的影响力，对有清一代形成良好的著述风气、树立积极的著述观念起到了良好的示范作用。

其次，受儒家传统义利观重名轻利、贵文贱商的影响，中国古代大多数作者对出版作品可能带给自己的精神权利格外重视，而对财产权利则一贯比较轻视。如私家著述出现之初，人们便开始在图书作品上标记姓名，标志着作者精神权利意识的觉醒；在文献编纂整理过程中，对图书原作者的考订，对图书的校勘、辨伪，对他人作品改编的审慎等，都是对前代作者精神权利的尊重；在图书创作过程中，古代文人对原创性的推崇，对抄袭行为的鄙夷，对作品署名的审慎、对作品内容的反复斟酌，以及在图书创作完成后，通过誊抄

副本、寄存名山等方式保护作品内容的完整性等，都是对作者本人精神权利的尊重和保护。而在作者财产权利的维护上，大多数知识分子耻于言利或不敢公开言利，敢于公开追求和维护自己财产权利的作者少之又少，甚至成为文人的异类。与之形成对比的是，历史上总有一些比较有个性的文人，不但不屑于言利，甚至对一般士人非常看重的名也全然不顾，真正做到了淡泊名利。这种极端的个性和意识，不利于著作权观念的养成。

再者，简册时代落后的文献生产方式，使得通过复制和传播文献获得经济利益的空间非常狭小，文人考虑得最多的是如何将自己的作品传播出去，通过作品负载的思想、学说去影响和改造社会，而对于作品可能带给自己的任何精神或物质权利都没有或很少考虑。纸张的发明和普及应用后，使得图书数量第一次有了大幅增长，且流通速度和传播范围有了很大提高，这使得作者在当世就可以亲身感受自己作品的社会影响及自我价值实现的满足，因而提高了作者的传世意识、精品意识和名誉意识，从而触发了作者保护自身精神权利的需要。而这个时期图书出版业带来的利益空间仍然有限，作者对财产权利的关注程度仍然不高。雕版印刷技术是图书复制技术的一次革命，图书制作和传播效率有了质的飞跃，图书出版既可以为作者赢得巨大的社会声誉，也可为出版者带来现实的经济利益。此后，文人的著述观念开始发生明显分化，传统知识分子仍然重视著述活动中精神权利的维护，而部分开明知识分子已不讳言财产权利了，也有一些文人在两者之间寻求平衡。①

三、普通社会规范下的古代著作权保护行为

远在唐宋出现带有著作权保护性质的法令之前，我国就有大量保护作者精神权利与经济权利的行为，只不过这种保护行为不是强制性的，而是依靠约定俗成的一般社会规范达成的。

1. 经济层面的著作权保护行为

经济层面的著作权保护主要通过支付稿酬来实现。最迟在战国末期，作文受谢现象就已出现，如吕不韦为编写《吕氏春秋》的宾客供给衣食酒肉，就是一种变相的稿酬。入汉以后，作文受谢的形式更趋多样，有的以作文直接获赠钱财，有的以作文获赠衣物，有的甚至以作文代缴酒钱。东汉的蔡邕曾为人撰写墓志数十篇，甚至包括七岁而夭的小孩，竟至"得金万计"，时人讥之"谀墓金"。但从今人的角度看，蔡邕的做法是完全符合市场规律的，预示着汉人文章经济意识的觉醒。隋朝出现"润笔"一词，向作者支付稿酬成为社会通行的做法。

中国古代的润笔是官、私两条主线并行发展的，最终由民间完成了商业化过程。从古代润笔形式看，经历了以物为主钱为辅、钱物并重、钱为主物为辅三个阶段：以南北朝为界，之前的润笔多以物为主，而付给现钱只是一种辅助手段；隋唐至宋元，润笔则是钱物

---

① 李明杰：《中国古代图书著作权研究》，北京：社会科学文献出版社，2013年，第266~267页。

并重，官方润笔以钱帛为主①，民间润笔则以带有个人感情色彩的物为主，如文房用具、字画、舆马、腰带、茶叶、酒食等；明清以后，润笔逐渐偏向以钱为主、物为辅，如郑板桥就公开给自己订了一则润笔榜文，并广而告之：

> 大幅六两，中幅四两，小幅二两；条幅、对联一两；扇子、斗方五钱。凡送礼物食物，总不如白银为妙。公之所送，未必弟之所好也。送现银则中心喜乐，书画皆佳。礼物既属纠缠，赊欠尤为赖账。年老体倦，亦不能陪诸君子作无益语言也。
>
> 画竹多于买竹钱，纸高六尺价三千。任渠话旧论交接，只当秋风过耳边。乾隆己卯，拙公和尚属书谢客。板桥郑燮。②

这则榜文堪称中国稿费史上的一大奇观。它主要强调了三个方面的内容：一是为各类字画明码标价；二是强调润笔以"白银为妙"，拒收实物，但书画例外；三是申明不许讨价还价，更不许赊欠。分析郑板桥此举背后的动机，一方面是因为当时找他求字画的人很多，郑板桥不胜其烦，自订润笔条例并公布于众，可以摆脱那些庸俗之人索取书画的纠缠；另一方面他言明要现银，拒绝攀亲免费作书画，或作无聊闲谈，盖因其时生活来源已完全依靠润笔收入了。

中国古代润笔形式由实物向货币的转变，反映了知识商品化的过程。在此过程中，儒家传统的价值观在商品经济意识的冲击下不断分化和割裂，虽然有少数文人坚守清誉拒收润笔，但大多数知识分子还是采取接纳的态度。而且，从润笔的支付者与接受者（即诗文、书画市场的买卖双方）的关系来看，经历了这样一个变化过程：先是文艺消费者向文人索要诗文书画，并以若干润笔钱物示谢；继而发展到文人的商品经济意识觉醒，对自己的身价有一定的估价，并与消费者讨价还价；最后完全将自己的作品视同商品，自订稿酬标准，概不还价。这个过程也是文人权利意识不断增强的过程，它与润笔形式由物向货币转变的过程是同步的。

2. 学术层面的著作权保护行为

尽管先秦两汉已出现作品署名和作文受谢现象，有了著作权意识的萌芽，但这种意识是蒙昧的，表现为人们可以比较随意地改编他人作品，也较能容忍作伪和抄袭行为，而对传写他人作品以牟利的做法不以为意。这表明，当时著作权意识的萌芽仅限于作品与作者权属关系的明晰（有时也涉及润笔之类的财产关系）。这是因为，早期作品的传写主要依赖手工，传播范围有限，作者难以通过控制作品的使用和复制以获得更多经济利益。而

---

① 唐朝以绢帛赏赐著书者几成通例，但绢帛当时是作为一种特殊的货币来流通的，即所谓的"钱帛兼行"。

② （清）郑燮：《郑板桥集》，上海：上海古籍出版社，1979年，第184页。

且，正是因为这种落后的文献生产和传播方式，造成文献内容易出现错讹、脱漏、篡改等问题，破坏了作品的原貌，学者们不得不转而通过学术手段来保护作品的内容。

具体来讲，就是通过版本鉴定和版本源流的考订发现善本，解决文本整体的可靠性问题；通过辨伪方法排除伪书，解决文本的真实性问题；运用校勘方法，校正文献的篇章次第及文字错误，解决文本的准确性问题；运用辑佚方法，补齐文献残缺的内容，解决文本的完整性问题。通过以上的系统整理，获得一个尽可能接近文献原貌的文本。古代学者通过以上的实践形成了一套完整的规范，客观上保护了文献作品的完整性、准确性和真实性，间接保护了前代作者的精神权利。

3. 技术层面的著作权保护行为

第一，副本的誊抄和保存。早在写本时期，图书的制作、抄写效率低下，个人作品极易散失。这使得作者在生前就要考虑如何保护自己的作品，而在当时，誊抄副本不失为一种有效的方法。从避免作品散佚或混入他人作品的动机来看，这是作者精神权利的一种自我保护。誊抄副本在古代有着悠久的历史，如西汉司马迁撰《史记》，"成一家之言，厥协《六经》异传，整齐百家杂语，藏之名山，副在京师"①。西晋荀勖等整理汲冢竹书，最后"付秘书缮写，藏之中经，副在秘阁"②。隋炀帝时，"秘阁之书，限写五十副本"③。唐代诗人白居易生前就有很多盗版和假托其名的伪作售卖于市，为保护自己的著作权，他先后多次将自己所著诗文集抄录副本，分置东都圣善寺、庐山东林寺、苏州南禅院等不同地方。即便在雕版印刷技术盛行的明清时期，仍然有学者为保存自己的作品而誊抄副本，如清人阎若璩著《古文尚书疏证》，"其写第四卷，别录四本：一寄太华山顶；一寄罗浮山；其二本则寄千顷堂、传是楼之主人，仿白氏文集别录三本例"④。

第二，花押、暗款和印章防伪。为使自己的作品不易为后人模仿，古代文人常将署名作一定的技术性处理，这就是花押。花押最早见于曹魏时期，据《墨薮》载："行书，正书之小伪也。魏钟繇谓之'行押书。'"⑤ 唐代文人字画中已多见花押用作个人信约标记，如书法家韦陟的签押，"自谓所书'陟'字若五朵云。时人慕之，号'郇公五云体'"⑥。此后押字的使用更为普遍且更具特色，如宋徽宗赵佶的草字押书签名，在"二"字下横上挂一钩，意为"天下一人"，尽显唯我独尊的帝王做派；明代徐渭署款时故意把"渭"拆做"田水月"三个字来写；清代朱耷号"八大山人"，署款时写成"哭之""笑之"模样，既诙谐幽默，又内寓深沉孤愤。这些别具特色的个性化签名，如不事先作深入研究，模仿

---

① 《史记·太史公自序》。
② 《穆天子传·荀勖序》。
③ 《隋书·经籍志》。
④ （清）陈康祺：《郎潜纪闻》，北京：中华书局，1984年，第86页。
⑤ （唐）韦续：《墨薮》，北京：中华书局，1985年，第4页。
⑥ 《新唐书》卷一二二《韦陟传》。

时是很容易露馅的。

有的文人喜欢在自己的作品上题上暗款，这样作品在被人复制时，很容易漏掉暗款，从而留下作伪的证据。北宋画家范宽所作《溪山行旅图》，卷面没有任何印章和明款，明初董其昌观后题有"北宋范中立溪山行旅图董其昌观"，而没有像他在其他画作上题"董其昌鉴定"，因此一直不能完全证明是范宽的真迹。1958 年，时任台北故宫博物院副院长的李霖灿在画面右下角的树丛中偶然发现"范宽"的暗款，从而确认其为真迹。

印章除了广泛应用于公文外，宋元以后逐渐成为书画艺术的组成部分，同时也是一种具有个人凭证作用的签署符号，特别是和花押结合在一起，让局外人更难识别和模仿。与暗款一样，印章也有采取隐蔽手法的，如宋荦《筠廊偶笔》载："合肥许太史孙荃家藏《画鹞》一轴，陈章侯题曰：'此北宋人笔也，不知出谁氏之手。'余览之，定为崔白（笔者注：北宋画家）画。座间有窃笑者，以余姑妄言之耳。少顷，持画向日中曝之，于背面一角映出图章，文曰'子西'。'子西'即白号，众始叹服。"① 这种暗印技术是古代书画防伪的极好方法。

第三，绘画技法和图书印记。古代画家高超的技法，本身也有一定的防伪功能。米芾之子元晖绘画临摹功夫几可乱真，但据周辉《清波杂志》载："在涟水时，客鬻戴松《牛图》，元晖借留数日，以模本易之，而不能辨。后客持图乞还真本，元晖怪而问之曰：'尔何以别之？'客曰：'牛目中有牧童影，此则无也。'"② 戴松竟然在牛的瞳孔中画出了牧童的影子，难怪元晖模仿失手。古代画师还学会了使用光敏材料制作颜料，能让画面根据光线强弱的变化而呈现不同的图案。这种独门技法更是让作伪者一筹莫展。

明万历始，民间坊刻在雕版印刷中融入了防伪技术，出现了带有商标性质的印记，这种以复杂图案为主的印记与一般的牌记还是有区别的。如明万历萧山来氏刻本《宣和印史》书前印有"汉佩双印印记"③，图案复杂，雕印精工，极难伪造。清代还出现了著作权印花，粘贴在书籍的版权页上。晚清启蒙思想家严复，就曾为自己的著作设计过著作权印花，以防止不法书商盗版。

四、强制性社会规范下的著作权保护制度

雕版印刷术发明后，图书出版成本大幅下降，为复制者和传播者赢得更多利润提供了空间。一时间官、私刻书机构都参与其中，形成了相互竞争和利益冲突的格局，而各种盗版行径不仅侵犯了作者权利，还严重侵犯了以获利为目标的出版商的财产权，从而激发了作者和出版商维护自身权益的法律诉求。

---

① （清）宋荦：《筠廊偶笔》卷上。
② （宋）周辉撰，刘永翔校注：《清波杂志校注》卷五《牧牛影》。
③ 肖东发：《中国编辑出版史》，沈阳：辽宁教育出版社，1996 年，第 355 页。

1. "禁镌令"：对官方专有出版权的保护

通过强制性的法令来保护专有出版权，始于官方编纂出版的图书。因为这类图书关乎国家的意识形态，关乎国计民生以及政权的安危，如儒家经典、历书、医书、法典、会要、实录及大臣奏议等。

"禁镌令"最早始于唐代的历书。唐代每年的新历由司天台组织编写，然后上奏颁行。但各地书坊为了获利，肆意翻刻，以至错误百出，影响农时。为此，东川节度使冯宿上奏："剑南两川及淮南道，皆以版印历日鬻于市。每岁司天台未奏颁下新历，其印历已满天下，有乖敬授之道。"① 唐文宗准其奏，于太和九年（835年）"敕诸道府，不得私置历日板。"② 此后历代政府都沿袭此法，如后周广顺三年（953年）周太祖下诏："所有每年历日，候朝廷颁行后，方许雕印传写，所司不得预前流布于外，违者并准法科罪。"③ 北宋熙宁四年（1071年）"诏民间毋得私印造历日。令司天监选官，官自印卖，其所得之息，均给在监官属。"④ 元朝的刑法规定："诸告获私造历日者，赏银一百两。如无太史院历日印信，便同私历，造者以违制论。"⑤ 明代《大统历》由钦天监奏准颁行天下，"伪造者依律处斩。有能告捕者，官给赏银五十两。如无本监历日印信，即同私历"⑥。

五代首次由国子监大规模刻印儒家经典，政府担心监本的内容和版式被侵权，曾敕令"如诸色人要写经书，并须依所印敕本，不得更使杂本交错"⑦。北宋时要求私人刻书必须向国子监申报登记，经审查后方可付梓，如《罗氏识遗》载："宋兴，治平以前，犹禁擅镌，必须申请国子监，熙宁后方尽驰此禁。"⑧ 实际上，熙宁以后"禁擅镌"令也只是放宽到国子监之外的其他政府部门，民间翻刻私售仍是不被允许的。南宋宁宗庆元四年（1198年），福建麻沙书坊翻刻国子监《总新文体》，国子监上言"乞行下福建运司，追取印板，发赴国子监缴纳。及已印未卖，并当官焚之。仍将雕行印卖人送狱根勘"⑨。

北宋时一些涉及边防、军事机密的大臣文集及本朝会要、实录等文献，也在禁刻之列。元祐间苏辙出使辽国，在辽境内发现不少宋人文集及有关宋朝边防和军事机密的书籍，回国后向即朝廷建议："禁民不得擅开板印行文字。令民间每欲开板，先具本申所属州为选有文学官二员，据文字多少，立限看详定夺。不犯上件事节，方得开行。"⑩ 哲宗

---

① 《全唐文》卷六二四《冯宿禁版印时宪书奏》。
② 《旧唐书》卷十七下《文宗本纪》。
③ 《宋刑统》卷九《禁玄象器物》。
④ （清）徐松：《宋会要辑稿·职官十八之八四》。
⑤ 《元史》卷一〇五《刑法志四》。
⑥ 曹之：《中国古代图书史》，武汉：武汉大学出版社，2015年，第152页。
⑦ 《五代会要》卷八《经籍》。
⑧ 《罗氏识遗》卷一《成书得书难》。
⑨ （清）徐松：《宋会要辑稿·刑法二之一二九》。
⑩ （宋）苏辙：《栾城集》卷四十一《北使还论北边事札子五道》。

接到奏章后，专门召集臣僚商讨对策，并于元祐五年（1090 年）发布禁令："凡议时政得失、边事军机文字，不得写录传布。本朝会要、实录不得雕印，违者徒二年，告者赏缗钱十万。内国史、实录仍不得传写。"① 其他书籍也必须送秘书省进行审查，内容有益于学者方许镂板。

从南宋到明清，对官方专有出版权的保护一直存在。例如，南宋绍熙元年（1190）三月八日，"诏建宁府将书坊日前违禁雕卖策试文字，日下尽行毁板，仍立赏格，许人陈告"②。元代对于图书出版采取了更为严格的审查制度，据《菽园杂记》载："尝爱元人刻书，必经中书省看过，下所司，乃许刻印。"③ 比较而言，明朝对于出版业的管理和控制是比较宽松的，据《明会要》载："洪武元年八月，诏除书籍税。"④ 明代政府对于官刻书的保护，底线只不过要求"照式翻刻"，不许"故违官式，另自改刊"⑤。清袭明制，但在历史出版的管制上特别严格，指定由钦天监负责监造。每年的二月初一由钦天监进呈来年历样，四月份颁于各省分别刻印，十月初一举行颁历仪式，颁赐臣民。历书的出版也是由官方垄断，颁布各省刻印也只是著作权在官方系统内部的转移。顺治年间颁布的《大清律》规定："凡伪造诸衙门印信及历日、（起船、起马）符验、茶盐引者，（为首雕刻）斩（监候。为从者，减一等，杖一百，流三千里）。有能告捕者，官给赏银五十两。"⑥ 乾隆十六年（1751 年），清政府同意民间翻刻"时宪书"，并于嘉庆二十一年（1816 年）最终废除了此禁例。⑦

"禁镌令"保护的是官方专有出版权，基本不涉及私权。这是国外学者否认中国古代存在著作权的主要原因，认为自唐宋以来的书禁只是"帝国控制观念传播的努力"（哈佛大学安守廉教授语）。但实际上，不仅中国如此，法、德、意等大陆法系国家亦是如此。正如沈明指出的："今天，至少在大陆法系国家里，知识产权通常属于民事权利的范畴。然而，回溯历史带给人们的第一个惊异发现就是，知识产权并非源自任何经济权利或者其他民事权利，原始的知识产权恰恰是一种与王权相关联的特权。"⑧

2. 申告官府、颁布公文：对民间著作权的保护

宋代以后，民间盗版活动层出不穷，严重侵犯了出版商的正当权益，作者也深受作品被肆意改编和翻刻的困扰。因此，出版商和作者很容易结成利益共同体（私家刻书的作者和出版者往往为同一主体），共同向官方提出自己的利益诉求，要求禁止盗版。在这种压

---

① （清）徐松：《宋会要辑稿·刑法二之三八》。
② （清）徐松：《宋会要辑稿·刑法二之一二四》。
③ （明）陆容：《菽园杂记》卷十。
④ （清）龙文彬：《明会要》卷二十六《学校下》。
⑤ （清）叶德辉：《书林清话》卷七《明时官刻书只准翻板不准另刻》。
⑥ （清）朱轼：《大清律集解附例》卷二十四《刑律》。
⑦ 黄一农：《通书——中国传统天文与社会的交融》，《汉学研究（台北）》1996 年第 2 期。
⑧ 沈明：《前版权时代的智识权属观念和出版制度》，《北大法律评论》2006 年第 2 期。

力下，政府不得不作出回应，通过发布具有法律效力的榜文、公牒等，向社会表明打击盗版、保护申告者著作权的态度。

南宋嘉熙二年（1238），两浙转运司为保护祝穆自编自刻的《方舆胜览》等书的著作权，专门发布了一则榜文：

> 据祝太傅宅干人吴吉状：本宅见刊《方舆胜览》及《四六宝苑》《事文类聚》凡数书，并系本宅贡士私自编辑，积岁辛勤。今来雕版，所费浩瀚。窃恐书市嗜利之徒，辄将上件书版翻开，或改换名目，或以节略《舆地纪胜》等书为名，翻开挽夺，致本宅徒劳心力，枉费钱本。委实切害，照得雕书。合经使台申明，乞行约束，庶绝翻板之患。乞给榜下衢婺州雕书籍处张挂晓示，如有此色，容本宅陈告，乞追人毁版，断治施行。奉台判，备榜须至指挥。
>
> 右令出榜衢婺州雕书籍去处张挂晓示，各令知悉。如有似此之人，仰经所属陈告追究，毁版施行，故榜。
>
> 嘉熙贰年拾贰月□□日榜
>
> 衢婺州雕书籍去处张挂
>
> 转运副使曾□□□□□□台押
>
> 福建路转运司状。乞给榜约束所属，不得翻开上件书版，并同前式。更不再录白。[1]

这则榜文不仅声明了对刻印者专有出版权的保护，同时也保护"私自编辑、积岁辛勤"的编著者的著作权；不仅在"衢婺州雕书籍处"张挂，还同时转发福建转运司，表明它在异地仍具法律效力。两浙转运司的文告转发给福建转运司，不同地区之间的协作，可以在更大地域范围内保护作者和出版人的权益。这则榜文不仅明确说明了对作品保护的缘由和方法，并以当时具有法律效力的形式获得了官方的确认。它把精神产品作为个人财产的一部分而对著作者的正当权益予以保护，从而使著作者成为著作权保护的对象，这是中国古代著作权观念的一大进步。时隔28年后的咸淳二年（1266年），祝穆自刻的这几部书在福建再版时，当地政府重新颁布了禁止当地麻沙书坊翻刻的文告，该文告对原来榜文的内容稍有变易，兹录于此：

> 据祝太傅宅干人吴吉状称：本宅先隐士私编《事文类聚》《方舆胜览》《四六妙语》，本官思院续编《朱子四书附录》进呈御览，并行于世，家有其书，乃是一生灯窗辛勤所就，非其他剽窃编类者比。当来累经两浙转运使司、浙东提举司给榜禁戢翻刊。近日书市有一等嗜利之徒，不能自出己见编辑，专一翻版，窃恐或改换名目，或

---

[1] 《书林清话》卷二《翻板有例禁始于宋人》。

节略文字，有误学士大夫批阅，实为利害。照得雕书合经使台申明状，乞给榜下麻沙书坊长平熊屯刊书籍等处张挂晓示，仍乞贴嘉禾县严责知委，如有此色，容本宅陈告，追人毁版，断治施行，庶杜翻刊之患，奉运使判府节制待制修史中书侍郎台判给榜，须至晓示。

右令榜麻沙书坊张挂晓示，各仰通知，毋至违犯，故榜。咸淳贰年陆月□日使台押。

两浙路转运司状，乞给榜约束所属，不得翻刊上件书版，并同前式，更不再录白。①

以上这则榜文透露了如下重要信息：首先，作品再版时原来颁布的公文在时隔28年之后仍具有法律效力，说明南宋图书著作权的保护年限是很长的；其次，榜文称《事文类聚》等书是著者"一生灯窗辛勤所就，非其他剽窃编类者比"，强调了其保护的是作品的原创性；再者，它已经注意到著作权的继承问题。此榜文中的"祝太傅"，名洙，字安道，宝祐四年（1256年）进士。他于咸淳初转从政郎，监行在文思院，故文中所说"本官思院"指的就是他，撰有《朱子四书附录》等。其父祝穆，即榜文所谓"本宅进士""本宅先隐士"，编有《方舆胜览》《四六妙语》《事文类聚》等。祝洙家人吴吉之所以递呈申状，部分原因是为了维护祝洙对其父亲祝穆编辑作品的继承权。从其允许祝宅"陈告、追人、断罪施刑，庶杜翻刊之患"等措施来看，保护的力度也是很大的。

以上是地方政府在保护作者和出版者的精神及财产权利方面所采取的措施。下面再来看看中央级的国家机构是如何保护私人著作权的。据《书林清话》载，在旧抄本宋人段昌武《丛桂毛诗集解》前有一则国子监禁止翻版的公据，其文曰：

行在国子监据迪功郎新赣州会昌县丞段维清状：维清先叔朝奉昌武，以《诗经》而两魁秋贡，以累举而擢第春官，学者咸宗师之。印山罗史君瀛尝遣其子侄来学，先叔以《毛氏诗》口讲指画，笔以成编。本之东莱《诗记》，参以晦庵《诗传》，以至近世诸儒，一话一言，苟足发明，率以录焉，名曰《丛桂毛诗集解》。独罗氏得其缮本，校雠最为精密，今其侄漕贡樾锓梓，以广其传。维清窃惟先叔刻志穷经，平生精力毕于此书，倘或其他书肆嗜利翻板，则必窜易首尾，增损音义。非惟有辜罗贡士锓梓之意，亦重为先叔明经之玷。今状披陈，乞备牒两浙、福建路运司备词约束，乞给据付罗贡士为照。未敢自专，伏候台旨。呈奉台判牒，仍给本监。除已备牒两浙路、福建路运司备词约束所属书肆，取责知委文状回申外，如有不遵约束违戾之人，仰执此经所属陈乞，追板劈毁，断罪施行。须至给据者。

右出给公据付罗贡土樾收执照应。

①　周林、李明山主编：中国版权史研究文献，北京：中国方正出版社，1999年，第3页。

淳祐八年七月日给。①

会昌县丞段维清通过自己的官方渠道，请求国子监给予其叔段昌武所撰《丛桂毛诗集解》及该书的出版商罗贡士以著作权保护。段维清的理由十分明确，即"倘或其他书肆嗜利翻版""非惟有辜罗贡士锓梓之意，亦重为先叔明经之玷"②。换言之，若书肆盗版，既侵犯了出版商的财产权利，也侵犯了著作者的精神权利。国子监一方面发出公牒，要求两浙路、福建路转运司备词约束所属书肆；一方面给罗贡士开具公据，以证明他对该书的专有出版权。若发现有人盗版，可凭公据向当地官府陈告，予以打击。

以上史料表明，宋代著作权保护的主体不再局限于单一的官方机构，也逐渐覆盖了民间刻书者；法律保护手段不再是单一地通过政府禁令来实现，还可通过民举官究的方式对盗版行为进行针对性的打击。这种由封建特许权向民间私权的转变，是古代著作权保护的一大进步。而且，地方政府给民间刻书者颁布的公据，其内容体现出许多与现代著作权保护相类似的特征：承认作者创作性劳动的同时，也将改编整理的作品纳入受保护范围；注意到了著作权的继承与转让问题；著作权保护有一定的延续性。事实证明，800多年前的南宋的著作权保护已经达到了很高水准。

明代至清代中前期，民间著作权人通过申告官府并颁发公文的形式，对某部作品实施著作权保护的做法一度不怎么盛行，而是改由出版者直接在图书中标记著作权声明，写上"本衙藏版，翻刻必究"之类的话，一旦发生侵犯著作权的行为，即可告官。这种形式和程序上的变化是古代著作权保护的进步。它表明，明代以后，由于各种出版活动中涉及著作权纠纷的案例越来越多，民间要求保护著作权的呼声越来越普遍，官府机构已经不胜其烦，不大可能针对某一本具体的图书专门为之颁发保护著作权的公文了。另一方面，著作权观念已渐为社会主流意识所接受，官府默许了民间著作权人的各项精神、财产权利，因此也没有必要再像宋元时期那样专门为某一本书颁布公据或文告。这种普遍的没有针对性的权利，相对于后者的近似特权来讲，显然是一种历史进步。

3. "翻刻必究"的声明：著作权人的自我保护

中国最早的著作权声明见于南宋绍熙刻本《东都事略》牌记："眉山程舍人宅刊行，已申上司，不许覆板。"（见图7-3）从牌记内容来看，"已申上司"表明政府已经受理了刻书人程舍人的著作权保护申请；"不许覆板"，表明了官府保护著作权的态度，明确将著作权视为一种私权。这与"禁镌令"相比具有更深远的意义，因为它确认和保护了私有财产权。此法为元明以后刻书者所效法，正如叶德辉所言："此风一开，元以来私塾刻书，

---

① 《书林清话》卷二《翻板有例禁始于宋人》。
② 《书林清话》卷二《翻板有例禁始于宋人》。

遂相沿以为律例。"① 如元刻本《古今韵会举要》内有一牌记，内容是刻书者陈宾受作者黄公绍之托发表的著作权声明，强调"是篇系私著之文，与书肆所刊见成文籍不同"，说明元人在保护作者精神权利方面，已将"私著之文"与"见成文籍"加以区别对待。

图 7-3 南宋绍熙间刻本《东都事略》牌记

明清以后，坊间或私塾刻本通过声明宣示著作权几乎成为一种惯例，而且形式不拘于牌记，还有书名页、广告文字、字号标记、版权页等多种形式。如明万历二十九年（1601年）刻本《唐诗类苑》书名页上印有"陈衙藏板，翻刻必究"。万历花萼楼刻本《考工记通》扉页刻有广告："是书构选镌工，搜延绘士，书梓图画精美，校订点画无差，三载告成，足称全璧。倘有书坊翻刻，定行经官究治。"清康熙六十一年（1722 年）刻本《重订啸余谱》，书名页除印有"浙湖张氏藏板，翻刻必究"牌记外，还钤有双凤圆形印记，类似于现在的防伪商标。版权页是在书名页后单独用一页印上出版者、出版时间及著作权声明等信息。这在清代后期，特别是光绪以后的各种刻本中较为常见，如光绪二十三年（1897 年）上海大同译书局石印本《地球十五大战纪》版权页左下角印有"书经存案，翻印必究"字样。著作权声明在法律上属于自我救济的性质，与现在通行的《世界版权公约》要求的"版权标记"非常接近。

综上所述，中国古代著作权的形成有其内在的历史逻辑，遵循"著作权保护意识——著作权保护行为——著作权保护法制"的发展路径，而这一切又都是以知识私有观念的兴起和原始著作权关系的形成为前提的。中国古代文人的著作权保护意识是在和儒家传统价值观念的一路冲突和妥协中艰难发展起来的：一方面，知识分子对于个人声誉的珍视和作品原创性的追求，有利于催生个人的精神权利意识；另一方面，重义轻利的儒家义利观不

---

① 《书林清话》卷二《翻板有例禁始于宋人》。

利于养成作者的经济权利意识。古代著作权保护经历了由约定俗成的一般社会规范向强制性法律规范的转变。早期对作者财产及精神权利的维护，更多的是通过经济、学术、技术的手段来实现的，唐宋以后才出现强制性的法律规范。古代著作权的法制性保护，不仅有体现官方对社会思想意识控制的"禁镂令"，更有体现现代著作权法精神的保护民间著作权（私权）的各种"公据""榜文"，以及出版商宣示著作权的声明。不能仅以前者的性质以偏概全地否认中国古代著作权的存在。那种坚持认为中国著作权保护始于《大清著作权律》之后的观点，忽视了一个基本事实，即民事权利不一定首先从成文法中产生，而这已为无数中外法律实践所证明。中国古代有漫长的著作权保护史，但最终未能形成成文的著作权法，其原因大致有三：一是著作权法保护的是商品经济模式下作者及出版商的私权，这与长期存在的封建小农经济是不相适应的；二是受儒家思想的深远影响，古代文人习惯将阐释和弘扬圣人之道作为著述的最高目标，而耻言个人经济利益；三是中国古代"法自君出"的皇权统治模式，形成了诸法合体、以刑为主的法制特点，要让著作权法单独以成文法的形式出现是不切实际的。

第四节　政府禁书与文化管制

一、五代两宋的禁书与文化管制

五代十国时期，战乱频仍，官学废弛，于文化管制不甚严厉，只是在后周太祖郭威即位后的第三年（953年）颁发过禁书令，内容大致包括四个方面：第一，"今后所有玄象器物、天文、图书、谶书、七曜历、太乙、雷公式法等，私家不得有及衷私传习，如有者并须焚毁。"这完全是承《唐律》而来，只是去了禁兵书一项；第二，"其司天监、翰林院人员并不得将前件图书等，于外边令人看览。"上述天文类图书，国家天文台和学术机构可作为"内部读物"收藏，不得外借；第三，"其诸阴阳、卜筮、占算之书，不在禁限。"这较之唐代已有所松弛了；第四，"所有每年历日，候朝廷颁行后，方许私雕印传写，所司不得预前流布于外。"① 这主要是因为历书事关农业生产，关系国计民生，必须准确、统一，不得胡滥印卖。

两宋是文教图籍兴盛的时期，但随着版印书籍的大量出现，图书的作用与影响日益深广，赵宋统治者也颁布了许多禁书法令，对图书进行了多次禁毁。宋代文网虽不似秦皇焚书之暴烈、清代文字狱之严酷，但它对两宋出版史的重要影响也不容忽视。综观两宋时期对图书的限禁，大致可以分为以下四类：②

第一，天文图谶、阴阳术数、兵书、邪教异说之禁。天文图谶、阴阳术数之图籍，关

---

① 《五代会要》卷十一。

② 郭孟良：《论宋代的出版管理》，《中州学刊》2000年第6期。

乎社会稳定与王朝更迭，代有厉禁。兵书既与此有关，加之宋朝惩前代武人专权废立之弊，重文轻武，故亦在限禁之列。宋初颁行的《宋刑统》，即"禁天文图谶、兵书、七曜历、太乙、雷公式"和"妖书"。宋太祖开宝五年（972年）又重申此令。太宗继位后，对天文星象、阴阳术数、六壬三命之类的方士、图籍的打击更变本加厉，私自研读者一律斩首。真宗景德元年（1004年），诏令"自今民间应有天象器物谶候禁书，并令首纳，所在焚毁。匿而不言者，论以死。募告者，赏钱十万"①。仁宗初，进士高肃私藏《六壬玉钤》案发，司天监、学士院受命制定《禁书目录》，除《孙子》及正史中的天文、律历、五行志与《通典》所引诸家兵法外，天文律历、阴阳术数、兵法著作"悉为禁书"，由此掀起了一场大规模的禁书运动②。民间宗教、异端邪说往往被当作反叛朝廷的工具，故宋朝规定"非道释经藏所载"的所谓"妖教文书"皆在禁毁之列。如宣和二年（1120年）十一月，诏禁明教经典及绘画佛像，并斋堂一并焚毁。六年（1124年）二月，禁《五符经》。正因为禁例甚严，故明教、摩尼教等教徒多"贿主者"，将其经文编入佛道藏内，以便流行。

　　第二，科场应用时文、儒家经典读本及所谓"伪学"之禁。科场应用时文、应试捷径之书，是科举时代书坊竞相翻刻的热门选题。但书坊广多，投机风靡，不免有违背经义、舍本逐末以迎合举子心理者。徽宗大观二年（1108年），提举淮南西路学事苏棫奏称："今之学者程文短菩之下，未容无忤。而鬻书之人，急于锥刀之利，高立标目，镂板夸新，传之四方。往往晚进小生，以为时之所尚，争售遍诵，以备文场剽窃之用，不复深究义理之归，忘本尚华，去道愈远。欲乞今后一取圣裁，倘有可传为学者式，愿降旨付国子监并诸路学事司镂板颁行，余悉断绝禁弃，不得擅自买卖收藏。从之。"③ 政和七年（1117年）七月臣僚言：书肆公然违背"禁绝私购程文，镂板市利"的诏令，"旋立标目，或曰编题，或曰类要，曾不少禁"，引导后生"蹈袭剽窃，不根义理"，诏令有司"常切检举缉捕禁绝"④。儒家经典由官方国子监颁定，"宋兴，治平犹禁擅镂，必须申请国子监，熙宁后方弛此禁"⑤。王安石为推行变法，为诸经作"新义"，并把它作为科举考试标准，而反对新法的元祐党人的著作则被斥为"伪学"。元丰二年（1079年），苏轼对王安石的某些新法持不同意见，新党李定等人从他熙宁间所作诗文中摘引了一些讽刺新法的诗句，指控他诽谤朝廷，苏轼因此下狱，关押在御史台（亦称乌台），史称"乌台诗案"。崇宁二年（1103年），三苏及苏门学士的著作悉遭禁毁。宣和五年（1123年），中书省言福建等路印造苏轼、司马光文集等，诏"今后举人传习元祐学术以违制论，印造及出卖者同罪，

① 《续资治通鉴长编》卷五十六。
② 安平秋、章培恒主编：《中国禁书大观》，上海：上海文化出版社，1990年，第34~37页。
③ 《宋会要辑稿·刑法二之四八》。
④ 《宋会要辑稿·刑法二之六七》。
⑤ （宋）罗璧：《识遗》卷一。

著为令。见印卖文集，在京令开封府，四川路、福建路令诸州军毁板"①。高宗绍兴十七年（1147年）六月，令各地"不系六经子史""是非颇谬于圣人"的曲学邪说不中程之文"日下除毁"②。宁宗庆元间，令"所有进卷侍遇集，并近时妄传语录之类，并行毁板"，对所谓"太学总新文体""新撰时文"等假名祭酒批注、真伪相杂、欺惑天下的不经之文，未经国子监"看详"者，一律禁毁③。

第三，刑律、历书、国史、会要、实录等民间私刻和翻印之禁。刑律事关国家权威与社会秩序，由官方垄断其出版权。仁宗庆历二年（1042年）正月杭州知府言：知仁和县太子中舍翟昭应将《刑统律疏》正本改为《金科正义》，镂版印卖，"诏转运司鞫罪，毁其板"④。南宋高宗绍兴二年（1132年），刑部言："诸习学刑法人，合用敕令式等，许召官保纳纸墨工直，赴部陈状印给，诈冒者，论如盗印法。从之。"不仅如此，即州郡乡塾小学，教本中涉及"文法""词讼"嫌疑者，亦令检举处置。而时宪历书的出版，向为司天监垄断，民间不得私自印买。至于国史、实录、会要等书，乃是崇文院史馆职责所在，个人不得私修，更不得传写印卖。据《续资治通鉴长编》卷四四五载："哲宗元祐五年（1090年）七月戊子礼部言：凡议时政得失，边事军机文字，不得写录传布；本朝会要、国史、实录不得雕印，违者徒二年。许人告，赏钱一百贯。内国史、实录仍不得传写。即其他书籍欲印者，纳所属申转运使、开封府牒国子监选官详定，有益于学者，方许镂板。"况这类书事关军政大计、宫廷机密，其出版传播自然要受到严格控制，就连与此有关的臣僚著述也在禁毁之列。据徽宗宣和四年（1122年）十二月权知密州赵子昼奏："窃闻神宗皇帝正史，多取故相王安石《日录》以为根柢，而又其中兵谋政术，往往具存，然则其书固亦应密。近者卖书籍人，乃有《舒王日录》出卖，臣愚窃以为非便，愿赐禁止，无使国之机事传播闾阎，或流入四夷，于体实大。"⑤乃诏令开封府及诸路州军毁版禁绝。

第四，朝政、边机等文字输出辽、金之禁。宋朝始终与辽、金等北方民族政权处于对峙状态，和与战的矛盾斗争成了朝野政治议题的中心，反映在图书出版传播领域，凡涉及时政朝章、边机军务及相关文字，皆在禁止之列。仁宗天圣五年（1027年）二月，因"臣僚著撰文集，传布往彼（辽），其中多有论说朝廷防遏边鄙机宜事件，深不便稳"，令以后雕印文集必须奏闻审查，否则严加追惩，"收索毁板"⑥。康定五年（1044年）诏："访闻在京尤图之辈及书肆之家，多将诸色人所进边机文字，镂板鬻卖，流布于外，委开封府密切根捉，许人陈告，勘鞫闻奏。"⑦徽宗大观二年（1108年）再颁禁令："访闻房

①　《宋会要辑稿·刑法二之八八》。
②　《宋会要辑稿·刑法二之一五一》。
③　《宋会要辑稿·刑法二之一二九》。
④　《宋会要辑稿·刑法二之二六》。
⑤　《宋会要辑稿·刑法二之八六》。
⑥　《宋会要辑稿·刑法二之一六》。
⑦　《宋会要辑稿·刑法二之二四》。

中多收蓄本朝见行印卖文集书册之类，其间不无夹带论议边防兵机夷狄之事，深属未便。其雕印书铺，昨降指挥，令所属看验，无违碍，然后印行。可检举行下，仍修立不经看验校定文书，擅行印卖，告捕条禁颁降其沿边州军，仍严行禁止。凡贩卖藏匿出界者，并依铜钱出界法罪赏施行。"① 金人亡辽，谋宋益急。宋室南渡后，对金之书禁亦未少弛。孝宗淳熙二年（1175 年）诏："自今举人程文，并江程地理图解，如贩过界外货卖或博易者，依如化外人私相交易条法施行。"② 然江南书业发达，图书流入金境颇多。九年（1182 年）三月又严申禁约，"将见卖举人时务策并印板，日下聚收焚毁。"③ 但似乎并未奏效，于是光宗绍熙元年（1190 年）又诏建宁府查禁，并立赏格，许人陈告，官吏失察，一例坐罪。四年（1193 年）六月，臣僚言："朝廷大臣之奏议，台谏之章疏，内外之封事，士子之程文，机谋密画，不可泄露。今乃传播街市，书坊刊行，流布四远，事属未便，乞严切禁止。"④ 于是诏令各地严禁，见刻版及已印者当即焚毁。今后雕印文书，须经本州委官看定，然后印行。

综上所述，宋代出版管理有"限"与"禁"的区别。"限"是限私刻而保官刻，即维护某些领域官方出版的垄断权；"禁"是禁止出版、传播涉及军国大政、国家安危、社会风教的重大选题。基于宋与辽金对峙的政治局面，宋对辽、金图书输出禁止最严，体现了时代的特征。在具体实施过程中，宋代还设立了一系列出版管理制度，包括预先审查、事后查验、奖励检举等。早在真宗咸平二年（999 年）就规定："进奏院所供报状每五日一写，上枢密院定本供报。"⑤ 这一邸报"定本供报"制度虽在熙宁四年（1071 年）、绍兴二十六年（1156 年）两度中断，但旋即恢复并一直沿用下来。仁宗天圣五年（1027 年）二月又诏令："今后如合有雕印文集，仰于逐处投纳，附递闻奏，候差官看详，别无妨碍，许令开板，方得雕印。如敢违犯，必行朝典，仍候断遣，迄收索印板，随处当官毁弃。"⑥ 此后宋廷又多次颁发过类似的行政命令，如宁宗庆元四年（1198 年）规定："不经国子监看详及破碎编类有误传习者，并日下毁板。"⑦ 可见，在刻印前对出版物采取"看详""详定""看验"等预先审阅措施，是宋王朝对出版传播活动进行有效控制的重要手段之一。国子监及各军州还随时对"书坊见刻板及已印者"进行"访闻""缴审""查验"，遇有突发事件，更是及时采取措施，对违法图书进行清查，限期首纳，毁板焚讫。为使整个出版活动置于广泛的社会舆论监督之下，宋朝还实行举报奖励制度。如仁宗至和二年（1055 年），欧阳修《论雕印文字札子》："许书铺及诸色人陈告，支与赏钱二百贯文，以犯事人

---

① 《宋会要辑稿·刑法二之四七》。
② 《宋会要辑稿·刑法二之一一八》。
③ 《宋会要辑稿·刑法二之一二一》。
④ 《宋会要辑稿·刑法二之一二五》。
⑤ 《宋会要辑稿·职官二之四五》。
⑥ 《宋会要辑稿·刑法二之一六》。
⑦ 《宋会要辑稿·刑法二之一二九》。

家财充。"① 哲宗元祐五年（1090 年）七月诏："告者赏缗钱十万。"南宋时期，书坊多申文官府，以公告形式禁止翻刻、保护版权，在福建、两浙转运司的榜文或录白中，也出现了"陈告追究，毁板施行"等字样。可见，"许人陈告""严立赏榜"已成为宋代出版管理的一个重要方面。

辽、金出于政治、军事斗争的考虑，对图书商品的流通也都严加管制，严禁出境。如辽道宗清宁十年（1064 年）下令："禁民私刊印文字。"② 图书只限国内流通。正如沈括《梦溪笔谈》卷十五所说："契丹书禁甚严，传入中国者，法皆死。"因此，金人去辽未远，已有史籍廖廖之叹。如元好问曾说："今人语辽事，至不知起灭几主。"③

二、元代的禁书与文化管制

元代书禁与前朝相比相对宽松一些，其禁书范围包括以下内容：

第一，禁售天文、图谶、阴阳伪书。为防止有人利用这类图书制造不利于元朝统治者的社会舆论，元世祖忽必烈从至元三年（1266 年）至二十三年（1286 年），屡禁天文、图谶、阴阳伪书。如至元三年，"平阳路僧官以妖言惑众伏诛"，接着"诏禁天文、图谶等书"（《元史·世祖本纪》）。至元九年（1272 年），又诏令"括民间《四教经》"，此书内容不详，很可能就是阴阳谶纬之类的书。但人们往往有一种逆反好奇的心理，越是查禁的书越想收藏、阅读。故至元十年（1273 年）春正月，世祖再次发诏"禁阴阳图谶等书"。至元十八年（1281 年），白莲教首领杜万一等以《五公符》《推背图》《血盆经》等书制造反元舆论，世祖即发布诏令，禁止这些天文图谶书的流传，命各地官府尽心拘收，盖上封记，上交秘书监收存。元代禁天文图谶主要集中在元世祖时期，世祖去世 30 年后的泰定二年（1325 年），有术士观星象，认为"荧惑犯天江，辰星犯建星"，二星相克使夺得帝位不久的泰定帝坐卧不宁，深恐有人利用图谶制造舆论夺取他的皇位，所以再次"申禁图谶，私藏不献者罪之"④。

第二，禁恶言犯上词曲。《元史·刑法志三》规定："诸妄撰词曲诬人以犯上恶言者，处死。"但这条禁令并没有严格执行，元朝对词曲的撰作和刊行很少限制，因"妄撰词曲"而被处死的，未见史籍记载。这是因为，词曲创作多采取借古讽今的比较隐晦的手法，而元代蒙古贵族多为赳赳武夫，由于语言、习俗的隔阂，对词曲内容的容忍程度相对宽松。

第三，禁毁道藏。元太祖成吉思汗恩宠道教全真教，曾派人到山东莱州延请丘处机讲道，并授予道士免除一切赋税之特权。因此一些道士有恃无恐，公然将寺院强占为道观，刊行《老子化胡经》，而这是一本把释迦牟尼说成是道教始祖老子化身的伪书。又刊行了

---

① （宋）欧阳修：《欧阳文忠公文集》卷一〇八《论雕印文字札子》。
② 《辽史·道宗纪》。
③ 《元文类·故金漆水郡侯耶律公墓志铭》。
④ 《元史·泰定帝本纪》。

一本所谓老子代代转世的《八十一化图》。这就无可避免地酿成了一场佛道大辩论。在公元1255年的第一次辩论中，道教失败。宪宗蒙哥降诏，禁止道士毁坏佛像和伪造经文。三年后，宪宗再次召集佛道二教首领辩论，结果道教再次败北。于是宪宗降诏，将《老子化胡经》及《八十一化图》等诸种"伪道经"及其印板一律焚毁。至元十八年（1281年），元廷主管佛教事务的都功德使司官员向世祖忽必烈报告，说各地道士还藏有伪道经及印板。世祖委派枢密副使张易召集佛教长老及道教正一派天师张宗演、全真教领袖祈志诚、真大道教首领李德和，同赴长春宫检查道教书籍。在检查过程中，佛道二教领袖又展开了一场辩论。张易偏袒佛教，道教再次失败。张易趁机上疏说："参校道书，惟《道德经》系老子亲著，余皆后人伪撰，宜悉焚毁。"世祖从之，"诏谕真人祈志诚等焚毁《道藏》伪妄经文及板"[1]。结果除《道德经》外，各路凡有《道藏》说谎经文及印板，全被焚毁，道家经典遭到毁灭性的打击。

元朝在出版管理方面也采取了相应的审核批准措施，重在从经费上予以控制。元朝最高监察机构称御史台，为加强对南方的控制，至元十四年（1277年）设江南行御史台于扬州，后迁杭州，再迁建康，下辖江南十道监司，各道监司称肃政廉访司，治五六路或十几路。各路儒学或州、县官署刊行书籍的经费多由学田开支，但须事先向本路总管府申请，再转呈本道肃政廉访司。经肃政廉访使审查批准，再层层下转，最后由申报单位刊行。如至正五年（1345年），抚州路儒学拟刊行虞集《道园类稿》，先向抚州路总管府申报，经批准后转呈江西湖东道肃政廉访司，由该司长官肃政廉访使审核批准，再依次行文，交抚州路学开雕。中央一级机关准备交江浙一带路学刊刻书籍，其刻书经费需从学田开支的，也要经过一定的审批手续。如至正二年（1342年），编修官拟刊行苏天爵《国朝文类》，先呈文给翰林国史院，由该院详准呈中书省和礼部共同议准，然后由中书省发文给江浙行中书省，通知杭州西湖书院开雕。元代私人刻书也要申报，据明人陆容《菽园杂记》说："元人刻书，须经中书省看过，下所司，乃许刻印。"清人蔡澄《鸡窗丛话》也说："先辈云，元时人刻书极难。如某地某人有著作，则其地之绅士呈词于学使，学使以为不可刻，则已。如可，学使备文咨部，部议以为可，则刊板行世，不可则止。"但这种申报制度也只见于明清学者的笔记材料中，《元史》中未见记载，姑且存疑。

三、明代的禁书与文化管制

明代的出版管理从整体上来讲比较宽松，不像宋、元那样对书坊刊印的书籍实行审查制度，甚至取消书籍印刷税，以鼓励和支持书商多出书。但这并不意味着明代对出版业放任自流。明代书禁大致包括以下几方面：

第一，禁天文图谶及"妖言惑众"之书。具体原因与前代一样，都是出于维护统治秩序的考虑。如明洪武间颁布的《大明律》规定："凡私家收藏玄象器物、天文图谶应禁之

---

① 《元史·世祖本纪》。

书，及历代帝王将相、金玉符玺等物者，杖一百；若私习天文者，罪亦如之，并于犯人名下追银一十两，给付告人充赏。"对传播扰乱社会秩序、妖言惑众之书，处罚更加严厉，"凡造谶纬、妖书妖言及传用惑众者，皆斩。若私有妖书隐藏不送官者，杖一百，徒三年。"所谓妖书，是指带有迷信色彩煽惑造反的图书。成化十年（1474 年），都察院左都御史李宾等奏请"备录其妖书名目榜示天下"，"传司者必有刑诛"①，宪宗从之。开具的妖书名目有《换天图》《飞天历》《聚宝经》《太上玄元宝镜》等 88 种。弘治十七年（1504 年），吏部马文昇向孝宗进言，由都察院统一出具晓谕民众的榜文，发各地翻印张贴，令藏有妖书者于半年内自首，将书交官焚毁，可免予处分；地方官有访缉妖书之责，有以妖书惑众者，即行捕治；地方官若私下抄录，与收藏及传习者同罪。孝宗亦从之。

第二，禁"奸党"文字。所谓"奸党"，是指与当权者政见不合者。燕王朱棣以武力夺得建文帝的皇位，随即把誓死效忠建文帝的大臣指为"奸党"，悬榜列名者 50 余人，著名者如方孝孺、练子宁、茅大方、齐泰、黄子澄等。他们本人被杀，且株连九族，其著述文字自然亦在禁限之列，不仅不得销售流通，就是私家收藏也会惹来杀身之祸。翰林院庶吉士章朴因事下狱，与狱友杨善关系密切，无意中说起家藏方孝孺文集。杨善出狱后遂向朝廷告密，结果章朴因此被杀，而杨善则借此官复原职。方孝孺的《逊志斋集》《侯城集》，练子宁的《练中丞集》《金川玉屑集》，茅大方的《茅大方集》（抄本）等殉难诸臣的著述被持续查禁了 30 多年，直到英宗后期才有所松弛。大约从正统间起，这些著作才重新得以在图书市场上流通，但阙文脱简已颇多，像方孝孺的《周礼考次》《大易枝辞》《武王戒书注》《宋史要言》《帝王基命录》《文统》等皆散佚不存。

第三，禁亵渎帝王圣贤的词曲、小说。明代对杂剧创作禁令甚严。在《大明律》中就有"禁止搬做杂传律令"条："凡乐人搬做杂剧戏文，不许妆扮帝王后妃、忠臣节烈、先圣先贤神像，违者杖一百。官民之家容令扮者与同罪。"朱棣变本加厉，以极刑来禁止此类杂剧剧本的印卖。永乐九年（1411 年），明廷命各地发布榜文："但有亵渎帝工圣贤之词曲、驾头杂剧，非律所该载者，敢有收藏、传诵、印卖，一时拿送法司究治。"朱棣还亲自批示："但这等词曲，出榜后，限他五日，都要干净，将赴官烧毁了，敢有收藏的，全家杀了。"②为收藏一本词曲而诛杀全家，实为空前的酷烈。冒犯封建礼教的小说也在被禁之列。英宗正统七年（1442 年），国子监祭酒李时勉上疏请禁《剪灯新话》，英宗从之。《剪灯新话》是瞿佑（字宗吉，钱塘人）于洪武间创作的传奇小说集，歌颂了自由恋爱，指斥了官场腐败，在一定程度上刺痛了明王朝的"神经"，因而遭禁。同禁的还有李昌祺的《剪灯余话》、邵景詹的《觅灯因话》等。明末山东农民李青山聚众起义，以梁山为根据地反抗明朝暴政。此次起义被镇压后，明廷迁怒于小说《水浒传》。崇祯十五年（1642 年）六月，崇祯下旨："大张榜示，凡坊间、家藏《水浒》并原版，尽令速行烧毁，

① 《明宪宗实录》卷一三六。
② （明）顾起元：《客座赘语》卷十《国初榜文》。

不许隐匿。"（《明清内阁大库史料》）

第四，禁冒犯程朱理学。明代崇儒兴学，强化程朱理学在意识形态领域的统治地位，而与程朱理学相对立的学术著作一概被斥为"异端邪说"，屡遭查禁。"永乐三年（1405年），饶州府儒士朱季有著《书传》，专攻周、程、张、朱，献之朝。上命行人押回原籍，杖遣之，焚其书。"① 成化二十年（1484年）五月，无锡处士陈公懋删改朱子《四书集注》进呈，被宪宗治罪，书被焚毁。弘治元年（1488年）陈公懋又上《尚书》《周易》《大学》《中庸》四书经注，又被焚禁。嘉靖八年（1529年），太仆寺丞陈云章上《大学疑》《中庸疑》《夜思录》等，"即毁之，有踵之者罪不赦"②。其他被禁的还有林希元改编的《大学经传定本》、袁黄著《四书集注删正》、张世则著《大学初义》等。以"反传统"姿态出现的阳明学派的创始人王守仁死后，其著作也理所当然地被禁止。嘉靖八年（1529年）世宗公开批评说："守仁放言自肆，抵毁先儒，号召门徒，声附虚和，用诈任情，坏人心术。近年士子传习邪说，皆其倡导。"③ 王守仁的私淑弟子李贽著书立说反对传统教条，最终被迫害致死，其著述《藏书》《焚书》《卓吾大德》等书，悉遭焚毁。

第五，禁八股文选本。明代因八股取士，导致八股文选本畅销坊间。当时建阳书坊刊行各类选本最多，超过百种。有识之士认为此类选本"损德荡心，蠹文害道"。弘治十二年（1499年），建阳书坊发生火灾，古今书板荡为灰烬，吏科给事中许天锡趁机进言，提议禁毁八股文选本，将那些"晚宋文字及《京华日钞》《论范》《策略》《策海》《文衡》《文髓》《主意》《讲章》之类，凡得于煨烬之余者，悉皆断绝根本，不许似前混杂刊行。"④ 孝宗诏准。但仅凭这一次禁止行动还不足以根本扭转八股文选本泛滥的局面，于是正德十年（1515年），南京礼科给事中徐文溥又上奏："近时，时文流布四方，书肆资之以贾利，士子假此以侥幸，宜加痛革。凡场屋文字，句语雷同，即系窃盗，不许誊录。其书坊刊刻一应时文，悉宜烧毁，不得鬻贩。各处提学官尤当禁革。如或私藏诵习不悛者，即行黜退。"⑤ 武宗从之。这里所称的"时文""场屋文字"，即指八股文选本或科举考试模拟试卷之类。

第六，禁官颁教材违制改制。明代初期和中期较少有假冒伪劣图书，这主要是因为明政府对"五经四书"和一些重要的图书，采用"钦颁官本"作为样式，规定只能"依样翻刻"。例如《御制大诰》是重要的政令书，当时规定每户必备一本。该书最初由经厂刊行，后各地大量翻印。朱元璋很是不满，在《大诰续编》的后序中专列一条："近监察御史丘野奏，所在翻刻印行者，字多讹舛，文不可读。欲穷治而罪之。朕念民愚者多，况所颁二诰，字微画细，传刻之际是致差讹。今特命中书大书，重刻颁行，使所在有司就将此

① （明）沈德符：《万历野获编》卷二十五《献书被斥》。
② （明）沈德符：《万历野获编》卷二十五《献书被斥》。
③ 《明世宗实录》卷九十八。
④ 《明孝宗实录》卷一五七。
⑤ 《明武宗实录》卷一三二。

本，易于翻刻，免致传写之误。敢有仍前故意差讹，定拿所司提调及刊写者，人各致以重罪。"嘉靖十一年（1532年）十二月，福建提刑按察司发出公函，通知建宁府："照得五经四书，士子第一切要之书，旧刻颇称善本。近时书坊射利，改刻袖珍等版，款制褊狭，字多差讹，如'巽与'讹作'巽语'、'右古'讹作'犹古'之类，岂但有误初学，虽士子在场屋，亦讹写被黜，其为误亦已甚矣。该本司看得书传海内，板在闽中，若不精校另刊，以正书坊之谬，恐致益误后学。"为加强对出版业的管理，福建提刑按察司制定了三条具体的出版管理法规，详见本章第一节"明代图书市场"。

综上所述，明代书禁是封建专制进一步强化的体现，总体表现为前紧后松，在出版管理方面有所创新。与宋元相比，明代民间出版不必事先呈请官府审查批准，且享受免税优惠，应该说是历史的一大进步。

四、清代的禁书与文化管制

清代是我国封建专制统治发展至极致的时期，对图书及文化的管制更加严厉。一旦发现不利于封建统治秩序及皇权威严的图书，不仅禁止流通，还要追究作者、刻印者、销售者和读者的相关责任，轻者革职、杖刑、流放，重者立斩并祸及九族，素有"文字狱"之称。清代后期文字狱稍有收敛，但对宣扬维新变法、反对外国入侵及反清革命内容的图书，仍是严加禁止。

清代前期，民族矛盾和民族斗争比较激烈。清代统治者以少数民族入主中原，汉族知识分子对之有着十分强烈的民族敌对情绪。在大规模有组织的抗清斗争结束之后，反清思想仍然通过各种渠道在民间流传，这使得清代统治者坐立不安。为防止和镇压汉族知识分子的反抗，统治者往往故意从书中寻摘字句，罗织罪名，构致冤狱。顺治朝主要查处反清复明的书籍，以消弭汉人的民族意识。如僧人函可著《变记》，因记述反清烈士的事迹和清军暴行，被严加酷刑，流放奉天。明末诸生冯舒收集亡友遗诗编成《怀旧集》，因未用顺治年号，被定为"逆诗"，把他下狱迫害致死。书商毛重倬、胥庭清等人选刻"制艺"出售，也因署年用干支纪年而未用顺治年号，被指控为"目无本朝"而治罪。顺治十六年（1659年），清廷下令将坊间出售的未署顺治年号的《四书辨》《大全辨》等书焚毁。

康熙朝影响最大的文字狱有庄廷鑨《明史》案、戴名世《南山集》案和方孝标《滇黔纪闻》案，其中尤以《明史》案最为酷烈。浙江乌程县南浔镇富绅庄廷鑨购得明天启内阁首辅朱国祯著《皇明列朝诸臣传》，用重金聘请十多位名士对书稿进行润色，并补述天启、崇祯两朝历史。该书明朝灭亡前未用清的年号，清兵入关后仍用南明年号，遂被人以"逆书"罪名告发。案发时庄廷鑨已死，结果庄廷鑨与其父被开棺戮尸，庄氏子孙15岁以上者皆斩，妻女发配奉天与披甲人为奴，作序及列名参订者14人遭凌迟。书商、刻书匠及购书者悉数被处死，家产籍没，亲属流放。湖州知府、推官、府学教授、县学训导等以"知情隐匿""放纵看守"的罪名被绞死。时任浙江按察使的法若真在《黄山诗留》中说，因庄氏《明史》案被祸的有700家，被处死的千余人，被发配的不计其数。又有记载说，被处死的 220 余人，受牵连入狱者 3000 余人。事过 110 年后，乾隆朝发现有收藏该书的，仍被处斩。清初"文字狱"之酷烈，真是骇人听闻。

雍正朝的禁书也与文字狱密切相关。雍正朝虽只有 13 年的历史，但文字狱却比康熙朝还多，最著名的当属曾静、吕留良案。吕留良，字庄生，别名光轮，号晚村，崇州崇德县人，具有浓厚的反清思想，明亡后拒不事清，削发为僧，著书立说，提倡反清复明。吕留良卒后 46 年，湖南靖州人曾静读其书，受其影响，于雍正六年（1728 年）派弟子张熙入陕，劝说川陕总督岳钟琪反清。案发后，雍正帝大兴文字狱，将吕留良剖棺戮尸，其子葆中亦被戮尸，幼子毅中斩立决，家产充公，族人门生被斩首、充军，妻女充为奴婢。吕留良的著作《吕晚村先生文集》《何求老人诗稿》《集外诗》《吕晚村论文汇抄》等被禁毁，因受吕案牵连被禁售的图书达 10 余种。雍正间因文字狱被禁的图书还有汪景琪《读书堂西征随笔》、陆生楠《通鉴论》、吴茂育《求志篇》、屈大均《翁山文集》《翁山诗外》等。

乾隆时期的文字狱变本加厉，甚至到了无中生有、吹毛求疵的地步。乾隆朝数得上来的文字狱有 130 多起，其中较严重的有 30 多起，其主要罪名就是"谤及本朝"或"大不敬"。内阁学士胡中藻的《坚磨生诗钞》，因书中有"一把心肠论浊清"，被指为诽谤朝廷，作者被"立斩"，与其唱和的满州官员鄂昌"赐自尽"。曾担任过知县的徐述夔《一柱楼诗集》，书中有"清风不识字，何须乱翻书？"等句，被指为"悖逆"，虽死仍被开棺戮尸。石卓槐，湖北黄梅县监生，所著《芥圃诗钞》中有"大道目以没，谁与相维持？"等句，经仇家告发，乾隆批道："大清主宰天下，焉有大道没落之理，更焉用外人维持？"于乾隆四十五年（1780 年）下令将石氏凌迟处死。江西举人王锡侯编《字贯》，纠正了不少《康熙字典》的谬误，结果被诬为贬毁钦定《康熙字典》，王锡侯及其子孙"斩立决"，妻媳幼童发配功臣之家为奴。河南书商刘峨刷印出卖《圣讳实录》，内容是提醒人们敬避圣讳并教给人们避讳方法，因书中出现了庙讳、御名，被当作"犯讳大案"。刘峨及经手买卖版片的李伯行等人均被处斩，并传谕各省督抚一体查缴。福建书商李浩从另一家书铺买得《结盟图》《惩匪安良图》等板片，自行刷卖。又请人另刻图文相配的《孔明碑记》版片，随时刷印，连同上述二书一同出售。因《孔明碑记》有"隐语妖言多不可解"的题记，其中有一句"两两相争不见天"，结果被定为"逆书"。乾隆命福建、广东两省官员对该图来历彻底追查，拘讯了不少书商。

乾隆中期以后，开始大规模查缴书籍。乾隆三十九年（1774 年），乾隆帝颁发查缴"违碍"书籍的上谕，责令各省督抚大员和各级官吏搜查禁书。凡被清廷认为违背伦理纲常、不合义理名教、讥贬满族先世、危及皇朝统治的图书，都在禁毁之列。乾隆借修《四库全书》之名，寓禁于修。各省设立采访遗书总局，部分州县设支局，一边购访一边禁毁图书。江西巡抚海成，两年间查禁"违碍"书籍 8000 余部，受到乾隆的嘉奖。乾隆还于四十三年（1778 年）、四十七年（1782 年）、五十三年（1788 年）、五十四年（1789 年）多次降谕，督促查禁图书。至乾隆五十八年（1793 年），历时 20 年的查禁图书活动才告结束，期间共禁毁图书 3100 多种，15.1 万部，销毁板片 8 万余块。至于各地书坊和私家藏书自行销毁的，则难以统计。20 世纪 90 年代，经专家学者普查，劫后余存的禁毁书尚有 1500 多种，多收藏于各类图书馆。其中 700 种，收入《四库禁毁书丛刊》（共 311 册）①。

嘉庆后，清廷进入多事危亡之秋。特别是 1840 年鸦片战争失败以后，内忧外患使得满清政府已没有多少精力在思想文化专制上作文章了。晚清有影响的文字狱当属戊戌变法失败后康梁文字之禁及《苏报》案。

除了上述与时政密切相关的"文字狱"之外，清朝还比较注意对通俗小说及戏曲的查禁。顺治九年（1652 年），清廷通令各地，"凡琐语淫词，通行严禁，违者从重究治。"（《钦定学政全书》卷七）所谓"琐语"，即指通俗小说。戏剧家李渔于顺治间刊行的短篇小说集《无声戏》和《无声戏二集》，清廷以"煽惑人心"的罪名定为禁书。顺治间苏州知府汤斌针对苏州书坊刊刻小说成风，发出告谕："若仍前编刻淫词、小说、戏曲，坏乱人心，伤败风俗者，将书版立即焚毁，其编者、刊者、卖者一并重责，枷号通衢。仍追原工价，勒限另刻古书一部，完日发落。"（《苏州府志》卷三）康熙曾多次下令禁售"淫词小说"，如康熙二年（1663 年）谕令："嗣后如私刻琐语淫词有乖风化者，必须查实议罪。"四十八年（1709 年），御史张连上疏说，民间设立香会，有出卖淫词小说者。清廷下旨严禁，规定"若该地方官不实心查拿，在京或经该部查出，外省或经督抚查出，将该管官员指名题参，一并治罪。"（《清圣祖实录》卷二三八）乾隆曾两次下谕禁售《水浒传》，认为该书是"教诱犯法之书"。又密令军机大臣查禁"有关本朝字句"的戏曲剧本，指定苏州、扬州书坊为重点查处对象。经周密部署，查禁了一大批小说、戏曲、弹词，甚至连《说岳全传》也被禁售。嘉庆曾三次下令禁毁小说，认为稗官野史最为人心风俗之害，并降旨不准开设小说坊肆，违者"以违制论"。道光十四年（1834 年）再次下令禁售各种传奇、演义等书，《水浒传》《西厢记》《牡丹亭》都在禁售之列。咸丰元年（1851 年）又再次降旨，禁售《水浒传》。同治、光绪两朝，慈禧太后更加惧怕小说的"蛊心"作用，先后五次发布禁售小说的命令。江苏巡抚丁日昌陆续开具两批应禁书目，共 269 种，《红楼梦》《水浒传》《西厢记》《牡丹亭》《隋唐演义》赫然在列。其中有的书前后查禁了近百年，却屡禁不绝。这正说明它们已根植于民间，具有长盛不衰的生命力。

为了规范图书市场的管理，清朝还制定了相应的法规。如顺治四年（1647 年）颁布的《大清律》有"造妖书妖言"条，规定"凡造谶纬妖书妖言及传用惑众者，皆斩……若私有妖书隐藏不送官者，杖一百，徒三年。"康熙五十三年（1714 年），对禁售"淫词小说"作了补充规定："凡坊肆市卖一应淫词小说，在内交与八旗都统、都察院、顺天府，在外交督抚等转行所属官弁严禁，务搜板书，尽行销毁。有仍行造作刻印者，系官革职，军民杖一百，流三千里；市卖者杖一百，徒三年；买看者杖一百。该管官弁不行查出者，

① 郑士德：《中国图书发行史》，北京：高等教育出版社，2000 年，第 544 页。

交与该部按次数分别议处。"当年又对失察官员作了具体规定："该管官不行查出者，初次罚俸六个月，二次罚俸一年，三次降一级调用。"① 这条法规强化了市场管理的责任机制，对官员有监督作用。光绪三十二年（1906 年）颁布了《大清印刷物专律》。《专律》规定：第一，实行注册登记制度，凡印刷物及新闻记载均须向所在地巡警衙门呈请，报交京师印刷总局注册。第二，专门规定了"讪谤"条款，凡有"令人阅之有怨恨或悔谩，或加暴行于皇帝族或政府，或煽动愚民违背典章图制"者，须科以 10 年以下的监禁或 5000 银元以下的罚款等。第三，法律赋予地方各级行政长官很大的司法权，规定他们有权管理对印刷物的指控，逮捕被告，随意封闭印刷所。但时已至此，不管清廷在文化管制上采取何种作为，都难以挽救清王朝覆灭的命运。

---

① 《清圣祖实录》卷二五八。

参考书目

1. 曹之：《中国古籍编撰史》，武汉：武汉大学出版社，第2版，2015年。

2. 曹之：《中国古籍版本学》，武汉：武汉大学出版社，第3版，2015年。

3. 曹之：《中国印刷术的起源》，武汉：武汉大学出版社，第2版，2015年。

4. 叶德辉：《书林清话》，北京：中华书局，1957年。

5. 王伯敏：《中国版画史》，上海：上海人民美术出版社，1961年。

6. 刘国均：《中国书史简编》，北京：书目文献出版社，1982年。

7. 魏隐儒：《中国古籍印刷史》，北京：印刷工业出版社，1988年。

8. 韩仲民：《中国书籍编纂史稿》，北京：中国书籍出版社，1988年。

9. 钱存训：《印刷术发明前的中国书和文字记录》，北京：中国印刷工业出版社，1988年。

10. 李致忠：《历代刻书考述》，成都：巴蜀书社，1990年。

11. 安平秋、章培恒主编：《中国禁书大观》，上海：上海文化出版社，1990年。

12. 江澄波、杜信孚、杜永康编著：《江苏刻书》，南京：江苏人民出版社，1993年。

13. 杜信孚：《江西历代刻书》，南昌：江西人民出版社，1994年。

14. 张煜明：《中国出版史》，武汉：武汉出版社，1994年。

15. 谢水顺、李珽：《福建古代刻书》，福州：福建人民出版社，1997年。

16. 陈谷嘉、邓洪波：《中国书院制度研究》，杭州：浙江教育出版社，1997年。

17. 彭斐章主编：《中外图书交流史》，长沙：湖南教育出版社，1998年。

18. 宿白：《唐宋时期的雕版印刷》，北京：文物出版社，1999年。

19. 张树栋，庞多益，郑如斯：《中华印刷通史》，北京：印刷工业出版社，1999年。

20. 周林、李明山主编：《中国版权史研究文献》，北京：中国方正出版社，1999年。

21. 曹喜琛、韩宝华：《中国档案文献编纂史略》，北京：高等教育出版社，1999年。

22. 郑士德：《中国图书发行史》，北京：高等教育出版社，2000年。

23. 缪咏禾：《明代出版史稿》，南京：江苏人民出版社，2000年。

24. 李致忠：《古代版印通论》，北京：紫禁城出版社，2000年。

25. 叶树声：《明清江南私人刻书史略》，合肥：安徽大学出版社，2000年。

26. 李晋林等：《山西古籍印刷出版史志》，北京：中央编译出版社，2000年。

27. 肖东发：《中国图书出版印刷史论》，北京：北京大学出版社，2001年。

28. 翁连溪：《清代宫廷刻书》，北京：紫禁城出版社，2001年。

29. 钱存训：《中国古代书籍纸墨及印刷术》，北京：北京图书馆出版社，2002 年。

30. 周心慧：《中国版画史丛稿》，北京：学苑出版社，2002 年。

31. 王国维等：《闽蜀浙粤刻书丛考》，北京：北京图书馆出版社，2003 年。

32. 黄镇伟：《中国编辑出版史》，苏州：苏州大学出版社，2003 年。

33. 周宝荣：《宋代出版史研究》，郑州：中州古籍出版社，2003 年。

34. 王澄：《扬州刻书考》，扬州：广陵书社，2003 年。

35. 田建平：《元代出版史》，石家庄：河北人民出版社，2003 年。

36. 刘尚恒：《徽州刻书与藏书》，扬州：广陵书社，2003 年。

37. 钱存训：《书于竹帛：中国古代的文字记录》，上海：上海书店出版社，2004 年。

38. 李瑞良：《中国出版编年史》，福州：福建人民出版社，2004 年。

39. 姚福申：《中国编辑史》，上海：复旦大学出版社，第 2 版，2004 年。

40. 邓洪波：《中国书院史》，上海：东方出版中心，2004 年。

41. 陈正宏、谈蓓芳：《中国禁书简史》，上海：学林出版社，2004 年。

42. 林应麟：《福建书业史——建本发展轨迹考》，厦门：鹭江出版社，2004 年。

43. 肖东发：《中国编辑出版史》，沈阳：辽海出版社，2005 年。

44. 肖东发：《插图本中国图书史》，桂林：广西师范大学出版社，2005 年。

45. 高信成：《中国图书发行史》，上海：复旦大学出版社，2005 年。

46. 徐学林：《徽州刻书》，合肥：安徽人民出版社，2005 年。

47. 张秀民：《中国印刷史》，杭州：浙江古籍出版社，2006 年。

48. 周彦文：《毛晋汲古阁刻书考》：新北：花木兰文化出版社，2006 年。

49. 徐小蛮、王福康：《中国古代插图史》，上海：上海古籍出版社，2007 年。

50. 李明杰：《中国古代图书著作权研究》，武汉：武汉大学出版社，2013 年。

51. 陈心蓉：《嘉兴刻书史》，合肥：黄山书社，2013 年。

52. 徐学林：《徽州刻书史长编》，合肥：安徽教育出版社，2014 年。

53. 唐桂艳：《清代山东刻书史》，济南：齐鲁书社，2016 年。

54. 方彦寿：《增订建阳刻书史》，福州：福建人民出版社，2020 年。

中国出版史备课笔记